北大版普通高等教育"十三五"国家级规划教材

丛书主编：张景中院士
执行主编：王继新

远程教育原理与技术（第二版）

The Theory and Technology of Distance Education

王继新　张屹　郑旭东　编著

图书在版编目(CIP)数据

远程教育原理与技术（第二版）/王继新,张屹,郑旭东编著.—2版.—北京：北京大学出版社,2013.2

(21 世纪教育技术学精品教材)

ISBN 978-7-301-22106-8

Ⅰ.①远… Ⅱ.①王… ②张… ③郑… Ⅲ.①远程教育－高等教育－教材 Ⅳ.①G728.8

中国版本图书馆 CIP 数据核字（2013）第 024986 号

书　　　名	远程教育原理与技术（第二版） YUANCHENG JIAOYU YUANLI YU JISHU（DI'ERBAN）
著作责任者	王继新　张　屹　郑旭东　编著
丛书策划	周雁翎
责任编辑	唐知涵
标准书号	ISBN 978-7-301-22106-8
出版发行	北京大学出版社
地　　　址	北京市海淀区成府路 205 号　100871
网　　　址	http://www.pup.cn　新浪微博:@北京大学出版社
电子信箱	zyl@pup.pku.edu.cn
电　　　话	邮购部 010-62752015　发行部 010-62750672　编辑部 010-62753056
印　刷　者	北京虎彩文化传播有限公司
经　销　者	新华书店
	787 毫米×1092 毫米　16 开本　21.5 印张　510 千字 2008 年 1 月第 1 版 2013 年 2 月第 2 版　2022 年 1 月第 4 次印刷
定　　　价	59.00 元

未经许可,不得以任何方式复制或抄袭本书之部分或全部内容。
版权所有,侵权必究
举报电话: 010-62752024　电子信箱: fd@pup.pku.edu.cn
图书如有印装质量问题,请与出版部联系,电话: 010-62756370

序　言

　　现代远程教育是在信息与通信技术不断发展的基础上产生的一种新的教育形式。它为那些因地理位置或工作时间等条件所限而不便接受课堂面授形式教育的人提供了新的受教育的机会。20世纪70年代英国开放大学的成功实践已经证明了现代远程教育的价值，而学习型社会的到来以及终身学习理念的深入人心更是使得远程教育有了大显身手的机会。远程教育已经成为教育领域内的一支新兴力量，发展迅速且充满活力。

　　世纪之交，我国政府在《面向21世纪教育振兴行动计划》中提出要实施现代远程教育工程，构建终身学习体系。1998年，国家教育部启动了现代远程教育试点项目，我国远程教育迈进了一个崭新的历史阶段。其后，现代远程教育便步入了快车道，远程教育事业的发展可谓是一日千里，令人瞩目。

　　远程教育实践的蓬勃发展对远程教育学术研究、学科建设以及人才培养提出了迫切的要求。锻造一支远程教育学术研究的学科队伍以及造就大量熟稔远程教育理论、技术与方法，能够有力推动远程教育实践的各层次的人才成为当务之急。在这种情况下，远程教育的学科建设尤其是课程建设成为它可持续发展的基础与前提。

　　王继新教授和张屹副教授从事现代教育技术与远程教育研究与实践工作多年，在现代远程教育方面积累了丰富的经验。长期以来，他们和华中师范大学信息技术系的教师们在现代远程教育学术研究与实践应用方面做了大量有价值的工作。尤其是王继新教授，他对农村中小学远程教育事业表现出特别的钟情与执著。读者面前的这本《远程教育原理与技术》，包含了王继新教授及其同事们对过去若干年内在远程教育方面所做的大量工作的系统整理与提炼所得的成果。

　　王继新教授和张屹副教授主编的这本《远程教育原理与技术》，吸取了国内外同类教材的优点，并在体系结构上有自己的创新。书中抓住远程教育研究的几个核心问题，从历史与理论、系统与工程、教学与学习、管理与评价、资源与应用、法规与标准等不同角度，用六篇十三章的篇幅，系统地呈现了远程教育的各个方面，让读者能够对远程教育从理论到实践、从研究到应用有一个全面深入的了解。

　　编者首先回顾了远程教育的历史发展，讨论了它的一些基本理论问题后，接着便从工程的视角对远程教育的技术系统进行了考察，体现了理论与实践相结合的编写思路。教学与学习是教育中的一对永恒范畴，远程教育也不例外。《远程教育原理与技术》使用了一篇的篇幅对远程教育中的教学与学习问题进行了论述，凸显了编者对教学与学习的关注以及对远程教育的深刻理解。此外，编者还对当前我国远程教育发展中的若干热点与关键问题，如农村中小学现代远程教育工程以及远程教育的政策法规与技术标准进行了探讨，这是本书的特色和亮点之一。书中包含丰富翔实的资料，且不时闪烁着编者的真知灼见，可圈可点之处颇多。

我相信,这本教材的出版必将有助于推进我国远程教育的学科建设与人才培养,有益于我国远程教育事业的发展。当然,远程教育在我国尚属年轻的学科领域,其理论和实践远远未臻成熟;在目前的学科形成和发展阶段产生的这本教材,缺点和不足也是难免的。我想细心的读者会不吝指出,给本书编者以帮助。

是为序。

张景中

2007 年 9 月 22 日

前　言

自1840年英国的伊萨克·皮特曼(Isaac Pitman)首先应用函授方式教授速记以来，远程教育已经经历了150多年的历史。信息与通信技术的进步改变了人际之间的沟通模式，在塑造了今日"地球村"的同时也深刻影响着远程教育的面貌。近20年来，远程教育在实践上的蓬勃发展使得远程教育的学科建设与人才培养显得更加刻不容缓。作为远程教育研究领域的一员，我们正是怀着为远程教育的学科建设与人才培养略尽绵薄之力的想法，组织编写了这本远程教育教材。

这本远程教育教材是在我们2005年出版的《远程教育原理与技术》一书的基础上，认真参考了众多读者的反馈意见并经过多次修订撰写而成的。在内容体系上，吸收了2005年版本的精华，并对其中不足的部分做了进一步的扩展与丰富。全书共分为七篇，即历史与理论篇、系统与工程篇、教学与学习篇、管理与评价篇、资源与应用篇、法规与标准篇、综合实践案例篇，基本涵盖了远程教育的各个方面，较好地呈现了远程教育研究的框架。

本书首先在"历史与理论篇"中对远程教育的起源与历史发展、远程教育的基本概念、远程教育的理论基础与基础理论等基本理论问题进行了探讨；其后，在"系统与工程篇"中在对远程教育的技术系统进行分析的基础上，以"农村中小学现代远程教育工程"为例，从工程的视角对远程教育系统进行了考察；接下来的"教学与学习篇"则对教学与学习这一对远程教育中的关键范畴进行了阐述，其中包括对远程教育的教学系统、远程教育的课程开发与教学设计以及远程教育中的自主学习与学习支助所进行的讨论；"管理与评价篇"则对远程教育管理的基本内容与模式、远程教育的质量保证、远程教育评价的理论与实践进行了分析；"资源与应用篇"讨论了远程教育的资源建设以及应用问题，重点涉及了网络课程的设计开发以及远程教育中的媒体；最后的"法规与标准篇"则对远程教育实践的两个关键问题——政策法规与技术标准进行了讨论。

本书的"综合实践案例篇"以编者承担的重大研究课题和在研项目为基本素材和线索，将我们的研究思路、研究方法、研究策略、研究成果和主要创新点整理成为四个有特色的综合实践研究案例："远程教学平台的研发""网络课程的设计与开发""'农远工程'应用与实践（一）""'农远工程'应用与实践（二）"，展现了我们在远程教育领域所从事的主要研究工作和研究成果。这些丰富、真实的远程教育实践领域的综合研究案例，有助于学习者将所学的远程教育原理与技术相关知识融会贯通，透过远程教育实践的综合研究案例，深刻地领会远程教育中的理论与技术，并在今后的学习和研究活动中，自觉地运用远程教育中的相关理论、方法和技术，解决远程教育实践所面临的真实而有价值的问题。

本书是专门为教育技术学专业本科"远程教育"课程定制的一本教材，不仅可以满足学习者对远程教育基本理论学习的需求，而且还能教给学习者远程教育中的种种实用技术与方法,因而具有较强的实用价值。此外,本书还可以作为远程教育领域从业人员的工作参考书以及专业人员的在职培训用书。

当然,由于目前远程教育本身发展迅速而相关研究还不够成熟,加之本书编者的学力有限,书中难免挂一漏万,种种不妥的情况,甚至谬误之处也是在所难免,恳请各位专家与新进不吝赐教,大力斧正,以使再版时臻于完善。

本书在编写过程中,引用了国内外学者大量的研究成果,他们的出色研究构成了本书的基础。书中所引文献的绝大部分已经在文末的参考文献中一一列举,在此对它们的作者表示诚挚的谢意,如有遗漏,恳请原谅。最后,编者要感谢华中师范大学信息技术系的吴军其博士、蒋玲博士和李文昊博士,他们在承担我系"远程教育原理与技术"课程的教学工作中,参与撰写了"本章导学""问题导入""学习活动"和"学习测评"等部分的内容,对部分章节的内容进行了改写和修订。同时还要感谢我系的研究生们,他们承担了本书文献资料的收集与整理工作,付出了大量的劳动。最后,还要感谢北京大学出版社对本书的出版所给予的大力支持与帮助。正是由于他们的努力,本书才得以按时付梓。

编者

2007 年 9 月 10 日

修订版前言

《远程教育原理与技术》一书最初成型于 20 世纪 90 年代末我们开设的远程教育课程。2005 年,此书的第一稿由我和李书明教授共同主编,由湖北科学技术出版社出版发行,并在湖北省内几所院校的远程教育课程教学中应用,取得了不错的效果。在这一基础之上,2008 年,蒙北京大学出版社的抬爱,我又和张屹教授密切合作,对书中的内容进行了较大程度的增删与修正,作为著名教育家张景中院士主编的"21 世纪教育技术学精品教材"的一种与读者见面。此书出版之后,进入了国内若干所重点师范大学远程教育课程教学的课堂,受到了教师和同学们的广泛欢迎,并蒙业内同仁不弃,忝列普通高等教育"十一五"国家级规划教材之列,同时基于本书的网络课程被评为国家级精品课程。这既是对我们工作的认可与鼓励,更是对我们的鞭策和期许。近几年来,我们立足于华中师范大学远程教育课程教学实践这块沃土,并与兄弟院校从事远程教育课程教学的同行携手合作,坚持不懈地对本书的内容和体系进行创新、丰富和发展。2012 年初,北京大学出版社鉴于前期印刷的书籍已经售罄,需要再次重印,希望我们能够对书稿再次进行修订。我们毫不犹豫地应承了下来。这一方面是因为我们在前期的课程教学应用实践中还深感书稿存在着一些瑕疵和不足,另一方面也因为我们期望能够把最近几年的思考与业内同行和青年学子们进行分享,以共同推进我国教育技术领域对远程教育这一重要研究方向的课程建设。在修订的过程中,我们基本保持了原书的基本框架和体系架构,只是在具体的内容上吸收了自本书第一版发行以来远程教育研究与实践的最新成果。这一方面是为了保证不同版本在内容架构上的稳定性和连续性,另一方面也因为实践表明这样的安排在教学和学习上是恰当和有效的。本书的修订主要由郑旭东博士担纲完成,他也是本书初稿重要的完成人之一。我们期望,此书的修订版能够进一步满足业内同行和广大师生在远程教育课程教学中的实际需要,更希望能够得到大家的批评和指教。从某种意义上讲,来自大家在课程教学实践中的反馈意见是本书之所以能够不断走向成熟最重要的动力,也是我们今后继续对本书进行丰富和完善最重要的精神支撑。"批阅十载,增删五次"既是我们的自期,也是我们永恒的追求。

王继新

2012 年夏末于武昌桂子山

目　录

历史与理论篇

第一章　远程教育的起源与历史发展 (1)
　　第一节　远程教育发展史 (2)
　　第二节　远程教育在中国 (10)
　　第三节　远程教育学的孕育与成熟 (17)

第二章　远程教育的基本原理 (27)
　　第一节　远程教育的基本概念 (28)
　　第二节　远程教育的理论基础 (35)
　　第三节　远程教育的基本理论 (45)

系统与工程篇

第三章　远程教育技术系统的结构与模式 (56)
　　第一节　远程教育技术系统的基本结构 (57)
　　第二节　远程教育中的信息技术 (60)
　　第三节　现代远程教育的几种技术模式 (73)

第四章　现代远程教育系统与工程的实例分析
　　　　——农村中小学现代远程教育工程 (80)
　　第一节　农村中小学现代远程教育工程概述 (81)
　　第二节　农村中小学现代远程教育技术系统的总体结构 (86)
　　第三节　农村中小学现代远程教育工程的三种技术模式 (90)

教学与学习篇

第五章　现代远程教育的教学系统 (99)
　　第一节　远程教育中教学系统的基本构成 (100)
　　第二节　远程教育的教学过程与教学模式 (105)

第六章　远程教育中的课程开发与教学设计 (115)
　　第一节　远程教育中的课程开发 (116)
　　第二节　远程教育中的教学设计 (123)

第七章　远程教育中的自主学习与学习支助　(133)
　　第一节　远程教育中的自主学习　(134)
　　第二节　远程教育中的学习支助　(140)

管理与评价篇

第八章　远程教育管理　(148)
　　第一节　远程教育管理的基本内容　(149)
　　第二节　远程教育管理的基本模式　(154)
　　第三节　远程教育的质量保证体系　(157)

第九章　远程教育评价　(165)
　　第一节　远程教育评价的类型与特点　(166)
　　第二节　远程教育评价的实施　(170)
　　第三节　我国远程教育评价的实践　(180)

资源与应用篇

第十章　现代远程教育资源建设　(187)
　　第一节　远程教育的资源概述　(188)
　　第二节　远程教育的资源建设　(193)
　　第三节　网络课程设计与开发　(207)

第十一章　现代远程教育资源应用　(225)
　　第一节　现代远程教育的媒体资源　(226)
　　第二节　网络教育信息资源的应用　(240)
　　第三节　现代远程教育的应用平台　(246)

法规与标准篇

第十二章　远程教育政策法规　(265)
　　第一节　世界各国远程教育的政策法规　(266)
　　第二节　我国远程教育的政策法规体系　(270)

第十三章　远程教育技术标准　(274)
　　第一节　国外现有的远程教育技术标准　(275)
　　第二节　中国的远程教育技术标准体系　(279)

综合案例篇

综合案例一 远程教学平台的研发
　　　　　　——汉语言远程可视化演示教学平台的设计　　　　　　(289)

综合案例二 网络课程的设计与开发
　　　　　　——信息技术学科网站建设　　　　　　(307)

综合案例三 "农远工程"应用与实践(一)
　　　　　　湖北省农村中小学现代远程教育工程项目介绍　　　　　　(315)

综合案例三 "农远工程"应用与实践(二)
　　　　　　湖北省农村远程教育工程模式三
　　　　　　——信息技术教师培训计划　　　　　　(326)

历史与理论篇

第一章 远程教育的起源与历史发展

学习目标

1. 了解远程教育的起源及其历史发展中的重大事件,能够用自己的话概述远程教育发展的几个重要历史阶段以及每个发展阶段的特点。

2. 了解远程教育在我国的发展历史,能说出每一历史阶段中的重要历史事件,能阐述我国远程教育的发展现状及其面临的挑战。

3. 了解远程教育学科研究发展的基本历程,能够说出远程教育学科研究中的重要人物、重要理论、有影响的学术组织与机构以及学术刊物。

知识概览

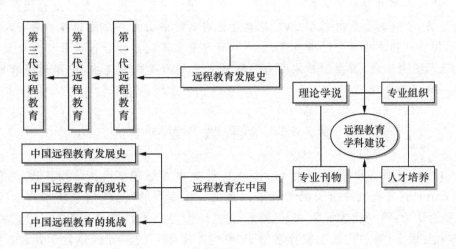

本章导学

亲爱的同学们,欢迎大家进入"远程教育原理与技术"课程的学习中,本章将就远程教育的起源及其历史发展中的重大事件、远程教育在中国的发展现状和面临的挑战、远程教育学相关的理论、刊物、组织展开讨论。为此我们将分三个部分为大家介绍,这三个部分分别是远程教育发展史、远程教育在中国、远程教育学的孕育与成熟。

国际上远程教育经历了三个阶段:19世纪中叶的函授教育、20世纪上半叶的多种媒体教学开放教育以及20世纪末的数字化虚拟教育。伴随着国际远程教育风起云涌的发展潮流,我国远程教育的发展可谓独树一帜。

与实践相对应,远程教育学作为一个专门的学科分支与研究领域也在从孕育走向成熟。学科的理论基础基本形成,学科理论体系得以建立和发展,远程教育专业协会、学会普遍建立,专业刊物和学术出版物的增长明显,越来越多的传统大学开设了相应的专业课程,招收培养各类人才。

问题导入

1. 远程教育中常常提到的三代信息技术和三代远程教育分别是什么?
2. 在远程教育的不同阶段,远程教育的名称分别是什么?
3. 两种分类方法的相同点和不同点分别是什么?
4. 中国是人口大国,远程教育是一种高产出的教育方式。我国政府是如何大面积开展远程教育的呢?
5. 为了全面提高国民素质,我国政府批准高校从事现代远程教育。目前高等学校远程教育试点工作的主要进展有哪些?

引言

19世纪初期,在英国流传着这样一个故事:一个非常著名的神父传教布道的水平很高,各地的人们都希望能亲耳聆听他的讲话,但即便他日理万机、日夜奔走也还是不能跑遍所有地方,于是教会想出个办法,让他整理出讲话的书面材料分发到各个教会,别人代为宣读,据说这就是最早的远程教育。其后,科技进步不断推动着远程教育向前发展,改变着远程教育的面貌,而在世界范围内远程教育发展的历史潮流中,中国远程教育的发展也是一路风雨兼程。

第一节 远程教育发展史

由加拿大学者加里森(Randy Garrison)、丹麦学者尼珀(Nipper)和英国学者贝茨(Tony Bates)首先提出并由我国学者丁兴富进一步发展的"三代信息技术和三代远程教育"理论认为:第一代远程教育起源于19世纪中叶的函授教育,建立在印刷和交通邮递技术发展上;第二代远程教育起始于20世纪上半叶的多种媒体教学开放教育,建立在广播电视录音录像等视听技术和大众媒体的发展上;第三代远程教育则是发端于20世纪末的数字化虚拟教育(即网络教育),建立在以计算机多媒体和网络为核心的电子信息通信技术的发展之上。

一、基于印刷媒体的函授形式——第一代远程教育

书写文字和印刷技术的发明对于教育和人际交流具有历史性的意义。印刷技术使交流变得更容易，学习变得更有效。它不仅为普及大众教育奠定了基础，而且还将教师和学生从课堂面授教学中解放出来，各类印刷教材成为教学信息传递的主要载体。

第一代远程教育起源于19世纪中叶。当时，学校数量有限，而学习者，特别是成人学习者由于受地域、时间的限制而不能采取师生面对面的授课形式，只能通过邮政通信的方式来完成大部分学习任务，远程教育于是应运而生。

第一代远程教育是以印刷课程材料（印刷教材）为主要学习资源、以邮政传递书写作业和批改评价（函授辅导）为主要通信手段（或主要技术特征）的函授教育（Correspondence Education）。这一代远程教育的主要代表是独立设置的函授学校和传统大学开展的函授教育、校外教育。英国等西方国家较早开展函授教育，嘉格伦（Glenn R. Jones）在《网络教育——21世纪的教育革命》一书中指出："像澳大利亚、加拿大和斯堪的纳维亚诸国等人口稀少的国家，其教育系统以邮件的通信形式实施远程学习计划已有上百年的历史了"。

函授教育首先发源于职业技术培训。1840年，英国的伊萨克·皮特曼（Isaac Pitman）首先应用函授方式教授速记，他被认为是函授教育的始祖。后来，为了育人和商业的双重目的，各类私立函授学校和学院纷纷设立并提供各种职业技术培训课程。

随后，在大学层次也开始开展函授高等教育。大学层次的远程教育的实践可以追溯到19世纪三四十年代英国的"新大学运动"（New University Movement，即在古典大学之外新建大学）和"大学推广运动"（University Extension Movement，即将大学的各类教育活动推广到校园外的民间，面向各类社会民众）。

在"新大学运动"中，英国政府于1836年创建了伦敦大学。伦敦大学提倡民主自由精神，注重自然科学的讲授，并且在1849年首创校外学位制度（External Degree System），即允许英国国内和英联邦各国未经特许的任何高等院校的学生，都可以报考伦敦大学的校外学位制度。校外学位制度为世界树立了一个采用自学、函授、业余夜校等综合方式进行教学的榜样，成为发展校外高等教育的范例。

19世纪60年代，剑桥大学、牛津大学倡导"大学推广运动"，为校外学生开设扩展的学习课程。在其影响下，新产生的高等函授教育不仅在英国，而且在世界上的许多国家中得到响应和推广，欧美许多大学也相继建立函授教学机构。1892年美国威斯康星大学（University of Wisconsin）正式用"远程教育"这一术语，该年因此成为世界公认的远程教育诞生元年。宾夕法尼亚州立大学也是美国远程教育的先驱之一。1892年，为了推广农业新技术，宾夕法尼亚州立大学以函授教育方式免费邮寄印刷材料，为当地农业发展做出了不可磨灭的贡献。

在美国，举办函授教育的第一批大学还有伊里诺斯州立大学（1874年）、芝加哥大学（1891）。其他西方国家如法国、德国、意大利、瑞典以及亚洲的日本等，也都先后开展了大学层次的函授教育和校外教育。1938年，在加拿大的维克多组建了"国际函授教育理事会"，它标志着远程教育的第一个阶段——函授教育阶段的正式形成。

函授教育的目的是创建一个真正的以学生为中心的学习系统。函授学习的主要优

势是它对于学生和学校都很灵活。学生对学校而言是一个个体,通过通信邮件获取课程材料,学习的时间和地点相对灵活。对于学校,系统的灵活性体现在两个方面。它允许进行劳动分工(如课程主讲和课程辅导可以是不同的教师),而且容易实现规模经济快速扩展。规模经济带给函授教育另一种优势:学校拥有大量学生时将提供充足的资源制作高质量的学习材料。这是巨型大学的关键竞争优势。函授教育公认的主要弱点则是实现交互的程度和及时性有所不足。

二、基于视听媒体的广播电视形式——第二代远程教育

从20世纪20年代起,相继发明的电报、电话、无线电收音机以及电视机等电信设备开始应用于教育,并且目前作为教育媒体也广泛地应用在教学之中。最早开始兴办播音教育的是英国。1920年,英国首先将广播电视媒体应用到高等教育之中,随后其他国家也普遍开展广播电视教育。20世纪30年代起,有声电影开始应用于教学,进入视听教育的新阶段。50年代起,电视技术逐步成熟,电视教育也很快崛起。20世纪60年代至70年代,广播电视、卫星电视以及录音录像技术的大规模发展以及在教育领域的广泛应用,最终使远程教育从单一的函授教学形态向多种媒体教学的形态发展,从而形成第二代远程教育。图01-01到图01-03分别为早期电话机、收音机以及电视机。

图01-01 早期电话机

图01-02 早期收音机

图01-03 早期电视机

第二代远程教育是指在邮政通信和印刷技术的基础上,利用广播、电视(卫星)、录音录像和电话等电子传播媒体开展的远程教育。它的主要特征是除了印刷材料以外,还有广播电视等大众媒体和录音录像等个人媒体,是多种媒体教学的大规模和工业化的远程教育。第二代远程教育是以广播电视、录音录像、通信卫星等多种媒体教学为技术特征,其主要代表是各国独立设置的开放大学和广播电视大学及其他独立设置的远程教学大学。图01-04为广播节目,图01-05为录制教学片。

图01-04 广播节目

图01-05 录制教学片

上面提到的美国宾夕法尼亚州立大学,从上世纪 20 年代起就利用广播、电视和卫星通信等先进手段,进一步推广远程教育,为美国工农业发展输送了大批素质优良的技术人员;尤其是在第二次世界大战以后,为美国军人转业培训立下了汗马功劳。

1964 年,美国佛罗里达大学第一个用电视转播课堂现场教学,双向、点对点微波通信传输系统把校园课堂教学的信息传送到五个校外中心,供各企业的工程师们在同一时间集中在校外中心进行学习。

1967 年,美国科罗拉多州立大学首创使用录像带进行工程师继续教育。学校把教授在课堂里的讲课制成录像带,连同课程讲义、家庭作业送到各个企业。为了弥补录像带教学无法解决与老师交流的缺陷,在发放录像带的同时,该校用电话和普通邮件作为师生间交流的替代工具。

1968 年,斯坦福大学通过一个教学电视固定服务系统,向旧金山湾地区各企业传送大学校园内的现场课程教学。校外学生通过调频无线电系统同校园内课堂现场师生进行双向对话,另外,还要求各企业为学习者配备辅导教师。

这些先驱者们的工作,为以广播电视教育为主要特征的第二代远程教育提供了思想理念和办学实践的良好范例。然而,第二代远程教育标志性事件的历史殊荣却要归于 20 世纪 60 年代末创立的英国开放大学。

目前,世界远程教育界公认:英国开放大学的建立标志着新一代远程教育的开始。1963 年,英国反对党领袖哈罗德·威尔逊(Harold Wilson)在其著名的格拉斯哥演说中,首次阐述了"播送大学(The University of the Air)"的观念。1969 年 6 月,英国开放大学成为一所有权授予学位的独立的自治大学,它通过广播、电视、计算机等多种媒体进行教学,可以授予校外学生学位。这是开放大学的一个重要特点。经过 30 多年的不断探索和创新,英国开放大学取得了令世人瞩目的巨大成就,在世界远程教育领域产生了巨大而深远的影响。她的诞生不仅是英国 20 世纪教育改革最成功的典范,而且已成为世界远程教育发展史上的重要里程碑。英国开放大学的创建标志着 20 世纪 70 年代起开始兴盛的新一代远程教育运动的崛起,为远程高等教育争得了合法地位,赢得了世界声誉。图 01-06 为开放大学课程组构成分布图。

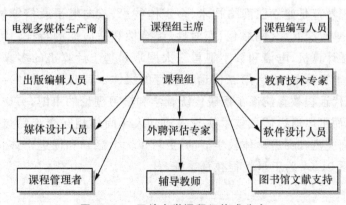

图 01-06　开放大学课程组构成分布

英国开放大学无论在大学学位教育、研究生教育及继续教育的课程设置，多种媒体课程材料的设计、制作和发送方面，还是在教学方法以及学生学习支持帮助服务等方面都取得了重大成就。这确立了它的历史地位。澳大利亚的泰勒和怀特曾经这样评论英国开放大学的历史功绩："世界各地的远程教育工作者都高度评价英国开放大学，既不是因为它的教育组织和管理模式必定适用于世界各地，也不是因为它的课程适应了世界各地的需要，甚至也不是它的教学方法对其他教育形式都适合。英国开放大学所作出的主要贡献是，它为远程教学争得了正统的合法地位。它证明，远程教学是现实可行的；远程教学能够像传统院校的校园内教学那样既有效率，又有效益，而且成本较低；它的最终成品是受劳动力市场欢迎的。"[①]

进入20世纪70年代，在英国开放大学创新精神的鼓舞下，世界各地掀起了兴办远程教育的热潮。其间，以成人为主要对象的远程高等教育发展尤为迅速。一批自治的多种媒体教学的开放性远程大学在西欧、北美、亚洲、中东、拉丁美洲和非洲等地兴起，它们代表了20世纪后半叶世界远程教育发展的主流，成为新一代远程高等教育事业的主力军。

由于广播电视教育的发展，特别是开放教育的出现，"函授教育"这个概念已经不能完全反映"远程"和"开放教育"的实际。因此，国际函授教育理事会在1982年召开的第12届国际函授理事会上，将这个理事会易名为"国际远程教育理事会"。这是远程教育发展的第二阶段。

三、基于多媒体的网络教育形式——第三代远程教育

相对于以广播、电视等媒体为标志的第二代远程教育，人们把基于多媒体、网络这种形式的远程教育称为第三代远程教育，也称作现代远程教育。现代远程教育是在上个世纪60年代随着信息科学技术发展而出现的新的教育形式。它集面授、电视、网络教育各自的优势于一身，融文本、图片、音频、视频信息传播媒介为一体，在不同的时间和空间下，创造一个师生可以交流的虚拟课堂环境，从而实现在远距离环境中推行教学计划、实施教学环节，达到"传道、授业、解惑"，培养造就人才的目的。

第三代远程教育是建立在网络技术、多媒体技术、双向电子通信等技术基础上的新一代远程教育，具有交互性、网络化、实时性、综合性和适应性的特征。第三代远程教育的媒体不仅包括计算机、电信和数字卫星三大网络和基于计算机的多媒体技术，还包括印刷材料、广播电视等第一代、第二代远程教育的媒体。其明显的技术特征和优势是双向交互，这使现代远程教育能逐步摆脱传统教学和学习理论的束缚，突破学校、班级课堂教学的樊笼，从而可以通过信息技术实现人机和人际间的相互交流和交互作用，从而既可以加强师生间交流和促进集体教学活动，更可以大大激励和促进个体化学习和小组间的协作学习。图01-07为卫星远程教育系统。

---

① 转引自：丁兴富.开放大学的兴起和发展：世界远程教育发展历史追溯和展望(2)[J].天津电大学报，2001,(01).

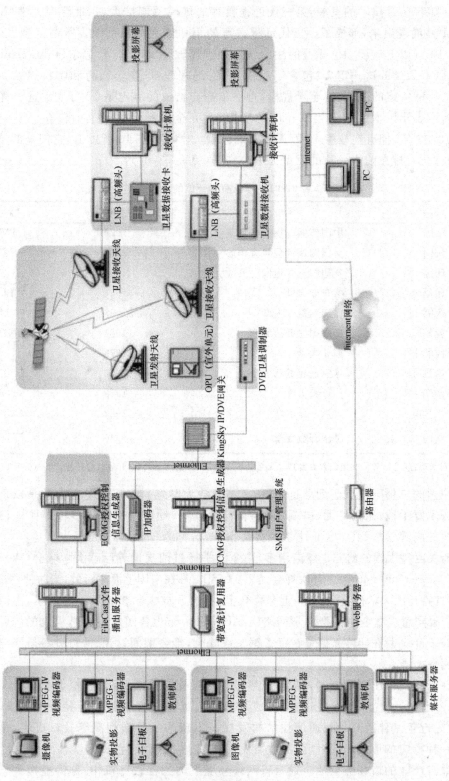

图 01-07 卫星远程教育系统

伴随着信息技术的发展,第三代远程教育的规模急剧扩大,一批巨型大学(Mega-University)涌现出来,形成了第三代远程教育的第一道亮丽风景线。所谓巨型大学,是指"拥有10万以上攻读学位课程的注册学生的远程教学大学"。丹尼尔(John Daniel)曾解释说,巨型大学的这一定义"包含了三重要素:远程教学、高等教育和院校规模。每个要素都是一种特定的限制"。至于规模,丹尼尔当初给出的界定是10万人。这一界定实际上是为了表示巨型大学应当有相应的规模,不完全是特定数量上的概念。按照这一界定,到2003年,拥有在校生10万人以上的巨型大学超过了10所以上,它们全部是远程教育开放大学,排在前十一位的巨型大学分别是(见表01-01):

表01-01 排在前十一位的巨型大学

国家	学校名称	建立时间	缩写
中国	中国广播电视大学系统	1979	CTVU
法国	法国国家远程教育中心	1939	CNED
印度	英迪拉·甘地国立开放大学	1985	IGNOU
印尼	特布卡大学	1984	UT
伊朗	帕亚莫努尔大学	1987	PNU
韩国	韩国国立开放大学	1982	KNOU
南非	南非大学	1873	UNISA
西班牙	国家远程教育大学	1972	UNED
泰国	苏可泰大学	1978	STOU
土耳其	阿那都鲁大学	1982	AU
英国	英国开放大学	1969	UKOU

资料来源:联合国教科文组织教育助理总干事约翰·丹尼尔.论巨型大学.开放教育研究,2003(01).

中国的广播电视大学列居这10所巨型开放大学之首。广播电视大学是以现代信息技术为主要手段,采用广播、电视、文字和音像教材、计算机网络等多种媒体进行现代远程教育的高等学校,其学历证书被世界各国承认,称为"国际学历绿卡"。

有关巨型大学的研究也逐渐增多,迄今已举行过两次世界巨型大学峰会(World Summit of Mega-Universities)。首次峰会是2003年11月在中国上海举行的,当时使用的中文名称是"世界开放大学校长会议"。上海峰会上,各国开放大学校长共同签署了《上海合作宣言》,一致同意成立全球巨型大学网络(GMUNET),作为各国巨型大学组成的国际教育组织。2005年9月在印度新德里举行了第二次峰会,峰会期间讨论、修订并签署了全球巨型大学网络宣言。

在巨型大学出现的同时,借助于现代信息与通信技术,一批虚拟大学(Virtual University)也应运而生,并发展迅速,构成了第三代远程教育中第二道亮丽风景线。"虚拟大学"是近年来伴随着信息通信技术的发展而出现的一种新型高等教育机构,是虚拟组织的一种特定的形式,它是以公共教育为目的的虚拟组织,它具有实体大学的教育服务性又兼有产业的市场经营性。通常将网络环境下的远程教育机构,称为虚拟大学,或"网络大学"(Online University)。

国外的虚拟大学,尤其是美国的虚拟大学已经发展了十多年的时间,涌现了一大批在世界范围内具有广泛影响的虚拟大学。美国凤凰城大学(The University of Phoenix)1989年推出了第一个以计算机为基础的教育教学系统,即网上教学计划,后逐步发展成为凤凰城大学网上校园;美国琼斯国际大学(Jones International University)成立于1993年5月,1995年开始授予商务沟通专业学士和硕士学位,1999年3月5日,获得正式资格认证,正式成为全美第一所完全通过互联网授课而获得资格认定的大学,也是美国历史上第一所完全建立在互联网之上的"虚拟大学";美国西部州长大学(Western Governors University)诞生于1995年,先期由西部10个州签署设立虚拟大学的计划,现在已发展成为西部19个州州长协会共同管理该校。

创建于20世纪80年代中期的美国国家技术大学是美国众多著名大学的联盟,是美国基于数字通信卫星和计算机网络的第三代远程教育的先驱。其主要目标是提供硕士层次的工程师继续教育,同时开设工程研究专题讲座,向全美工程界传播工程技术的最新研究成果和发展信息,把全美各地的工程师带到世界工程研究的最前沿。如今,美国国家技术大学已经成为一所向北美、拉丁美洲、大洋洲、欧洲、亚洲许多国家提供远程教育课程的全球虚拟大学。表01-02列出了包括美国国家技术大学在内的著名虚拟大学代表。

表01-02 作为大学网络联盟的虚拟大学代表

英文缩写	英文全称	中文译名
WUN	Worldwide University Network	世界大学网络
WADE	World Alliance Distance Education	世界远程教育联盟
AVU	African Virtual University	非洲虚拟大学
UKeU	UK e-Universities	英国电子大学
NTU	National Technological University	国家技术大学(美国)
OLA	Open Learning Australia	澳大利亚开放学习共同体
SCS	Space Cooperative System	空间协作体系(日本)
INU	International Network of Universities	国际大学网络联盟

资源来源:转引自丁兴富(2004).论从全国教师教育网络联盟到国家教师教育虚拟大学.

除了巨型大学和虚拟大学这两大特点之外,第三代远程教育还明显地呈现出全球化的发展趋势。在这一趋势下,现代远程教育的国际竞争和院校合作正在加强。一些著名的远程教育系统已经实行了全球化教学,如法国国家远程教育中心1999年已拥有分布在190个国家的3万名学生;澳大利亚、美国等国家的远程教育大学正在将他们的教育扩展到亚洲地区。一些亚洲地区的远程大学也正在使他们的教育地区化或国际化,如中国澳门的亚洲国际开放大学正在香港和内地寻找教育市场,马来西亚的电子通信大学已经有非洲、欧洲和亚洲的学生注册;印度的英迪拉·甘地国立开放大学已将其课程发送到波斯湾地区,并计划为尼泊尔、马来西亚、南非和美国提供课程。新的通信技术在现代远程教育中将得到广泛应用。世界通信在20世纪80年代进入了电子革命、信息技术革命时代,其结果是90年代初整个世界走向移动通信,90年代后期整个世界走向网络通信,所有的教育系统——面授的和远程的都面临着新的挑战。网络教育的最大优势就在于支持教与学的个别化、交互式和建构主义的模式,它是现代远程教育的最有效的教学方式。目前,许多国家都在改变教育基础设施,各个远程教育机构都在实施或规划应用新的信息技术为学生开发课程和提供服务,包括因特网、双向视频会议系统、语音应答系统、VOD点播系统和各种教学软件等等,实现资源的优化配置和综合利用,这可以说也是现代远程教育的一种发展趋势。

学习活动一:制作远程教育大事年表

所谓大事年表(Timeline),就是将有关历史的资料依年份先后排列,即将一件发生在某年某月某日的历史事件,以最简单的形式,有重点地记录下来。它们对于了解历史起着非常重要的作用。表01-03是我国计算机科学的大事年表的一部分(1956—1960)。

表01-03　我国计算机科学的大事年表

时间	事件	备注
1956	筹建中国科学院计算机技术研究所	由华罗庚受命筹建
	设计第一台电子计算机运算器和控制器	由夏培肃完成设计工作,同时编写了中国第一本《电子计算机原理》讲义
1957	第一台模拟式电子计算机研制成功	哈尔滨工业大学研制
1958	103型机研制成功	中国第一台计算机;中国科学院计算所与北京有线电厂共同研制;字长31位,内存容量为1024字节,运算速度每秒450次
	数字指挥仪901样机问世	第一台电子管专用数字计算机
1960	105型机研制成功	第一台大型通用电子计算机;字长32位,内存容量为1024字节,有加减乘除等16条指令;主要用于弹道计算
...	......	......

请在广泛参阅有关资料的基础上,制作一个世界远程教育发展历史的大事年表。

时间	事件	备注

第二节　远程教育在中国

远程教育是社会发展、经济腾飞、科技进步和教育改革发展到一定阶段的必然产物。在国际远程教育风起云涌的发展潮流中,中国远程教育为我国培养了很多人才,为我国经济与社会的发展做出了巨大的贡献。

一、我国远程教育的发展历史

20世纪上半叶是我国教育技术发展史上的起步时期,而在我国远程教育发展史上它只能算是一个萌芽和准备时期。我国远程教育的第一次发展机遇是在20世纪60年代初,我国第一代和第二代大学层次的远程教育均创建于这一时期。

作为第一代大学层次的远程教育的代表,我国函授高等教育创建于20世纪50年代初,即由中国人民大学和东北师范大学为先驱的普通高校创建函授部和函授学院。而作为第二代大学层次的远程教育的代表,我国广播电视高等教育起始于60年代初。

20世纪60年代初,随着各地电视台的建立,我国的主要中心城市——北京、上海、广州、沈阳、长春、哈尔滨等地相继创办了电视大学。建立于1960年2月的北京电视大学是中国、也是世界上第一所城市电视大学。当时的北京市副市长、著名历史学家吴晗任校长。遗憾的是,在1966年爆发的"文化大革命"中,无论是函授教育还是电视大学都被迫中断了。

我国远程教育的第二次发展机遇是在20世纪70年代末。"文革"结束后的中国,百废待兴,人才奇缺,但微波传输的彩色电视网已在全国初步形成。邓小平高瞻远瞩,亲自批准成立了面向全国的中央广播电视大学,这一举措使我国远程教育抓住了一次历史性的重大发展机遇,为国家培养了数百万合格人才,也为中国远程高等教育在中国高等教育中争得一席之地奠定了基础,为第二代国际远程教育在东方文化背景下的发展做出了历史性的贡献。

1979年2月6日对中国远程教育来说是一个值得纪念的日子。这一天,中央广播电视大学和28个省、直辖市、自治区广播电视大学同时开学。原国家高教部部长、著名教育家蒋南翔拨乱反正后首次在中央广播电视大学的开学典礼上亮相,他主持了这个具有里程碑意义的典礼并讲了话。中国科学院学部委员(即现在的院士)、著名数学家华罗庚教授上《高等数学》第一课。从此,我国的远程教育揭开了新的一页。

"文革"结束后的70年代末到80年代上半期,我国远程教育的发展进入了一个相对平稳的发展和调整时期。这一时期既有中国广播电视教育特别是卫星电视教育(包括电视师范教育和各类非学历教育)的创新和发展,也有国家主管教育行政部门对电大高等专科教育的控制和调整。从邓小平"南巡"谈话到中央电大建校15周年前后的纪念活动,成为我国电大发展的新契机,并为我国远程教育的战略革新和起飞作了准备。

从70年代末(1979)到80年代中期(1985),中国广播电视大学得到了飞速的发展,到1985年已经成为一个结构完整和功能独特、具有相当规模的全国性远程教育系统,其成就赢得了国际声誉。除了普通高校函授教育和广播电视大学提供的远程高等教育外,我国从80年代初还发展了其他形式和其他层次的远程教育。如1981年国家农委、中国科协、教育部和中央广播事业局联合举办了面向全国的农业广播学校(现名农业广播电视学校),成为农业部主管下遍布全国、开展中等农业技术教育的远程教育系统。与此同时,自1981年起,我国还建立了国家高等教育自学考试制度。这是一种新型的开放与远程教育体制,即实行学习者自学,社会各界助学,国家委托普通高校主持考试,由国家(政府)和主考学校共同授予文凭或学位。

从80年代中期到90年代中期,我国远程教育的发展进入了一个相对平稳的发展和调整时期。这种特征在全国广播电视大学的发展历程中表现得最明显。我国远程教育在这一时期的继续发展主要表现为卫星电视教育的开创和发展;高等专科教育学科专业的不断扩大和更新,以及在全国范围内面向应届高中毕业生招生;中等专业教育的继续发展;各类非学历教育,特别是各种岗位培训、专业证书教育和大学后继续教育以及其他各种短期成人教育和社会教育的兴起和发展。

而自80年代下半期起,某些重大变化和发展趋势冲击着中国广播电视大学系统,这主要表现在对广播电视大学高等专科教育的日趋严格的控制和限制上。国家对广播电视大学采取的一些重大举措,其直接后果是导致了自1986年起,中国广播电视大学的远程教育由开放走向封闭,其高等专科学历教育由发展走向萎缩。转机发生在1992年,邓小平"南巡"关于深化和加快改革开放的谈话,极大地推动了当代中国的现代化进程,也给我国广播电视大学的发展带来了新的生机。进入世纪之交,中国广播电视大学终于迎来了新的发展,中国远程教育也迎来了第三次大的发展机遇。

世纪之交,中国社会发展、经济建设进入"盛世",信息技术飞速发展,教育信息化、高等教育大众化等为远程教育发展提供了新的历史机遇。中国政府抓住机会实施了包括"现代远程教育工程"在内的"面向21世纪教育振兴行动计划"。1998年教育部启动了现代远程教育试点项目,值此前后,还在资源建设、网络多媒体教学信息传输平台建设、质量管理和课题研究等方面全面启动了现代远程教育工程。

我国在世纪之交开始组织实施的跨世纪现代远程教育工程,标志着我国远程教育迈进了一个崭新的历史阶段。这一期间,普通高校和全国电大系统在发展包括计算机互联网在内的双向交互的第三代远程教育方面进行了种种实践创新和理论探索,中国政府对组织实施现代远程教育工程树立了明确的指导思想并进行了具体部署。

这一轮现代远程教育发展的主要标志是:普通高等学校纷纷开展以双向交互卫星电视和计算机网络为技术基础的现代远程教育;广播电视大学在推进开放性和现代化建设、与普通高等学校联合办学等方面取得了重大进展;我国政府决定实施现代远程教育工程,构建远程教育网络,推进高等教育大众化、终身教育体系和终身学习型社会的形成;我国加快建设国家信息技术基础设施和远程教育网络平台,以及我国产业界和全社会对开放与远程教育的重视和投入的增长。这一从90年代中期开始的新趋势在世纪之交发展成从政府到教育界、产业界以至全社会的远程教育热潮以及战略革新态势。这一时期的一些标志性事件包括:

1994年年底,在当时国家教委的主持下,"中国教育和科研计算机网(CERNET)示范工程"由清华大学等10所高校共同承建。这是国内第一个采用TCP/IP协议的公共计算机网,它为其后现代远程教育的迅速发展奠定了物质技术基础。

1996年清华大学王大中校长率先提出发展现代远程教育;1997年,湖南大学首先与湖南电信合作,建成网上大学。清华大学则在1998年推出了网上研究生进修课程。

1998年春,人大、政协"两会"期间,全国政协委员、湖北函授大学校长游清泉提案"加快发展远程教育,构建我国远程教育的开放体系"。

1998年9月,教育部正式批准清华大学、北京邮电大学、浙江大学和湖南大学为国家现代远程教育第一批试点院校,现代远程教育开始试点。

1999年教育部制定了"关于发展现代远程教育的意见";9月,"CERNET高速主干网建设项目"立项,目标是在2000年12月前完成CERNET高速主干网的建设,满足我国现代远程教育需求。

2000年4月,教育部在长沙召开"教育部现代远程教育试点经验交流会",这次会议在交流总结现代远程教育试点经验的基础上,利用国家构建的现代远程教育专业技术平台,重点支持一批著名高校进行网络教育学院建设,开展远程学历和非学历教育。

2000年7月教育部颁布了《教育网站和网校暂行管理办法》;同时将现代远程教育试点院校扩大到31所,并颁布了《关于支持若干所高等学校建设网络教育学院开展现代远程教育试点工作的几点意见》,根据这个文件,31所试点院校具有很大的自主权。

2000年7月31日,31所试点高校在北京成立了"高等学校现代远程教育协作组",以加强试点高校间的交流与合作,促进教育资源的建设与共享。

2001年7月,教育部继续扩大现代远程教育学院的试点范围。10月,远程教育院校从原有38所院校扩至45所,到2002年6月,远程教育试点院校增至67所;截至2007年,教育部批准举办远程教育的高等院校达到68所。

2001年8月13日,以教育部办公厅发出《关于加强现代远程教育招生工作管理的紧急通知》为标志,我国现代远程教育试点进入整顿发展阶段。

二、我国远程教育的发展现状

目前,国家共批准68家高校从事现代远程教育,其中1999年批准5家,2000年批准26家,2001年批准14家,2002年批准22家,2003年受国家政策调整的影响只批准了东北师范大学1家。

从绝对值来讲,通过现代远程教育接受高等教育的人数已占全国在校大学生总人数的10%以上(全国在校大学生总数约为1900万人)。特别是2003年,尽管面授教育进行了大规模扩招,但注册进行网上学习的人数达到了当年全国招生总数的17%(2003年全国招生550万人),高于开展现代远程教育以来的任何一年。

截至2004年,试点远程教育院校已建成2000多个校外学习中心,地域分布基本覆盖全国各地;已开设的学历教育包括研究生、专科起点攻读本科和普通专科等各个层次,专业数量达到上百个。

近年来,我国现代远程教育的"三件"(硬件、软件、潜件)建设发展迅速,取得了巨大成绩。硬件方面,即基础设施的建设,已初步建成了计算机网络与卫星网络相结合的、覆盖全国城乡的现代远程教育网络。软件方面,主要是网络课程与数字教材的建设,目前试点高校现代远程教育开设专业已覆盖十大学科门类,153种专业,开设课程总数1.8万门。潜件方面,主要是理论、方法建设,6年来,我国现代远程教育理论园地也是百花齐放、各领风骚,出现了一批既有国际影响,又有中国特色的远程教育研究成果。

学习活动二:试点高校网络教育部分公共基础课全国统一考试

教育部2004年开始启动现代远程教育试点高校网络教育部分公共基础课全国统一

考试的试点工作，请你从网络中收集一些相关政策和文件，并谈谈这项试点工作对提高现代远程教育试点高校的教学质量的积极意义。

三、中国远程教育面临的挑战

我国自1998年启动现代远程教育试点工程以来，经过7年多的发展，已形成一定规模，积累了丰富的经验，创造出符合中国国情的现代远程教育模式，并取得了良好效益，但同时也遇到了不少挑战和问题。

现代远程教育即基于计算机网络、数字卫星电视网和电信网三大通信网络的远程教育，具有前两代（阶段）远程教育和传统面授教育不可比拟的特点和优势。图01-08为中国数字卫星电视网。概括起来，现代远程教育教学特征集中反映在四个方面：第一，教学信息交互性强，通过视频会议系统、双向卫星电视、师生约定的网上讨论等方式进行实时交互，通过BBS、EMAIL等实现非实时的教与学信息的交互等；第二，资源丰富，通过网络教学平台本身结构的资源库及其链接的海量资源库，可以方便地提取相关的学习资料，这是一般的纸媒介或音像图书馆难以比拟的；第三，学习者学习可以真正不受时空限制，实现任何人，在任何地点、任何时候，从任何章节，按自己拟定的进度学习；第四，能真正体现以学习和学生为中心的教育新观念，实现人类关于学习的理想——开放学习和灵活学习。这些不仅是教育领域，也可以说是整个理论界和实践界的共识。

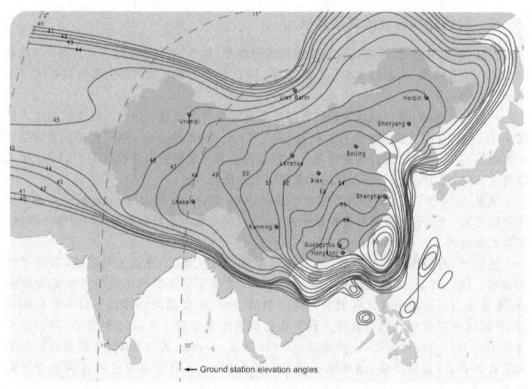

图01-08　中国数字卫星电视网

但在实践中这四大优势远未能突现出来。借助视频会议系统和双向卫星电视系统的实时交互,其价格昂贵,很难大面积地采用。在网上进行非实时交互,也只有少数同学比较活跃。由于接受网络教育的学生普遍起点不高,基础较弱,很难适应自己在网上搜索信息进行网络学习的方式,对老师指定的教学资料都已经难以消化,更没有能力和精力从浩瀚的网络资源中汲取其他的营养。尽管大多数网络学院都推出了选课制,但教学计划未能充分贯彻以学习和学生为中心的精神,传统教学方式和学习习惯牵制着学生的自主性,加上中国学生普遍存在的从众心理等原因,绝大多数学生仍然按传统的模式安排学习。图 01-09 为 CERNET 网络,图 01-10 为新一代 IP 电信网。

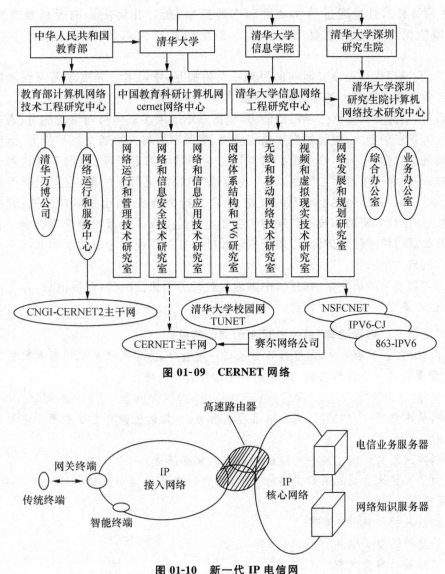

图 01-09 CERNET 网络

图 01-10 新一代 IP 电信网

远程教育有许多本质属性的优势:质量可控和经济学上的规模效益优势,即,远程教育"在质量上与普通教育可比,在效益上明显优于普通教育";教育学和教育技术学中公认的多种媒体教学综合应用的优势;在学习中调动学习者各种感官以提高学习效率(领会的速度和记忆的巩固率)的优势,等等。而新技术环境下的现代远程教育,其优势更明显了。

远程教育和现代远程教育的优势和特征是由远程教育的本质所决定的。但是,在中国远程教育实践中,这些本质属性的优势一直没能转化为实践上的明显优势。某种意义上,这构成了远程教育发展中的主要矛盾和关键问题。我们只有将远程教育的本质和理论上的优势,转化为实践特征和竞争优势,远程教育才能生存和发展。因此,一个重要的命题和假设是,这种转化过程就是远程教育发展的总体趋势。要实现上述转化,必须有针对性地通过科学研究和实践探索,研究并解决影响远程教育发展中制约其特征优势实现的主要问题。这也是我国开展试点的主要目标和主要任务之一。

此外,我国现代远程教育面临的另外一个挑战是,学习者在转变学习习惯和提高学习能力方面存在着困难。基于计算机网络的学习者要进行有效的远程学习,不仅需要高质量的教材,更需要具备网上学习的能力,包括熟练运用多媒体与网络的能力、通过网络获取并处理信息的能力、更强的自我监控能力、借助网络与人沟通交流的能力、组建自我知识结构的能力等。然而,许多最初尝试网上学习的学习者反映:他们不喜欢对着屏幕阅读教材,与同学交流时手忙脚乱,而且还经常"跑题",更严重的是,在网上学习时他们容易"迷航"。同时,学生网上学习的技能、心理及行为特征等,也是亟待研究、解决的问题。比如:一个计算机操作技能欠缺的学生如何通过多媒体光盘或网络进行学习?一个从小学开始就习惯于教师讲课、习惯于应付教师布置的作业和考试的学生如何在网上进行探索式的自主学习?

在当前机遇与挑战并存的时代,中国远程教育必须抓住机遇,迎接挑战,才能取得更大发展,也才能更好地服务于社会、国家和世界。

学习活动三:"远程教育"相关主题演示文稿的设计

- 内容:在这个活动中,你要假设自己是一名教师,为了使学生们理解远程教育的发展史,你需要制作一个演示文稿,清楚地阐述远程教育的历史变迁。
- 步骤:

1. 阅读本章第一、二节,任意选取远程教育史、中国远程教育发展史两个主题中的一个设计演示文稿。
2. 创建演示文稿阐述某一阶段远程教育的发展历史。

- 为了更好地达到此演示文稿的目的,你可以考虑在演示文稿中涉及以下内容(请根据需要选择):
  - 该阶段的重要历史事件
  - 该阶段的重要学者
  - 该阶段的典型代表
  - 该阶段的参考文献
- 如果需要更详细的内容,请参考课程学习模块中的"参考文献"。
- 请在制作之前按照这些内容在纸上大致勾勒你的构思,这将对你制作成功的演示文稿有很大帮助。

说明：请您首先使用 PowerPoint 制作关于远程教育史或中国远程教育发展史的演示文稿，然后将演示文稿以超级链接的形式上传到服务器，最后提交作业。

第三节　远程教育学的孕育与成熟

伴随着远程教育实践的纵深发展，远程教育学作为一个专门的学科分支与研究领域也在从孕育走向成熟。学科的理论基础基本形成，学科理论体系得以建立和发展，远程教育专业协会、学会普遍建立，专业刊物和学术出版物明显增长，越来越多的传统大学开设了相应的专业课程，招收培养本科、硕士、博士学生。

一、远程教育的理论研究成果丰硕

远程教育的理论研究历史不长，但已取得了相当丰硕的成果。学科基础理论，特别是研究教与学分离现象和规律的远程教育学习论和教学论等基本理论不断涌现出来，推动着远程教育向一个学科发展迈进。在远程教育实践发展的过程中，远程教育专家们也在不断总结实践经验，积极探索远程教育理论。

远程教育研究始于 20 世纪 30 年代，当时的研究集中于函授教学。例如，在 30 年代和 40 年代，美国大部分的远程教育研究集中于广播教学的有效性。对于远程教育的理论分析和系统研究直到 20 世纪 50 年代和 60 年代才在西方开始出现，到 70 年代以德国图宾根小组（The Tubingen Group）的研究结果为标志初成规模。在这一时期，对远程教育理论的早期研究作出了较大独立贡献的有美国学者蔡尔得（Gale Childs）和魏德迈（Charles Wedemeyer），以及瑞典学者霍姆伯格（Börje Holmberg）。

德国图宾根（Tubingen）大学远程教育研究所（DIFF）的五位著名的研究者（图宾根小组）对远程教育学科的确立做了许多基础性的工作。他们基于广泛的文献研究，采用个案研究和比较研究的方法，调查了 11 个国家的 62 所远程教育院校，最后确立了开放远程教育这门新的学科中最基本的一系列重要问题。图宾根小组在 70 年代中期发表了 60 多篇研究论文，著名的有《图宾根远程教育论文集》、《远程教育研究和报告》。

70 年代以后，开放远程教育研究开始涉及开放远程教育的各个方面。下面根据80 年代和 90 年代初的开放远程教育研究的文献，综合描述这一时期开放远程教育研究的领域及重心。在教学技术的应用方面，研究的重心在于不同技术在教学中应用的有效性；在远程学习者入学动机方面，研究的重心是成人学习者选择远程学习方式的主要原因；在远程学习者的特征方面，研究的重心是探讨学习者的学习模式、思维方式、远程学习者辍学的原因以及影响学习者学习成功的因素；在学习者的学习支援方面，研究的重心是作业的及时反馈、导修教师的学习支援以及学习资料的获得；在成本效益的分析方面，研究的重心是在远程教育中如何达到资源共享，从而获得良好的成本效益。

另外，为了加强远程教育的学术研究，远程院校纷纷建立专门的远程教育研究机构，如：1980 年，韩国放送通讯大学建立远程教育研究所。1985 年，中央广播电视大学建立远距离教育研究所。1986年,中国台湾空中大学建立研究和发展处。1988年,美国建立远程教育研究中心。1993年,英迪拉·甘地国立开放大学建立师资培训和远程教育研究所,等等。

在20世纪70年代和80年代,远程教育在世界各地经历了前所未有的重大发展,远程教育研究也开始走向成熟。到80年代末尤其如此,远程教育研究成果和文献在东、西方以各种语言文字大量涌现,这在20年前是不可想象的。远程教育理论研究队伍也发展成长起来,专家学者大量涌现,远程教育学科的各个领域都取得了重大进展。

众多学者从不同角度展开了对远程教育的研究,提出了各种各样的理论学说,比如魏德迈的独立学习理论、奥托·彼得斯(Otto Peters)的远程教育的工业化理论和后工业化理论、霍姆伯格提出的指导性教学会谈理论以及关于课程设计开发发送以及学习支助服务的理论、迈克尔·穆尔(Michael Moore)提出的独立学习与教学理论以及远程教育中的三种基本相互作用理论、德斯蒙德·基更(Desmond Keegan)提出的远程教育教与学再度综合理论、丹尼尔提出的独立学习和相互作用均衡发展的理论、加里森(Randy Garrison)和尼珀以及贝茨等人提出的三代信息技术和三代远程教育的理论等。

此外,还有加里森提出的远程教育中的通信和学生控制理论、澳大利亚学者泰勒提出的五代信息技术和五代远程教育的理论、丁兴富提出的远程教育三种模式和三大流派理论、史密斯提出的相互依存的远程学习理论、亨利和凯依等提出的教学功能重组理论、范笛和克拉克提出的三维远程教育理论、西沃特的对远程教育学生持续关心的理论、凯依和鲁姆勃尔的远程教育学习中课程和学生两个运行子系统理论、鲁姆勃尔和坎培奥提出的远程教育的新福特主义理论,如此等等,不一而足。这些理论学说都极大地丰富了远程教育理论体系。

到80年代末,远程教育就已经成为一门拥有特定研究对象(即师生分离状态下的学与教)的学科了。1989年迈克尔·穆尔在给《远距离教育原理研究》撰写的"三类相互作用"一文中,以可靠而充实的证据证明,在教育领域中被称为"远距离教育"研究的这门学科已经成熟。

学习活动四:访问现代远程教育研究的专家学者
请访问从事远程教育研究的专家学者,了解他们各自的主张。

数十年来,经过无数远程教育专业人员的努力,远程教育的理论研究在基本概念和理论,资源建设、媒体和教育技术,学习和学习支助服务,系统建设和分析,产业和经济学,质量保证体系,政策、决策和社会学,发展战略研究,人才培养模式的研究与创新,评价理论和实践研究,远程教育专业和学科建设等方面都取得了长足的进展,推动了远程教育作为一个学科的发展和成熟。

我国学者丁兴富认为,远程教育的理论体系已经初步形成。他把远程教育的理论体系划分为宏观理论、微观理论和哲学理论三部分。那些试图涵盖远程教育领域的所有活动的理论学说,可以视为远程教育的宏观理论;而另一些集中论述远程教学和远程学习的理论学说,可以视为远程教育的微观理论。此外,还有对远程教育的合理性及其本质属性进行论证的哲学理论。

二、远程教育的专业组织日益增多

在经历了20世纪最后30年的连续发展后,远程教育和开放学习已在世界各国的各个教育层次展开。一些国际的、地区的和国家的远程教育和开放学习专业协会和学会组织纷纷建立,促进了远程教育和开放学习实践、研究和理论的发展以及远程教育院校间的合作。目前,远程教育领域有重要影响的专业协会与组织有国际远距离教育理事会(ICDE)、非洲远程教育协会(AADE)、亚洲开放大学协会(AAOU)、欧洲函授学校协会(AECS)、欧洲远程教学大学协会(EADTU)、加拿大远程教育协会(CADE)、澳大利亚开放与远程学习协会(ODLAA)等,其中以国际远距离教育理事会(ICDE)和亚洲开放大学协会(AAOU)在国内远程教育界的影响为最大。

国际远距离教育理事会是由原来成立于1938年的国际函授教育理事会(International Council for Correspondence Education,简称ICCE)更名而成的。它是由开放学习和远距离教育领域中的教育机构,如国家与地区协会、公司、政府主管教育部门等组成的全球性会员组织。ICDE旨在促进世界远距离教育和开放学习的国际合作,其常设国际总部设在挪威奥斯陆,大会秘书处也设在此地,同时还有许多遍布全球的与总部连接的地区办公室,行使地区管理职能,提供地区服务。ICDE作为开放远距离学习领域的全球性非政府组织,已正式为联合国所承认,是联合国教科文组织的一个分支机构。现在的ICDE已成为开放远距离学习国际合作与发展的全球性汇集地和实验点。

ICDE自1938年成立以来,通过开放远距离教育的方式,已满足了成百万人对于教育与培训的需求。ICDE目前的主要使命是:促进全球开放远距离教育以及各种灵活的学习、人员培训、继续教育、社区教育和成人教育;促进发展各个国家、地区和全球的教育网络与系统;突出新教育案例,使人们认识开放远距离教育的重要性,了解远距离教育的有关原理与实践;发展应用于教育与培训的新方法和新技术,从而提高终身教育的质量;确保ICDE对发展国际开放远距离教育战略做出决策;促进国与国之间教育培训的国际合作;为与文化界和服务业合作的新教育动议的计划与协作创造和谐的环境;同时为从事开放远距离教育的个人、公司、院校、政府部门和协会提供提高专业水平和进行交流的场所。

亚洲开放大学协会(The Asian Association of Open Universities,简称AAOU)创建于1987年,它是一个在亚洲范围内负责开放和远距离学习领域研究与交流的非政府组织机构。AAOU是国际性非营利组织,专门由从事远程教育与教学的高等教育机构组织而成的协会。其主要目的是拓展亚洲地区所有人接受教育的机会,并通过管理信息、教育资源和科研的交流,以促进会员院校的成本效益和社会效益的提升。AAOU目前由全职会员(正式会员)和合作会员(非正式会员)组成。正式会员主要是在亚洲地区从事开放远程教育的院校,非正式会员包括能够有效促进远程教育学习的任何院校和机构。发展至今,AAOU已经成为颇具影响力的国际远程教育的组织。AAOU年会是亚洲开放大学协会的主要学术活动,由来自不同国家的会员院校轮流主办。到目前为止,已经成功举办了20届,其中多次在中国召开。

除了上述这些专业协会之外,另有一些国际的、地区的和国家的组织从事与远程教育和开放学习紧密相关的事业,如国际远程学习中心(ICDL)、开放学习共同体(COL)、远程教育和培训委员会(DETC)等。

此外,一些国家和远程教学院校建立了远程教育研究机构,如英国开放大学的教育技术研究所(IET)、英国开放大学的知识媒体研究所(KMI)、德国哈根远程教学大学的远程教育研究所(ZIFF)、澳大利亚南昆士兰大学的远程教育中心(DEC)、澳大利亚迪肯大学的远程教育研究所(DEI)、美国宾夕法尼亚州立大学的远程教育研究中心(ACSDE)、德国图宾根大学的远程教育研究所(DIFF)、日本国立多媒体教育研究所(NIME)、中国中央广播电视大学的开放与远程教育研究所(IODE)、中国香港公开大学的远程与成人教育研究中心(CRIDAL)等。其中,以英国开放大学的教育技术研究所和知识媒体研究所最为著名。

学习活动五:制作远程教育名人录

请你制作一个远程教育名人录(Who is Who in Distance Education),把远程教育领域内的重要人物及其代表性理论以列表的形式表现出来。有关名人录的制作方法请参考下面提供的样例(来自"教育技术名人录")以及教育技术名人录(Who is Who in Instructional Technology),网站地址:http://hagar.up.ac.za/catts/learner/m1g1/whointro.html。

Dabbagh, Nada

Doctor, George Mason University; Assistant Professor, Instructional Design and Development.

Field/Interests:

Instructional Design, Web-Based Instruction, and Learning Theory.

Research: Design and evaluation of Web-Based Instruction (WBI); problem generation and representation in Problem-Based Learning (PBL); contextualizing of instruction through Constructivist Learning Environments (CLE).

E-mail: ndabbagh@gmu.edu

URL: http://mason.gmu.edu/~ndabbagh

三、远程教育的专业出版物增长明显

伴随着远程教育研究活动的增加,世界各国出版了关于远程教育系统、院校、项目和计划,及其实践和经验的大量文献,同时有众多远程教育理论研究及其成果的专业出版物。20世纪70年代中期图宾根小组的重要成员彼得斯对远程教育史作了系统的探讨,并出版了四本著作:《远程教育:新教学形式源流》(1965)、《远程高等教育:新的大学教育形式源流》(1968)、《大学远程教育文献》(1971)以及《远程教学的教学理论结构》(1973)。

这些著作成为远程教育研究史的基础。

其后,有关远程教育的专著层出不穷,其中堪称经典的有德斯蒙德·基更的《远距离教育理论基础》和《远距离教育基础》;霍姆伯格的《远程教育理论与实践》《远程教育发展和结构》以及《远程教育是一门学科》;约翰·丹尼尔的《巨型大学与知识媒体:高等教育的技术策略》;迈克尔·穆尔的《学习者自主性:独立学习的第二个维度》《构建一门独立学习和教学理论》《独立学习》《学习者和远距离学习》《远程教育系统观》;霍克里奇的《教育中的新信息技术》等。

专著之外的期刊论文,更是增长迅速,不计其数。远程教育文献在 20 世纪 80 年代和 90 年代的迅速增长从世界各地的开放与远程教育专业杂志的发展中可见一斑。以英文出版的国际上主要的开放与远程教育专业杂志有:《美国远程教育杂志》(*American Journal of Distance Education*)(如图 01-11 所示)、《远程教育》(*Distance Education*)(澳大利亚)、《欧洲远程教育杂志》(*European Journal of Distance Education*)、《远程教育杂志》(*Journal of Distance Education*)(加拿大)、《开放学习》(*Open Learning*)(其前身为《远程教学》)(英国)、《远程实践》(*Open Praxis*)(国际开放与远程教育协会刊物)。

图 01-11 《美国远程教育杂志》

《美国远程教育杂志》是美国远程教育史上的第一本专业杂志,由美国宾夕法尼亚州立大学教育学院出版,刊载成人教育和继续教育的教学和体系等方面的文章和简讯。

《开放学习》于 1986 年创刊,每年三期,分别于二月、六月和十一月出版,其前身为《远程教学》(1974—1985),由英国朗文公司(Longman Group UK Ltd.)出版,刊载有关各国广播、电视和函授等远距离教学手段理论与实践研究方面的文章,面向的读者主要是英国公立和私立机构中从事中学以上教育和培训工作的人员,其次是全球从事开放远程教育的人士。

《远程教育期刊》(*Journal of Distance Education*),创刊于 1986 年,每年两期,十一

月份和五月份出版,是由加拿大远程教育协会(CADE)创办的一本国际性期刊,其宗旨是促进和鼓励加拿大开放远程教育的理论和实践的学术研究。

《远程教育》(*Distance Education*),于1980年创刊,原来由成立于1973年的澳大利亚和南太平洋外部研究协会(Australia and South Pacific External Studies Association)编辑,后改为1993年成立的澳大利亚开放和远距离学习协会(Open and Distance Learning Association of Australia)编辑,南昆士兰大学出版社(The University of Southern Queensland Publications)出版,其宗旨是交流开放远程教育理论研究和实践的信息,主题包括函授学习、校外学习、个别化学习、开放学习、教育技术、教育广播电视及其他教育媒体的研究,内容不限国家和地区。

此外,还有德文、法文、西班牙文和意大利文的远程教育刊物。我国也有多种开放与远程教育专业刊物,比如中央广播电视大学的《中国远程教育》(原名《中国电大教育》,见图01-12)、黑龙江广播电视大学的《现代远距离教育》(见图01-13)和上海电视大学的《开放教育研究》(见图01-14)。此外,各省电大都有自己的学刊、学报。至于有关开放与远程教育的专著、报告、丛书、论文集等专业出版物,20世纪80年代以来增长得非常快,各国公共图书馆和大学图书馆都具备了相当数量的远程教育学科专业藏书,并且数量还在不断增长之中。

图 01-12 《中国远程教育》

图 01-13 《现代远距离教育》

图 01-14 《开放教育研究》

学习活动六:访问 The American Journal of Distance Education

访问 The American Journal of Distance Education(http://www.ajde.com/)中 content 板块,分析和讨论美国远程教育近期的热点和研究趋向。

四、远程教育的人才培养逐步成熟

与此同时,自20世纪80年代起,不少大学开始开设作为独立学科的远程教育学位课程。80年代中期,人们已开始关注研究生层次的远程教育,霍姆伯格也在1986年撰文指出远程教育课程在一些国家开始设置的情况,他说:"几年前,远程教育工作者培训就开始以面授形式开展了,这些工作者主要来自第三世界国家。提供单位有负责远程教育开发的机构(比如波恩的德国国际发展基金会、伦敦的国际扩展大学等),也有一些大学和其他组织(比如威斯康星大学、国际远程教育协会等)。以远程的方式开设远程教育学专业还是一件新鲜的事情,像其他远程教学一样,远程教育学教学也要考虑课程体系、内容结构、学习材料、传递方式等问题。哈根远程大学和南澳大利亚的高等教育学院(South Australian College of Advanced Education,SACAE)就已经开设了远程教育研究生层次的课程了。"

在1989年北京召开的第一届国际远程高等教育研讨会上,霍姆伯格在其报告《远距离教育研究的回顾与展望》中声称:"远程教育学科如今已在研究和大学教学两方面牢牢确立了"。基更在1989年北京第一届国际远程教育研讨会上的报告《1880—1990年间西方的远距离教育研究》中作了类似的评论。20世纪90年代国际远程学习中心在开发的数据库中,列举了几十所大学开设的远程教育学位课程,以及它们的专业课程设置、结构和教材等。

在专业设置上,远程教育作为一个独立的专业,培养远程教育的专门人才。这在世界上的许多高等院校都久已存在,如大家所熟知的开办远程教育专业的高校有:澳大利亚的南昆士兰大学,澳大利亚的迪肯大学,美国的马里兰大学,美国的凤凰城大学,加拿大的阿萨巴斯卡大学,英国开放大学,非洲的南非大学,德国的哈根大学,西班牙的巴塞罗那大学,中国香港的公开大学,印度的英迪拉·甘地国立开放大学等。如印度的英迪拉·甘地国立开放大学,从1995年起建立远程教育专业,至今已有1万多名学生获得了远程教育专业的研究生文凭,该大学培养了来自印度及亚洲、非洲等地一些国家的近600名远程教育专业的硕士研究生。又如,西班牙的巴塞罗那大学最近申请三百万欧元的经费,专门培养本校在职教师攻读网上教育专业的硕士和博士学位。这些人才培养机构开设的远程教育学位课程中对成人教育理论、远程教育技术、远程教育史等侧重点不同,但课程体系大致相同,都是远程教育学科体系的重要组成部分。由此看来,远程教育作为一门专业在发达国家和发展中国家的大学里开设已有20多年的历史了。

然而,在我国的专业分类中,远程教育只是隶属于教育技术专业的一个方向,这种分类同国际上的分类是不一致的。随着远程教育的变革和发展,我国远程教育将进入一个国际竞争和联合的时代,我国的远程教育专业人才的培养也必将在国际化的竞争与联合中继续向前发展。

学习测评

1. 划分远程教育发展阶段的主要依据是(　　)。
   A. 通信技术　　　　B. 网络　　　　C. 媒体　　　　D. 信息技术
2. (　　)是指教育中随学生数量变化的成本。
   A. 教育可变成本　　B. 教育成本　　C. 可变成本　　D. 成本
3. (　　)是一种用通信方式进行教学,以自学为主的教育方式。它的特点是分散自学,通信辅导。
   A. 远程教育　　　　　　　　　　　B. 函授教育
   C. 网络教育　　　　　　　　　　　D. 计算机辅助教育

4. （　　）指出第三代信息技术和远程教育与前两代在成本结构上的经济学差异，及其对发达国家、尤其是发展中国家的特殊意义。
   A. 贝茨（Tony Bates）　　　　　　　　B. 德斯蒙德·基更（Desmond Keegan）
   C. 迈克尔·穆尔（Michael Moore）　　　D. 霍姆伯格（Börje Holmberg）

5. 五代信息技术和五代远程教育的代表人物是（　　）。
   A. 基更　　　　B. 穆尔　　　　C. 霍姆伯格　　　　D. 泰勒

6. 第一代和第二代的技术特点是（　　）。
   A. 异步传播　　B. 同步传播　　C. 单向传播　　　　D. 双向传播

7. （　　）创建了远程教育模式与理论模型。
   A. 史密斯　　　B. 丁兴富　　　C. 詹姆斯·泰勒　　D. 加里森

8. 中国远程教育萌芽和准备阶段从（　　）到（　　）。
   A. 20世纪初　30年代末
   B. 20世纪初　40年代末
   C. 20世纪初　60年代末
   D. 20世纪60年代初　20世纪90年代初

9. （　　）年中央广播电视大学成立，（　　）上了第一堂课。
   A. 1979　华罗庚　　B. 1992　邓小平　　C. 1991　王大中　　D. 1998　游清泉

10. 奥托·彼得斯提出了远程教育的（　　）。
    A. 教与学再度综合理论
    B. 独立学习和相互作用均衡发展的理论
    C. 学习支助服务的理论
    D. 工业化理论和后工业化理论

11. （　　）提出了三代远程教育的理论。
    A. 泰勒　　　　B. 丁兴富　　　C. 基更　　　　D. 霍姆伯格

12. 第一代远程教育是以（　　）为主要学习资源，以（　　）为主要通信手段。
    A. 视听媒体　函授辅导　　　　B. 多媒体　网络教育
    C. 印刷教材　函授辅导　　　　D. 视听媒体　广播电视

13. 1998年教育部启动了（　　）。
    A. 现代远程教育试点项目　　　B. 远程教育
    C. 网络教育　　　　　　　　　D. 函授教育

14. 1989年迈克尔·穆尔在撰写的（　　）一文中，以可靠而充实的证据证明，在教育领域中被称为"远距离教育"研究的这门学科已经成熟。
    A. 《独立学习理论》　　　　　B. 《指导性教学会谈理论》
    C. 《三维远程教育理论》　　　D. 《三类相互作用》

15. （　　）是指"拥有10万以上攻读学位课程的注册学生的远程教学大学"。
    A. 巨型大学　　B. 研究性大学　　C. 应用型大学　　D. 综合型大学

16. 大学层次的远程教育的实践可以追溯到19世纪三四十年代英国的（　　）和（　　）。
    A. 开放大学　新大学运动　　　B. 新大学运动　大学推广运动

C. 函授教育　大学推广运动　　　　　　D. 计算机辅助教学　广播电视教学

17. 丹尼尔认为巨型大学的定义"包含了三重要素：(　　)、(　　)和(　　)。每个要素都是一种特定的限制"。
    A. 独立学习　远程教学　高等教育　　B. 远程教学　均衡发展　院校规模
    C. 远程教学　高等教育　院校规模　　D. 远程教学　高等教育　均衡发展

18. 德斯蒙德·基更写过(　　)和(　　)两本经典著作。
    A.《远距离教育理论基础》《远距离教育基础》
    B.《远距离教育理论基础》《三类相互作用》
    C.《三代远程教育》《远距离教育基础》
    D.《教与学再度综合理论》《学习支助服务的理论》

19. 现代远程教育即基于(　　)、(　　)和(　　)三大通信网络的远程教育。
    A. 互联网　计算机网络　电信网
    B. 计算机网络　数字卫星电视网　电信网
    C. 计算机网络　天网　地网
    D. 数字卫星电视网　地网　电信网

20. 我国也有多种开放与远程教育专业刊物，比如中央广播电视大学的(　　)，黑龙江广播电视大学的(　　)和上海电视大学的(　　)。
    A.《中国电化教育》《中国远程教育》《电化教育研究》
    B.《现代远程教育研究》《中国远程教育》《现代远距离教育》
    C.《中国电化教育》《现代远距离教育》《开放教育研究》
    D.《中国远程教育》《现代远距离教育》《开放教育研究》

21. 请写出下列专业术语的英文原词，这将对你进一步的资料查阅有益：函授教育、新大学运动、大学推广运动、巨型大学。另外，请上网在 google 中输入这些英文原词，了解这些词汇背后发生的故事。

22. 请写出以下几个著名远程教育机构所在的国家名，并请上网具体了解英国开放大学的 IET（教育技术研究所）。
    IET　ZIFF　DEC　DEI　ACSDE　DIFF　NIME　IODE　CRIDAL

参考资源：

[1] Aoki, K. & Pogroszewski, D(1998). Virtual University Reference Model：A Guide to Delivering Education and Support Services to the Distance Learner, Online Journal of Distance Learning Administration，1(3).

[2] 陈丽. 远程教育学基础. 北京：高等教育出版社，2004年.

[3] 陈至立. 以"三个代表"重要思想为指导　开创电大教育新局面——纪念邓小平同志批准创办电大25周年. 中国远程教育，2003(5).

[4] 德斯蒙德·基更. 远距离教育基础. 丁新等译. 北京：中央广播电视大学出版社，1996年.

[5] 德斯蒙德·基更. 远距离教育：国际终生教育的第一选择. 开放教育研究，1998(2).

[6] 德斯蒙德·基更编. 远距离教育理论原理. 丁新等译. 北京：中央广播电视大学出版社，1999年.

[7] 丁新. 中国远程教育发展的十大趋势（上）. 中国远程教育，2003(2).

[8]　丁新.中国远程教育发展的十大趋势(中).中国远程教育,2003(4).
[9]　丁兴富.美国国家技术大学——第三代远程教育的先驱.中国电化教育,2003(3).
[10]　丁兴富.远程教育学.北京:北京师范大学出版社,2002年.
[11]　何克抗,李文光.教育技术学.北京:北京师范大学出版社,2003年.
[12]　胡晓玲,杨改学.现代远程教育发展趋势探讨.中国远程教育,2001(5).
[13]　黄清云,汪洪宝,丁兴富主编.国外远程教育的发展与研究.上海:上海教育出版社,2000年.
[14]　嘉格伦.网络教育——21世纪的教育革命.北京:高等教育出版社,2000年.
[15]　拉彻姆,丁兴富译.开放与远程教育:为社会增添价值.中国远程教育,1999(9/10).
[16]　南国农,李运林.教育传播学.北京:高等教育出版社,2005年.
[17]　托尼·贝茨.国外远程教育的发展与研究.上海:上海教育出版社,2000年.
[18]　王继新.远程教育原理与技术.武汉:湖北科学技术出版社,2005年.
[19]　王鑫,吴先球.美、英、法、加的现代远程教育.中国教育报.2003年4月12日.
[20]　谢新观等.远程教育概论.北京:中央广播电视大学出版社,2000年.
[21]　张秀梅,丁新.国际远程教育学科论争鸣与启示.开放教育研究,2004(2).
[22]　张尧学.现代远程教育:挑战不容回避——对我国高等现代远程教育的调查与思考.中国教育报,2004-11-15(3).
[23]　珍妮·特沃斯,戈登·德莱顿.学习的革命(修订版).北京:生活·读书·新知三联书店,1998年.

第二章 远程教育的基本原理

学习目标

1. 理解远程教育与传统教育的区别,能使用自己的语言阐述远程教育的定义与特征,并能够辨别远程教育与相关概念之间的区别与联系。

2. 了解远程教育理论基础的基本构成,能够使用自己的语言概括这些理论基础的基本内容,并阐述这些理论基础对远程教育的作用与价值。

3. 理解远程教育中几种重要的基本理论学说及其代表人物,在复述这些基本理论观点的基础上,能结合具体问题对其进行进一步的分析。

知识概览

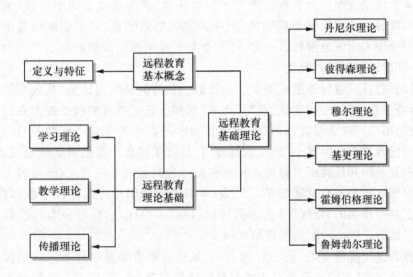

本章导学

远程教育有哪些最基本的概念,如何透过纷乱的表面现象来把握各种远程教育现象的实质?本章我们将带领大家学习远程教育的基本概念,了解其理论基础,并在此基础上形成相应的基本理论体系。

教学与学习是远程教育的核心内容,同时远程教育的教学与学习也是一个传播的过程,由于远程教育是以教与学在时空上相对分离为主要特征的教育形式,传播理论对远程教育有着更为特殊的意义,三者共同构成了远程教育的理论基础。

从20世纪中叶以来,国内外的专家学者广泛开展了对远程教育的理论研究,提出了众多的理论学说,这些理论是在远程教育发展过程中的不同时期提出的。我们会简要介绍远程教育理论研究中影响较大的六种理论学说。

问题导入

1. 传统教育与远程教育、开放教育与远程教育的关系是怎样的?
2. 远程教育有哪些特征?
3. 为什么传播理论是远程教育重要的理论基础之一?

第一节 远程教育的基本概念

远程教育要走向成熟,其基本概念应是清晰的、相对稳定的和不容混淆的。应该透过纷乱的表面现象来把握各种远程教育现象的实质,以便建立远程教育最基本的概念,并在此基础上形成相应的概念与理论体系。

一、传统教育与远程教育

美国宾夕法尼亚州立大学教授麦克·穆尔认为"教学活动有两个家族(远程教育和传统教育),两者的许多特征是共同的,但差异也是如此明显,以至于解释其中之一的理论不可能完全令人满意地解释另一家族"。麦克·穆尔的这段话既肯定了两种教育多方面的共性,同时也强调了差异性。

远程教育与传统教育的组成要素是一致的。台湾的林宝山认为,从教育的组成要素来看,可以将教育活动分为"正式"及"非正式"两种。正式教育的构成要素有三点:第一,有"教育者";第二,有"学习者";第三,教育者和学习者必须有共同预期的"目标"。不具备三项要素的教育活动即属于"非正式教育"。传统学校教育显然具备以上三要素,各级各类远程教育组织和机构所实施的远程教育同样也具备以上三要素(学习者上网学习或收看教学电视课程是一种有意的学习行为;学习者遇到困难可以向辅导教师求助;教育者和学习者共同预期的"目标"是具体的课程目标)。因此,远程教育与传统教育在组成要素上是一致的。图02-01为远程学习圈。

远程教育是传统教育的"另一种形式"。从远程教育的最初形态——函授教育到现代远程教育的出现,它们一直是对传统教育的延伸和补充。它们因传统教育不能满足全社会成员接受教育的要求而出现,也因弥补传统教育之不足而发展,在这层意义上看远程教育与传统教育的关系,它们在功能上是互补的关系,在事业发展上是融合的关系。

远程教育与传统教育的最大差异就表现在教育的时空分离上。传统教育活动一般是在固定的时间和固定的地点进行的,通常是以教师为中心来组织教学的,教师和学习者的交互是面对面进行的,而远程教育的时空则是无限扩展的,它允许学习者在任何时间、任何地点参与到教学活动中来,教师和学习者的交互主要是通过网络和电视等媒体来实现的。这种教育时空的分离使得远程教育具有非常大的灵活性。

在教育的对象和教育的规模上,传统教育从其诞生之日起就存在着教育对象接受教育机会不平等的弊病。传统的课堂教育是在固定的时间、地点进行的,它所提供的教育

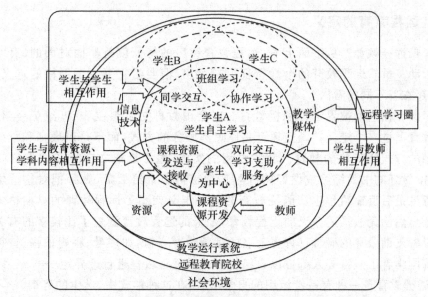

图 02-01 远程学习圈：远程教育的教学三要素及其相互作用

机会从它建设教室、校舍开始就被大大地削减，并且对教育对象也具有一定的选择性，这就决定了它的教育规模不可能太大。远程教育号称是没有围墙的学校，它不需要具体的校舍、教室等设施，不管是什么人，只要有一台可以上网的电脑就可以进行学习，这样一些在职人员、残疾人、家庭主妇、老人甚至监狱中的囚犯都有了受教育的机会，大大扩展了远程教育的规模，这对于解决我国目前"穷国办大教育"的问题具有非常重要的意义。

尽管远程教育和传统教育有很多差异，但随着信息技术的飞速发展，远程教育和传统教育已不再是两个界限分明的世界，而是趋于相互融合，呈现出"你中有我，我中有你"的态势。对于远程教育而言，它必然要依托于传统教育才能正常运作，因为远距离教学不能完全代替面对面的交流，仍需要组织师生、学员间的各种活动、沟通，举行一些面授活动；对于传统教育而言，我国约80%的高校已经建设了校园网，校园网在日常教学中逐渐发挥出巨大的威力，远程教育的某些应用在传统校园中逐渐流行，对原有的课堂教学模式产生的冲击日趋明显；建设打破时空、疆域限制的新型开放式大学也不再是遥不可及的，因此远程教育和传统教育逐渐走向融合是大势所趋。

学习活动一：比较远程教育和传统教育的区别

比较远程教育和传统教育，填写下面的表格。

	传统教育	远程教育
共性		
差异		
优势		
缺陷		

二、远程教育的定义

什么是远程教育?从字面上看,远程教育突出的特征就是非面对面的、有空间距离的教育活动。虽然远程教育的个性特征比较突出,但要给它下一个严格的定义,也不那么容易,存在着不同的看法。

远程教育在早期被界定为函授教育。联合国教科文组织在 20 世纪 70 年代末曾经给函授教育下过一个定义:"函授教育是以邮递服务的方式,而不是以教师和学生之间面对面接触的方式所实施的教育。教学过程的实施,通常是把文字或音像教材邮寄给学生,学生把做好的书面练习或做好的练习音像带再邮寄给教师,教师把对这些学生作业的批改意见最后反馈给学生。"函授教育的这一定义刻画了远程教育的早期模式。但是这一概念显然已无法描述今天的远程教育,今天的远程教育涵盖了比较多的有关媒体技术和学习者支助服务的概念。许多著名的远程教育专家,如多曼、霍姆伯格、彼得斯和穆尔以及我国学者丁兴富等人都曾以自己的方式对远程教育进行过界定——

1. 远程教育是一种有系统组织的自学形式,在这种形式中,学生的咨询、学习材料的准备以及学生成绩的保证和监督都是由一个教师小组进行的。这个小组的每个成员都具有高度的责任感。通过媒体手段有可能消除距离,媒体手段可以覆盖很长的距离。(多曼)

2. 远程教育包括所有层次的各种学习形式。在远程教育中,学生和教师并不出现在同一教室或同一地点,因而学生并不处于教师连续的直接的教学指导之下,但是学生仍然从教育组织的计划、指导和教学辅导中受益。(霍姆伯格)

3. 远程教学/远程教育是一种传授知识、技能和态度的方法,通过劳动分工与组织原则的应用以及技术媒体的广泛应用而合理化。特别是复制高质量教学材料的目的是使同一时间在学生们生活的地方教导大量学生成为可能。这是一种教与学的工业化形式。(彼得斯)

4. 远程教学可以定义成教学方法大全。在这个教学方法家庭中,教学行为与学习行为是分开实施的,也包括有学生在场进行接触的情况。结果在学生和教师之间的交流必须通过印刷的、电子的、机械的或其他手段来促进。(穆尔)

5. 远程教育是对教师和学生在时空上相对分离、教与学的行为通过各种教育技术和媒体资源实现联系、交互和整合的各类院校或社会机构组织的教育的总称。(丁兴富)

在这些定义之外,最有影响并被广泛认可的是远程教育学家德斯蒙德·基更对远程教育的五项特征进行描述的定义(基更,1996)。这一定义概括了远程教育的下列特征。

——准永久性分离 教师与学生、学生与其他学生在时间、空间和社会文化心理上的分离是远程教育最突出的特征。在教与学过程中,师生处于物理空间相对分离同时通过信息传递又处于相互联系的状态;教与学过程是以特定的技术环境、教育资源和教育媒体为基础的。分离并不是完全永久性的,也就是说远程教育中并不完全排斥面对面交流。

——媒体与技术的作用 媒体与技术是远程教育中又一个重要特征。远程教育的本质是实现跨越时间、空间和社会文化心理的教学活动,在这一过程中,媒体与技术是关键因素,是远程教育赖以存在的基础。

——双向通信 教学活动的本质是教育信息在教师与学生、学生与学生之间的传递,远程教育也是如此。因此,通信是远程教育教学活动的基础。传统课堂教学中的双向通信机制和多向通信机制是面对面的,而远程教学中的双向通信机制主要是非面对面的,基于一定的通信技术和网络技术。图02-02为卫星远程通信学习。

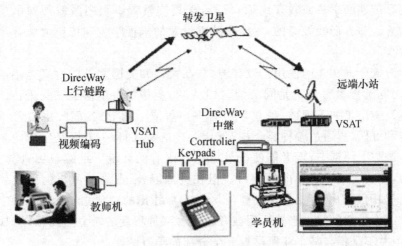

图02-02 卫星远程通信学习

我们认为,所谓远程教育就是教育机构借助媒体技术和各种教育资源而实施的超越传统校园时空限制的教育活动形式。远程教育是适应社会发展的需要,并且伴随现代媒体技术的发展而迅速成长壮大的教育活动形式。称它为教育活动形式是因为它有着特定的教育信息传输和交流手段,有着适应远程教育方式的信息资源,有着特定的教育管理制度和方法,有着特定的教育管理机构等。

从上述关于远程教育的定义中,我们不难抽取出远程教育的一些基本特质,并由此来理解远程教育的基本内涵:首先,教育机构、教师与学生之间处于经常性的长期相对分离状态,这使得远程教育需要为学生提供特殊的课程规划和课程资料;其次,同样由于这种相对分离状态,远程教育需要在教育机构、教师和学生之间建立特殊的信息传输系统,并为学生,同时也要为教师提供持续不断的学和教的支助服务;最后,远程教育必须建立适合于这种经常性的长期相对分离状态下的远程教育管理和评价系统。

由此,不难看出:教育机构、教师与学生之间在空间上的相对分离是远程教育最主要与最本质的特征。基于这一基本特征,远程教育的机构需要建立适应于这一特征的课程开发模式、教学设计模式、学习支助服务模式以及相应的远程教育管理和评价模式,这些构成了远程教育研究中最本质的内容。

三、远程教育与相关概念辨析

目前,称谓远程教育和教学的名词繁多,与远程教育相近的有函授教育(Correspondence Education)、独立学习(Independent Study)、远程教学(Distance Teaching)、远程学习(Distance Learning)、开放学习(Open Learning)等。这几个相关的术语容易使我们产生理解上的混乱,因而有必要加以简要辨析。

函授教育是远程教育的一个发展阶段,它是以邮件传输的纸介质为主要媒体的远程教育形式,它是远程教育的早期形式,不同于今天我们所谈的远程教育。函授教育所依赖的媒体是邮政信函。学校或教育组织将文字教材(以区别于音像教材)和批改的作业通过邮寄信函的形式传递给学生,学生也是通过邮寄信函的形式把作业和请求学校或教师回答的问题传递给学校或教育组织;另外,学校或教育组织还派教师到函授站安排少量的面授辅导。举办函授教育的,主要是独立设置的函授学校和传统大学开展的函授教育或校外教育。

独立学习这个词在美国使用比较普遍,它在美国和美国之外的含义是不同的。在美国,独立学习与远程教育几乎是同义词。1971年,美国学者魏德迈在其进行的研究中对独立学习理论做出了如下阐述:独立学习有许多教或学的形式,而师生通常得各自完成必需的工作和责任,再通过各种媒介相互沟通;其主要目的,一方面是使校内学生免于僵化的固定步调与上课形态;再者能使校外学生在既有的环境下继续学习;同时还可以发展学生潜力,使其实现自我导向的学习。但在美国以外,独立学习与远程教育并不是同一个概念,正如阿拉伯学者艾尔赛义德(Elsayed)所指出的:"独立学习是指独立于任何一个教育机构或大学的学习。当然远程教育也包含某种程度的独立学习活动,如自定学习时间表等,但并不是指与某个注册学校完全分离的学习。"

远程教学和远程学习是另外两个常常被一些学者与远程教育交替使用的概念。然而它们之间是有着细微区别的。远程教学主要是从教师或教育机构的视角产生的概念,而远程学习主要是从学生的视角产生的概念。如果说远程教育是教育机构实施的一种教育活动现象,那么,远程教学则是发生在师生之间的一种特定的、特殊的教与学的行为方式。从本质上说,远程教学是相对课堂教学而言的一种教学活动方式,这种教学活动方式是由师生之间分离的教与学的行为、信息技术媒体、特定的教育信息资源和教学辅导方法等要素组成的。而远程学习是指学习者利用各种媒体获取教育信息资源的活动。严格地讲,远程学习就是指学习者通过特定的方式获取信息的学习活动。在现代社会生活中,人们可以利用多种信息资源进行学习。远程教育对于远程教学和远程学习来说是一个更恰当的将二者有机结合在一起的概念。

除了远程教学和远程学习之外,开放学习是一个与远程教育联系十分紧密的流行词语。这两个词语虽然联系紧密,但却具有不同的含义。开放学习的概念源于20世纪60年代的西方,它是以学生为中心的学习,努力排除以教师、学校和学科为中心的传统教育所固有的种种学习障碍。开放式学习模式采用了一种相对自由灵活的教育形态,它的开放性包括教育对象和教学模式两方面:(1)在教学对象上不受年龄、性别、地区、学历等限制,真正做到了扩大教育范围;(2)在教学模式上从学校围墙内、教室里解放出来。只有开放式学习才能做到"因人而异、因材施教",才能解决一些特殊人才与传统的课堂教学之间的矛盾。

贝尔(Bell)和塔伊特(Tight)认为,"开放学习中的'开放'是相对于学习的大门由于种种障碍被关闭而言,这些障碍包括入学要求、时间限制、财政要求、地理空间上的限制,更有甚者,包括社会的、文化的,以及性别方面的障碍。"贝茨则明确指出了开放学习与远程教育的区别,他认为:"开放学习是一种教育政策,其目的是为学习者提供以灵活的方式进行学习的机会。而远程教育仅仅是为学习者提供的灵活的学习方式中的途径之一。"图02-03为开放式知识学习网络。

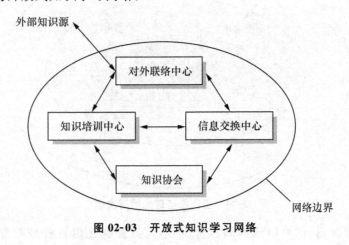

图02-03 开放式知识学习网络

学习活动二:比较与远程教育相近的几个概念

通过网上查找和阅读,比较与远程教育相近的几个概念,填写下面的表格。

	远程教学	远程学习	开放学习
内容			
共性			
差异			

学习活动三:访问通过远程教育进行学习的学生

访问一位通过远程教育进行学习的学生,认真思考远程教育与传统教育的区别,使用自己的语言阐述远程教育的定义与特征,并对远程教育与其他相关概念之间的区别与联系进行简要的辨析。

四、远程教育的特征

由远程教育和传统教育的比较以及远程教育概念的定义,我们不难看出远程教育除了具有基更定义中所描述的那些特征之外,还具有以下一些基本特征,这些基本特征构成了其与传统教育的互补关系。图02-04为全面服务理念的层次模型。

开放性 所谓开放,是指目标开放,即学校向学习对象的开放,教育资源即教学课程开放,教育方式即管理的方式开放,教育场所和时间开放。在远程教育中,教育教学制度上同传统教育不同,更加注重创新能力的培养,在保证受教育者具备基本学习能力的前提下,采取"宽进严出"的方针,教育质量的把关不是放在入口上,而是放在出口处;在教学管理中,没有采取优胜劣汰的方针,而是在保证基本教育质量的基础上,为尽可能多的人提供尽可能多的受教育的机会;在教育方式上,要照顾不同职业背景和工作时间的在

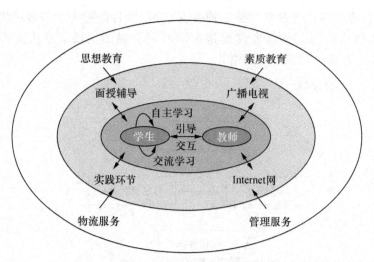

图 02-04　全面服务理念的层次模型

职人员的实际情况,提供可以选择的教育服务,尤其要优化组合各种教育资源为受教育者服务。由此可见,远程教育对任何阶段、任何层次的学员开放,结束了由于传统教育规模和资源设施的限制,成千上万的青少年滞留社会,不能享受教育的局面。同时,它又为已走上工作岗位,想继续"充电"的成人创造了继续教育的机会。

灵活性　从各个国家的情况看,远程教育一般面向成人,承担了在职教育、成人教育的工作。于是,远程教育在高等教育、成人教育领域得到迅速发展。这样一来,远程教育在课程设置、学籍管理、教育管理等方面要比常规的学校教育更灵活多样,充分适应成人学习者的特点。远程教育的灵活性突出地表现在能满足受教育者个性化的要求,给受教育者以更大的自主权,受教育者可以根据自己选择的方式去学习以提高学习效率从而使被动地接受变成主动的学习。现代远程教育是一种灵活的教育体系,它为知识经济时代发展终生教育、终身学习提供了良好的条件。而科学技术的迅速发展和教育理论的深入发展分别为现代远程教育灵活性的实现提供了物质支持和理论基础。灵活性是现代远程教育的生命力之所在,现代远程教育只有真正成为具备灵活性的教育形式,才能更好地显示其魅力。

普及性　这个优点是建立在前两个优点的基础上的:正是因为远程教育的开放性,才有可能为不同基础、不同经历的受教育者提供受教育的机会;同时,亦是由于远程教育的灵活性,才使不同背景、不同职业的受教育者接受继续教育成为可能。因此远程教育具有大众普及性的特点。加拿大不列颠哥伦比亚大学教授托尼·贝茨认为"政府、学校和个人可以提出很多开办远程教育的理由,但主要原因是为那些因为各种原因而无法进入正规学校、学院或大学的人提供受教育的机会。远程教育的服务范围广泛,不仅为穷人和处境不利的人服务,也为在边远地区工作的忙碌的商人和优秀的工程师服务。但更多的是为那些无法离开家庭进入城市的贫苦农民服务。"

终身性　终身学习概念最早在 1965 年由联合国教科文组织提出,是指个体的学习要从过去的阶段性、暂时性向终身性转变。终身教育的思想之所以受到各国教育界、学术界、民众的高度重视,是因为终身学习概念既是国家整体发展的根本,也是人类个体发展的根本。而远程教育与终身学习在以下两个特征上高度一致。首先,满足传统教育体系不能满足的学习需求;其次,充分采用现代信息技术,保证年龄、职业、地域等因素不成为人们接受教育的障碍。远程教育是促进终身学习体系的创建,构建学习型社会的重要手段,将为提高全民族素质起到不可替代的作用。近年来,我国理论界就远程教育和终身学习体系建设取得了许多有益的研究成果,但在实现形式,尤其是在培养模式方面探讨得很少,而这恰恰是我们在实践中必须正视的问题。

第二节 远程教育的理论基础

与传统教育一样,教学与学习是远程教育中最核心的内容,因而有关学习与教学的理论构成了远程教育的首要理论基础。远程教育的教学与学习也是一个传播的过程,由于远程教育是以教与学在时空上相对分离为主要特征的教育形式,传播理论对远程教育有着更为特殊的意义,它构成了远程教育的另一个重要的理论基础。

一、学习理论

学习理论是一门研究学习心理规律和原理的学问,它揭示人类如何获得比较持久的行为经验和变化的经验,分析影响学习的各种因素及其相互关系。目前存在许多流派的学习理论,这些学习理论为我们提供了探讨学习基本问题的不同视角,使我们有可能比较全面地理解学习的性质、学习的条件和学习的规律。

(一) 行为主义学习理论

行为主义的学习理论是 20 世纪初以来逐步形成的一种学习理论,代表人物有桑代克(Edward Thorndike)、斯金纳(B. F. Skinner)等。行为主义学习理论又分为经典行为主义学习理论和新行为主义学习理论两大学派。行为主义学习理论强调学习是刺激与反应的联结,主张通过强化和练习来形成和改变行为。在行为主义者看来,环境和条件,是学习的两个重要的因素,学习等同于行为的结果。

行为主义者认为学习是刺激与反应的联结,有怎样的刺激,就会有怎样的反应;学习过程是一种渐进的过程,认识事物要由部分到整体;强化是学习成功的关键,学习应重知识、重技能、重外部行为的塑造。行为主义学习理论启示我们:学习者要想获得有效的学习效果,就必须及时给予适当的"强化",为了实现这种强化,最好的办法是让学生知道自己的学习效果,正确的学习行为得到肯定,错误的学习行为得到纠正。

(二) 认知主义学习理论

1957 年,乔姆斯基(Noam Chomsky)对斯金纳的《言语学习》(Verbal Learning)提出了尖锐的批评,之后,学习理论经历了一场变革,从运用行为主义原则转移到运用认知科学的学习理论和模型。认知理论不仅认识到大脑的作用,而且研究了大脑的功能及其过程。

在认知主义学习理论学派看来,学习个体本身作用于环境,人的大脑的活动过程可以转化为具体的信息加工过程。生活在世界上的人既然要生存,就必然要与所处的环境进行信息交换；人作为认知主体，相互之间也会不断交换信息。人总是以信息的寻求者、传递者甚至信息的形成者的身份出现，人们的认知过程实际上就是一个信息加工过程。人们在对信息进行处理时，也像通信中的编码与解码一样，必须根据自身的需要进行转换和加工。

认知主义学习理论的基本观点可以概括为：学习是认知结构的组织与再组织；客体刺激只有被主体同化于认知结构之中，才能引起对刺激的行为反应；学习过程是信息加工过程；人脑好比电脑，应建立学习过程的计算机模型，用计算机程序的解释去理解人的学习行为；学习是凭智力与理解，决非盲目的尝试；认识事物首先要整体认识，整体理解有问题，就很难实现学习任务；学习应重人的智能的培养。

（三）折中主义学习理论

这种学习理论是融合刺激—反应学习理论和认知学习理论而形成的。在这一流派中，比较有代表性的是累积学习理论，这种学习理论是由美国心理学家罗伯特·加涅（Robert M. Gagné）提出来的。

加涅认为，学习和心理发展就是形成一个在意义上、态度上、动机上和技能上相互联系着的越来越复杂和抽象的认知结构体系。新的学习一定要适合学习者当时的认知水平，因为以前的学习已经发展成为认知结构，学习就是把输入的信息与过去的经验联系起来，并对它进行加工。

以加涅为代表的折中主义学习理论的基本观点可以概括如下：

1. 学习是人的倾向或能力的变化，但这种变化要能保持一定的时间，且不能单纯归结于生长过程。这个学习定义强调变化、保持，并排除生理成熟的作用，这些显然是吸收了行为主义的观点。不同的是加涅把行为变化改为内在的能力和倾向的变化，不仅承认外部行为的变化，也承认内部能力的改变。

2. 学习的结果即教学目标，可分为言语信息、智力技能、认知策略、态度和动作技能等五大类。智力技能由简单到复杂，形成学习层次。任何一个智力技能的学习都依赖于过去学习到的技能，每种类型的智力技能所要求的学习条件都有所不同。

3. 学习发生的条件分为内部条件和外部条件。教学就是要安排外部条件，从而促进内部学习过程的发展。两种不同类的学习，肯定有两种不同的外部条件，两个具有不同能力（内部条件不同）的学生，所需要的外部条件不同。

加涅的学习理论吸收了行为主义学习理论和认知主义学习理论的优点，是一种有代表性的理论，它对教学与学习实践有较大的影响。加涅根据其学习理论提出的教学设计理论对于远程教育实践有着重要的影响。

（四）建构主义学习理论

建构主义学习理论是从认知主义学习理论发展出来的一种新流派，其主要的代表人物有：皮亚杰（J. Piaget）、科恩伯格（O. Kernberg）、斯滕伯格（R. J. Sternberg）、卡茨（D. Katz）、维果斯基（Vogotsgy）等人，其中尤以皮亚杰和维果斯基的理论影响最大。

皮亚杰关于建构主义的基本观点是，学习者是在与周围环境相互作用的过程中，逐步建构起关于外部世界的知识，从而使自身认知结构得到发展的。学习者与环境的相互作用涉及两个基本过程:"同化"与"顺应"。同化是指个体把外界刺激所提供的信息整合到自己原有认知结构内的过程;顺应是指个体的认知结构因外部刺激的影响而发生改变的过程。同化是认知结构数量的扩充,而顺应则是认知结构性质的改变。认知个体通过同化与顺应这两种形式来达到与周围环境的平衡:当学习者能用现有图式去同化新信息时,他处于一种平衡的认知状态;而当现有图式不能同化新信息时,平衡即被破坏,而修改或创造新图式(顺应)的过程就是寻找新的平衡的过程。学习者的认知结构就是通过同化与顺应过程逐步建构起来,并在"平衡—不平衡—新的平衡"的循环中不断得到丰富、提高和发展的。

而维果斯基提出的"文化历史发展理论",则强调认知过程中学习者所处社会文化历史背景的作用,并提出了"最近发展区"理论。维果斯基认为,个体的学习是在一定的历史、社会文化背景下进行的,社会可以为个体的学习发展起到重要的支持和促进作用。维果斯基区分了个体发展的两种水平:现实的发展水平和潜在的发展水平,现实的发展水平即个体在独立活动状态下所能达到的水平,而潜在的发展水平则是指个体在成人或比他成熟的个体的帮助下所能达到的活动水平,这两种水平之间的区域即"最近发展区"。在此基础上以维果斯基为首的维列鲁学派深入地研究了"活动"和"社会交往"在人的高级心理机能发展中的重要作用。所有这些研究都使建构主义理论得到进一步的丰富和完善,为其实际应用于教学过程创造了条件。

建构主义理论的内容很丰富,在教学上,其核心意义可以用一句话概括:以学生为中心,强调学生对知识的主动探索、主动发现和对所学知识意义的主动建构。由于建构主义所要求的学习环境得到了当代最新信息技术成果强有力的支持,这就使建构主义理论日益与广大教师的教学实践普遍地结合起来,从而成为国内外学校深化教学改革的指导思想。

(五)人本主义学习理论

人本主义心理学是20世纪五六十年代在美国兴起的一种心理学思潮,其主要代表人物是马斯洛(A. Maslow)和罗杰斯(Carl. R. Rogers)。其基本观点为:学习是人的自我实现,是丰满人物的形成过程;学习者是学习的主体,任何正常的学习者都能自己教育自己;人际关系是有效学习的重要条件,它在学与教的过程中创造了"接受"的气氛;学习应重视学习的情感因素。

我国学者冯忠良认为,罗杰斯等人本主义心理学家在教育实际中倡导以学生经验为中心的"有意义的自由学习",对传统的教育理论造成了冲击,推动了教育改革运动的发展。这种冲击和促进主要表现在:突出情感在教学活动中的地位和作用,形成了一种以知情协调活动为主线、以情感作为教学活动的基本动力的新的教学模式;以学生的"自我"完善为核心,强调人际关系在教学过程中的重要性,认为课程内容、教学方法、教学手段等都维系于课堂人际关系的形成和发展;把教学活动的重心从教师引向学生,把学生的思想、情感、体验和行为看做是教学的主体。

人本主义学习理论强调个性的培养,重视情感问题的研究。可以看出,人本主义学习理论中的许多观点都是值得我们借鉴的。在远程教育中,我们既要强调学生的主体地位,也不能忽视教师的主导作用,要研究教学支持系统如何才能在远程教育中更好地发挥作用。

学习活动四：探究性学习理论的探讨

第 1 步　问题思考。阅读《〈原电池原理及其应用〉的教学设计》，分析这个案例设计的理论依据。

第 2 步　探讨探究型学习理论的溯源。

《〈原电池原理及其应用〉的教学设计》的参考答案见网址 http://www.cbe21.com/subject/chemistry/printer.php? article_id=1557。

二、教学理论

教学理论通过大量的研究和实践，取得了丰富的成果，已经发现和揭示了许多教学规律，在对教学基本原理、教学目标、教学内容、教学方法等领域的研究中都取得了相当可观的进步。下面是四种当代的教学理论。

（一）赞可夫的发展性教学理论

列·符·赞可夫是前苏联心理学家、教育科学博士。他把毕生精力献给了"教学与发展问题"的实验研究。他通过教学实验完整地提出了"教学与发展问题"理论，构建了"实验教学论体系"。他对教学与发展的关系做出了科学的解释和确切的论证，并对如何创设最佳的教学体系，促进学生的一般发展，做出了精辟的论述。

发展性教学理论主要包括两个方面的基本观点：第一，以最好的教学效果，促进学生的一般发展，应把一般发展作为教学目标；第二，只有当教学走在发展前面的时候，才是好的教学，应把教学目标确定在学生的"最近发展区"之内。

在赞可夫的发展教学理论中，他提出了教学应遵循实验教学论原则，具体包括五个方面的内容：以高难度进行教学，这是第一的、决定性的"基本原则"，其他原则都与此有内在联系；以高速度进行教学，这一原则对高难度原则而言是一个辅助原则，但有其独立性；理论知识起主导作用，这个原则要求学生在一般发展的基础上，尽可能深入领会有关概念和规律性的认识；使学生理解教学过程，这一原则强调让学生学会学习，掌握学习过程和方法；使全班学生都得到发展，这一条原则要求教师充分关心和重视每个学生，尤其是差生的一般发展。

赞可夫强调，实验教学论体系的每条原则都有自己的作用，同时又是互相联系、相辅相成的。贯彻上述教学法原则主要是为了激发、增加和深化学生对学习的内部诱因，而不是借助分数以及类似的外部手段对学生施加压力。实验教学论教学原则的另一特点是给个体以发挥作用的余地，也就是要求尊重每个学生的特点和愿望。

（二）布鲁纳(J. Bruner)的发现教学理论

布鲁纳是美国当代著名的研究儿童认知发展和认知学习的心理学家和教育家。他非常重视人类课堂情境中的学生学习问题的研究。他根据自己的研究结果提出的"认知—发现"学习与教学理论，是当代认知学习与教学理论的主要流派之一，其主要观点包括：学习一门学科，最重要的是掌握它的基本结构；任何学科都能用在智育上是正确的方式，有效地教给任何发展阶段的任何人；要有效学习，必须采取发现法。

布鲁纳提出了"学科基本结构"的思想。每门学科都存在一系列的基本结构。所谓的"学科基本结构",就是指某门学科的基本概念和基本原则。例如,化学中的"键"、数学中的交换律、分配律和结合律等。在他看来,学生掌握"学科基本结构"应该是学习知识方面的最低要求。布鲁纳认为,按照反映知识领域基础结构的方式来设计课程,需要对那个领域有极其根本的理解。他强调说:"一门学科的课程应该决定于对能达到的、给那门学科以结构的根本原理的最基本的理解。"学生如果掌握了"学科基本结构",就能更好地掌握整个学科。

布鲁纳十分重视教学原则对学生最有效地获得知识与技能的作用,并认为它也为评价任何一种教学方法与学习方法提供了一个标准。布鲁纳提出了动机原则、结构原则、程序原则、强化原则四大原则。布鲁纳强调,在认知学习过程中要注意儿童学习的心理倾向和动机,这是关系到教学活动成败的异常重要的因素。布鲁纳认为,任何学科知识都是具有结构的,教师在教学过程中应该注意使儿童掌握学科知识的结构。此外,教学活动的程序会影响儿童获得知识和发展能力,因此教师在教学过程中应该注意设计和选择最佳教学程序。最后,教师在教学过程中应该注意通过反馈使儿童知道自己的学习结果,并使他们逐步具有自我矫正、检查和强化的能力,从而强化有效的学习。

在教学方法上,布鲁纳提倡"发现学习"(Learning by Discovery),他认为,儿童应该在教师的启发引导下按自己观察事物的特殊方式去表现学科知识的结构,借助于教师或教师提供的其他材料去发现事物。布鲁纳强调说,发现是教育儿童的主要手段。"人类学习中似乎有个必不可少的成分,它像发现一样,是尽力探索情境的机会。"他还强调说:"如果我们要展望对学校来说什么是特别重要的问题,我们就得问,怎样训练几代儿童去发现问题,去寻找问题。"

(三)巴班斯基的教学最优化理论

巴班斯基(Юрий Констинович Бабанский,1927—1987),是前苏联很有影响的教育家、教学论专家,毕生致力于教育科学研究。教学过程最优化是巴班斯基教育思想的核心。巴班斯基的教学过程最优化理论,具有兼收并蓄的特点。巴班斯基从辩证的系统结构论出发,使发展性教学的所有研究成果都在教学过程最优化理论体系中占据恰当的位置,通过教学过程最优化体现出发展性教学的最优效果。

他指出:"教学过程最优化是在全面考虑教学规律、原则、现代教学的形式和方法、该教学系统的特征以及内外部条件的基础上,为了使过程从既定标准看来发挥最有效的(即最优的)作用而组织的控制。"其基本观点包括三个方面:第一,应该把教学看成一个系统,用系统观点、方法来考察教学;第二,教学效果取决于教学诸要素构成的合力,对教学应综合分析、整体设计、全面评价;第三,教学最优化,就是在现有条件下用最少的时间和精力,取得最大的效果。

在巴班斯基的最优化理论中,"最优的"一词具有特定的内涵,它不等于"理想的",也不同于"最好的"。"最优的"是指一所学校、一个班级在具体条件制约下所能取得的最大成果,也是指学生和教师在一定场合下所具有的全部可能性。最优化是相对于一定条件而言的,在这些条件下是最优的,在另一些条件下未必是最优的。巴班斯基的最优化理论充分体现了辩证法的灵魂——对具体事物进行具体分析。

教学过程最优化可分为总体最优化和局部最优化。总体最优化要求以综合地解决教学、教育和发展任务为目标,以效果和时间、精力、经费等的最低消耗作为衡量最优化的标准,要求学校领导、全体师生、家长共同解决最优化任务。局部最优化是根据总体目标的一部分或按照个别标准进行最优化。

教学过程最优化的方法体系是指相互联系的、导致教学最优化的方法的总和。这一方法体系强调教学双方最优化方法的有机统一,它既包括教学过程的五个基本成分(教学任务、教学内容、教学方法、教学形式、教学效果),又包括教学过程的三个阶段(准备、进行、分析结果);既包括教师活动,又包括学生活动,强调师生力量的协调一致,从而找到在不加重师生负担的前提下提高教学质量的捷径。

(四) 加德纳(H.Gardner)的多元智能理论

"多元智能理论"是由美国哈佛大学心理学教授霍华德·加德纳(Howard Gardner)及其助手经过多年研究和观察提出来的。多元智能理论认为,个体身上相对独立存在着与特定的认知领域或知识范畴相联系的八种智能:

1. 语言智能(Linguistic intelligence)

是指有效地运用口头语言或文字表达自己的思想并理解他人,灵活掌握语音、语义、语法,具备用言语思维、用言语表达和欣赏语言深层内涵,将其结合在一起并运用自如的能力。与之相适合的职业是:政治活动家、主持人、律师、演说家、编辑、作家、记者、教师等。

2. 数学逻辑智能(Logical-Mathematical intelligence)

是指有效地计算、测量、推理、归纳、分类,并进行复杂数学运算的能力。这项智能包括对逻辑的方式和关系、陈述和主张、功能及其他相关的抽象概念的敏感程度。与之相适合的职业是:科学家、会计师、统计学家、工程师、电脑软件研发人员等。

3. 空间智能(Spatial intelligence)

是指准确感知视觉空间及周围一切事物,并且能把所感觉到的形象以图画的形式表现出来的能力。这项智能包括对色彩、线条、形状、形式、空间关系很敏感。与之相适合的职业是:室内设计师、建筑师、摄影师、画家、飞行员等。

4. 身体运动智能(Bodily-Kinesthetic intelligence)

是指善于运用整个身体来表达思想和情感,灵巧地运用双手制作或操作物体的能力。这项智能包括特殊的身体技巧,如平衡、协调、敏捷、力量、弹性和速度以及由触觉所引起的能力。与之相适合的职业是:运动员、演员、舞蹈家、外科医生、宝石匠、机械师等。

5. 音乐智能(Musical intelligence)

是指能够敏锐地感知音调、旋律、节奏、音色等的能力。这项智能对节奏、音调、旋律或音色十分敏感,与生俱来就拥有音乐的天赋,具有较高的表演、创作及思考音乐的能力。与之相适合的职业是:歌唱家、作曲家、指挥家、音乐评论家、调琴师等。

6. 人际智能(Interpersonal intelligence)

是指能很好地理解别人和与人交往的能力。这项智能善于察觉他人的情绪、情感,体会他人的感觉感受,辨别不同人际关系的暗示以及对这些暗示做出适当反应的能力。与之相适合的职业是:政治家、外交家、领导者、心理咨询师、公关人员、推销员等。

7. 自我认知智能(Intrapersonal intelligence)

是指善于自我认识和有自知之明并据此做出适当行为的能力。这项智能能够认识自己的长处和短处，意识到自己的内在爱好、情绪、意向、脾气和自尊，喜欢独立思考。与之相适合的职业是：哲学家、政治家、思想家、心理学家等。

8. 自然认知智能(Naturalist intelligence)

是指善于观察自然界中的各种事物，对物体进行辩论和分类的能力。这项智能有着强烈的好奇心和求知欲，有着敏锐的观察能力，能了解各种事物的细微差别。与之相适合的职业是：天文学家、生物学家、地质学家、考古学家、环境设计师等。

多元智能理论是一种"内在建构性"的学习观，在对教学本质及特点的理解上，多元智能理论与建构主义的学习理论有相同之处，即都特别强调每个人都是以自己的方式来理解知识和建构自己对事物的认识的。因此，多元智能理论在教学中特别关注学习者个体智能的差异对教学的意义。在加德纳看来，按照多元智能理论，智能既可以是教学的内容，又可以是教学内容沟通的手段或媒体，这个特点对于教学是很重要的。在他的系列著作中，他强调学校教育的改革必须重视"学生个体的差异"。多元智能理论对学习和教学理解的新视角，决定了多元智能教学的如下特点：

1. 教学过程的生成性。多元智能理论将教学过程界定为一种生成性的过程。在加德纳的著作中，他倡导和建议学校教育应注意吸收两种非学校模式"师徒模式"和"博物馆"的社会场景化学习过程和社会场景化学习环境的有效成分，在教学评价中，他主张进行与学习过程相一致的情景化评价。

2. 教学目标的全面性。多元智能理论主张教学目标的全面性。加德纳的观点是，学校教育的宗旨应该是开发多种智能并帮助学生发现适合其智能特点的职业和业余爱好。在加德纳看来，多元智能的教学目标是利用个别差异的心理表征的不同方式。以多元智能为教学上的"多元切入点"，为所有的学生提供发展的多元途径，实现真正的理解，并使教学与学生的现实的生活及将来的生活真正相连。

3. 学生角色的主动性。多元智能的教学强调教学过程中学生角色的主动性。第一，加德纳在提出多元智能的学校是以"个人为中心"的学校时，就首先强调了尊重学生的重要性。其二，加德纳在教学中强调学生的参与，他提倡为学生准备范围更广的可供选择的课程。学生的自主选择，在多元智能的教学中被看做是学习和教学中"建构"过程的开始。在教学评价中，加德纳更是重视儿童自我评价的重要性。

将多元智能理论应用于教学中，教师首先要树立新型的学生观，即"每个学生都是一个潜在的天才儿童，只是经常表现为不同的方式"。教学中尽可能创造一个开放的环境，根据学生的不同情况，因材施教，通过开发学生的多种智能，最大限度地发掘每个学生的潜在能力。当每个人都有机会挖掘自身的潜能并进行高效的学习时，他们必将在认知、情绪、社会，甚至生理各方面展现出前所未有的积极变化。

学习活动五：多元智能测试

在 Google 中输入关键词"多元智能测试"，看看你能找到哪些相关的多元智能测试的工具。

三、传播理论基础

远程教育是一个信息传播过程,其核心是教育而不是距离。远程教育应重视信息的传播过程研究,而传播理论则构成了远程教育的又一重要理论基础。在传播学研究中,人们提出了各种各样的传播理论和模式,最主要的两种理论模式是心理学模式(psychological modals)和工程学模式(engineering models),分别以拉斯韦尔"五W"模式和"香农-韦弗"模式为代表。

(一)拉斯韦尔"五W"模式

哈罗德·拉斯韦尔(Harold Lasswell)是一位著名的政治学家,传播学研究的先驱者。拉斯韦尔最先于1948年在《传播的社会职能与结构》一文中提出了"五W"模式(如图02-05所示):"描述传播行为的一个方便的方法,是回答下列五个问题——谁(Who)?说什么(Says what)?通过什么渠道(Through which Channel)?对谁(To whom)?取得什么效果(With what effect)?"据此,引申出传播研究的五个参数或五个内容:控制分析(谁)、内容分析(说什么)、媒介分析(通过什么渠道)、受众分析(对谁)、效果分析(取得什么效果)。

图02-05 拉斯韦尔"五W"模式

米夏埃尔·比勒称赞"拉斯韦尔第一次准确描述了构成'传播事实'的各个元素"。赖利夫妇认为,这个简单的模式有多种用途,其中特别有助于用来组织和规范关于传播问题的讨论。"五W"模式在传播研究中的地位不可撼动,因为它最早明确地将传播过程划分为5个部分或者要素,并且相对应地限定了5个研究领域,有效地描述了传播并规划了传播学研究。

(二)"香农-韦弗"传播理论与模式

20世纪40年代,数学家香农(Claude E. Shannon)出于对电报通信问题的兴趣,提出了一个关于通信过程的数学模型。此模型最初是单向直线式的,不久,他与韦弗(Warren Weaver)合作改进了模型,添加了反馈系统(如图02-06所示)。此模型后来被称为"香农-韦弗"模式,在技术应用中获得了巨大成功。

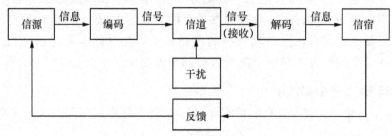

图02-06 香农-韦弗模式

首先,"香农-韦弗"一般传播系统模式最重要的贡献在于,它第一次用数学公式和模式来表达传播学理论,从而"对于有关传播的其他模式与理论之发展,具有最重要的影响和启迪作用"。其次,"香农-韦弗"一般传播系统理论指出了信息由"有效信息"和"多余信息"组合而成。香农和韦弗的一般传播系统理论弄清了"有效信息"和"多余信息"的辩证关系,是对传播学的一大贡献,对远程教育传播来说也不乏启发意义。

(三)贝罗的传播过程四要素理论

心理学模式关注的是信息源、接受者以及传播产生的效果,尤其是传播对接收者来说产生了什么效果。贝罗(D. K. Berlo)在他的传播模式中把传播过程分解为四个要素:信息源、信息、通道和接受者,并说明了影响信息源、接受者和信息实现其传播功能的条件,说明信息传播可以通过不同的方式和渠道进行。贝罗模式也称为 SMCR 模式(如图02-07 所示),该模式现在常被用来解释教育传播过程,它说明了在教育传播过程中,影响和决定教学信息传播的效率和效果的因素是多方面的、复杂的,各因素间既相互联系又相互制约,因而,要提高教育传播的效果,必须综合研究和考察各方面的因素。

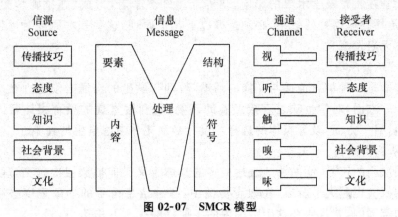

图 02-07　SMCR 模型

从以上模型可以看出,影响信源和接受者的因素是相同的,都是传播技巧、态度、知识、社会和文化背景。影响信息的因素是内容、要素、处理、结构、符号等,而信息的内容、符号及处理,均能影响通道的选择。

(四)罗密佐斯基的双向传播理论

罗密佐斯基(A. J. Romiszowski)综合了工程学模式和心理学模式的优点,形成了一个比较适用于教育的双向传播模式。他认为,传播过程是一种双向的过程,传者和受者都是传播的主体。受者不仅接受信息,而且对信息做出积极的反应,如图 02-08 所示。

(五)宣韦伯的传播学理论

宣韦伯(W. Schramm),美国人,他设立了世界上第一个传播学研究所,主编了第一批传播学教材,开辟了电视对少年儿童的影响等几个新的研究领域,被认为是传播学的集大成者、人类历史上第一位传播学家、传播学学科创始人,被称为"传播鼻祖""传播学之父"。

宣韦伯对于传播学的巨大贡献在于:首先,他把美国新闻学与社会学、心理学、政治学等其他学科综合起来进行研究,在前人研究的基础上归纳、总结与修正,使之系统化、

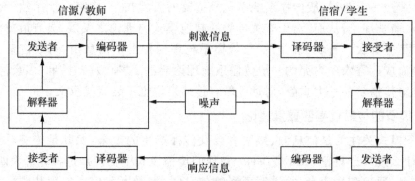

图 02-08　双向传播模式图

结构化,并创立传播学,这是其最大功绩。1949 年他的第一本权威性著作《大众传播学》出版,标志着传播学的创立。其次,他不断著书立说,推进传播学的发展,其著作主要有《大众传播学》《传播过程与效果》、《报刊的四种理论》等。第三,他大力推进传播学教育,扩大了传播学在教育及学术界的影响,培养众多知名学者,形成"施拉姆学派"。宣韦伯认为,教育传播要取得好的效果,必须遵循以下几个原理,这些基本原理对远程教育的传播过程也不无启发意义。

1. 共同经验原理

教育传播是一种信息传递与交换的活动,教师与学生的沟通必须建立在双方共同经验范围内。一方面,对学生缺乏直接经验的事物,要利用直观的教育媒体帮助学生获得间接的经验;另一方面,教育媒体的选择与设计必须充分考虑学生的经验。

2. 抽象层次原理

抽象层次高的符号,能简明地表达更多的具体意义。但抽象层次越高,理解便越难,引起误会的机会也越大。所以,在教育传播中,各种信息符号的抽象程度必须控制在学生能明白的范围内,并且要在这个范围内的各抽象层次上下移动。

3. 重复作用原理

重复作用是将一个概念在不同的场合或用不同的方式去重复呈现。它有两层含义:一是将一个概念在不同的场合重复呈现。如在几个不同的场合接触某个外语生词,以达到长时记忆。二是将一个概念用不同的方式去重复呈现。如同时或先后用文字、声音、图像去呈现某一概念,以加深理解。

4. 信息来源原理

有权威、有信誉的人说的话,容易为对方所接受。资料来源直接影响传播的效果。因此,在教育传播中,作为教育信息主要来源之一的教师,应树立被学生认可的形象与权威。所用的教材与教学软件的内容来源应该正确、真实、可靠。

5. 最小代价原理

任何教学传播活动都需要对教学的内容、方法和媒体等进行选择,这种选择是适应学习者身心特点、较好地达到教学目标的前提,并旨在以最佳的"效果/价格比"成功地实现目标,此即最小代价原则。

学习活动六：五种传播理论模式比较

比较上述五种传播理论模式，填写下面的表格。

	5W模式	"香农-韦弗"模式	传播过程四要素理论	双向传播理论	传播学理论的几个原理
代表人物					
代表著作					
典型观点					
评价					

学习活动七：概括远程教育理论基础之要点

认真阅读本节有关远程教育理论基础的内容，使用精练的语言以一篇小短文的形式概括这些理论基础的基本要点，并阐述这些理论基础对远程教育的作用与价值。

第三节 远程教育的基本理论

从20世纪中叶以来，国内外的专家学者广泛开展了对远程教育的理论研究，提出了众多的理论学说，这些理论是在远程教育发展过程中的不同时期提出的。然而，限于远程教育目前的发展阶段，远程教育的基本理论还没有形成完整的体系。下面简要介绍远程教育理论研究中影响较大的六种理论学说。

一、约翰·丹尼尔的三大远程教育理论

约翰·丹尼尔，联合国教科文组织前教育助理总干事，西方高等教育界杰出的领导人、决策者和行政管理首脑，国际开放远程教育界的实践者和理论研究者。1982至1985年，担任国际远程教育协会主席。1990年至2001年，任英国开放大学主持工作的副校长。1994年获英国女王授予的爵士称号。2001年起任联合国教科文组织负责教育事务的助理总干事。2004年5月退休，应聘担任英联邦学习共同体主席。

作为国际远程教育界富有创新精神的探索者和享誉世界的著名学者，丹尼尔从1967年开始就公开发表了大量有关远程教育的学术论文，其代表性著作《巨型大学与知识媒体——高等教育的技术策略》在世界远程教育领域享有盛誉，是许多国家远程教育研究生的必读书目和远程教育研究不可或缺的参考文献。

丹尼尔在其近40年的学术生涯中对国际远程教育的理论建树主要包括两个部分，它们分别是交互作用和独立学习平衡论、巨型大学和竞争优势理论。

（一）交互作用和独立学习平衡论

丹尼尔认为学生在远程教育系统中的活动，一种是独自进行的学习活动；一种是同其他人进行交互的学习活动。第一类活动是"独立学习"，后一类为"交互作用"。独立学习是指通过读书、使用电脑软件、听讲座、听录音带、看电视、写作业等活动进行学习。这

些活动是任何类型学习的主要部分,在远程教育中尤其如此。但是大多数学习者不能独自成功地完成这些学习活动,他们需要互动的学习。互动在教育词汇中是个含糊的概念,它是指学习者的一个行为引发了来自另一个人的反应,此人可以是教师、指导教师或另一位学习者,这种反应是专门针对这位学习者的行为。交互作用可以通过电话讨论、批改作业并提出意见、集体讨论和暑期学校的住校生活等实现。丹尼尔认为,学习者越年轻,互动性的学习成分就越需要加强。

远程教育需要提供高质量的学生与教材(学习内容)、辅导教师和学习伙伴的三类交互作用。远程教育系统需要在相互交流和独立活动之间完成适当的结合,通过由学生独立的学习活动和与其他人的交互作用二者之间的平衡来完成全部远程课程。丹尼尔认为,这二者之间的平衡在远程学习系统中具有决定性的作用。在远程教育体系中平衡交互作用和独立学习二者之间的关系会对该体系的管理和经济效益有巨大影响。独立活动有很好的潜在经济效益,而交互作用活动尽管成本较高,但对远程教育的质量来说是非常必要的。因而,有效的学习需独立学习与互动学习的适当结合。

丹尼尔关于交互作用和独立学习这两类活动的区分及其适当结合的理论,有助于我们从教与学成功率和成本效益的观点去认识远程教育如何有效地应用技术,以取得质量与效益的双赢。

(二) 巨型大学和竞争优势理论

"巨型大学"这一名词源于美国当代最负盛名的高等教育思想家、美国前加州大学伯克利分校校长和加州大学总校校长克拉克·克尔在1963年出版的《大学之用》这一经典著作,当时被称为"多元化巨型大学"。

然而,传统大学渴望成为多元化巨型大学,毕竟"历史的根基"太深,加之当时技术条件受限,往往"心有余而力不足"。只有现代远程教育的发展和普及,才使克尔的"多元化巨型大学"的梦想按照丹尼尔的"巨型大学"的模式展现在我们面前。

基于数十年在远程教育界的工作经历和审慎思考,丹尼尔在英国开放大学任职期间发展了克拉克·克尔的思想,提出了"巨型大学"(Mega-University)的概念和巨型大学与竞争优势的理论。

丹尼尔认为传统高校面临着一系列危机,而这些危机恰恰印证了远程教育的优势之所在。在传统高校面临的这些危机中,有工作的成年人对业余学习的需求在增长,通信媒体的发展以及政府愿意对教育进行投资,巨型大学复杂的后勤系统得到了计算机系统的支持等其他因素正是有利于巨型开放大学发展的优势。

在此基础上,丹尼尔根据"产业竞争优势"之父迈克尔·波特的理论对巨型大学的竞争优势进行了分析。丹尼尔认为,大多数开放大学是从集中它们的特色这一策略演变而来的。它们把目标对准学生中数量有限的一部分,也就是把目标对准那些想要学习而又不愿意放弃工作、不愿意牺牲家庭的成年人。采取这一策略可以获得两大利益:第一,顾客人数增长迅速;第二,开放大学为服务于那些顾客所发展的技术产生了规模经济。要保持这些已有的竞争优势,巨型大学必须不断地进行投资以改善它们的处境和地位,寻求降低成本的机会但又不牺牲以成人为服务目标的这一特性。在分析巨型大学竞争优势的基础上,丹尼尔也清醒地指出了巨型大学所面临的一些挑战,这些挑战包括传统教育开设的远程教育与巨型大学的竞争、商业企业在远程教育与远程学习服务上与巨型大学的竞争、巨型大学在办学经费上面临的挑战等。

丹尼尔是国际远程教育界的思想家、理论家和实干家。他的独立学习和交互作用理论虽然与穆尔等人的理论同属交互作用和通信理论这一大系统,但是他独到地分析了独立学习和交互作用的优势和不足,分析了在保证教学质量和较高成功率的前提下,开放大学在灵活性和成本效益方面的竞争优势,并力图在这两者之间找到一个平衡点,实现学生获得最佳的学习效果和学校得到最佳经济效益的完美结合,这对于远程教育教学和经济分析都有着重要的指导意义。丹尼尔关于巨型大学和竞争优势的理论,更是站在全球远程教育的角度,对世界高等教育的发展做了全局性的分析,强调远程教育无论是在经济上还是在学生人数的增加方面都为世界教育做出了巨大的贡献。总而言之,丹尼尔在其长达30年的远程教育领域的实践中,身体力行地推动着远程教育的发展,其理论和实践经验将鼓舞全世界远程教育工作者在此领域进行不懈的探索。

二、彼得斯关于远程教育的工业化理论

工业化理论是在远程教育和网络教育思想界有深远影响的一种理论学说。工业化理论从远程教育历史发展的角度研究远程教育的实质,以德国著名学者奥托·彼得斯为代表。奥托·彼得斯是德国哈根的远距离大学基金会副主席,德国哈根远程教学大学的远程教育方法论终身教授、荣誉退休教授,曾任该大学的首任副校长。他也是国际远程教育理论研究的先驱者和权威之一,在1999年维也纳召开的国际远程教育协会第十九届世界大会上被授予终身成就奖。

1967年,奥托·彼得斯提出了他的远程教育工业化理论。他认为,研究远程教育效果最好的模型是将其与工业化生产过程相类比。他对远程教育与工业化生产过程进行了比较,发现了两者共同具有的特征,如劳动分工、机械化、大批量生产、标准化和中央集权等。因此远程教育与工业化社会的组织、原则以及价值观相适应。其核心是将远程教育比做教育的工业化和技术化的形态,而将传统的、面授的和集体的教育归结为教育的前工业化形态。将远程教育放在工业化的背景中,并以工业化生产的观点和术语来解释远程教育。其主要观点有:

1. 远程教育是教育工业化和技术化的产物。彼得斯认为,与传统的学校教育相比,当代远程教育是工业化的产物,正是邮政、广播、电视和现代交通等现代工业产品、设施的出现,为远程教育的发展奠定了基础。传统学校教学的人际之间的交流,在远程教育中为各种机器、工具和材料所取代,远程教育因而充满了工业化和技术化的特征。远程教育以教学过程的高度民主技术化为基本特征。因此,远程教育的组织、实施等活动环节也就有了工业化生产的特色。如果没有技术工具,就无法进行远程教育。

2. 以现代工业的概念解释远程教育问题。由于远程教育有了工业化的色彩,彼得斯就使用相关的工业化的术语来解释或说明远程教育活动。如用"合理化"来解释一位教师的知识和技能通过远程教育的传播,使众多的学习者受到教益,即是合理化的。用"劳动力的分工"来解释通过教育者之间的分工合作,对众多学习者的学业成绩进行评价的活动。用"流水线"来解释远程教育工作类似工业生产的流水线。如教材从设计、编写到

制作,再到传播等各个环节,是由一个部门到另一部门连续的工作过程,如同工业流水线一样。"大批产品"则用来解释远程教育能培养大批的学生。

3. 以福特主义思潮解释远程教育的价值。工业化理论在20世纪得到了其他学者如基更、堪培奥、鲁姆勃尔等人的支持,并有所发展。其中以福特主义的理论来解释远程教育,引起了世人的关注。福特主义是一种研究工业化大规模生产和大规模消费相结合的经济学理论和经济学模式。大规模的生产必将对社会的大规模消费、大规模人才培养产生影响。远程教育工业化理论认为现代远程教育的发展迎合了大规模生产和大规模消费的"福特主义"经济学模式。

远程教育的福特主义模式是,在一所学校里,不论设置的专业、开设的课程,还是就读的学生等方面,都是数量有限的,与为更多求学者提供更多的学习环境相比还有相当大的距离,即产品更新少;教学过程始终保持原有模式;教学管理职责并不明确,一些想把这种教育方式进一步规范起来的教师和管理者由于没有法定的依据,想法也仅仅是想法而已。这种模式是较低层次的远程教育实践,与传统的面授教育几乎没有差别。

远程教育的新福特主义模式不仅设置的专业、开设的课程的数量大大增加了,而且方法也灵活了,学生数量猛增;在教学过程、教学方法、教学手段上冲破了福特主义的束缚,开始使用广播、电视来传授知识,少数学校开始计算机教学,跨国办学成为现实;对教师和管理人员还没有给予更大的自由权,一些教师和管理人员提出的某些用于教学的新媒体、新方式,由于没有授予变革的权力仍然派不上用场,这种模式下的远程教育已经是较高层次的教育实践。

远程教育的后福特主义模式在专业开设和课程设置上,充分考虑到求学者的需求和社会需求,充分考虑到普通高校还没有开设的专业,因而大大满足了求学者的需求,学生数量大大增加,学习场所不再局限于学校,还扩展到家庭、工作岗位、出差途中或其他一些场所,学习方式更开放;教学手段现代化,以计算机和网络为媒体的教学形式更加普及,教学管理更加适应教与学的形式的变化;教师和管理者有一定的自主权、控制权和协调权。这种模式是高层次的远程教育实践,充分体现了远程教育的基本特征。

远程教育的"工业化理论"虽然受到了一些批判,有来自人本主义的,有来自整合主义的,有来自后现代主义的,但这种理论在远程教育界仍然占据重要的地位。在20世纪80年代末和90年代,彼得斯以及堪培奥、鲁姆勃尔等人进一步发展了远程教育工业化理论,提出了远程教育的后工业化理论。伍德和苏彻尔在1988年概括了后工业化社会的三个经济特征:第三产业或服务业雇佣劳动力的比例将显著提高、"新"技术将出现和经济的决策结构的变化。彼得斯依据这种社会发展的趋势,探讨了由此引起的劳动力组织管理和价值观的变化以及这些变化对远程教育的新需求和重大影响。

在分析后工业化社会性质的基础上,彼得斯认为,后工业化社会里远距离教育传统的工业化模式将不再能够满足具有特殊期望和价值观的新型学生的需要,这些学生的期望和价值观似乎不仅与工业化社会的学生不同,而且在很多问题上甚至正好与他们对立。社会的发展呼唤设计出新的远距离教育模式。彼得斯探讨了后工业化模式下远程教育的生存观点、生态学观点和教学设计的概念,认为这是设计这种新的远距离教育模式的基础。彼得斯认为,远距离教育从工业化向后工业化的转变将意味着远程教育哥白尼式的革命。后工业化理论是彼得斯在社会不断发展进步的形势下对"工业化理论"的继承与延伸。

三、穆尔关于远程教育的交互影响距离和独立学习理论

穆尔是美国宾夕法尼亚州立大学教育学教授,《美国远程教育杂志》主编,美国远程教育研究中心创始人兼主任,师从远程教育先知查尔斯·魏德迈,于1973年获得成人教育博士,曾在1988—1992年担任国际远程教育理事会副主席,是远程教育的理论先驱,国际远程教育权威学者。1972年首先提出远程教育的概念及其教学问题,1986年创办美国第一份远程教育杂志,1987年第一个开设远程教育的研究生课程,1986年至今任美国远程教育研究中心主任,在远程教育领域享有崇高的声誉。

在十余年的时间当中,穆尔建立并不断完善了交互影响距离和独立学习理论。这一理论是一个二维的理论体系,其核心是交互影响距离理论和学习者自主学习理论,包括三个变量,即"对话"、"结构"和"学习的自主性"。其中交互影响距离不仅是指物理学和地理学意义上的距离,而且是一个心理学和教育学的概念。1989年,穆尔进行了这样一段描述:

> 我们称为远距离教育的交互作用,发生在教师个人与学习者个人之间,发生在具有大家彼此分离特征的环境里,并由此产生了一系列特殊的教和学的行为。正是物理意义上的分离导致了心理上、交流上的鸿沟,而且导致了教师、学生双方发生潜在误解的空间。[1]

穆尔认为,既然远距离教育是教育,我们就可以运用我们所掌握的许多传统教育中的理论和实践的知识。事实上,正是交互影响距离的大小决定了我们是否需要进行非传统的思维与实践。穆尔将交互影响距离定义为对话和结构这两个变量的函数。变量"对话"用来描述"教育系统中师生间进行交流相互响应的程度",即"对话是在某种教学计划中,学习者、教育者和教学计划之间,能够彼此反应的程度和度量"。

因此,"对话"变量的取值就取决于一个教育系统内师生双向交流通信程度的高低。例如:在一个只给学习者提供印刷教学材料的教育计划中,就没有对话发生。函授这种教育计划提供书信方式的反馈或者对学习者作业的评价,具有不同程度的(书信)对话。把函授与远距离通信结合起来的教育项目,对话程度就更高了。

而变量"结构"则用来描述"教育对学习者个别需要做出反应的程度"。因此,结构程度较高的教育计划课程设计很难适应不同学生的各种不同的需要,而结构灵活的教育计划课程设计则能适应各种教师和学生不同的需要和条件。

穆尔理论的另一个维度即"学习的自主性",与第一个维度(即交互影响距离)紧密相关,"交互影响距离越大,学习者拥有的自主性就越大"。穆尔理论的第二个维度"学习的自主性"的核心规定如下:一个高度自主性的教育计划课程设计是以学生为中心的和自

---

[1] Moore, M.G. (1989). Three Types of Interaction[J]. American Journal of Distance education, 3(2):1—6.

主学习的,而一个较少自主性的教育计划课程设计则是以教师为中心和由教师严格控制教学过程的。

穆尔提出了一个由交互距离和学生的自主性两个维度构成的独立学习模型。在他的模型中,如果学生进行个别学习,没有师生双向通信,课程设计灵活,学生拥有决定教育目标、学习方法和考核方法的自主权,就属于高度独立学习的模式;如果学生在教师的全面控制下学习,有丰富的师生双向人际交流而课程设计结构灵活,则属于极不独立的学习模式。

穆尔理论的中心课题可以概括为:针对不同需要、能力、个性和心理特征的学生对象设计和建立适合他们的双向交流通信机制和教育计划课程设计自治结构模式,从而使学生获得最优的选择和最大限度的发展。

四、霍姆伯格关于远程教育的指导性教学会谈理论

霍姆伯格是远程教育界的理论先驱。几十年来,他在远程教育理论方面作出了重要的贡献。尽管远程教育界对他的远程教育理论及观点有不少争议,但他的理论思想至今仍对远程教育发展具有重要的指导意义。

霍姆伯格关于指导性教学会谈(guided didactic conversation)的理论,于1983年首先用英文发表。虽然霍姆伯格不是倡导远程教育学习中应用会谈方式的唯一学者,但他是唯一在这方面建立了完整理论体系的人。该理论起源于他的早期主张,早在60年代初,霍姆伯格就提出函授课程在其本义上应不同于带有问题的教科书,它本身能提供实际的教学,因而能代替教科书和教师的讲解。后来他把这种思想发展成了一种理论——指导性教学会谈理论,并采用波普尔的"证伪主义"方法进行验证,最后成了远程教育理论的一部分。

与彼得斯、穆尔不同,霍姆伯格关注的焦点集中于远距离教学过程中的人际关系方面。霍姆伯格认为:在远程教育过程中的学习活动是学生自学,但学生并不是孤立无助的,学生一方面从专门为他们设计、制作的课程材料中受益,另一方面从与远程教育机构的相互作用中受益。因此,在远程教育过程中必须给学习者以自由和尊重。与学习者建立个人联系,是激发其学习动机和促进其进行学习的前提,这可以通过非接触性通信(学习者与教育者或教学机构在时空隔离的情况下所发生的交流)来实现。

霍姆伯格强调,建立师生间的人际交流关系可以增强学习动机从而是实施远程学习的先决条件。他提出了"非接触性通信"这个术语,用来描述学习者与教师或教学机构在时间、空间上处于分离状态时所发生的通信。他认为,与学习者建立个人联系,是激发学习者的学习动机、促使其学习的先决条件。在远距离教育中,可以通过非接触性方式的通信来实现这一目标。

霍姆伯格为了发展指导性教学会谈的教学理论,使用了非接触性通信、情感投入和自学这些基础概念。他的出发点依据于下面的假设。他假设,诸如边想边说、对课文的推敲过程(即课文内容与读者原有知识的交互作用)、自我推理和默读这些活动,都是个人通信过程。把这些过程应用到印刷形式的教学材料的开发中去,结果就发展了指导性

教学对话的特殊原则。① 霍姆伯格得出如下结论：如果按照这些原则来开发印刷教学材料，模拟性的对话就会在学习者与教学材料编写者之间、学习者与他（或她）本人之间发生。如果这些通信过程不断得到强化，学习者的动机就会得到强化。并使其向学习活动投入更多的感情。结果，学习者获得的知识比在只给普通课本体例的阅读材料及问题的条件下所获得的知识要更多一些。

霍姆伯格后来又提出一种更为普遍化的教学理论。这种理论不但适用于印刷教学材料，也适用于书信评价或对话、媒体产品、电话辅导和其他通信方式。霍姆伯格在强调个人通信的同时，也强调师生交流可以通过非连续性的通信手段来实现：

> 学习者与支持机构（教材编者、辅导教师、咨询者）之间连续不断的相互作用（教学会谈），有通过学生与事先编制好的教学方案之间的相互作用进行的模拟会谈，也有学生通过书信和（或）电话，与他们的辅导教师和咨询者进行的真正的教学会谈。

霍姆伯格的有指导的教学会谈理论揭示和强调了教师和学生间的双向通信和交流在远程教育中的重要地位，认为通过通信来加强师生间的交流可以给远程教育中的学生带来学习的愉悦，从而促进学生的学习动机，对学习产生有效的影响。

霍姆伯格的远程教育观点是基于他的信念：教育中唯一重要的事情是个体学习者的学习，管理、咨询、教学、小组活动、入学和评价等只有在支持个体学习时才是有意义的。霍姆伯格把支持机构和学生之间的关系看做是"指导性会谈"，并把指导性会谈作为非常个性化的、具有口语风格的远程教育印刷材料中的典型。他也强调学习过程中学生之间进行交互的重要性，但更提倡学习者自我控制的教育。

五、基更关于远程教育的教与学的活动重新整合的理论

德斯蒙德·基更是远距离教育研究的权威之一，编写、撰写过多本远距离教育方面的著作。从1976年到1984年，他担任南澳大利亚开放学院远距离培训主任，从1984到1985年，担任意大利远距离大学基金会秘书长，现任都柏林大学学院视听中心职业培训欧洲虚拟课题的项目主管。

基更是国际远程教育界对远程教育基本概念及理论产生重要影响的人物。他对远程教育概念和基本特征的概括，对远程教育教与学理论的提炼，以及对远程培训及移动学习的研究和理论，都对远程教育理论研究和实践探索产生了重要影响。他一直活跃于远程教育实践和研究的前沿，不断收集、整理、归纳和提炼各国远程教育的研究成果，并长期承担远程教育研究项目，无论是在理论建树和实践创新上，还是在对远程教育发展的把握和引导上都起到了重要作用。

基更认为远程教育的主要特征是在时空上教的行为和学的行为相分离，这种分离状态会对远程教育的效果产生不良影响，因此必须对远程教育中相分离的教与学的行为进

---

① Holmberg. Guided didactic conversation in distance education[A]. Stewart, Keegan, Holmberg, eds. Distance Education: International Perspectives[C]. London: Routledge, 1983. 114—122.

行重新整合,以保证远程教育的质量。他认为,对远程教育的学生来说,教与学的活动的重新整合必须通过人际交流来实现。这种人际交流不仅限于面授辅导,也可以通过函授、电话、计算机通信等双向通信技术来实现。

基更认为远距离教育将从一般的教育理论当中,而不是从集体形式的面授教学的框架中找到自己的理论基础。他坚持主张远距离教育的主流不是人际间面对面的交流。相反,他认为远程教育的主要特征是在时间上、地点上教的活动与学的活动相分离。

基更坚持,对远程教育来说,学从教中来。这个过程发生在教师与学习者主观性的相互影响中,这种教师与学习者主观性的相互影响必须人为地重新建立起来。远距离教育系统超越地点与时间的限制,寻求重建发生教与学双方交互作用的时机。学习材料与学习行为的联结,是这个过程的核心。

但基更不同意将师生分离看做是自主学习者的优势与挑战。他认为学习材料与学习过程联结在传统教育中是现成的。因为学习者就置身于人们创造的用于支持学习的环境之中。从远距离教育的角度考虑教与学双方联结的重新建立,必须通过精心安排人际交流来完成。基更更关注学习行为而不是直接将目光放在学习者和教学上。他认为可以通过对印刷教学材料进行交互设计等,使其包含人际交流的许多特性,即人际交流的概念不局限在电话、电信会议或其他教学形式上。因此他认为远程教育方案对于重新整合的实施越成功,学生的辍学率就越低,学习质量就越高,实行这种项目的教育机构的地位就越高。基更根据远程教育的特点和需要,总结了远程教育教与学理论的最基本内容,提出了远程教育学习环境组成的各要素,特别是教学材料设计的关键所在。

在1993年,基更对他的教与学重新整合的理论做了一个总结:"远程教育的弱点在于在时间或空间上,教的行为和学习的行为常常是分离的。对这一问题满意的解答就是教学行为的重新整合这一概念,远程学习者与远程教师要重新建立双向通信,在通信过程中,学生通过学习材料进行学习。"

无论是印刷还是非印刷学习材料都可以尽可能多地按照人与人之间的通信这一特点来设计。各类作者都要将易读性、预测学习问题、精心设置内容、设计自测题和教学目标,插入问题、标准答案以及版面安排等因素综合考虑。在印刷材料、视听教材、录像和计算机学习包以及实验工具箱的设计上,应尽可能模拟课堂讲授和辅导以及实验室教学的交互作用。其次,在提供课程时,教学行为的重新整合是力求通过函授、电话辅导、在线计算机通信,辅导教师或计算机作业评定、电话会议、视频会议和计算机会议等进行通信。

六、鲁姆勃尔的远程教育的经济学研究理论

自第一代远程教育以来,远程教育实践者和研究者们就一直尝试解答远程教育中的经济学问题,为此也做了很多开拓性的研究,代表人物有莱斯利·瓦格纳(Leslie Wagner)、希拉里·佩雷顿(Hilary Perraton)、格伦威尔·鲁姆勃尔(Greville Rumble)、托尼·贝茨(Tony Bates)、托马斯·赫尔斯曼(Thomas Hülsmann)等人,其中又以格伦威尔·鲁姆勃尔的研究成果最为有名。

鲁姆勃尔曾担任英国开放大学负责远程教育的规划和管理处主任,主要研究远程教育的管理和经济学问题,在多个国家的工作经历成就了他广阔的学术视野,其代表作有:

《远程教育规划》(1979)、《远程教育成本分析》(1986)、《远程教育系统管理》(1992)等。鲁姆勃尔在30多年的远程教育学术研究生涯中对远程教育的许多方面作出了卓越的贡献，其中以远程教育的经济学思想影响最大。

鲁姆勃尔对远程教育经济学的发展做了许多基础性的工作，包括诸多概念的界定和澄清。譬如对"效益"这一概念，鲁姆勃尔认为从广义上来讲，效益是与结果联系在一起的：如果培训的结果满足了客户的需求，那么它就是有效的；如果培训结果满足了客户的需求，同时所花费的成本又比其他同类机构达到同一个标准所付出的少，那么这个培训就是低成本高效益的。鲁姆勃尔还给出了成本效益比较的四种方法。第一就是依照绝对标准来测量效益。效益被界定为实际产出与可能产出(理想产出)的比值。比如，理想的产出结果可以是所有的学生都通过课程考试。第二种办法是测量相对效益。两门相似的课程由于采用不同的网络学习方式而产生不同的及格率。用一门课的及格率去除另一门的及格率就得到了相对效益比值。第三种办法是衡量学生表现(performance)的质量。通过对学生进行课程的前测和后测，比较测试结果，来检验学生的进步程度。第四种办法就是计算不同权值的变量的平均得分。采用此种方法，总效益比率就可以通过计算不同的变量得到，比如学科知识、理论技能、应用技能和态度。鲁姆勃尔在把远程教育与常规教育的成本效益进行比较时强调只有在以下条件下规模经济才有可能：(1)在同等教育层次上生均可变成本要低于传统教育系统；(2)学生规模足够大，以使生均成本低于传统教育系统；(3)辍学率要保持在比较合理的低水平上；(4)固定成本要保持在与传统教育有竞争优势的水平上。

学习活动八：评述远程教育的理论学说

请在本节有关内容的基础上，收集并阅读其他相关文献，了解远程教育中几种重要的基本理论学说及其代表人物，撰写一篇评述文章，在复述这些理论主要观点的基础上，对之进行简要的分析。

学习测评

1. 判断题：远程教育是对教师和学生在时空上相对分离、教与学的行为通过各种教育技术和媒体资源实现联系、交互和整合的各类院校或社会机构组织的教育的总称。（　　）
2. 远程教育的特征包括(　　)
   A. 开放性　　　　B. 灵活性　　　　C. 普及型
   D. 终身性　　　　E. 全球性
3. 在"香农-韦弗"模式中，噪声产生于哪一部分(　　)？
   A. 编码　　　　B. 信道　　　　C. 解码　　　　D. 接受者
4. 程序教学法和支架式教学法分别是对(　　)学习理论的教学应用。
   A. 行为主义、认知主义　　　　B. 建构主义、认知主义
   C. 认知主义、建构主义　　　　D. 行为主义、建构主义
5. 判断题：罗密佐斯基的双向传播系统模式的贡献在于，它第一次用数学公式和模式来

表达传播学理论。（　　）
6. 判断题：丹尼尔认为远程教育需要提供高质量的学生与教材（学习内容）、辅导教师和学习伙伴的三类交互作用。（　　）
7. 穆尔将交互影响距离定义下列变量的函数（　　）。
   A. 对话　　　　　　B. 结构　　　　　　C. 互动　　　　　　D. 通道
8. 与彼得斯、穆尔不同，霍姆伯格关注的焦点主要是集中于远距离教学过程中的（　　）
   A. 人际关系方面　　　　　　　　B. 社会协作方面
   C. 教学互动方面　　　　　　　　D. 教学策略方面
9. 以下属于鲁姆勃尔的代表作的有：（　　）
   A.《远程教育规划》
   B.《远程教育成本分析》
   C.《远程教育系统管理》
   D.《巨型大学与知识媒体——高等教育的技术策略》
10. 请思考开放教育的特征和本质。
11. 远程教育有其优势，但也有其限制，请问：远程教育的限制在哪里？

参考资源：

[1] Aoki, K. &Pogroszewski, D(1998). Virtual University Reference Model：A Guide to Delivering Education and Support Services to the Distance Learner, Online Journal of Distance Learning Administration, 1(3).

[2] Bates, A. W. (1995) Technology, Open Learning and Distance Education. London and New York：Routledge.

[3] Daniel, John S. (1996) Mega-Universities and Knowledge Media：Technology Strategies for Higher Education. London：Kogan Page.

[4] Douglas R. McCoy, Christine K. Sorensen. Policy Perspectives on Selected Virtual Universities in the United States, The Quarterly Review of Distance Education, Volume 4(2), 2003. pp. 89—107. Greville Rumble. Animadversions upon the Concept of Distance Education as a Discipline[online]. http://cade.athabascau.ca/vol3.1/rumble.html, 2004-9-28.

[5] Holmberg, B. (1995) Theory and Practice of Distance Education. London and New York：Routledge.

[6] Keegan D. (1991). The study of distance education：Terminology, definition and the field of study. In Holmberg B and Ortner G (eds) Research into distance education. Frankfurt am Main：Lang. pp. 36—45.

[7] Keegan, D. (1996). Foundation of Distance Education(3rd ed.). London：Kogan Page.
Moore, M. & Kearsley, G. (1996) Distance Education：A Systems View. Wadsworth Publishing Company.

[8] 博瑞·霍姆伯格. 远程教育在世纪之交遇到的认同危机. 国外远程教育的发展与研究. 上海：上海教育出版社, 2000年.

[9] 陈丽. 远程教育学基础. 北京：高等教育出版社, 2004年.

[10] 丹尼尔, 丁兴富译. 巨型大学和知识媒体：发展高等教育的技术战略. 北京：中央广播电视大学出

版社,2000年.
[11] 德斯蒙德·基更,丁新等译.远距离教育基础.北京:中央广播电视大学出版社,1996年.
[12] 德斯蒙德·基更编,丁新等译.远距离教育理论原理.北京:中央广播电视大学出版社,1999年.
[13] 丁兴富.远程教育学.北京:北京师范大学出版社,2002年.
[14] 丁兴富.远程教育学基本概念与研究对象之我见.开放教育研究,2005(1).
[15] 何克抗,李文光.教育技术学.北京:北京师范大学出版社,2003年.
[16] 黄清云,汪洪宝,丁兴富主编.国外远程教育的发展与研究.上海:上海教育出版社,2000年.
[17] 李秉德主编.教学论.北京:人民教育出版社,1991年.
[18] 李运林.传播理论.北京:高等教育出版社,1989年.
[19] 刘雍潜,李龙编.教育技术基础.北京:中央广播电视大学出版社,2002年.
[20] 鲁姆勃尔.远程教学大学在竞争中的相对弱势.开放学习,1992(2).
[21] 南国农,李运林.教育传播学.北京:高等教育出版社,2005年.
[22] 南国农等.信息化教育概论.北京:高等教育出版社,2004年.
[23] 托尼·贝茨.国外远程教育的发展与研究.上海:上海教育出版社,2000年.
[24] 王继新.信息化教育概论.武汉:华中师范大学出版社,2005年.
[25] 王继新.远程教育原理与技术.武汉:湖北科学技术出版社,2005年.
[26] 谢新观等.远程教育概论.北京:中央广播电视大学出版社,2000年.
[27] 张楚廷.教学论纲.北京:高等教育出版社,1999年.
[28] 张秀梅,丁新.迈克尔·穆尔研究.中国电化教育,2004(3).
[29] 钟启泉等.美国教学论流派.西安:陕西人民教育出版社,1993年.

系统与工程篇

第三章 远程教育技术系统的结构与模式

学习目标

1. 掌握远程教育技术系统的基本构成,能够对一个实际的远程教育技术系统的结构与功能进行分析。
2. 了解远程教育技术系统中涉及的信息处理技术与信息传输技术及其在远程教育中的应用形式与功能。
3. 理解现代远程教育三种技术模式的特点,能够对一个实际的远程教育系统的技术模式进行分析。

知识概览

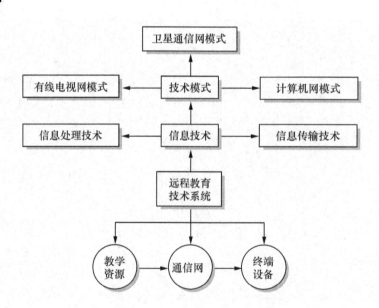

第三章 远程教育技术系统的结构与模式

本章导学

通过前面的学习,我们已经了解了远程教育的基本概念与特点,在学习远程教育的发展史过程中,我们看到现代远程教育的发展是以信息技术发展为前提的,那么远程教育中涉及哪些技术,这些技术在远程教育中有什么作用,在规划一门远程教育的内容时应该掌握什么样的技术呢?这些问题在这一章中会得到回答。本章首先整体地介绍远程教育技术系统的基本结构,然后分别从信息传输技术和信息处理技术两大类出发,介绍了远程教育中涉及的相关信息技术,最后从技术角度出发,介绍了开展远程教育的三种模式。

问题导入

1. 通过前面章节的学习,您已经了解了远程教育概念及其特点。现在您正在参与本课程的远程学习,您认为从工程实践的角度出发,实现一个远程教育系统需要哪些组成部分?

2. 您知道目前除了通过计算机网络外,还可以通过哪些方式进行远程教育?

3. 如果让您为您所在的学校设计一个远程教育系统,您会选择什么样的方式进行,需要使用什么形式的教学内容,可能需要涉及哪些技术,您认为使用效果会如何?

4. 您使用华中师范大学远程教育平台后,您能说出在这个平台上可能使用到了哪些信息处理技术吗?

引言

从技术上讲,目前的远程教育体系是建立在现代传媒技术基础上的多媒体应用系统。一般说来,远程教育的技术系统主要由通信网、终端设备、教学资源三者共同构成,系统建设涉及的关键技术主要有多媒体通信技术和信息处理技术两大类,在技术实现上主要有三种模式可供选择。

第一节 远程教育技术系统的基本结构

远程教育的技术系统就是远程教育系统的软硬件系统。虽然每一个具体的远程教育系统所采用的技术具有很大的灵活性和多样性,但从工程实践的角度来看,远程教育系统大体上可以由通信网络、终端设备和教学资源等三部分组成(如图03-01所示),其中,通信系统和终端设备构成了远程教育系统的硬件基础,教学资源则是远程教育系统的软件基础。

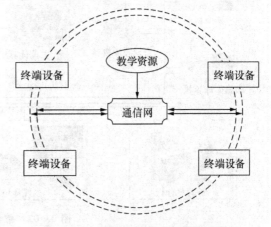

图 03-01 远程教育技术系统的结构

一、通信网络

通信网络是信息传输的通道,它负责将教学信息从一个终端传向另一个终端,实现终端之间的通信和信息共享,它处于系统的中心位置。从基于印刷、录音录像媒体和无线电广播技术的广播电视教育,到基于印刷、模拟视音频及数字化媒体和计算机网络、卫星传输和通信技术的网络教育,再到基于新型移动数字化教育媒体和移动通信网络技术的移动教育,远程教育的通信网络几经变迁。

在目前的发展阶段,现代远程教育技术系统的通信网络是一个融合了卫星广播网、计算机网络、有线电视网以及邮电通信网的综合网络系统。在不同地区和不同条件下,信息传输通道可以有多种组合方式。但是,为了保证信息传输效率,该网络必须是能够支持多媒体信息发送和传播的宽带网络。这是因为,在远程教育中,为了激发学生的学习兴趣,提高学习效率,保证教学的质量和效果,现代远程教学的内容和材料都在向多媒体化的方向发展。

现代通信技术的运用为分散在远距离的学生提供了最广泛、最廉价、最具有实效性的传播教育系统,拓宽了人们接受教育的渠道。伴随着信息技术的发展与普及,图形、图像、动画、音频、视频等媒体材料越来越多地出现在远程教育的课程教学过程中,由文字学习材料一统远程教育天下的局面已经一去不复返了。所以,为了支持这种信息量极大的多媒体学习材料的传递,在条件允许的情况下采用综合网络系统(如图 03-02 所示)是最佳选择。

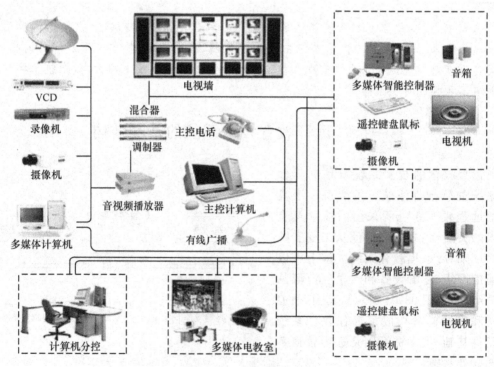

图 03-02　综合网络系统

二、终端设备

终端设备是多媒体教学信息处理、传递、接收的平台。它不仅能够接收教学信息以供学生学习,而且能够对教学信息进行加工、处理,以满足教学的需要,还能够作为一个网络的接入端口将教学信息发送至网上,供其他用户使用,达到资源共享的目的。

远程教育系统的终端设备主要是负责教育信息的处理、传播和接收工作。所谓"处理"一方面是指对传播信息的内容进行加工处理,使之符合教学目的的需要;另一方面是指对传播信息的格式进行处理,将其转化为适合网络传输的格式。所谓"传播"是指终端设备作为网络的一个节点和接口,能够将信息由这个接口传送到网上,以实现信息的传递。所谓"接收"是指终端设备能够从网上挑出发送给本地的数据,将其接收到本地设备上,并将其转化为人们所理解的声音、图像信号表现出来。

假如要传送一段课堂教学的视频信号,首先,就要对信号进行编辑处理,剪辑多余的部分,加上字幕和配音等等;接着,就要对视频信号进行格式转换(如 MPEG 格式转化为 RM 格式等)以减少向网络传送的数据量;最后还要将数据打包压缩,然后才能传送到网上。这就是对信息的"处理"过程。计算机终端向网上发送 E-mail 的过程是最常见的"传播"过程。IP 电话从网上接收发送给本地的数据分组,然后把分组还原成人们能够理解的语音信号以实现双向通信,就是一个标准的"接收"过程。

三、教学资源

教学资源是远程教育系统的核心内容。通信网络和终端设备都是为处理、呈现、传输教学资源而服务的。它为远程学习创设一个虚拟的课堂环境,提供学生学习的材料,对学习活动进行管理,以及给出学生学习结果的评价等等。

通信网络和终端设备仅仅只是构成了远程教育系统的硬件支撑环境,为开展远程教学提供了硬件保障。但是,要构成一个真正的远程教育系统,还需要有教学资源的支持。例如:供学生学习的丰富的教学材料,对教学活动进行组织管理和对教学成果进行评价的软件系统等等都属于教学资源的范畴。

长期以来,在我国的远程教育机构中普遍存在着一种误解,认为远程教育系统的关键在于硬件设备,而教学材料和软件系统相对而言则不是那么重要。因此,在建构远程教育系统的时候,大家都致力于提高硬件设备的档次和性能,而忽视了教学材料的编写和软件系统的开发工作,以至于形成了一种空有高性能计算机和宽带网络却没有足够的教学材料和软件来利用的尴尬局面,从而造成了硬件资源的浪费。

现代远程教育的实践告诉我们,在建设远程教育系统时,必须要软硬并举。既重视硬件设施的建设,也不忽略软件资源的开发,只有这样才能使得整个远程教育系统均衡发展,健康成长,取得良好的效果。

学习活动一:用于远程教育的终端设备

请查阅各种资料,对目前用于远程教育的各种终端设备的名称、用途及其特点进行整理和总结,填写下列表格(至少写出三种)。

设备名称	用途	特点	缺点	其他

第二节　远程教育中的信息技术

远程教育的发展与信息技术的进步息息相关。以计算机技术和网络技术为代表的现代信息的不断进步和日臻成熟,使得基于现代信息技术的现代远程教育成为可能。现代远程教育中涉及的关键信息技术按照功能来划分可以分为信息处理技术和信息传输技术两大类。

一、远程教育中的信息处理技术

现代远程教育应用的信息处理技术主要包括多媒体数据压缩编码技术、网络信息发布技术以及流媒体技术。同时,伴随着信息处理技术研究的不断进步,智能代理技术、数据挖掘技术、虚拟现实技术以及信息推送技术也逐渐应用到远程教育中,并在远程教育中发挥着越来越重要的作用。

（一）多媒体数据压缩编码技术

在现代远程教育中,要提供的资源不仅仅局限于文本文件、图像文件,还包括视频、音频、动画等多媒体信息。但是这些数字化了的音、视频信号的数据量之大是非常惊人的。例如,双通道 CD 音乐激光唱盘,其采样频率为 44.1 kHz,量化位数为 16 位,双立体声声道数,则该激光唱盘一秒钟时间内的采样位数为 $44.1 \times 10^3 \times 16 \times 2 \approx 1.35$ M bit(位);一幅中等分辨率的位图图像(640×480 256 色),其图像分辨率为 640×480,图像颜色数为 256,颜色深度(位)为 8,则这张位图图像数据量为 $640 \times 480 \times 8/8 \approx 2.3$ M bit ≈ 0.3 MB。

可以看出,数字化后的信息,尤其是数字化后的视频和音频信息具有数据海量性,给信息的存储和传输造成较大的困难,阻碍了人们有效地获取和使用信息。所以在远程教育系统中,为了提高教学信息的传输效率,必须对多媒体数据进行有效压缩。研究表明,多媒体信息都存在大量的冗余数据,这为数据压缩提供了可能。多媒体数据压缩就是通过压缩来减少多媒体信息的冗余数据,使原始的多媒体信息数据量大大减少。

多媒体数据压缩技术经过 50 多年的发展,现在已经进入一个比较成熟的时期。衡量一种压缩技术的好坏主要综合考虑三个指标:一是压缩比要大;二是算法要简单,压缩/解压缩速度快,能够满足实时性要求;三是压缩损失要少,即解压缩的效果要好。

数据压缩的技术核心是压缩算法,目前常用的压缩方法有两类:一是无损失压缩(又称冗余压缩法或熵编码法),主要用于文本和数据压缩,典型的有 Huffman 算法、游程编码。二是有损失压缩(熵压缩法),主要用于图像和声音的压缩,常用的有模型编码、矢量量化(如图 03-03 所示)、子带编码等,在具体应用时,常混合采用多种压缩算法,如用于静态图像压缩的 JPEG,以及支持动态图像压缩的 MPEG 等。

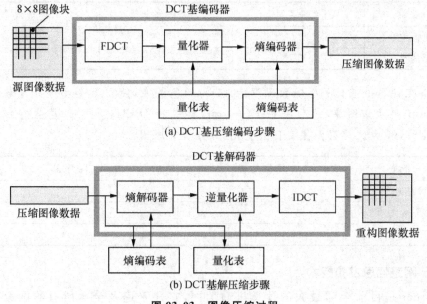

图 03-03　图像压缩过程

国际标准化组织(International Standardization Organization,简称 ISO)、国际电子学委员会(International Electronics Committee,简称 IEC)、国际电信协会(International Telecommunication Union,简称 ITU)等国际组织,于 20 世纪 90 年代领导制定了三个有关多媒体数据压缩编码的国际标准:① JPEG 标准,② H.261,③ MPEG 标准。

静态图像压缩标准 JPEG 是适用于彩色和单色多灰度或连续色调静止图像的数字压缩国际标准。它可将图像数据压缩到原来的 1/10 至 1/30,并可实行实时再生。它不仅适用于静态图像的压缩,也可用于电视图像序列的帧内图像的压缩编码。JPEG 优良的品质,使得它在短短的几年内就获得极大的成功。目前,大多数网站中百分之八十的图像都是采用 JPEG 的压缩标准。

动态图像压缩编码技术 MPEG 诞生于 1991 年。MPEG 专家组于 1999 年 2 月正式公布了其新版本 MPEG-4(ISO/IEC14496)V1.0 版本。同年底 MPEG-4V2.0 版本亦告完成,且于 2000 年年初正式成为国际标准。MPEG-4 标准将众多的多媒体应用集成于一个完整的框架内,旨在为多媒体通信及应用环境提供标准的算法及工具,从而建立起一种能被多媒体传输、存储、检索等应用普遍采用的统一数据格式。

视听通信编码标准 H.261 标准全称为"Video Code for Audio-Visual Services at p * 64kbit/s(p=1—30)",由国际电信联盟 ITU(前称为国际电报电话咨询委员会,CCITT)于 1990 年 12 月制定,它具有覆盖整个 ISDN(综合业务数字网)基群信道的功能,适合于有会话业务的活动图像压缩编码,广泛应用于会议电视和可视电话。

学习活动二:声音及图像格式的转变

1. 请从一张 CD 中选择一首歌曲,并使用您所熟悉的声音处理软件将其转换成 *.MP3 格式的文件,请比较这首歌曲转换前后的文件类型、文件大小和声音效果,看看转换前后的区别,填写下表。

同一歌曲	文件类型	文件大小	声音效果
转换前的文件			
转换后的文件			

2. 请在计算机中找一幅像素深度为 24 的彩色图像,使用某个图像处理软件(比如 Photo Shop)显示该图像,然后用 GIF(*.gif)格式和 JPEG(*.jpg)格式存储,再显示 GIF 和 JPEG 图像。观察图像有什么变化,并分析其原因。

同一图像	图像效果	原因
原图像		
GIF 格式		
JPEG 格式		

(二)网络信息发布技术

Internet 是目前全球最大的计算机通信网,它几乎遍及全球所有的国家和地区。WWW 系统是一个大型的分布式超媒体信息数据库,它的出现极大地推动了 Internet 的发展,已经成为 Internet 中最流行、最主要的信息服务方式。它能够把各种类型的信息资源,如静态图像、文本、数据、视频和音频有机地结合起来,使用户能够在 Internet 上浏览、查询和共享建立在 WWW 服务器所有站点上的超媒体信息。目前对 Web 技术与数据库管理系统(DBMS)相互融合的研究已成为热点方向之一,数据库厂家和 Web 公司也纷纷推出各自的产品和中间件支持 Web 技术和 DBMS 的融合,将两者取长补短,发挥各自的优势,使用户可以在 Web 浏览器上方便地检索数据库的内容。Web 数据库管理系统必将成为 Internet 和 Intranet 提供的核心服务,为 Internet 上的远程教育提供技术支持。

1. WWW 与 FTP 技术

WWW(World Wide Web)的含义是"环球网",俗称"万维网"或3W或Web。WWW 是一个基于超文本(Hypertext)方式的信息检索服务工具。它是由欧洲粒子物理实验室(CERN)研制的,将位于全世界 Internet 上不同地点的相关数据信息有机地编织在一起。WWW 提供友好的信息查询接口,用户仅需要提出查询要求,而到什么地方查询及如何查询则由 WWW 自动完成。WWW 带来的是世界范围的超媒体服务,只要操纵计算机的鼠标器,用户就可以通过 Internet 从全世界任何地方调来你所希望得到的文本、图像(包括活动影像)和声音等信息。因此,在现代的远程教育中都运用 WWW 技术来发布多媒体的课件、教学信息,同时学习者可以通过浏览多媒体页面进行学习,这样可以满足学习者在任何时间、任何地方都能进行学习的需要。另外,WWW 还提供了"传统的"Internet 服务,比如 Telnet、FTP、E-mail 和 Usenet News 等。

文件传输协议 FTP(File Transfer Protocol)是 Internet 的传统服务之一,是网络最老的协议之一,是比较成熟的技术。它的安全性和传输速度都较令人满意。FTP 使用户能在两个联网的计算机之间传输文件,它是 Internet 最主要的传递文件方法。使用匿名(Anonymous)FTP,用户可以免费获取 Internet 丰富的资源。除此之外,FTP 还提供登录、目录查询、文件操作及其他会话控制功能。

2. Web 交互技术

通用网关接口(CGI,Common Gate Interface)是 Web 服务器和外部应用程序之间信息服务的标准外部应用接口。一个通过 Web 访问的简单 HTML 文档是静态的,即文件的内容是不变的。而一个 CGI 程序则不然,它是实时的,所以它输出的是动态的信息。按照 CGI 编写的程序可以扩展服务器的功能,完成服务器本身不能完成的工作,外部程序执行时可以生成 HTML 文档,并将文档返回 Web 服务器。CGI 应用程序能够与浏览器进行交互作用,还可以通过数据库的 API 与数据库服务器等外部数据源进行通信,如一个 CGI 程序可以从数据库服务器中获取数据,然后格式化为 HTML 文档后发送给浏览器,也可以将从浏览器获得的数据放到数据库中。几乎所有的服务器软件都支持 CGI,开发者可以使用任何一种 Web 服务器内置语言编写 CGI,其中包括流行的 C、C++、VB 和 Delphi 等。

Active Server Pages(简称 ASP)则是微软公司于 1996 年 11 月推出的 Web 应用程序开发技术。在 Microsoft 的有关文档中 ASP 被描述为:一个服务器端的脚本环境,可以生成和运行动态的、交互的、高性能的 Web 服务器应用程序。ASP 是目前公认的建立 Windows NT 动态站点最好的工具。它与 ADO(Active Data Object)的充分结合,提供了强大的数据库访问功能,这使它成为进行网上数据库管理的重要手段。

Java Server Pages(简称 JSP)是一种实现普通静态 HTML 和动态 HTML 混合编码的技术。JSP 是 SUN 公司推出的类似于微软 ASP 的服务器端技术,它具有 ASP 的所有功能,同时由于它是基于 Java 虚拟机的,在大多数 JSP 引擎上使用的编程语言是 Java(也有一些 JSP/Servlet 容器支持使用其他的编程语言来编写 JSP,例如 Resin,它支持 Java 和 Javascript 作为编程语言),所以可扩展性和可移植性很好,支持大多数系统平台。

另外还有一些 Web 交互技术,例如 JDBC 和 RAD。JDBC 是 Java 数据库接口,它使得 Java 程序与数据库连接更为容易。RAD 技术是快速应用开发(Rapid Application Development)的缩写,RAD 工具的主要特点是具有图形开发界面和可视计算技术的支持,程序员只需通过简单的鼠标点击和键盘交互操作,即可以快速生成应用程序代码。它有几十种代表性的工具,比如 IntraBuilder、PowerBuilder 等。

3. IP 组播技术

随着网络的发展,人们在网络平台上开发了各种业务,如 E-mail、Telnet、FTP、WWW 等业务,这些都是点到点的数据传输;而人们更希望在 Internet 上开视频会议、听现场音乐会、看实况转播等,这些是点到多点或多点到多点的数据传输,需要采用 IP 组播(IP multicast)通信技术。目前,这种技术已成为国外各种研究团体和科研机构研究的热点,许多网络厂商纷纷提供能支持 IP 组播技术的产品,一些网络提供服务商(ISP)也逐渐提供这种高级服务,许多提供大规模网络应用和服务的大公司开始使用组播通信。

IP 组播是利用一种协议将 IP 数据包从一个源传送到多个目的地,将信息的拷贝发送到一组地址,到达所有想要接收它的接收者处。IP 组播是将 IP 数据包"尽最大努力"传输到一个构成组播群组的主机集合,群组的各个成员可以分布于各个独立的物理网络上。IP组播群组中成员的关系是动态的,主机可以随时加入和退出群组,群组的成员关系决定了主机是否接收发送到该群组的组播数据包,不是某群组的成员主机也能向该群组发送组播数据包。

同单播(unicast)和广播(broadcast)相比,组播效率非常高,因为任何给定的链路至多用一次,可以节省网络带宽和资源。

在一个单播(unicast)环境里,视频服务器依次送出 n 个信息流,由网络中的用户接收,共需要 n*1.5Mbit/s 的带宽;如果服务器处于 10 Mbit/s 的以太网内,6—7 个信息流就占满了带宽;若在一个高速的以太网里,最多只能容纳 250—300 个 1.5 Mbit/s 的视频流,所以服务器与主机接口间的容量是一个巨大的瓶颈。

在一个组播(multicast)环境里,不论网络中的用户数目有多少,服务器发出的一个视频流,由网络中的路由器或交换器同时复制出 n 个视频流,广播到每个用户,仅需 1.5 Mbit/s 的带宽。

可见,IP组播能够有效地节省网络带宽和资源,节省管理网络的增容和控制开销,大大减轻发送服务器的负荷,从而高性能地发送信息。

另外,组播传送的信息能同时到达用户端,时延小,且网络中的服务器不需要知道每个客户机的地址。所有的接收者使用一个网络组播地址,可实现匿名服务,并且 IP 组播具有可升级性,与新的 IP 和业务能相兼容。

IP组播技术有效地解决了单点发送到多点、多点发送到多点的问题,实现了 IP 网络中点到多点的高效数据传送,能够有效地节约网络带宽、降低网络负载,基于 IP 组播技术可以很好地开展流媒体、视频等各种宽带增值业务。

学习活动三:单播和组播,点播和广播比较

请在网上查阅有关单播和组播、点播和广播这两组概念的相关资料,看看它们各自的定义、特点及缺点,填写到下列表格中。

	定义	特点	缺点	用途
单播				
组播				

	定义	特点	缺点	用途
点播				
广播				

(三) 流媒体技术

计算机的普及与互联网的迅猛发展为流媒体的发展提供了强大的市场动力。目前,流媒体技术广泛地应用于多媒体新闻发布、在线直播、网络广告、电子商务、视频点播、远程教育、远程医疗、网络电台、实时视频会议等互联网信息服务的方方面面。流媒体技术的应用已为网络信息交流带来革命性的变化,同时也给现代远程教育带来了新的机遇。

所谓流媒体,是指在 Internet/Intranet 中使用流式传输技术的连续媒体。流式传输表示声音、影像或动画等媒体信息由音视频服务器向用户计算机的连续、实时传送。由于数据在发送过程中几乎即时开始播放,因此解决了多媒体播放时数据下载的时间延迟问题。流媒体实现的关键技术是流式传输。流媒体传输技术是一种基于时间的连续实时传输技术,其关键在于网络数据传输和客户端播放的并行性。采用流媒体技术,能够有效地突破低比特率接入 Internet 方式下的带宽瓶颈,克服文件下载传输方式的不足,实现多媒体信息在 Internet 上的流式传输。

流媒体把连续的影像和声音信息经过特殊的压缩方式分成一个个压缩包,由流媒体服务器向用户计算机连续、实时地传送。让用户一边下载一边观看、收听,而不需要等整个压缩文件下载到自己的机器后才能观看。该技术先在用户端的计算机上创造一个缓冲区,在播放前预先下载文件的一小段数据作为缓冲,播放程序取用这一小段缓冲区内的数据进行播放。在播放的同时,多媒体文件的剩余部分在后台继续下载填充到缓冲区。这样,当网络实际连线速度小于播放所耗用数据的速度时,可以避免播放的中断,也使得播放品质得以维持。所以流媒体最显著的特征是"边下载,边播放"。

实现流式传输主要有两种方法:顺序流式传输(Progressive Streaming)和实时流式传输(Real-time Streaming)。

1. 顺序流式传输

顺序流式传输是顺序下载,在下载文件的同时用户可在线观看媒体信息,在给定时刻,用户只能观看已下载的那部分,而不能跳到还未下载的其他部分,顺序流式传输不像实时流式传输那样在传输期间根据用户连接的速度做调整。由于标准的 HTTP 服务器可发送这种形式的文件,也不需要其他特殊协议,它经常被称作 HTTP 流式传输。顺序流式传输比较适合高质量的短片段,如片头、片尾和广告,由于该文件在播放前观看的部分是无损下载的,这种方法保证了电影播放的最终质量,但是这也意味着用户在观看前,必须经历延迟,对较慢的连接尤其如此。

顺序流式文件放在标准 HTTP 或 FTP 服务器上,对于防火墙是透明的,易于管理。这种传输方式的不足是不适合传输长片段和有随机访问要求的视频,如讲座、演讲与演示等,而且这种方式采用的低层协议是 TCP,对于多媒体信息的传送效率比较低,不支持现场广播。

2. 实时流式传输

实时流式传输是指保证媒体信号带宽与网络连接匹配,使媒体可被实时观看到的媒体传输方式。实时流式传输总是实时传送,特别适合传送现场事件,如现场转播、实时授课等;它也支持随机访问,用户可快进或后退以观看前面或后面的内容。理论上,实时流一经播放就可不停止,但实际上,如果带宽不够则可能发生暂停。

实时流式传输由于是实时播放,所以网络的状况对播放质量的影响比较直接。当网络拥塞和出现问题的时候,分组的丢失导致视频质量变差,播放出现断断续续甚至停顿的现象。实时流方式的优点是具有更多的交互性;缺点是需要特殊的协议和专用的服务器,配置和管理更复杂,防火墙对其也有影响。

流媒体文件有很多种类型,凡是采用流媒体技术的均可称之为流媒体。比如 Macromedia 公司的 SWF(Shock Wave Flash)、Vivo 公司的 VIV(Vivo Movie)都是流媒体格式。现在最为流行的流媒体主要是微软、Real Networks 和 Apple 公司提供的。表 03-01

罗列了这三家公司的所有流媒体格式的类型。

表 03-01 流媒体格式的类型

公司	文件格式	媒体类型
微软	ASF(Advanced Stream Format)	Video/x-ms-asf
Real Networks	RM(Real Video) RA(Real Audio) RP(Real Pix) RT(Real Text)	Application/x-pn-realmedia Audio/x-pn-realaudio Image/vnd.rn-realpix Text/vnd.rn-realtext
Apple	MOV(QuickTime Movie) QT(QuickTime Movie)	Video/quicktime Video/quicktime

在应用流媒体的时候，除了这些常用的文件格式类型，还有一些发布文件，例如：RAM、ASX,这类文件本身不是影音文件，它们的作用在于给出真正流媒体文件所在的位置，其实这些文件在流媒体播放的过程中也不是必需的。表 03-02 是一些常用的发布文件格式。

表 03-02 常用的发布文件格式

流媒体发布文件格式	注释
ASX	Active Stream Redirector
RAM	Real Audio Media
RPM	Embedded Ram
SMI/SMIL	Synchronized Multimedia Integration Language
XML	Extensible Markup Language

流媒体技术是综合技术，包括采集、编码、传输、储存、解码等多项技术。流媒体应用系统一般由编码端、服务器端和用户终端三部分组成。流媒体技术在学校的应用前景广阔，可用于课件点播、交互教学、电视转播、远程监控、视频会议等，尤其在远程教学方面有着极大的优势。

除了实时教学以外，使用流媒体中的 VOD（视频点播）技术，也可以达到因材施教、交互式的教学目的。学习者也可以通过网络共享自己的学习经验和成果。大型企业可以利用基于流技术的远程教育系统作为对员工进行培训的手段，这里不仅可以利用视频和音频，计算机屏幕的图形捕捉也可以用流的方式传送给学员。目前，微软公司内部就大量使用自己的流技术产品作为其全球各分公司间员工培训和交流的手段。

随着网络及流媒体技术的发展，越来越多的远程教育网站开始采用流媒体作为主要的网络教学方式。作为一种新的传输方式，流式传输将推动 Internet 上视频信息的全面应用，促进现代远程教育的发展。

学习活动四：访问流媒体中国中的"流媒体技术"板块

访问"流媒体中国"中的"流媒体技术"板块，并将一个.wav 文件压缩成 Quicktime 和 Real 流媒体格式；将一个原始的.avi 视频生成一个 MPG4 和 Real 视频流。

流媒体中国 http://www.liumeiti.com

(四) 其他信息处理技术

信息处理技术是远程教育系统中应用最为广泛的技术之一,除了编码技术、信息发布技术和流媒体技术外,智能代理技术、数据挖掘技术、虚拟现实技术、信息推送技术等也越来越广泛地应用于远程教育中。

1. 智能代理技术

Andreas Geyer-Schulz 指出,代理可以看做是利用传感器感知环境,使用效应器作用于环境的任何实体。研究代理的关键在于感知、行为、目标和环境四个方面。一个代理要想"生存"下去,就必须有足够的知识和学习能力。

在《计算机世界》的题为"智能 Agent 战略"一文中,作者指出,智能代理的概念分为广义的智能代理和狭义的智能代理。所谓广义的智能代理包括人类、物理世界中的移动机器人和信息世界中的软件机器人。所谓狭义的智能代理则专指信息世界中的软件机器人,它是代表用户或其他程序,以主动服务的方式完成一组操作的机动计算实体。

在现代远程教育环境下,可以调动多种教学手段,包括讲解、演示、练习、实验和考试等。其中,练习和实验是智能代理大有作为的地方。智能代理可以作为虚拟的教师、虚拟的学习伙伴、虚拟的实验室设备、虚拟的图书馆管理员等角色出现在远程教育系统中,增加教学内容的趣味性和人性化色彩,改善教学效果。单机系统中各种软件的"帮助"也可以设计成一个人性化的角色,以比较生动的方式引导用户使用。

2. 数据挖掘技术

数据挖掘的目标是从大量数据中,发现隐藏于其后的规律或数据间的关系。在现代远程教育模式下,学生学习的过程就是在远程教育网站页面中跳转活动的过程,他们的每个活动都是以教育网站上的一个页面为对象的点击操作,这些点击操作都能被完整地记录在系统日志中,通过对日志的分析挖掘,可以找出学生的行为模式;在另一方面,远程教育网站的结构组织是不是符合学生学习和教师教学的规律,也可以通过对网站日志的分析得到。所有这些都离不开数据挖掘技术。

3. 虚拟现实技术

虚拟现实技术(Virtual Reality)是 20 世纪末才兴起的一门崭新的综合性信息技术,它融合了数字图像处理、计算机图形学、多媒体技术、传感器技术等多个信息技术分支。虚拟现实技术是目前计算机界比较热门的一项技术,它采用计算机模拟的三维环境对现场真实环境进行仿真,用户可以走进这个环境,可以控制浏览方向,并操纵场景中的对象进行人机交互。虚拟现实系统就是要利用各种先进的硬件技术及软件工具,设计出合理的硬件、软件及交互手段,使参与者能交互式地观察和操纵系统生成的虚拟世界。

虚拟现实技术能够为学生提供生动、逼真的学习环境,学生能够成为虚拟环境的参与者,在虚拟环境中扮演角色,这些都将对调动学生的学习积极性,突破教学的重点、难点,培养学生的技能起到积极的作用。

目前,尽管虚拟现实系统的硬件设备还比较昂贵,虚拟现实技术尚未普及。但是,随着虚拟现实技术的不断发展和完善,以及硬件设备价格的不断降低,我们相信,虚拟现实技术作为一个新型的远程教育媒体，以其自身强大的教学优势和潜力，将会逐渐受到远程教育工作者的重视和青睐，最终在远程教育领域得到广泛应用并发挥重要作用。

4．信息推送

推送技术(Push Technology)是由 Point Cast Network 公司在 1996 年提出的，它最初通过与一些媒体公司合作，利用自己的推送软件，向因特网用户主动发布各种预先定制的新闻、经济、体育等信息。它使用户不用在网上盲目地点击和游荡，而是像收看广播电视一样，有目的地进行阅读和预取。因而它将从根本上改变因特网上信息的获取方式，是第三代浏览器的核心技术。

Push 系统可以作为远程教育的教师、辅导员、实验员、图书管理员等角色出现在远程教育系统中，增加教学的趣味性和人性化色彩，改善教学效果。目前，将 Push 技术引入图书情报服务领域的事例还不多，但世界上最著名的 Dialog 系统已经开始向用户配置使用一个称为"Live Wire"的新 Push 软件，使用户可自动享用来自 Dialog 和 Profound 的经过精选的信息服务。国内图书情报界尚未出现较为成功的事例，但也有基于 E-mail 将 Push 信息服务应用到图书管理软件中去的情况。

学习活动五：用于远程教育的相关技术

请在网络中搜索有关将智能代理技术、数据挖掘技术、虚拟现实技术以及推送技术应用于远程教育的相关文献，了解各种技术的特点，知道它们主要应用在远程教育中的哪些方面，并了解这几种技术的研究现状及其前景。

技术	特点	在远程教育中的应用	研究现状	发展前景
智能代理技术				
数据挖掘技术				
虚拟现实技术				
推送技术				

二、远程教育中的信息传输技术

远程教育中应用的信息传输技术主要包括有线电视网络传输技术、卫星通信技术、计算机网络技术、视频会议技术以及新近兴起的网格技术等，这些信息传输技术的应用有效地保证了远程教育中教育信息资源的传送，是远程教育技术中的又一关键技术。

（一）有线电视网络传输技术

有线电视系统具有带宽宽、服务范围广的特点，在国内已得到广泛应用。有线电视系统主要由天线系统、前端系统、干线传输系统、用户分配网络构成，如图 03-04 所示。

天线是向空间辐射电磁波能量和从空间接收电磁波能量的装置。前端设备位于天线和干线传输网络之间，它的主要功能是将来自天线的高频电视信号和电视台自己开办节目的电视信号，比如滤波、调制、频率变换等，进行必要的处理，然后对所有这些高频电视信号进行混合并将混合后的信号发送到干线传输网络中去。干线传输系统是有线电视系统的重要组成部分，它位于前端和用户分配网络之间。干线传输系统的作用是将前

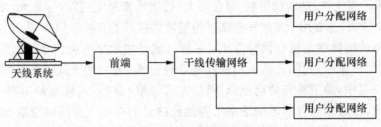

图 03-04　系统构成框

端系统输出的各种信号不失真地、稳定地传输给用户分配系统。干线传输系统主要是由同轴电缆和许多串联的干线放大器组成的。用户分配网络位于有线电视系统的末端,是有线电视系统直接与用户相连的部分,分布的范围很广,涉及千家万户。

随着广播电视数字化的发展,CATV(有线电视,或电缆电视)的数字化也已经开始。数字电视,简而言之就是指从演播室到发射、传输、接收的所有环节都是使用数字电视信号或对数字电视信号进行处理和调制的全新电视系统。国内有的有线电视台已经在 CATV 系统中传输数字 CATV 信号,有的正在实验。国产前端用 64QAM(正交幅度调制)数字调制器和 QPSK(正交相移键控)到 QAM 的数字调制变换器,以及终端用数字机顶盒(STB)等已开发出来。我国 CATV 数字化时代已经到来了。

(二) 卫星通信技术

卫星通信是利用卫星作为中继站来转发或反射无线电信号,在两个或多个地面站之间进行的通信。它是地面微波接力通信的继承和发展,是微波接力通信的一种特殊形式。

通信卫星工作的基本原理如图 03-05 所示。从地面站 A 发出无线电信号,这个微弱的信号被卫星通信天线接收后,首先在通信转发器中进行放大、变频,然后再由卫星的通信天线把放大后的无线电波重新发向其他地面站(比如地面站 B),从而实现两个地面站或多个地面站之间的远距离通信。

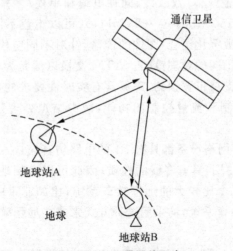

图 03-05　卫星通信示意

卫星技术不受天气、地貌的限制,覆盖面大,通信质量稳定可靠,容量大,在远程教育领域已得到广泛应用,主要用于实时和非实时传播教师授课的音视频信号,发送相关数据。

利用卫星传输数字电视有两种方式:一种方式是将数字电视信号传送到有线电视前端,再传送到用户家中,我国目前采用的就是这种方式;另一种方式是将数字电视信号直接传送到用户家中,即卫星直播电视(DTH)方式。第一种方式转发器功率较小,需要较大的接收天线,在远程教育领域中适用于各远程站点的有线电视网络前端;而 DTH 方式转发器功率较大,可用较小的天线接收(一般在 1 米以下),普通家庭可以使用,在远程教育领域中适用于各具体用户(学生)。由于卫星广播电视方式可以对所传播的信号实行条件接收,甚至提供直接到户的用户授权和加密管理,因而便于远程教育总站对学员的注册和管理。

值得一提的是,DTH 系统不仅仅是一个硬件设备,它还包括大量的操作系统和应用软件,除了能解码节目码流输出到电视机外,还能接收并处理各种用户命令,下载并运行各种应用软件等。也就是说,DTH 除通常理解的可以进行电视音视频信号的实时传输外,还可开展许多电视业务之外的数字信息服务,如高速 Internet 下载数据等服务。这一点在远程教育中是至关重要的,我国的香港和台湾已建立了能提供数据服务的 DTH 平台。

(三) 计算机网络技术

计算机网络技术的发展,对教育方式尤其对于远程教育起到了重要的推动作用。ATM 交换技术、FR 帧中继技术以及网格技术等计算机网络技术在远程教育中的应用,大大促进了现代远程教育的发展。

1. ATM 交换技术

ATM(即异步传输模式)交换称为信元交换,它是在光纤大容量传输媒体的环境中分组交换技术的新发展。ATM 中把数字化的语音、数据及图像信息分成固定长度的若干段,称为信元,由用户信息字段和信元头组成,信元数据根据信源动作按需分配。ATM 交换支持不同的传输媒体(双绞线、同轴电缆和单模/多模光纤),提供不同的传输速率(25 Mbps、45 Mbps、155 Mbps……625 Mbps);可以组建不同规模的网络(局域网和广域网),同时支持数据、数字化语音/图像的传输,针对不同应用对数据传输可靠性和实时性的不同需求,采用了不同的处理策略。ATM 交换以信元为单位,并在信元中增加了可丢弃标识和优先级,并支持带宽预约,确保具有实时性要求的数据可以优先传递;同时 ATM 交换机简化差错控制和流量控制的功能,减少结点处理延时,使得传输速率可达 Gbps 的数量级。

目前大部分的 ATM 网络设备都具有 E1 的电路仿真端口,这些 E1 端口可以同普通的 DDN 的 E1 端口一样使用,具有专线的性质,因此可以方便地用来建立远程教育的实时授课系统。目前国内几个比较大的远程教育系统,比如北京邮电大学、湖南大学和上海几所大学建立的远程教育系统,均采用这种方式来建立远程教育的实时授课系统。

2. 帧中继交换技术

帧方式是在开放系统互联(OSI)参考模型第二层,即数据链路层上使用简化的方式传送和交换数据单元的一种方式。由于链路层的数据单元一般称作帧,故称为帧方式。

其重要特点之一是将 X.25 分组网中通过分组节点间的重发、流量控制来纠正差错和防止拥塞，对处理过程进行简化，将网内的处理移到网外端系统中来实现，从而简化了节点的处理过程，缩短了处理时间，这对有效利用高速数字传输信道十分关键。

我们可以将帧中继技术归纳为以下几点：

(1) 帧中继技术主要用于传递数据业务，它使用一组规程将数据信息以帧的形式(简称帧中继协议)有效地进行传送。它是广域网通信的一种方式。

(2) 帧中继所使用的是逻辑连接，而不是物理连接，在一个物理连接上可复用多个逻辑连接(即可建立多条逻辑信道)，可实现带宽的复用和动态分配。

(3) 帧中继协议是对 X.25 协议的简化，因此处理效率很高，网络吞吐量大，通信时延低，帧中继用户的接入速率在 64 kbit/s 至 2 Mbit/s，甚至可达到 34 Mbit/s。

(4) 帧中继的帧信息长度远比 X.25 分组长度要长，最大帧长度可达 1600 字节/帧，适合于封装局域网的数据单元，适合传送突发业务(如压缩视频业务、WWW 业务等)。

帧中继技术的典型应用主要体现在以下几个方面：

(1) 当用户需要数据通信带宽要求在 64 kbit/s—2 Mbit/s 之间，并且参与通信的点超过两个的时候，比如多点会议，使用帧中继是一种较好的解决方案。

(2) 通信距离较远时，应优选帧中继。

(3) 当传送突发性数据时，由于帧中继具有动态分配带宽的功能，选用帧中继可以有效地处理突发性数据。比如计算机网就具有数据突发性强的特点，利用帧中继可以获得很高的信道利用率。

3. 视频会议技术

视频会议又称为会议电视、视讯会议，是利用电视和通信网络召开会议的一种多媒体通信方式。视频会议通过可视化的、实时的、双工的、交互的形式实现了在不同地理位置上人们的相互交流，包括在网络上的点对点、一点对多点、多点对多点的语音、图像、图形、动画、视频、数据的传递与交流，它体现了超越空间的、群体的"面对面"的协同工作特点。视频会议系统实时性好、交互性强的特点，使它在远程教育方面得到了广泛的应用。

视频会议系统主要由终端设备、传输信道(通信道)、多点控制单元 MCU(Multipoint Control Unit)以及控制管理软件等组成，如图 03-06 所示。其中，终端设备和 MCU 是视频会议系统所特有的部分，而传输信道则不是视频会议系统所特有的，而是业已存在的各类通信网络。

视频会议系统的终端设备将视频和音频数据信号分别进行处理后组合成一路复合的数据流，再将它转变为适合在网络中传输的帧格式送到传输信道中进行传输。它主要包括以下几个部分：

(1) 视、音频输入/输出设备 包括摄像机、录像机、VCD、监视器、投影机、电视机、话筒、扬声器、调音设备和回声抑制器等。它们将会场的视音频信号摄录下来，经过模数转换和压缩编码后再送入网络传输到别的会场，同时将别的会场传来的视音频数据信号进行数模转换和解码放大后再呈现出来给用户。

(2) 视、音频编码解码器 视、音频编码解码器是视频会议终端的核心设备。它能对模拟视、音频信号进行模数转换和编码处理，以便能使其在数字传输信道中传输。另外

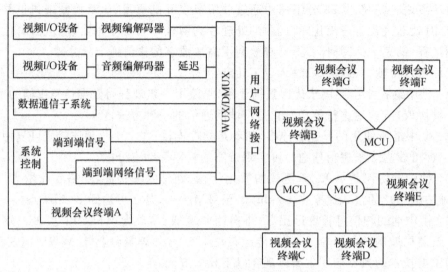

图 03-06 视频会议系统结构

音频编码器还要增加适当的延时,解决由视频编码引起的声画同步问题(口型、动作与声音相比有一个延时)。

(3) 处理设备　包括电子白板、书写电话等。与会人员可以通过这些设备讨论问题以及实现数据共享等功能。

(4) 多路复用/分解设备　该设备将视频、音频以及控制信号等各种数字信号组合为一路 64 kbps—1920 kbps 的数字码流,成为与用户网络接口相兼容的信号格式。

视频会议系统的传输介质可采用光缆、电缆、微波以及卫星等数字信道,或者其他类型的传输信道。在用户接入网的范围内,还可以采用 HDSL、ADSL 等设备进行传输。视频会议业务可以在现有的多种通信网络中展开,例如 SHD 数字通信网、DDN、ISDN、ATM 或帧中继网络等。现在,新的标准还保证会议电视信号可以在各种计算机网络中传输,如 LAN、WAN、Internet 等。无论是电信网还是计算机网,视频会议系统主要是利用它们来传送活动或静态图像信号、语音信号、数据信号以及系统控制信号等。

视频会议中最简单的一种实现方式就是点对点的通信。两个会议电视终端通过双向通信线路直接相连(可以是自己的专线,也可以借助公网线路),将各自的图像、声音信息传到对方。但点对点的通信功能比较简单,难以适应多点间信息传输和交换的需要。为了实现多点会议电视系统,必须设置多点控制单元(MCU)。MCU 实质上是一台多媒体信息交换机,实现多点呼叫和连接,实现视频广播、视频选择、音频混合、数据广播等功能,并完成各终端信号的汇接与切换。MCU 与现行交换机不同之处在于,交换机完成的是信号的点对点连接,而 MCU 则要完成多点对多点的切换、汇接或广播。

由于这种即时的传送图像、声音和数据的功能,视频会议除了可用来召开远程会议,还可以直接用于远程教育,为远程教育服务。利用视频会议开展远程教育可以达到异地授课和优秀教育资源共享的目的。视频会议系统具有实时性好、交互性强的特点,是目前用于远程教育系统中实现异地实时授课的有效手段之一。

学习活动六:NetMeeting 工具学习

请您在计算机"开始"按钮中选择"运行"命令,输入"conf.exe",在安装向导的指导下打开 NetMeeting 工具,在该程序"帮助"菜单中了解该工具的功能和使用方法。在条件允许的情况下,可在局域网内尝试使用此软件。

4. 网格技术

网格研究最初的目标是希望能够将超级计算机连接成为一个可远程控制的元计算机系统(Meta-Computers),现在,这一目标已经深化为建立大规模计算和数据处理的通用基础支撑结构,将网络上的各种高性能计算机、服务器、PC、信息系统、海量数据存储和处理系统、应用模拟系统、虚拟现实系统、仪器设备和信息获取设备(例如传感器)集成在一起,为各种应用开发提供底层技术支撑,将 Internet 变为一个功能强大、无处不在的计算设施,最终实现资源共享和分布协同工作。网格的这种概念可以清晰地指导行业和企业中各个部门的资源进行行业或企业整体上的统一规划、部署、整合和共享,而不仅仅是行业或大企业中的各个部门自己规划、占有和使用资源。这种思想的沟通和认同对行业和企业是至关重要的,将提升或改变整个行业或企业信息系统的规划部署、运行和管理机制。

网格技术在远程教育中的应用研究还不是很成熟,但是基于网格技术的一系列优点,比如资源的分布性与共享性、动态性与异构性等,网格技术进入远程教育领域以后,会给原有的远程教育系统带来很大的改变和优化,更好地实行个性化学习、协作式学习。将网格技术应用于远程网络教育系统,可实现全面资源共享,消除资源孤岛,可以提高教育资源利用率。并且网格技术及由计算机和传感器共同组成的虚拟现实技术,将逐步发展成熟并得到普及。网格技术和智能软件相结合,能实现多种资源共享,多维信息传输,而不同网络协同,多个网点合作,针对多种需求,面向多个用户,将成为网格技术重要的发展方向,它们为远程教育提供了有力的应用平台。

第三节 现代远程教育的几种技术模式

目前,我国的远程教育实践归纳起来主要有如下几种技术模式:基于有线电视的远程教育系统、基于卫星通信的远程教育系统、基于互联网的远程教育系统,它们各自具有不同的特点和优势,适合于不同的应用环境。

一、基于有线电视网的远程教育模式

目前,我国约有 3 亿台电视机遍布在广大的城市、乡村和边远山区,有线电视在城市已经普及,随着数字压缩技术、混合光纤同轴线网络技术、定长单元异步传输模式网络技术和数字调制技术的日益完善,利用有线电视的同步广播、视频点播、视频会议等教学形式进行远程教育正在成为现实。

基于有线电视网的远程教育的独特优势在于,有线电视网入户率高、覆盖面广、频带宽,且接入方式也比较多,有机顶盒、Cable Modem 和 PC 卡三种方式。但有线电视网的

远程教育形式的缺点在于实现双向交互比较困难。

有线电视系统在远程教育上的应用主要有传统应用和多媒体应用两大类。所谓传统应用,主要是利用现有有线电视系统的电视节目广播功能,将教学节目送入有线电视的前端系统,然后通过现有的传输和分配网络送到千家万户,使更多的人能获得受教育的机会。

利用有线电视系统还可以将其他设备接收到的教育信息直接送入有线电视系统。比如中国矿业大学远程教育系统开通后,北京教师的图像和声音通过 ISDN 线路传送到徐州后经过解码恢复为模拟的视频信号,这样教师可以在北京上课,而学生则在徐州听课。与此同时,徐州方面接收下来的图像和声音信息还可以非常方便地送到学校自己的有线电视台,并在有线电视系统中播出,这样就使更多人坐在家里就能听到北京优秀教师的授课。

有线电视多媒体远程教育网是利用有线电视网络传输的多媒体远程教育网,利用 VBI 多媒体数据广播技术,通过中央电视台七套发射台上行至亚太 1A 卫星覆盖全国,它是点对面传送,传输速率相当于电话线传输的 8—10 倍,用户只需具备计算机及信息收接卡,就可以通过当地有线电视网络及小区闭路电视网络进行信息接收。用户可以根据自己的要求进行浏览、整理,还可以在网络中实现资源共享。

当然,这种应用还处在起步阶段,更主要的应用是通过对现有有线电视网的系统改造,使系统成为一个宽带、交互式的网络,并在此网络平台上开展形式多样的现代远程教育。

交互电视是数字电视广播技术和数字信息技术相结合的产物,它将电视传播方式与信息技术结合于一身,将成为一种新型而有效的远程教育技术模式。这种技术系统的基本结构如图 03-07 所示。

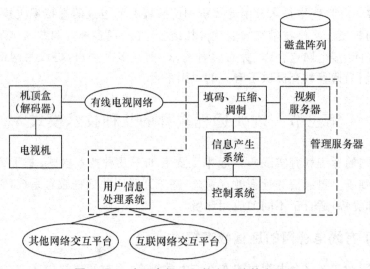

图 03-07 交互电视远程教育系统基本结构

二、基于卫星通信的远程教育模式

卫星通信特别是 VSAT 系统具有覆盖面广的独特优势,在开展远程教育方面具有非常大的应用空间。卫星在远程教育中的应用主要有两大方面,一是利用卫星的宽带广播功能开展以图像和声音为主的单向教学活动,二是利用卫星电路实现数据的交互,比如利用卫星电路实现 LAN 上的互联。

基于卫星通信模式的远程教育系统是由卫星主站(双向站)与分布在其他地方的卫星子站(单向接收站)、卫星转发器及卫星通信信道共同组成的远程教育系统,如图 03-08 所示。其远程教学传播方式是利用卫星双向站以上行频率向卫星转发器传送教育节目,通过卫星转发器以下行频率发送到各个卫星子站(接收站),各卫星子站利用电视机即可接收到卫星传送的教育节目,从而实现其远程教学的目的。

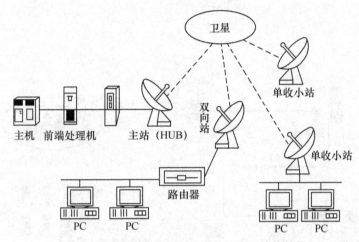

图 03-08 基于卫星通信的远程教育系统的结构

这种远程教育的模式通过空间的卫星通信信道以广播的形式传送教学内容,因此,具有辐射面广、传播范围大的优势。但是,由于目前教育节目所租用的卫星转发器采用的频率是 C 波段,卫星接收站所需接收天线的口径大、价格高,因此建站费用高、投资大,不利于个体化接收。另外,利用卫星通信模式开展远程教育,由于建立双向站费用更高,目前学习者只能通过卫星接收站进行单向接收,无法实现双向交互,学习者只能被动接收,不能进行反馈提问,其教学效果受到一定影响。

为了扩大办学规模,发展高等教育,提高全民素质,教育部自 1999 年以来,相继批准成立了以重点大学为依托的 67 所网络教育学院,这一举措极大地促进了我国远程教育事业的发展,由此也推动了我国卫星通信远程教育模式的改革。目前广泛应用的是"外交互式"宽带卫星因特网接入系统——DirecPC 系统。所谓"外交互式"卫星通信,就是指将信息传输的上下行通道分离,下行利用宽带卫星信道,上行采用电话 Modem、ISDN、DDN、ADSL 等其他方式,充分利用互联网上信息传输的不对称性,实现整个通信过程,它具有良好的实时性、交互性,是一种集卫星宽带广播和地面回传无缝结合的经济型远程教育解决方案。

教学过程中,教师在主播室的现场教学过程经信息处理系统加工后,通过卫星实时地转发到各个校外教学点,同时将这些信息保存在主控室的服务器,现场教学、转发、存储同步进行。在校外教学点,学生通过装有 PCI 接收卡的多媒体计算机实时收看,教学点还能够及时将信息下载到本地服务器,供学生课后浏览学习。课余时间,在教学点或其他地方,学生可以根据当地网络环境,通过互联网浏览学习主控室服务器的信息。若为宽带接入,则可以传输多媒体音视频信息。若为窄带接入,则可以过滤掉视频部分,传输音频和文本信息。通过卫星广播和外交互的方式实现在线的实时交互教学,学生自主性强,操作方便灵活,效率高,效果好,所以,目前许多网络教育学院和高校采用这一模式开展远程教育。这种技术模式的系统基本结构如图03-09所示。

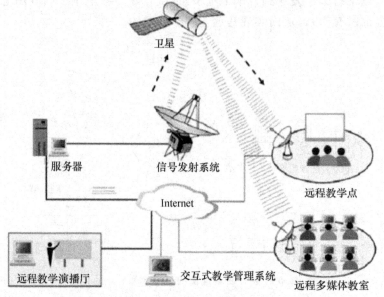

图03-09 基于卫星通信远程教育系统基本结构

三、基于计算机网络的远程教育模式

在我国,基于计算机网络开展远程教育已成为现代信息技术应用发展的重要方面之一。计算机网远程教育是指通过 Internet 或局域网(校园网)实现全球范围或区域范围的课程传送和教学。利用计算机网络开展远程教育,把网络作为传输信息的载体,打破了计算机单机学习的封闭式学习环境,形成了一个开放的远程教育系统。

基于计算机网络的远程教育系统既保留了传统电教的形象生动、不受时空限制等优点,又有相互访问、直接双向交流的特点。同时通过人机间的协同工作提高了学习效率,使学习由被动转向主动,彻底改变了传统的学习方式。它是一个由硬件、软件及教学资源组成的有机一体化系统。在硬件上,一个基于计算机网络的远程教育系统应具有以下几大类设备:

1. 接入设备 主要功能是让学生和教师能够以多种方式访问网络资源,主要由路由器和访问服务器组成。

2. 交换设备 是整个网络连接与传输的核心,主要的设备有主干交换机、分支交换机或集线器和连接各模块的传输介质(光纤或电缆),它们组成了整个骨干网络。

3. 服务器设备 它们是对外提供教学与信息服务的主要实体,一般有 Web 服务器、FTP 服务器、E-mail 服务器、DNS 服务器、视频点播服务器等等。

4. 课件制作与开发设备　主要是开发、维护网上的教学内容与教育资源,包括数字音、视频采集设备(采集压缩卡),制作加工及集成设备(高性能计算机和专用设备)。

5. 双向交互式同步教学设备　是一个基于高速数据网络的桌面视频会议系统,其核心设备是基于相关标准(H.323)的桌面视频会议终端、MCU(多点控制单元)、摄像机等。

基于计算机网络的远程教育利用 Internet 来传输文字、图形、图像、声音和视频等多媒体的教学信息,可以达到双向、实时交互的传输目的,其传输模式如图 03-10 所示。

图 03-10　于 Internet 的远程教育传输模式

由于计算机网络有良好的交互性,基于计算机网络的远程教育系统就可以建立一个非常好的双向交互的教学环境。在远程教育的网络系统中,可以进行实时或非实时的交互。利用多媒体计算机和计算机网络进行学习,教学形式既形象生动,又不受时间与空间的制约,而且能方便地进行双向互访。这种开放式的远程教育系统具有较好的双向功能,不仅适应于在校学生的校园网上学习,而且随着计算机网络的不断发展与延伸,更能满足社会上在职员工及需要进行继续学习的各类人员的学习需求。

基于计算机网的远程教育的教学方式可以分为同步式远程教学和异步式远程教学两种。同步式远程教学是利用模拟真实课堂的教学方式双向实时地开展交互式网上教学的方式,当前比较先进的方法是采用数字的视频会议技术。电子白板和聊天室的形式也属于同步方式。异步式远程教学是采用基于网络技术的多媒体平台,将教学资源存放在信息服务器中,学生可通过网络进入这些教学平台,进而进行学习的方式。BBS、电子邮件、新闻组、视频点播等形式都属于异步方式。异步式远程教学系统的基本结构如图 03-11 所示。

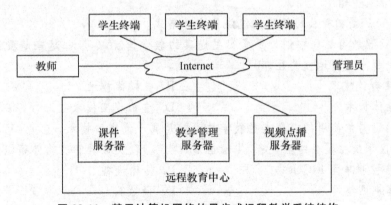

图 03-11　基于计算机网络的异步式远程教学系统结构

学习活动七:设计用于远程教育的校园网方案

请您了解您所在学校或者所在地区的其他学校是否开展了基于校园网的远程教育项目或者远程教育工作,如果有,请找到相应案例,画出该项目的硬件结构图,并说明它是怎样开展远程教育的,其特点是什么,与传统教学相比有什么优点,您觉得还有哪些不足。如果没有,请您查找相关资料,为您所在的学校设计一个通过校园网进行远程教育的简单方案,包括系统结构图以及开展远程教育的方式和内容。

学习测评

1. 一般说来,远程教育的技术系统主要由(　　)、终端设备和教学资源三者共同构成。
   A. 计算机网络　　　B. Internet　　　C. 通信网　　　D. 通信设备
2. 衡量一种多媒体压缩技术的好坏主要综合考虑(　　)等三个指标。
   A. 压缩比大　　　　　　　　　　　B. 算法简单
   C. 压缩损失少　　　　　　　　　　D. 压缩/解压缩速度快
3. 判断题:数据压缩的技术核心是压缩比。(　　)
4. (　　)是微软公司于1996年11月推出的Web应用程序开发技术。它与ADO(Active Data Object)的充分结合,提供了强大的数据库访问功能,使之成为进行网上数据库管理的重要手段。
   A. JSP　　　　B. ASP　　　　C. ASP.NET　　　　D. PHP
5. IP组播是利用一种协议将IP数据包从一个源传送到(　　)目的地,将信息的拷贝发送到一组地址,到达所有想要接收它的接收者处。
   A. 多个　　　　B. 某个　　　　C. 一个　　　　D. 一组
6. 判断题:所谓流媒体,是指在Internet/Intranet中使用流式传输技术的连续媒体。(　　)
7. 判断题:流媒体技术需要用户等整个压缩文件下载到自己的机器后才能观看。(　　)
8. 实现流式传输的主要方法有(　　)。
   A. 顺序流式传输　　　　　　　　　B. 下载流式传输
   C. 实时流式传输
9. 判断题:ASF是微软公司推出的流媒体文件格式。(　　)
10. 为了在远程教育过程中创设更真实更逼真的教学情境,(　　)越来越受到教育者的重视,也越来越多地被关注。
    A. 视频会议技术　　　　　　　　　B. 多媒体技术
    C. 流媒体技术　　　　　　　　　　D. 虚拟现实技术
11. 判断题:目前常使用的视频点播教学技术就是属于流媒体技术。(　　)
12. 视频会议系统主要由终端设备、传输信道、(　　)以及控制管理软件等组成。
    A. 多点控制单元MCU　　　　　　　B. 传输设备
    C. 计算机网络　　　　　　　　　　D. 摄像头
13. 判断题:有线电视系统在远程教育上的应用主要有传统应用和多媒体应用两大类。(　　)
14. 判断题:卫星通信技术受天气、地貌的限制,覆盖面大,通信质量不太稳定可靠,容量大,在远程教育领域已得到广泛应用,主要用于实时和非实时传播教师授课的音视频信号,发送相关数据。(　　)
15. 判断题:通常情况下,卫星主站是双向站,而卫星子站是单向接收站。(　　)

第三章　远程教育技术系统的结构与模式

16. BBS、电子邮件、新闻组、视频点播等形式都属于（　　）远程学习的方式。
    A. 异步式　　　　B. 交互式　　　　C. 同步式　　　　D. 接收式
17. 查阅相关资料,说出实现流媒体技术的基本原理和传输过程。
18. 阐述现代远程教育中三种技术实现模式的特点及其适用条件。

参考资源:

[1]　蔡皖东.多媒体通信技术.西安:电子科技大学出版社,2000年.
[2]　查有梁.教育建模.南宁:广西教育出版社,1998年.
[3]　陈丽.远程教育学基础.北京:高等教育出版社,2004年.
[4]　德斯蒙德·基更,丁新等译.远距离教育基础.北京:中央广播电视大学出版社,1996年.
[5]　德斯蒙德·基更编,丁新等译.远距离教育理论原理.北京:中央广播电视大学出版社,1999年.
[6]　丁新,任为民.现代远程教育试点的分析与思考.中国远程教育,2000(6).
[7]　丁兴富.远程教育学.北京:北京师范大学出版社,2002年.
[8]　郭小玲.谈高校远程教育系统模式的构成.中国电化教育,1999(9).
[9]　何克抗,李文光.教育技术学.北京:北京师范大学出版社,2003年.
[10]　胡晓玲,杨改学.现代远程教育发展趋势探讨.中国远程教育,2001(5).
[11]　黄清云,汪洪宝,丁兴富主编.国外远程教育的发展与研究.上海:上海教育出版社,2000年.
[12]　江代有.流媒体技术综述.现代电子技术,2003(17).
[13]　林福宗编著.多媒体技术基础.北京:清华大学出版社,2002年.
[14]　刘雍潜,李龙编著.教育技术基础.北京:中央广播电视大学出版社,2002年.
[15]　王继新.信息化教育概论.武汉:华中师范大学出版社,2005年.
[16]　王继新.远程教育原理与技术.武汉:湖北科学技术出版社,2005年.
[17]　武法提.网络教育应用.北京:高等教育出版社,2003年.
[18]　谢新观等.远程教育概论.北京:中央广播电视大学出版社,2000年.
[19]　严晓华.现代通信技术基础.北京:清华大学出版社,2006年.
[20]　张辉,曹丽娜.现代通信原理与技术.西安:电子科技大学出版社,2002年.
[21]　张丽.流媒体技术大全.北京:中国青年出版社,2001年.
[22]　钟玉琢,沈洪,冼伟铨.多媒体技术基础及应用.北京:清华大学出版社,2000年.
[23]　祝智庭.网络教育应用教程.北京:北京师范大学出版社,2002年.
[24]　军训网远程教育平台的设计.http://www.edu.cn/fang_an_5758/20070509/t20070509_231727.shtml.
[25]　襄樊教育城域网应用案例.http://www.edu.cn/20050801/3145236.shtml.
[26]　复旦大学现代远程教育系统应用案例.http://www.cnsea.cn/html/200611/15/102555746.htm.
[27]　流媒体服务器技术及其在远程教育中的应用.http://www.cnsea.cn/html/200611/15/100912613.htm.
[28]　流媒体技术在远程教育中的应用.http://www.cqdjw.cn/xsjl/ShowArticle.asp?ArticleID=229&Page=1.

第四章　现代远程教育系统与工程的实例分析

——农村中小学现代远程教育工程

学习目标

1. 了解农村中小学现代远程教育工程的由来与目的以及对我国农村教育的意义。了解此项工程建设的基本进展以及国家对这一工程的投资体制。

2. 了解农村中小学现代远程教育工程技术系统的总体结构,理解前端播出平台、终端接收站点、辅助教学网络、中心教学资源库、信息管理系统的构成及其功能。

3. 理解农村中小学现代远程教育工程的三种技术实现模式以及每种技术实现模式的具体配置与所能实现的功能,能对一个具体的技术系统进行实地分析。

知识概览

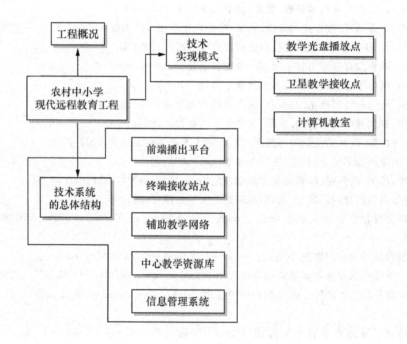

本章导学

同学们好！大家知道,我国绝大部分农村中小学在教学条件、教育资源、教师水平和教学质量等方面与发达地区相比都存在着很大差距。为了促进城乡教育平等,提高农村教育质量,加强教师培训,国家提出并实施了"农村中小学现代远程教育工程",实现了真正意义上的"同在蓝天下,共享好资源"。

在本章的开始,我们将首先讨论国家为什么要实施农村中小学现代远程教育工程。而后考察工程建设在技术路线上采用的三种模式:模式一我们称之为教学光盘播放点模式,模式二为卫星教学收视点模式,模式三为计算机教室模式。

本章的第二部分内容讨论了农村中小学现代远程教育技术系统的总体结构。农村中小学现代远程教育工程的技术系统主要包括前端播出平台、终端接收站点、辅助教学网络、中心教学资源库、信息管理系统等五个部分,在学习的过程中要弄懂每一部分在整个系统中的功能以及各部分之间的关系。

本章最后详细讨论了三种技术模式的系统配置和实现功能。在学习的时候要弄懂每一种技术模式的实现框图、线路连接方式、资源接收与传输方式以及每一种模式的教学应用模式。

学完本章后大家应该对我国农村中小学现代远程教育工程有一个全面的了解,特别是对三种技术模式的原理及教学应用模式有比较深刻的掌握,并能解决它们在教学应用中所出现的相关问题。

问题导入

1. 我国绝大部分农村中小学在教学条件、教育资源、教师水平和教学质量等方面与发达地区相比都存在着很大差距,如何缩小差距?怎样实现教育平等?国家在这方面做了哪些工作?本章的第一节将会回答这些问题。

2. 要实现农村中小学现代远程教育工程,首先必须建设一个切合农村实际需要的现代远程教育系统。这个大的系统应该由哪几部分组成?各部分完成哪些功能?

3. 中国中西部地区在经济、社会、教育等方面发展不平衡,地区差异大,如何保证在不同的地区能根据当地的实际情况采取不同的技术实现模式?

引言

农村中小学现代远程教育工程是我国现代远程教育工程建设中的一项重要内容,它既应用了先进的信息技术手段,又考虑了工程实施的具体实际,在技术实现模式上颇具典型性。下面就以这一工程为例来对远程教育的系统与工程进行实例分析。

第一节 农村中小学现代远程教育工程概述

我国农村,特别是中西部农村地区,在教学条件、教育资源、教师水平和教学质量等方面与发达地区相比存在着巨大差距。为了促进城乡优质教育资源共享,提高农村教育质量和效益,加强教师培训,积极引入外部优质教育资源,提高教学质量,缩小东西部的教育差距,实现基础教育的均衡发展,我国实施了农村中小学现代远程教育工程。

一、农村中小学现代远程教育工程的由来与目的

2003年9月,国务院召开了全国农村教育工作会议,下发了《国务院关于进一步加强

农村教育工作的决定》。《决定》明确提出,"实施农村中小学现代远程教育工程,促进城乡优质教育资源共享,提高农村教育质量和效益。在2003年继续试点工作的基础上,争取用五年左右的时间,使农村初中基本具备计算机教室,农村小学基本具备卫星教学收视点,农村小学教学点具备教学光盘播放设备和成套教学光盘"。

  为了加快农村教育发展,缩小数字鸿沟,促进农村经济社会发展和城乡协调发展,将信息化作为一个重要的突破口,在农村中小学实施现代远程教育工程,用信息化带动农村教育的现代化,共享优质教育资源,提高农村教育质量,促进教育公平,这是我国发展高质量基础教育的一个战略抉择。

图 04-01　教学光盘播放点

在2003年至2004年的农村中小学现代远程教育工程试点工作中,国家投入10亿元,地方配套9.1亿元,在西部地区12个省(自治区、直辖市)、中部6省、山东省和新疆生产建设兵团试点工作共建成20977个教学光盘播放点(如图04-01所示)、48605个卫星教学接收点(如图04-02所示)、7094个计算机教室(如图04-03所示)。覆盖西部各省(自治区、直辖市)25%左右的农村中小学,覆盖中部六省21%左右的农村中小学。覆盖西部试点省925万中小学生,学生覆盖率为27%;中部试点省644万中小学生,学生覆盖率为21%。试点地区同时覆盖了中央确定的9个全国农村党员干部现代远程教育试点地(市、州)县。

图 04-02　卫星教学接收点

图 04-03　计算机教室

第四章 现代远程教育系统与工程的实例分析

在工程试点工作的基础上,2005年7月3日,全国农村中小学现代远程教育工程全面启动。国家将用5年时间投资百亿元,为全国约11万个农村小学教学点配备教学光盘播放设备和成套教学光盘,向这些教学点的约510万山村小学生提供优质教育教学资源;为全国38.4万所农村小学建设卫星教学收视点,基本满足农村8142万小学生对优质教育教学资源的需求,普遍提高农村小学的教学质量和教师水平;为全国3.75万所农村初中配备计算机教室,使3109万农村初中在校生能够逐步与3495万城镇初中生一样,共享优质教育教学资源,接受信息技术教育。

学习活动一:省远程教育大致实施情况

通过查阅文献资料或网络资源对你所属省份的"农远工程"试点情况有所了解,并完成下表:_____省"农远工程"实施大致情况:

农村中小学总数 (单位:所)	建成光盘 播放点学校数量 (单位:所)	建成卫星教学 接收点学校数量 (单位:所)	建成计算机教室 学校数量 (单位:所)

全面铺开的农村中小学现代远程教育工程的目的和任务是,在教育部、国家发展和改革委员会、财政部已共同实施的现代远程教育工程试点示范项目基础上,通过进一步加强试点工作,全面探索农村中小学现代远程教育工程三种模式在不同的经济社会发展地区、不同的地理环境下工程的建设、应用、运行机制和管理方式;检验三种模式技术配置的适用性和经济性;探索建立有效保障工程可持续发展的长效机制;进一步研究探索与之相适应的教育教学方法以及对教育资源建设及师资培训工作的要求;全面总结试点地区在三种教学模式应用、优质教育资源共享、教育质量和师资水平提高,以及工程投资效益等方面的效果;总结工程在推进国家西部"两基"攻坚计划的实施和中西部地区"两基"的巩固提高,促进对广大农村特别是边远山区和贫困地区资源匮乏、师资水平和教学质量不高等突出问题的解决,为进一步推动工程实施积累经验。

二、农村中小学现代远程教育工程的工程建设

农村中小学现代远程教育工程作为发展农村基础教育信息化的平台,覆盖面广,涉及中国的大部分农村地区,但由于各地经济发展不平衡,各地、各校的自然环境、办学条件、学校规模等不尽相同,我们必须走一条低成本、大面积、快速发展的道路,使我们的中小学,尤其是中西部农村中小学能够以经济的成本获得丰富而优质的教育教学资源。工程建设在技术路线上采用了三种模式,有关这三种技术模式的详细内容,将会在本章第三节中详细介绍与阐述,下面仅作简要说明。

1. 教学光盘播放点(如图04-04所示)。配备电视机、DVD播放机和成套教学光盘,通过播放教学光盘对学生授课和辅导。配备对象主要是农村学校布局调整确定保留的教学点。平均每点投资概算为3000元。通过电视机和DVD机播放教学光盘,把经过精心组织的教学课程浓缩后,直接送到农村中小学课堂。有些课程可以在课堂上反复播放光盘,教师进行教学组织和穿插必要的辅导;有些课程可以以教师授课为主,播放光盘为辅。

图 04-04　光盘播放点

2. 卫星教学收视点。在普及利用光盘教学和辅助教学的基础上,配备卫星接收系统、计算机及其必要的辅助设备。配备对象为乡中心小学和村完全小学。每点投资概算为1.6万元。图04-05为卫星接收天线图。

卫星教学收视点在覆盖教学光盘播放点全部功能的基础上,可以通过教育卫星宽带网快速接收大量的优质教育资源,使大量的优秀课程、优秀教案、优秀专题教育节目和丰富多彩的农科教信息源源不断地进入农村学校。

3. 计算机教室(如图04-06所示)。主要配备卫星接收系统、计算机教室和多媒体教室。其特点是除具备模式一、模式二的全部功能外,还能够为学生提供学习信息技术的条件和在网络条件下学习的环境,配备对象为农村乡镇初中。平均每点概算为15万元。

图 04-05　卫星接收天线　　　　　　　图 04-06　计算机教室

农村中小学现代远程教育工程采用了集中连片的实施方式,以地市级行政区划为单元,集中联片推进。为了提高投标招标、安装验收以及培训等工程相关工作的质量与效率,教育部教育政府采购中心委托中央电化教育馆组织有关专家和人员,对农村中小学现代远程教育工程的技术装备模式所需之关键产品、系统,进行以兼容性、稳定性和适用性为主的资格预审技术测试。为了保障农村中小学现代远程教育工程的顺利开展,教育部召开了工程招标采购培训班,对各项目省、新疆生产建设兵团的项目办以及招标采购组织工作具体组织和实施的负责人员进行培训,并下发了《农村中小学现代远程教育工程终端接收站点技术方案》、《农村中小学现代远程教育工程设备和教学资源招标采购管理办法》等文件。以上措施有效保证了农村中小学现代远程教育工程的顺利推进。

三、农村中小学现代远程教育工程的投资体制

我国东西部之间的差距不仅是贫富差距、观念差距,更是教育水平的差距。在实施农村中小学现代远程教育过程中,必须根据实际情况,灵活采用多种投资体制,目前主要有国家投资体制、市场竞争体制、国家投资和市场竞争相结合的体制。

(一)国家投资体制

国务院批转的《面向 21 世纪教育振兴行动计划》和《关于进一步加强农村教育工作的决定》两个文件,都明确指出要加快农村的信息化进程,促进城乡优质教育资源共享,提高农村教育质量和效益。农村中小学现代远程教育工程的投资采用中央投入专项资金,地方按一定比例配套投入的方式。

(二)市场竞争体制

用市场运作推进农村教育的信息化进程,是我国目前行之有效的一种方式。因为企业参与农村基础教育的发展,不仅为农村教育事业的发展带来了急需的资金和技术,还能以此为纽带,促进企业自身的持续发展,推动当地经济的腾飞。

(三)国家投资和市场竞争相结合体制

近年来,政府采取灵活的措施,与国内外企业多方面加强合作,促进我国农村基础教育事业的发展。在师资培训、教育信息技术管理培训与技能培养等具体项目中开展合作,用以提高教师素质和教育质量,提供教育教学资源,缩小城乡差距。

四、农村中小学现代远程教育工程中的资源建设情况

实施农村中小学现代远程教育的最终目的就是要让广大农村地区的学生都能享受到优质的教育资源,教育资源的应用尤其重要。如何让远程教育资源"走进课堂面向学生",是农村中小学现代远程教育工程的首要任务。

硬件平台搭好后,软件资源需要及时跟进。教育部成立了国家基础教育资源中心,负责资源的整体规划、征集、整合、开发和发送,首批向社会公开征集的项目资源,播出容量累计达 1000GB。其中,人民教育出版社制作的配套教学光盘共 2000 多个学时,已经发至中西部 22 个省、自治区、直辖市的 1000 多个县,共计 1100 万片。中国教育电视台全天播出 11 个半小时的空中课堂电视节目和 IP 资源。这些免费优质资源源源不断地输送到天南海北,输送到偏远山乡,在大山深处释放出巨大的知识能量,扩大了乡下孩子放眼世界的视野,奏响了农村现代化教育的乐章。

"国家基础教育资源中心"利用卫星向农村地区传送的"农村中小学现代远程教育资源"（以下简称"远教 IP 资源"）是为模式二、模式三的应用提供的优质资源，该资源以网页的形式存在，通过鑫诺 1 号卫星 KU 波段进行传送，模式二、模式三的项目学校通过卫星接收天线和卫星 IP 数据接收卡进行接收。

这些远教 IP 资源的内容主要包括时事动态、为农服务、教育信息、课程资源、教师专业发展、专题教育、少年文化、学习指导等方面的资源，该资源与农村地区教材配套，几乎涵盖了农村地区的各种版本的教材，有人教义务版、人教课标版、北师大课标版等版本。该资源为农村地区提供了比较全面的、优质的教育教学资源，能够很好地适应农村地区教师专业发展、课程教学、课外文化活动的需要，是"农村中小学现代远程教育工程"所提供资源中的核心资源。

第二节　农村中小学现代远程教育技术系统的总体结构

要在农村实施好现代远程教育工程，一个非常重要的先决条件就是，必须建设一个切合农村实际需要的现代远程教育系统。从满足农村中小学现代远程教育应用需求出发，农村中小学现代远程教育工程的技术系统主要包括前端播出平台、终端接收站点、辅助教学网络、中心教学资源库、信息管理系统等五个部分，其系统结构如图 04-07 所示。

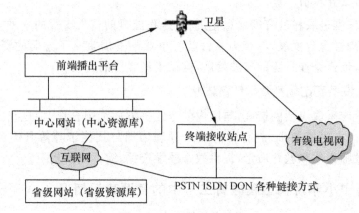

图 04-07　系统总体结构

一、前端播出平台

前端播出平台由主前端播出平台和辅助前端播出平台两部分组成。主前端播出平台使用卫星数字专用频道播出节目，覆盖试点地区的乡镇和村级的学校；辅助前端播出平台使用远程教育网播出节目，覆盖试点地区县级以上学校。主前端播出平台与辅助前端播出平台共享中心资源库。

前端平台主要分为 IP 数据广播频道、电视广播频道、语音广播频道以及监测系统 4 个部分，向终端接收站点分别传送 IP 数据节目、电视节目和语音节目。

1. IP 数据广播频道

IP 数据广播系统主要由 IP 数据上传、资源管理、资源存储、IP 课件(简称 IP-C)播出、IP 流媒体(简称 IP-S)播出和 IP 信息(简称 IP-I)播出等子系统组成。IP 数据广播频道系统的框架结构如图 04-08 所示。

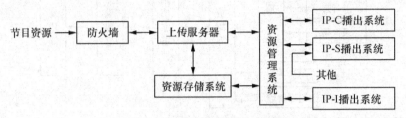

图 04-08 IP 数据广播频道系统框架结构

IP 课件采用循环或定时、定次播出方式。终端接收站点将 IP 课件下载到本地硬盘，供学习时使用;IP 流媒体节目由前端流媒体服务器播出,终端接收站点可用计算机流媒体播放器直接接收或转至电视机收看;IP 信息与 IP 课件节目播出方式相同。IP 信息节目可提供电子版报纸、杂志、经济信息等多种内容。图 04-09 为 IP 数据广播频道图。

您现在的位置：首页 >> 卫星用户专区 >> 节目预告

湖北教育网台卫星宽带广播节目预告单

««上周节目单 湖北教育网台 本周[2007.12.10-2007.12.16] 节目时间表 下周节目单 »»

星期一 星期二 星期三 星期四 星期五 星期六 星期日

日期	时间	频道	栏目	播出内容
12月12日	湖北教育网台（文件频道一〇一）			
(周三)				
	08:30	小学智力障碍	教学课例	语文《大雨来了》
	11:07	小学英语	视听英语	(PEP小学英语)4年级上册“Unit 5 Lesson 1”空中英语
	11:44	小学音乐	音乐课堂	(湖北科学技术出版社)三年级音乐 5册《第七单元 多彩的民间音乐》资源【重播】
	13:29	初中数学	示范课例	初中数学《图形认识初步》
	14:45	初中数学	示范课例	初中数学《直线,射线,线段》

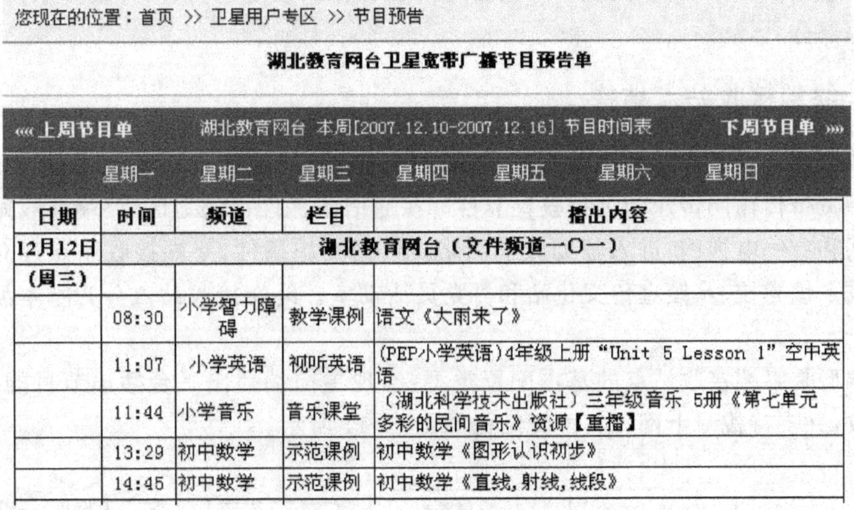

图 04-09 IP 数据广播频道

2. 电视广播频道

电视广播频道依照相关标准规范设计,采用数字化自动播出系统,以基于大容量视频服务器的播出为主,也可采用磁带方式播出。节目可提前上载,避免出现设备的随机故障或人为失误。

电视广播频道包括如下几个部分:模拟信号带播放系统、数字信号带播出系统、视频播出服务器、视/音频信号上载系统、播出控制系统、同步信号源、播出监视和测试系统。

3. 语音广播频道

语音广播频道包括中央服务器及存储设备、播出软件、播出音频工作站和录音编辑音频工作站等。语音广播频道的结构如图 04-10 所示。

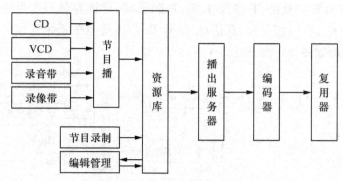

图 04-10 语音广播系统结构

4. 监测系统

监测系统对所传输的信号和节目进行实时监测,随时掌握节目传输情况。专用频道的监测系统包括前端监测系统和回传监测系统。

前端监测系统包括前端视/音频测试、码流监测、频谱监测和中频出口信号监测。回传监测系统包括卫星回传电视和 IP 数据的接收、监视、频谱监测、回传信号误码分析、码流分析等部分。

二、终端接收站点结构

终端接收站点是农村远程教育的基础设施之一。终端接收站点接收、存储、播放和回放卫星宽带传输网传送的远程教育节目。在通信条件许可的地区,终端接收站点可接入互联网和有线电视网,进入辅助教学网络。根据实施条件,终端接收站点建立在农村中小学或乡镇党校、乡镇宣传文化站和村党员活动室。终端接收站点分为基本型和扩展型两种。

基本型是终端接收站点的基本配置类型,实现主前端播出平台播出节目的接收、存储和播放,并支持拨号上网。其配置结构如图 04-11 所示。

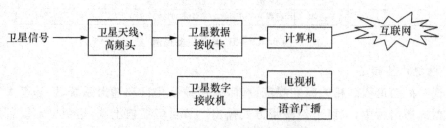

图 04-11 基本型终端接收站点结构

扩展型在基本型的基础上,扩展了多媒体教室或网络教室等功能。其配置结构如图 04-12 所示。有条件的地区可充分利用当地的有线电视网,由有线电视网(台)转播农村中小学现代远程教育的节目,广大农村用户可以通过电视在家里直接收看。

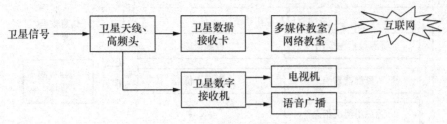

图 04-12　扩展型终端接收站点结构

三、辅助教学网络

辅助教学网络主要依托互联网和有线电视网,通过中心网站、辅助教学电视栏目等方式,实现辅助教学功能。

其中,中心网站是农村中小学现代远程教育系统的门户网站,是教学辅导、信息发布的平台。中心网站在安全体系下与中心资源库、信息管理系统进行信息交换。从技术角度看,该网站应具备以下一些功能:

1. 支持远程教学功能;
2. 支持与中心资源库的数据交换;
3. 支持与信息管理系统的无缝连接;
4. 与中心资源库系统、信息管理系统构建一个完整的网络环境;
5. 具有信任体系、防护体系、恢复体系、管理体系等安全设计。

四、中心教学资源库

中心教学资源库是农村中小学现代远程教育内容的中心,主要通过辅助教学网络发布各种符合教学大纲要求的 IP 数据节目、视频节目和语音广播节目。

该资源库的运行环境与系统网站的服务器融为一体,互相依托,由网站基础平台、服务器系统和存储系统等部分组成。其系统结构如图 04-13 所示。

五、信息管理系统

信息管理系统是农村中小学现代远程教育系统工作的管理平台,实现远程教育的教学管理、信息传输和交换、汇总的管理功能,满足试点工作的管理业务要求。

信息管理系统分为两级,由中心信息管理系统、试点地区信息管理系统组成。其中,试点地区各级信息管理系统主要功能与中心信息管理系统基本一致,上级系统兼容下级系统,接收并汇总下级上报的数据。信息管理系统的数据有数据汇总和人工输入两种方式。

在信息管理系统中有两个比较重要的模块,即教务管理系统和试点工作管理系统。

教务管理系统分为以下几个部分:教务信息管理、课程设置、教学计划、师资管理等。教务信息管理主要是管理一些和教务有关的及时信息,信息显示在中心网站的主页上;课程设置主要涉及有关课程设置情况、课程的目录、介绍等;教学计划主要给用户提供课程播出安排;师资管理主要提供授课教师的相关信息。

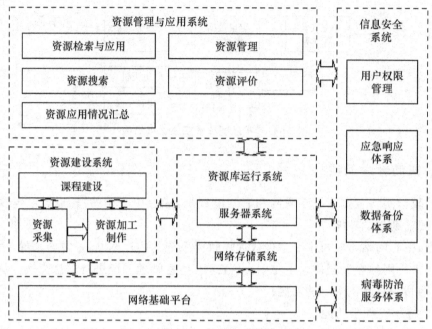

图 04-13 资源库系统结构

试点工作管理系统主要满足试点工作中分级管理的需求，包括系统运行情况、接收站点建设情况、教学效果情况等管理功能，对远程教育情况进行收集汇总，提供强大的查询和统计分析功能，主管部门可方便快捷地查询远程教育在试点地区开展的情况及效果，为更好地开展工作提供决策依据。

第三节 农村中小学现代远程教育工程的三种技术模式

由于中西部地区在经济、社会、教育等方面发展不平衡，地区差异大，"因地制宜，采取多种模式，逐步推进"是实施农村中小学现代远程教育工程必须遵循的基本原则。为了适应农村实际需求，农村中小学现代远程教育工程选择了三种基本模式。

一、三种技术模式

1. 模式一：教学光盘播放点

该模式主要针对边远地区农村小学和教学点。边远地区农村小学和教学点大都缺乏师资，有了适用的教学光盘，也就等于请到了优秀教师，大山里的孩子们就有机会享受到优质教学，教师也有了观摩教学、学习提高的机会。

教学光盘播放点建成后，通过电视机和DVD机播放教学光盘，就可把经过精心组织的教学课程浓缩后，直接送到农村中小学课堂。有些课程可以在课堂上反复播放光盘，教师进行教学组织和穿插必要的辅导；有些课程可以以教师授课为主，播放光盘为辅。在教学过程中，光盘教学片中的教师与学生、教室中的教师与学生四者之间可以形成有效互动。

这种模式很适合山村小学和教学点的实际需要,将会在中西部农村特别是边远、贫困地区小学及教学点的教学中,尤其是英语、语文学科教学中发挥重要的作用。利用这一模式还可以组织重点学科的远程教学,使教学点教师逐步成为学生学习的帮助者和指导者。

2. 模式二:卫星教学收视点

该模式主要针对农村中小学。卫星教学收视点在覆盖教学光盘播放点全部功能的基础上,可以通过教育卫星宽带网快速接收大量的优质教育资源。同时,该模式将成为农村基层党组织对党员干部进行现代远程教育的主要依托,并满足农民群众的学习和培训需要。

广大师生通过卫星广播、数据广播、电话上网等方式获取资源,查找信息,进行学习与交流,每所学校都可以在教学之余成为当地干部群众学习和上网的场所,卫星教学收视点还可以成为对农村中小学教师进行不间断培训的一个教师培训点。

3. 模式三:计算机教室

计算机教室,每套装置主要由卫星教学收视系统、多媒体教学系统和联网的计算机教室系统构成。该模式主要针对农村乡镇初中。农村乡镇初中计算机教室可以发挥多种功能,利用计算机教室学生可以学习信息技术,可以上网浏览信息,接收卫星数据广播,共享优质教育教学资源;还可以利用计算机教室对教师进行培训,逐步实现教学内容呈现方式、学生学习方式、教师教学方式的变革。

在具备卫星教学收视点和教学光盘播放点全部功能的基础上,这种模式还能够满足学生学习信息技术课程、利用网络资源学习学科课程、下载优秀教育资源、培训教师等需要。同时,该模式还将成为农村乡镇党委对党员干部进行现代远程教育的主要阵地,并满足农村群众的信息需求。

以上三种模式的硬软件资源的配置和教师培训工作的开展,为农村地区远程教育的开展提供了根本保证和有力支持。

二、三种技术模式的系统配置及实现功能

1. 模式一的系统配置及实现功能

整体系统结构如图 04-14 所示,硬件系统配置如表 04-01 所示。

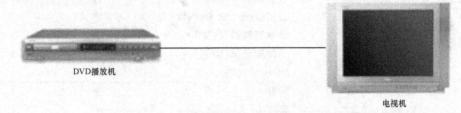

图 04-14　教学光盘播放点(模式一)系统结构

表 04-01　模式一的硬件系统配置

单元名称	序号	名称	单位	数量
光盘播放单元	1	34 寸电视机	台	1
	2	DVD 播放机	台	1

功能：整个系统能正常播放 DVD、VCD、CD 等各种教学光盘，要求图像清晰、色彩艳丽、声音正常。

2. 模式二的系统配置及实现功能

整体系统结构如图 04-15 所示，硬件系统配置如表 04-02 所示。

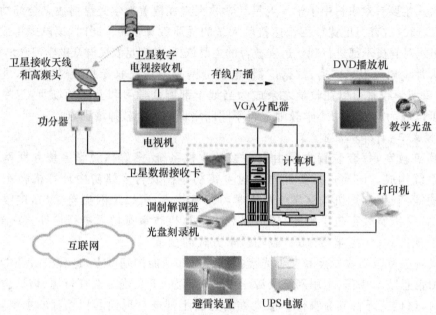

图 04-15　卫星教学收视点（模式二）系统结构

表 04-02　模式二的硬件系统配置

单元名称	序号	名称	单位	数量
光盘播放单元	1	34寸电视机	台	1
	2	DVD播放机	台	1
卫星电视接收单元	3	34寸电视机（VGA）	台	1
	4	卫星数字电视接收机	台	1
卫星数据接收单元	5	卫星接收计算机	台	1
	6	卫星数据接收卡（内置）	块	1
	7	调制解调器（内置）	块	1
	8	光盘刻录机（内置）	台	1
	9	VGA 分配器	台	1
卫星信号接收单元	10	天线	套	1
	11	高频头	个	1
	12	电缆(50米)	盘	1
	13	F头	个	8
	14	功分器	个	1
其他	15	黑白激光打印机	台	1
	16	避雷装置	套	1
	17	UPS电源	台	1

系统软件配置：

(1) 操作系统 WindowsXP Home

(2) 教育资源 Office：可完成文字处理、课件制作、资源查询调用等功能。包括：

　　① Office 2003

　　② 模板库

　　③ 教育资源系统：主要包括实用工具和搜索引擎

　　④ 教育资源(20G)

(3) 中央电教馆资源接收系统、以泰文件接收系统

(4) 光盘刻录软件

(5) 杀毒软件

系统功能：

光盘播放功能参见模式一，卫星接收单元收到的信号强度能够保证数字卫星接收机和计算机正常接收中国教育卫星宽带信号。数字卫星接收机至少应能收到 CETV-1、CETV-2、空中课堂、电大课程等 4 个频道的视频节目；计算机上的远教 IP 文件接收系统、以泰文件接收系统正常接收卫星 IP 资源；计算机还应具有文字处理、资源检索查询、课件制作、打印文档、刻录光盘等功能。电视机除能显示视频节目，还应能显示计算机的视频信号。UPS 能为系统提供高压、低压、短路和超负载保护功能。

学习活动二：调查实施远程教育模式二的学校

根据下表的要求调查一所已实施模式二的学校，并完成下表：

学校名称	
每周从卫星接收的资源数据量(单位:MB)	
如何将所接收的资源进行归类整理	

2. 模式三的系统配置及实现功能

整体系统结构如图 04-16 所示，硬件系统配置如表 04-03 所示。

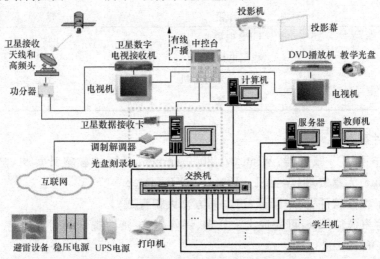

图 04-16　计算机教室(模式三)系统结构

表 04-03　模式三的硬件系统配置

单元名称	序号	名称	单位	数量
光盘播放单元	1	34寸电视机	台	1
	2	DVD播放机	台	1
卫星电视接收单元	3	34寸电视机(VGA)	台	1
	4	卫星数字电视接收机	台	1
卫星数据接收单元	5	卫星接收计算机	台	1
	6	卫星数据接收卡(内置)	块	1
	7	调制解调器(内置)	块	1
	8	光盘刻录机(内置)	台	1
	9	VGA分配器(带两根VGA线)	台	1
卫星信号接收单元	10	天线	套	1
	11	高频头	个	1
	12	电缆(50米)	盘	1
	13	F头	个	8
	14	功分器	个	1
计算机教室	15	服务器	台	1
	16	教师机	台	1
	17	无盘终端(学生机)	台	30
	18	交换机	台	2
多媒体教室	19	电子教室系统	套	1
	20	AV切换器	台	1
	21	多媒体教室计算机	台	1
	22	投影机	台	1
	23	幕布	块	1
	24	有源音箱	套	1
其他	25	UPS电源	台	1
	26	稳压电源	台	1
	27	黑白激光打印机	台	1
	28	避雷装置	套	1

系统软件配置：

（1）操作系统　服务器：Windows 2000 server；多媒体教室计算机、教师机：WindowsXP Home；无盘终端（学生机）：WindowsXP Home

（2）电子教室软件：清华泰豪（清华同方）、大鹏育成

（3）教育资源Office：可完成文字处理、课件制作、资源查询调用等功能。包括：

　　① Office 2003

　　② 模板库

③ 教育资源系统：主要包括实用工具和搜索引擎
④ 教育资源（20G）

(4) 资源服务系统5.5：120 G各类教育资源（有20 G与教育资源Office相同）

(5) 其他：杀毒、压缩工具、刻录软件等

系统功能：

(1) 多媒体教室

教学光盘播放单元和卫星电视接收单元应同时安装在多媒体教室中，教学光盘播放单元和卫星电视接收单元参见模式二中的描述。多媒体计算机要安装必备的课件制作和课件播放软件，保证教师能演示各种课件和多媒体光盘。DVD播放机、数字卫星接收机的视频信号，卫星接收机和多媒体计算机的显示器图像能方便地切换到投影，声音能切换到音箱输出。投影机图像须清晰明亮，无失真现象。

(2) 计算机教室

学生机应能满足信息技术课开设的各项要求。教师既能用于利用电子教室软件控制学生端进行教学活动，还能利用教育资源Office完成日常备课。教育资源Office不但能访问教师机上的教育资源，还能连接服务器访问资源服务系统中资源库的资源。保证服务器中资源服务系统的支持软件my sql、apache、tomacat能正常运行，学生机和教师机都能利用浏览器登陆资源服务系统，访问中央电教馆资源中心资源库，浏览和下载其中的资源。稳压电源能为系统提供高压、低压、短路和超负载保护功能。

三、三种技术模式的教学应用模式

三种技术模式为远程教育工程的实施提供了技术基础，在实际应用中，我们还应大力开展与三种技术模式相对应的教学应用模式研究，使远程教育资源真正"走进课堂、面对学生、用于教学"。

1. 模式一的教学应用模式

教学光盘播放系统操作简单，成本低，光盘内容丰富，在一定程度上可以弥补农村中小学师资不足与资源缺乏的局限。在将模式一应用于教学的过程中，教师可根据实际情况，采用播放式教学、播放＋解说式教学或者播放＋解说＋讨论式教学。

(1) 播放式教学

此种模式主要用于师资比较缺乏的科目教学中，比如英语教学。教学光盘中的课堂实录资源在某种程度上可代替教师上课。教师根据教学目标选择合适的光盘内容在课堂上播放，并有序地组织学生跟着光盘中的教师学习。采用此种模式，教师必须能够调动学生的学习积极性并能根据学生的接受能力适当地控制播放速度，以期达到最好的学习效果。

(2) 播放＋解说式教学

此种模式主要是用于讲解难度较高的教学内容，即采用边播放教学光盘内容边解说的方式帮助学生学习，并且教学光盘内容的展示与教师的解说是相辅相成的。教师的解说可以帮助学生更好地理解教学内容，促进知识迁移。在教学过程中，教师要控制好光盘的播放进度，调动学生积极参与到教学之中，处理好光盘中教师、学生与现实中教师、

学生的关系,使两者有机结合起来,发挥两者的优势。

(3) 播放＋解说＋讨论式教学

此种模式将播放、解说教学光盘内容与组织学生讨论三者有机结合起来,充分发挥教学光盘在教学中的辅助作用。组织学生开展讨论是调动学生参与教学的最好方式。在教学过程中,教师根据光盘内容,设置相关主题,引导学生开展讨论,通过讨论引导学生多角度地思考问题。在讨论中,教师要充分发挥主导作用,适时给予点评,促进学生对知识的理解与迁移。

2. 模式二的教学应用模式

在教学应用中,教师可根据实际情况采用同步课堂直播式教学或下载资源整合式教学,充分发挥模式二教学资源丰富的优势。

(1) 同步课堂直播式教学

由于师资条件的限制,在农村中小学开设英语、信息技术或科学课程并保证高质量的教学可能有点困难,此时就可以组织学生观看"空中课堂"等同步直播课堂节目,让学生跟着教学节目中的老师学习,弥补师资方面的不足。此种模式操作简单,只要在规定的时间组织学生观看实时同步课堂直播或已经录制好的同步课堂光盘即可。

(2) 下载资源整合式教学

在教学中教师可根据学生的知识背景、认知水平以及教学目标,利用计算机终端的多媒体信息管理及加工功能,将接收到的卫星数字资源进行分类、整合、加工后再应用于课堂教学中,提高资源在教学中的应用层次。

3. 模式三的教学应用模式

模式三除具有模式一、模式二的全部功能外,还为学生提供了网络化学习环境,所以模式三在教学中的应用可在模式一、模式二的基础上进行扩展。为充分发挥计算机网络教室的优势,在教学中可开展群体式教学、个别式教学或小组式教学。

(1) 群体式教学

利用计算机网络教室,教师在同一时间内对整个班级群体进行同样内容的教学,并可通过某些教学软件实现实时教学演示与实时监控。这样学生可以边听老师讲解边操作,更好地理解教学内容、掌握某些操作技能。

(2) 个别式教学

此种模式主要是利用丰富的教学资源对学生进行因材施教,教师可以通过网络对学生进行实时监控与实时的个别化指导。学生可以根据自己的实际情况,选择课堂实录内容、CAI课件、各学科辅导资料等进行自主学习,并在必要时向教师寻求帮助。

(3) 小组式教学

利用模式三中计算机网络教室与教学资源丰富的优势,引导学生进行小组讨论或合作学习。教师进行明确分工、实时监控与评价总结,引导学生在网络环境中搜集、加工信息并与他人协作共同完成一项任务,培养学生在信息化环境中的学习能力。

学习活动三:设计一个知识点的讲授过程

运用模式三的一种教学应用模式设计一个知识点的讲授过程。

第四章 现代远程教育系统与工程的实例分析

知识点	
教学模式	
教学媒体	
资源来源	
教学过程	

学习活动四：参观农村远程教育模式三的学校

参观一所农村远程教育模式三的试点学校，了解它的资源接收方式、资源利用情况以及资源管理情况，然后完成下表：

学校名称	是否有专职教师负责整个系统的运行	每天接收几个小时的资源	每天接收资源的数据量	教师每周运用模式三授课的节次数	学校如何对接收的资源进行分类管理	教师对运用模式三辅助教学的感受	模式三在使用中存在的问题及解决办法

学习测评

1. 农村中小学现代远程教育工程实施的主要目的是：(　　)
   A. 改善教学条件
   B. 提高农村教育质量，实现城乡教育平等
   C. 在教学中使用信息技术
   D. 让教师教学更轻松

2. 在2003—2004年的农村中小学现代远程教育工程试点工作中，国家投入资金：(　　)
   A. 1亿元　　　　B. 3亿元　　　　C. 5亿元　　　　D. 10亿元

3. 农村中小学现代远程教育工程在技术路线上采用了几种模式：(　　)
   A. 三种模式　　　B. 四种模式　　　C. 五种模式　　　D. 六种模式

4. 模式一的主要设备有：(　　)
   A. 电视机　　　　B. 计算机　　　　C. DVD播放机　　D. 成套教学光盘

5. 农村工程的技术系统主要包括：(　　)
   A. 前端播出平台　　　　　　　　　　B. 终端接收站点
   C. 辅助教学网络　　　　　　　　　　D. 中心教学资源库
   E. 信息管理系统

6. 模式一可以实现的教学应用模式有：(　　)
   A. 播放式教学　　　　　　　　　　　B. 同步课堂直播式教学
   C. 播放＋解说式教学　　　　　　　　D. 播放＋解说＋讨论式教学

7. 从报纸、杂志与互联网上收集有关农村中小学现代远程教育工程建设的进展情况,了解农村中小学现代远程教育工程的由来与目的、对我国农村教育的意义、工程建设的基本进展以及国家对这一工程的投资体制。
8. 请实地考察一个农村中小学现代远程教育工程建设中的一个技术系统,了解其总体结构,考察前端播出平台、终端接收站点、辅助教学网络、中心教学资源库、信息管理系统的基本构成及其功能。
9. 在实地参观一个农村中小学现代远程教育工程建设中的一个技术系统的基础上,考察这一系统的技术实现模式包括三种基本模式中的哪一种或哪几种,分析各种技术实现模式的具体配置与功能,并通过调查与访问了解其应用效果。

参考资源:

[1] 安文广,乔香兰.农村中小学现代远程教育——农村教育发展的战略选择.河北广播电视大学学报,2005(4).
[2] 陈至立.在中西部农村中小学现代远程教育教学应用现场交流会上的讲话.中国教育报,2005-8-3(1).
[3] 高路.教育部基础教育司负责人解读农村中小学现代远程教育工程.课程.教材.教法,2005(2).
[4] 金银花.建以致用 充分发挥现代远程教育的功能——关于实施"农村中小学远程教育工程"的几点思考.延边教育学院学报,2005(2).
[5] 李天顺.农村中小学现代远程教育工程.中国电脑教育报,2004-04-19-105.
[6] 李晓华.实施农村远程教育工程 促进农村教育跨越式发展——访教育部远程教育专家顾问丁兴富博士.中国电化教育,2004(8).
[7] 刘东波,李祥贵.开展农村中小学远程教育 促进教育信息化的可持续发展.中国教育技术协会2004年年会论文集,2004年.
[8] 彭惠群.中西部地区农村中小学现代远程教育工程项目管理研究.陕西师范大学,2005年硕士论文.
[9] 王继新.远程教育原理与技术.武汉:湖北科学技术出版社,2005年.
[10] 王童.西北地区农村基础教育的现状与发展.中国远程教育,2004(23).
[11] 王晓波.共享同一片蓝天——聚焦农村中小学现代远程教育工程.信息技术教育,2005(6).
[12] 温红彦.实施农村中小学现代远程教育工程 促进优质教育资源共享.人民日报,2003-12-17.
[13] 乌美娜.教学设计.北京:高等教育出版社,1994年.
[14] 武法提.网络教育应用.北京:高等教育出版社,2003年.
[15] 学军.我国将在农村中小学全面实施现代远程教育工程.广西教育,2003(28).
[16] 杨谷.农村中小学现代远程教育工程年底启动.光明日报,2003-11-21.
[17] 张攀峰.农村中小学远程教育工程中"资源教师"的培养.中小学电教,2005(4).
[18] 郑年春.认真组织实施好农村中小学现代远程教育工程.湖北教育(政务宣传),2005(4).
[19] 祝智庭.网络教育应用教程.北京:北京师范大学出版社,2002年.

教学与学习篇

第五章 现代远程教育的教学系统

学习目标

1. 理解远程教育教学系统的基本结构、各子系统的功能,能够运用这一分析框架对某一现实的远程教育教学系统进行分析。

2. 理解远程教育中师生角色的变化,能在阐述远程教育教学过程的一般环节与特点的基础上复述远程教育中教学的几种基本模式,并对其适用性进行分析。

知识概览

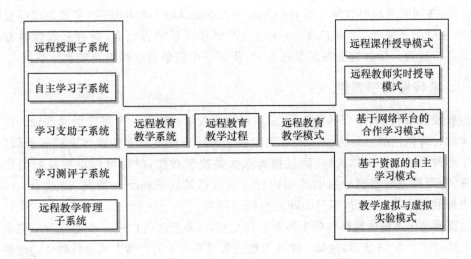

本章导学

通过前面的学习,我们已经知道了现代远程教育的组成、开展形式等等。在这一章里我们首先对现代远程教育的教学系统进行了介绍,包括教学系统的基本结构及各部分的功能,通过案例学习来加深对远程教育的教学系统的理解,能够结合自己学校的特点设计远程教育教学系统。另外,还介绍了远程教育的教学过程,注意在学习时要与传统教育的教学过程进行比较。最后介绍了现代远程教育中常用的五种教学模式,大家要掌握各种教学模式的特点、优势和不足,并结合自己的学科使用相应的教学模式进行教学和学习。

问题导入

1. 使用过华中师范大学网上的教学平台后,你用哪些形式来完成学习活动呢?你觉得效果如何?还应该有什么改善?

2. 你知道现在远程教育平台上的学习测评系统主要包括哪些方面吗?你是否使用过测评系统来提高教学效果,对测评系统是否满意?

引言

教与学是任何一个远程教育系统最核心的功能,也是远程教育事业成功的根本。远程教育教学系统是远程教育系统的重要组成部分。远程教育因教育对象、教育手段等方面因素的特殊性,其教学系统与传统教育相比具有不同的结构,这使得远程教育中的教学与学习呈现出与传统教学与学习不同的特点。

第一节 远程教育中教学系统的基本构成

远程教育教学系统(如图05-01所示)通常是由多个具备不同功能的模块或子系统构成的。这些不同功能的子系统在远程教育教学活动中起着不同的作用,它们之间相互配合、相互补充,共同实现远程教学。现有的远程教育系统从教学的角度看,主要以远程授课子系统、自主学习子系统、学习支助子系统、学习测评子系统为核心,通过远程教学管理系统对其进行管理。所有这些系统互相配合,构成一个完整的远程教育的教学系统。

一、远程授课子系统

远程授课系统(如图05-02所示)是远程教育教学系统的一个重要组成部分。以多媒体技术和计算机网络技术为支撑的远程授课子系统不仅集合了多媒体视频和音频效果,提供了多种形式的多媒体素材,而且拥有强大的检索功能,教师可以根据需要制作教程和教案,也可以随时增删和修改教程内容。学生还可以根据个人情况,通过Internet以课程点播的方式进行学习,不受时间和空间的限制。

根据授课子系统中教师与学生能否进行交互,该系统还可以进一步划分为单向系统和双向系统(如图05-03所示)两类。单向系统通常是采用单向广播方式进行教学。这种方式类似于电视节目的现场直播。尽管无法交互,但这种教学方式也有其自身的优点。首先,其系统覆盖范围可以很大,能够遍及各个偏远地区,因而具备一定的规模效益。其次,由于是单向广播,所以其接收技术、设备简单,网络建设和网络使用的费用较低。第三,由于对传输网络的技术要求较低,所以可以直接利用我国已建成的大量单向网络传输系统,比如卫星电视网、有线电视网等等。目前使用单向传播的远程教育系统主要采用视频广播的方式。

第五章 现代远程教育的教学系统

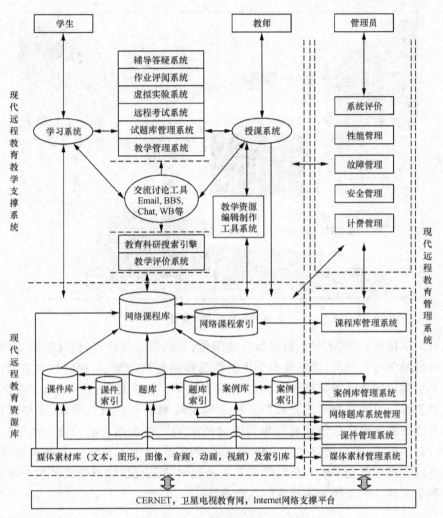

图 05-01　远程教育的教学系统

图 05-02　远程授课系统

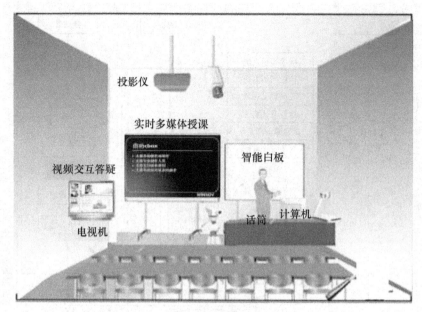

图 05-03 双向系统

在双向系统中,学生不仅能看见教师的图像,听到教师的声音,而且教师也能了解位于各个终端的学生的情况,能够针对学生的情况来调整教学策略,控制教学进程,并且还能够向学生提出问题并得到学生对问题的回答等等。整个教学过程是基于双向传输网络系统和多媒体计算机终端来进行的。由于每个终端既要发送信号,又要接收信号,所以双向系统的终端设备应该具备比单向系统的终端设备更强大的功能。由于对网络双向传输信息的要求,整个网络的技术指标也相应提高,以上都决定了双向系统的建设和使用成本远远高于单向系统,当然,双向系统的教学效果也会优于单向系统。现阶段,主要是借助于视频会议系统来构建实时双向系统。

二、自主学习子系统

自主学习子系统是支持学生利用远程教育系统学习材料进行自主学习的系统。这也是远程教育系统区别于普通学校教育的一个重要方面。虽然教师授课系统教学临场感强,学习效果好,但是对于学生而言,如果要听课,就必须在特定的时间到达特定的学习终端前才行,这对于参加远程教育的成年人群体来说,是不现实的。他们总是受工作或其他因素的影响而不能在指定的时间、地点参加听课。这样,就提出了建立一种不受时空限制的教学系统的要求。有些远程教育系统还可能由于经费或是网络环境等方面的原因,并没有建立教师授课系统,因此为学生提供一种自主学习的环境就显得尤其重要了。学生自主学习系统由于具有不限时空和学习方式灵活等优点,因而正在得到越来越广泛的利用。

自主学习子系统的学习材料通常包括教学网页、课件、视频点播等等。教学网页是由专门的教师或技术人员编写的电子教材。它将声音、图像、动画、文字、视频等多种媒体材料结合起来,形成了丰富的教学内容,提供了生动有趣的教学方式。通过网络邮件、BBS、聊天室等服务,教学网页还能够实现终端之间的双向通信,达到师生交互的目的。

教学网页还提供了最为简捷的访问方式,只要通过网络浏览器,学习者就可以随时随地对教学网页进行访问了。

课件也是由专门的教师或技术人员编写的一种电子教材,它同样也提供了声音、图像、动画、文字等多媒体信息组成的教学内容。但与教学网页不同的是,课件通常是一个应用程序。只要本地终端与教学服务器建立了连接,学习者就可以在本地终端上直接运行该程序来进行学习,而不必借助于网络浏览器。课件具有与教学网页不同的交互方式。如果说教学网页实现的是师生之间人与人的交互,那么大多数情况下,课件提供的则是学生与课件程序之间的交互。

视频点播是一种受用户控制的视音频分配业务,它通过将视音频教学材料预先储存在教学服务器上,供用户随时随地对教学材料进行访问学习。通常来说,视频点播的内容可以是教师上课的视频、教学实践环节的视频如实验过程,也可以是一些辅助性的学习材料。将这些视频存放在服务器上,学习者就能够根据自己的时间来安排学习,随时随地收看视频点播了。

三、学习支助服务子系统

学习支助服务系统是现代远程教育中的一个重要组成部分,它的主要功能是远程教学院校及其代表教师为远程学生提供的以师生之间或学生之间的人际面授和基于技术媒体的双向通信交流为主的各种信息的、资源的、人员的和设施的支助服务的总和。

世界上许多国家,都在学习支助服务的系统建设方面进行了很多有益的探索,逐步形成了既具有地方文化特色又具有共性的模式。由于实践的需求,导致远程教育学习支助服务的出现;由于需求的不同以及地区的差异,导致学习支助服务的内容和重点具有了地方特点。随着远程教育的发展,学习支助服务的内容在不断丰富,不过,所有的学习支助服务都围绕着一个核心,即支持学生的学习,减轻学生学习中的障碍,为学生提供学习服务。

学习支助服务的实质是提供远程教育机构与学习者之间进行交互的接口。[①] 支助服务是一种支撑服务,举足轻重,如果缺少这种支撑,远程教育就无法进行。支助服务,顾名思义具有服务产业属性,它同样遵循服务产业的普遍准则:(1) 服务产业是一种活动;(2) 服务产业是无形的,它与传播某种产品的方法有关而非该产品本身;(3) 生产与消费总是同时的;(4) 消费者参与服务产业的过程。

任何远程教学系统中的支助服务系统都是独特的,都将因地制宜地进行建构,所以可以给出支助服务设计系统的准则,而不必企图设计和开发一种放之四海而皆准的通用模式。支助服务的构成要素理论上几乎是无限的,而实际系统则只能提供有限的服务,因此,重要的任务是择出若干要素来做出最佳组合。支助服务成功与否最简单也最明显的判断指标应当是学生学习的成功率。

四、学习测评子系统

远程教育系统不仅应该为学生提供学习材料和答疑服务,而且还要获得有关学生学习

---

① 和亮.借鉴马莱茨克传播模式　创建现代远程教学模式[J].现代远距离教育,2004(3).

情况的统计数据以用作学习效果的评价。因此,作为一个功能完备的远程教育系统,必须具备一整套的学习测评系统。目前常见的方式有:师生之间利用 E-mail 来进行作业的布置与提交;利用 WWW 服务进行网上在线测试等。

基于网络的远程教育测评系统由试题库、测验试卷的生成工具、测试过程控制系统和测试结果分析工具、作业布置与批阅工具等组成。试题库是其中的首要组成部分,它的主要功能是将某门课程的试题资源按照一定的教育测量理论加以组织,为测试试卷的生成与作业的布置提供试题素材,并为学生考试成绩的评价提供学科结构的支持。

测验试卷的生成工具就是要根据测试的目的,自动从试题库中抽出试题,组成符合教师考试意图的试卷,根据考试的不同目的,可以有智能组卷、相对评价组卷、绝对评价组卷等三种成卷方式。测试过程控制系统主要完成对网上测试过程的控制,如远程实时监控,在需要时锁定系统,不允许学生进行与测试无关的浏览,控制测试时间,到时自动交卷等。

测试结果分析工具一般是根据每道题中的知识点和学生的答题情况,对一些教育测量指标作统计与分析,根据这些测量指标所具体指示的意义,调整教学过程中的活动,并对具体学生给出诊断,对下一步的学习提出建议。另外,还要根据考试测验的统计数据,运用教育评价理论分析题目的质量,如区分度、难度等。作业布置与批阅工具可以在试题库系统中自动形成作业,并在网络上发布、收集和批阅。

五、远程教学管理子系统

远程教学在带来巨大的规模效益的同时,也会带来繁重的教学教务管理工作。因为成千上万学生的注册、缴费、课程设置和教学进度管理工作,如果由人工去完成,工作量将会非常大,教学教务管理系统就是为了解决这个问题而产生的。

教学教务管理在远程教育中居于至关重要的地位,它起着调配教学资源、组织教学活动、总结教学数据等重要作用。教学管理系统使得教学能够顺利实施,也可实现整个教学管理过程的现代化和管理的规范化,另外还能及时、准确地反映教学现状,分析教学效果。教学管理可划分为三个相对独立的模块:课程管理、教务管理和系统管理,为学生、教师、管理人员提供全面的服务。

现代远程教育的教学管理落实在学生完成学业过程的管理上,并具体化为学籍管理和课堂教学管理两个方面。学籍管理是对一个学习系统内学习者的身份及其相关学习档案进行的管理。学籍管理的主要内容是:身份管理,包括入学资格审验、入学注册、在校学籍异动等;成绩管理,包括形成性考核成绩和期末考试成绩合成、成绩登录、成绩查询及变更、成绩互认等;毕业管理,包括毕业审核、办证、学位申请办理、电子注册等。课程教学管理是对课程教学过程的管理,是现代远程教育中教育教学管理的基本单元,包括了对"教"和"学"两个方面的管理。课程教学管理的主要内容是:教学支持服务管理,主要教学环节监控,教学结果的评价、认定等。

学习活动一:华中师范大学网络教育平台分析

请访问华中师范大学网络教育平台,并对这一平台的组成部分及功能进行分析。可以从功能模块的角度分析,也可以从使用者的角度分析。可选择填写下列表格中的任何一个。

表格一

功能模块	具体的组成部分	各部分的功能	效果如何	备注
教学子系统				
测试子系统				
学习支持子系统				
教务管理子系统				

表格二

参与者	主要工作	备注
教师		
学生		
管理员		

学习活动二：网络教育平台的比较

请你访问国内几所大学如清华大学、北京大学、华中师范大学的网络学院的网络教育平台，分析其平台的基本组成；再访问几个国外的远程教育学校的教育平台，如英国开放大学：http://www.open.ac.uk/，美国凤凰城大学：http://www.phoenix.edu/，澳大利亚南昆士兰大学：http://www.usq.edu.au/，分析这些平台的基本组成。对国内和国外的教育平台做些简单的比较，看看彼此之间有什么区别。选择国内和国外的某一学校进行比较，请注意比较下面的内容：

学校名称	学历	专业	学习支持服务系统	其他

第二节 远程教育的教学过程与教学模式

在现代远程教育的教学过程中，教师、学生、教材和教学手段等基本要素，与传统教育相比都发生了相当程度的变化，内涵得到了极大的丰富。这深刻影响着远程教育中教学过程的形态与面貌。

一、远程教育教学过程的基本要素

远程教育中的学习者之间的交流环境、师生之间的交流环境以及班级授课制明显地不同于传统教育。对远程教育的教学过程中两个最重要的因素（教师、学生）来说，他们的角色与传统教育相比也有了很多很大的变化。

（一）远程教育教学过程中的教师

教育离不开教学，教学是远程教育系统的核心功能。现代远程教学是教师导学和学生自主学习的一种学习活动。在现代远程教育的教学过程中，教师角色的转换与认同，成为远程教育教学活动成功的关键。从事远程教育的教师队伍是一个以专业建设和课程教学为中心，教学和技术协调糅合，主持教师和面授辅导教师密切配合而组成的团队。

这个教师团队的内部结构呈扁平式。位于扁平结构上端的是课程主持教师，负责课程教学资源的建设和整合以及教学内容的规划和开发等，其工作是确保整个远程教育系统教学活动有序运行并控制整个远程教育系统的教学质量；位于扁平结构下端相互并列的是课程面授辅导教师，负责对各个教学点学员的学习指导，提供学习支助服务，其工作是要落实主持教师的教学要求并架构主持教师与学员之间沟通的桥梁。

（二）远程教育教学过程中的学生

在传统教育中学生是接受知识的"容器"，教师给什么"装"什么，给多少"装"多少，学习的"自由度"很小。在现代远程教育中，学生可以在教师的指导下，根据专业培养目标和学科教学计划来自行设计学习过程，并能结合自己的工作和能力等实际情况，自定学习计划和进度，利用学校提供的多种媒体、学习资源和学习支助服务，主要在自己工作和生活的环境里自主地学习，有问题可随时通过学习支助服务系统寻求帮助和解决。

同时，远程教育中的学习者更应该充分利用学校提供的各种媒体资源和学习支助服务，在复杂的知识体系与纷繁的信息链中跳跃式地学习，在更高阶段恢复人对世界的直接认知与参与，在接受远程教育的过程中逐渐"学会生存，学会认知，学会做人，学会共处"，成长为即将来临的"数字化地球"上的全球公民。

（三）远程教育教学过程中的教学媒体

现代远程教育使用文字教材、音像教材、CAI 课件、计算机网页和 VCD 光盘等多种媒体进行教学。

1. 文字教材

文字教材是现代远程教育多种媒体的核心，是传递教育教学信息及学生进行自主化学习的基本依据。美国心理学家布鲁纳说："最好的学习动因是学员对所学教材有内在的兴趣。"研究表明，远程学习者对教材的依赖程度越来越高，对面授教学的依赖程度越来越低。所以，现代远程教育的教材，应该有别于传统面授课程所使用的教材，要有助学设计，使其能承担传统教学环境下教师能承担的各种作用，即要充分考虑培养学生自主学习的意识、方法以及对学习过程实施支持、辅助和监控等功能。

2. 音像教材

音像教材是对文字教材内容的进一步阐释与必要的补充，也可以是阶段性辅导、期末复习等。主要用于解决学生自学困难，需要老师加以归纳、概括、提示或解释的问题。如图 05-04、图 05-05 所示。

3. CAI 课件

CAI 课件即计算机辅助教学软件，是对文字教材内容的多角度分解与细化，为学生提供利用计算机

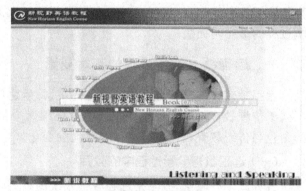

图 05-04　音像教材

网络进行个体化、交互式学习的途径,强化学生的自我练习与检测。网络版 CAI 课件将成为网上教学的主要媒体。

(四)远程教育教学过程中的支助服务

现代远程教育为中国教育的发展带来革命性的变化和历史性的机遇,但也存在如何保证教学质量的问题,而要保证远程教育的质量,就必须有高质量的学习支助服务。所

图 05-05　虚拟实验平台

谓学习支助服务是坚持以学生为主体,努力为学生自主学习和个别化学习提供完善的资源支持和辅导、答疑、咨询、沟通、管理等各项帮助和服务,营造一种有利于学生自主学习的环境。现代远程教育采用面授辅导、函授辅导、VBI 数据广播、电视直播教学、电话和双向视频系统,以及网上教学、网上讨论、电子信箱等手段,为教师和学生提供支持服务。

1. 课堂面授辅导

教师占用课内学时的 1/4 至 1/3 时间,解答学生在自学过程中遇到的重点、难点、疑点问题,或组织学生进行实例分析与专题讨论等。目的是通过师生面对面的交流,使学生掌握正确的学习方法,从而能够快速地吸收知识,形成技能,将知识转化为能力。

2. 远程函授辅导

函授辅导主要是通过报刊、信件等形式,向学生提供教育教学信息,课程重点、难点、疑点解释,练习自测题及期末复习、学习方法指南等。

3. VBI 数据广播

利用 VBI 接收技术,将广播电视与计算机连接起来,使没有上网条件的远程教学点,通过 CETV-1 电视频道或计算机,随时收看或下载远程教育中心发布的各种教育教学信息、课程辅导、多媒体课件、复习考试等内容。

4. 网上教学

目前主要采用计算机互联网多媒体课件检索和双向、实时、交互式课堂面授相结合的方式。用主页形式在互联网上及时提供课程教学信息、例题解析、作业答案和学生学习中共同问题的答案。虚拟教室能使分散在各地的学生听取学校老师授课,老师也可以通过网络看到学生的反映,接受并及时回答学生的提问;双方还可以直接通过网络进行课堂讨论,提问答疑,通过虚拟实验室完成远距离操作和演示训练等。

二、远程教育的教学过程与特点

由于远程教育的本质是教的行为和学的行为在时空上的分离,而教与学的时空分离在本质上又是因为教师和学生的时空分离造成的,因此在教师和学生时空分离的情况下,教学活动必须借助各种媒体来完成。因为学习者不能像传统的面授教育那样可以得到教师直接的持续的指导,因此远程教育的难点是实现教与学的再度综合,这也是远程

教学过程实施的中心环节。在这种情况下,远程教育的教学过程具有以下几个特点:

首先,远程教育与传统的面授教育相比较,最大的区别在于教师与学生处于准分离状态。现代远程的教学与传统教学不同,一般情况下师生分离,学生学习不依靠教师做中介,而是通过信息媒体直接进行学习。教师不能直接控制学生的学习活动,一切教学程序均是教师和教学设计人员根据专业教学计划和课程教学大纲预先设计、编制而成。

其次,远程教育的教学过程是互动的,是由师、生交互共同来完成的。教与学是一个闭合的系统,必须有师生之间的交互和反馈。与传统的教学由师生面对面直接进行不同的是,现代远程教学必须借助先进的媒体来完成。远程教育中的交互类型大约可以分为四种:教师与学生的交互,学生与学生的交互,学生与学习内容的交互,以及网络学习环境下学生与学习界面的交互。

第三,远程教育的教学过程是开放的。远程教育教学的开放性,体现在教学对象、教学时间、教学空间的开放,教学内容、方式和方法的开放,以及教学管理和服务的开放等。其中以教学对象的开放性最为显著。

远程教育的对象大多是来自各行各业的成人,他们与在校学生相比,具有更丰富的社会生活经验和情感经验,人格更具独立性;他们边工作边学习,在工作中学习;成人学习一个很重要的特点是更关注学习内容能够及时应用于现实工作中,期望能给现实工作带来帮助,学习目的具有时效性,学习内容具有实用性。

最后,远程教育教学过程的技术含量更高。远程教育中的教师与学生处于准分离状态,各种活动都是借助于媒体技术来完成的。尤其是现代远程教育,就是在计算机网络技术的基础上发展而来的,所以对媒体技术的依赖性更强,几乎所有的教学活动都与媒体技术有关,其技术含量远高于传统教育。

三、远程教育的教学模式

教学模式不是简单孤立的,不仅涉及教与学的两个方面,还涉及教学过程组织、教学支助服务、教学运行机制、教育技术应用等方方面面。目前,现代远程教育的教学模式主要有远程课件授导模式、远程教师实时授导模式、基于资源的自主学习模式、基于网络平台的合作学习模式、教学模拟与虚拟实验学习模式等五种。

(一)远程课件授导模式

远程课件授导模式是指学生通过"教师"专门设计的网络课件进行学习的一种教学形式,如图 05-06 所示。其教学过程由"计算机显示与提问→学习应答→计算机判断应答并反馈"三部分组成。

远程课件授导模式的特点是利用"课件"进行教学,可以使学生学习更灵活。学生可以利用课件的"导航"机制实现"非线性"阅读,这更符合学生的认知特点。学生还可以根据自己的基础和学习情况,反复学习"课件",自己掌

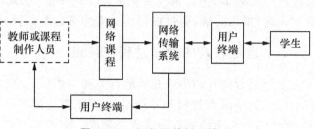

图 05-06 远程课件授导模式

握课程的教学进度,这更易达到"个性化"教学,提高教学效果。同时,采用"课件"教学,也有利于教师学术水平的提高和教学水平的发挥。利用课件教学是目前网络大学课程学习中较为常见的模式。为保证传播质量,课件多在局域网上运行。

远程课件授导模式是一种以计算机网络为平台的远距离教学的形式。它通过网上视频点播系统(VOD)、网上教学课件点播系统、电子邮件及BBS等方式传播教师的教学内容,远距离的师生可通过Internet进行双向的实时或非实时的交流。这种方式目前只能在文字、图形和语言的层面进行交流,但这种交流突破了时空的限制,使得互动式的即时教学成为可能,为现代远程教育提供了巨大的发展空间。

在远程课件授导这种教学模式下,教师作为信息的提供者,在计算机的技术平台下把学习内容以声、像、图、文,甚至动画、视频的形式提供给学生,引导学生的学习。它是一种比较适合当前条件的远程教学模式。但是由于网络远程教育在我国才起步,其教学思想和教学内容在很大程度上都受到传统教育观念的约束:传统的教材、教案、题库只是被简单地移植上网,少量的视频课件也大多是传统课堂教学的复制品。这种没有按照远程教育特点,没有按照学生的需求而开发设计的课件教育资源,显然是不符合远程教育的规律和原则的。

课件教学资源的这种不适应性,使得本来就少的网络教学资源更显贫乏。因此该教学模式对课件设计、开发、管理、教育人员的要求较高。远程课件授导教学模式依赖于计算机网络环境的发展,就目前的环境而言,网络教学模式还存在着成本高、稳定性差、网络带宽不足、课件资源无序等缺点,因而有待我们进一步努力改善。

学习活动三:通过网络教育平台进行课程学习

请利用网络教育平台进行了一系列专业课程的远程学习,请你列出几门利用网络课程或者视频点播方式进行学习的课程,填写下表:

课程名称	课件的表现形式	学习的持续时间	学习效果	不足

(二)远程教师实时授导模式

远程教师实时授导模式是指教师通过有线电视、卫星电视、会议电视、计算机网络电视等视、音频设备与通信网络对学习者进行实时教学授课或辅导,学生通过计算机网络或会议电视等相应设备与教师建立实时(或非实时)的反馈联系。其教学过程是由"教师在多媒体教室讲授→网络、卫星等实时传播→学生集中或个别学习→学生通过相应通信方式提问、咨询"等四个方面组成。比如借助于计算机网络实现的远程教师实时授导模式的教学过程具体为:教师事先准备好材料,并以超文本的方式组织、存储在Web服务器上,再通过Internet提供的服务进行讲解,当然还可以在Web页面嵌入表单,供学生提问,当教师得到反馈信息时,再根据学生所提问题作进一步的解释和应答。如图05-07所示。

远程教师实时授导模式,实际上是远程的教学手段与传统的教学模式结合的形式,典型的如利用双向卫星电视或者利用视频会议系统实现教师为非本地的学生授课,必要时可以进行双向交流。这种模式从意义上可理解为传统教学模式在空间上的延伸。它的优势是能实现实时的信息传播与反馈,教师可以根据学生的反馈及时调整教学内容和

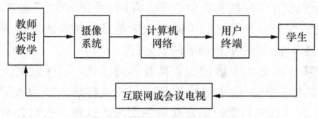

图 05-07　远程教师实时授导模式

教学方法,易于控制教学效果。然而从形式上讲,它与传统教学模式没有本质上的区别,仍摆脱不了教师主观讲授、学生被动听的传统教学方式,教师仍是教学的主导者。同时,教师授课的实时性和不可重复性,使学习者的学习时间和空间受到了比传统教学更大的限制。传统教学的师生是在同一环境内,除了课堂内可以沟通外,课外还有机会交流,而延伸后的课堂却没有这样的机会。另外,由于这种模式是以先进的技术为前提的,因此,在目前来说成本还相当高,不利于经济落后地区使用。解决这一问题有赖于技术的发展和教学运作机制的改变。

(三) 基于资源的自主学习模式

随着以 Internet 为代表的现代信息技术的迅速发展,出现了基于 Internet 网上信息资源的学习模式——基于资源的自主学习模式,如图 05-08 所示。它是指学生主要利用信息资源进行自主学习的过程。在这种学习模式中,学生的学习是一种积极主动的活动,学生在教师的指导下,借助远程教育提供的非

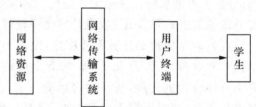

图 05-08　基于资源的自主学习模式

常丰富的学习资源和良好的学习环境,运用各种信息搜索工具,获得相关的信息,然后加以分析、提炼、加工、综合,得出自己的结论,再利用 E-mail、BBS 或面对面地与同学们进行讨论,最后通过网上工具把自己的结果加以发布。上述整个过程的进行有利于拓展学生个性发展的空间,提高学生自主探究能力,激发学生的创造性思维,达到学会学习的目标。

Internet 是世界上最大的知识库,它拥有最丰富的信息资源,而且这些知识库和资源库都是按照符合人类联想思维特点的超文本结构组织起来的,因而特别适合学生进行"自主发现、自主探索"式学习,为学生发散性思维、创造性思维的发展和创新能力的培养提供了肥沃的土壤。如果学生从小就有机会在 Internet 这样的海洋中自由地探索、发现并对所获取的大量信息进行分析、评价、优选和进一步加工,然后再根据自身的需要,加以充分的利用,那么学生就有可能在信息能力方面得到最好的学习与锻炼。

(四) 基于网络平台的合作学习模式

基于网络平台的合作学习模式是指在计算机网络平台上或在其他通信平台支持下,学伴们通过互教、讨论、合作性课题研究等方式进行学习,如图 05-09 所示。其教学过程包括"教师(或学生)制定学习目标→学

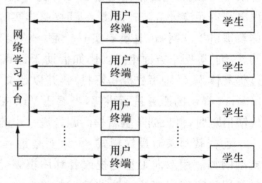

图 05-09　基于网络平台的合作学习模式

生们通过学习平台进行互教、讨论、合作性课题研究等→教师可以参与或调控学生的学习过程"三个方面。

合作学习模式的主要特点是可以实现多个学习者通过网络共同讨论协作处理某一个问题。实现这种多用户的讨论方式有多种，可利用现有的 BBS、聊天室，也可用网络的共享白板功能。该模式也是远程教学的主要发展方向之一，它可以实现师生之间相互讨论；有选择地进行公开或私下讨论；共同协作处理某一难题等。这种教学模式便于培养学生的团结、合作精神，便于调动学生学习的主观能动性，是一种应用较广的远程学习模式。

另外，还可以利用多媒体计算机及其相关软件平台作为学生的认知工具，让学生利用平台创造作品。如通过汉字输入和排版工具，让学生充分表述和交流观点，提高学生的思考和表达能力；利用"几何画板"进行数学、物理的探讨；利用"作图""作曲"工具，培养学生的艺术创作能力；利用多媒体著作软件工具培养学生的信息组织能力。

（五）教学模拟与虚拟实验教学模式

教学模拟与虚拟实验教学模式是指教师充分利用计算机建模技术、仿真技术和虚拟现实技术来模拟或虚构某些现实情境，学生通过观摩、体验以及参与训练的方式进行学习。教学虚拟用于课程教学，虚拟实验用于实验教学。

其教学过程包括"计算机模拟或虚拟真实世界环境——学生观摩、参与、体验——反馈"三个方面（如图05-10所示）。在教学中，模拟型可用于演示事物的变化过程，这些变化在现实世界中可能由于太快或太慢而难以观察。模拟型教学还可用于训练学生操作非常昂贵或有危险性设备的技能，例如：训练飞机驾驶员的

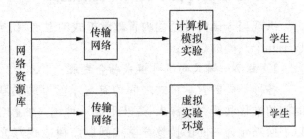

图 05-10　教学模拟与虚拟实验学习模式

飞行模拟器，既可降低培训费用，还可避免驾驶真飞机存在的危险。

教学模拟是利用计算机建模和仿真技术来表现某些系统（自然的、物理的、社会的）的结构和变化过程，为远程学习的学生提供一种可供他们体验和观测的环境。建立教学模拟的关键工作是建立被模拟对象（真实世界）的模型（数学的，逻辑的，过程的），然后用计算机程序描述此模型，通过运算产生输出。这些输出能够在一定程度上反映真实世界的行为。计算机化模拟允许学生通过改变输入数据的范围来观测系统的变化状态。

教学模拟是一种十分有价值的教学模式，在远程教育的教学中有广泛的应用。例如，在物理课程中可远程模拟电子运动、原子裂变、落体运动等；在生物课中可远程模拟遗传过程和生态系统；在化学课中可以模拟化合过程和各种实验；在社会和人文科学中可以模拟历史演变、政治外交等。

虚拟实验就是通过远程通信工具和相应的虚拟实验仪器，实验者在远程进行操作、观测实验过程，直至得到实验结果。实验者可以进入由计算机技术、虚拟现实技术等生成的虚拟实验室里，操作虚拟仪器，进行实验，如同在现实实验室里近距离进行现场操作一样。

在远程实验教学中，要进行虚拟实验一般需通过虚拟实验室。所谓"虚拟实验室"，

是指由网络技术、计算机技术、虚拟现实技术等生成的一类适于进行虚拟实验的实验系统,包括相应实验环境、有关的实验仪器设备、实验对象以及实验信息资源等。

教学模拟与虚拟实验教学模式是解决远程教育中演示或操作性实验教学问题的一种很好的教学模式,但技术含量要求高,由于技术环境和经济环境的制约,在远程教育的教学中难以大规模地开展。

学习活动四:远程教育平台采用的教学模式

请在网络中查找至少3个远程教育平台的方案,分析这些平台中采用了上述哪些类型的教学模式,你认为效果如何,完成下列表格。

方案名称	网址	教学模式	作用与特点

四、远程教育教学模式的发展趋势

纵观当今国内外远程教育教学模式的发展、研究、改革和创新,可以发现它们呈现出以下几个共同的趋势:

1. 由单一模式向多种模式融合发展

各种不同的教学模式之间均有着千丝万缕的联系,它们各司其职、各具特色。随着时间的推移和研究的深入,逐步形成一种统一的教学模式集合。从已具有150年历史的以书面媒介为主的函授教育模式到以广播电视媒介为主的电授;从电授、面授组合模式到以计算机为主的多媒体一体化的灵活学习教学模式。各类教学模式逐渐走向融合。

2. 从注重"教"转向注重"学"

在新的远程教育教学模式中,学生将取代老师而成为教学模式关注的中心。学生是学习的主体,老师将根据学生的不同特征,为不同的学生制定不同的教学计划和学习进度。学生的学习自主性得到一定的提高。教师在远程教育的教学中仍然起着重要的作用,但这种作用更多的是引导和帮助。例如:教师在课前必须借助于一定的工具编写教材,制定教学计划,教师必须通过各种通信工具或在课堂上回答学生的问题,通过电子邮件等手段批改学生的作业,有针对性地解决学生的难题,引导学生发现和了解一些新的资源等。

3. 注重教学模式本身的可操作性

可操作性指为使用者使用教学模式提供具体指导,突出表现在各种远程教学模式的教学操作程序上。有了详细可行的教学程序,远程教育的教师或学校组织教学就有了计划,教学就方便可行。如:从学生本身的条件出发,从职业分析,到教学计划的制订,到具体的教学程序,有一套完整详细的方案,简便可行。

4. 注重宏观与微观的统一

我们平常所指的教学模式传统上主要指教学法体系,它指的是微观的教学模式。但微观的课堂教学总是受学校环境和教学体制的影响。"教学体制是宏观的教学模式",是课堂教学的外环境。在教学体制中一般总有一种占主导地位的微观教学模式,反映出一定的教学思想和办学倾向。而远程教学的宏观与微观的统一,就是要使我们重视远程教学是远程课堂教学,这已经不再是原来意义上的课堂,它的意义更广。因此,要想推动微观教学模式的改革与发展,就必须研究宏观与微观的统一。

学习测评

1. 判断题:现有的远程教育系统从教学的角度看,主要包括远程授课子系统、自主学习子系统、学习支助子系统、学习测评子系统和远程教学管理系统。(　　)
2. 自主学习子系统的学习材料通常包括(　　)。
   A. 教材　　　　　　　　　　　　B. 教学网页
   C. 课件　　　　　　　　　　　　D. 视频点播的课程录像
3. 远程教育中的学生学习支助服务包括远程教育机构和教师为学生提供(　　)。
   A. 信息服务　　　　　　　　　　B. 资源服务
   C. 人员服务　　　　　　　　　　D. 设施服务
4. 学籍管理是属于现代远程教育系统中的(　　)子系统。
   A. 远程授课　　　　　　　　　　B. 自主学习
   C. 学习支助　　　　　　　　　　D. 教学教务管理
5. 判断题:从事远程教育的教师就是指的授课教师。(　　)
6. 现代远程教育使用文字教材、音像教材、CAI课件、计算机网页和VCD光盘等多种媒体。
7. (　　)教学模式的教学过程由"计算机显示与提问→学习应答→计算机判断应答并反馈"三部分组成。
   A. 远程课件授导模式　　　　　　B. 远程教师实时授导模式
   C. 基于资源的自主学习模式　　　D. 基于网络平台的合作学习模式
   E. 教学模拟与虚拟实验学习模式
8. (　　)学习模式的主要特点是可以实现多个学习者通过网络共同讨论协作处理某一个问题。
   A. 远程课件授导模式　　　　　　B. 远程教师实时授导模式
   C. 基于资源的自主学习模式　　　D. 基于网络平台的合作学习模式
   E. 教学模拟与虚拟实验学习模式
9. 教学模拟与虚拟实验教学模式需要用(　　)来模拟或虚构某些现实情境。
   A. 网络技术　　　　　　　　　　B. 计算机建模技术
   C. 仿真技术　　　　　　　　　　D. 虚拟现实技术
10. 判断题:从注重"教"转向注重"学"是远程教育教学模式的发展趋势之一。(　　)
11. 与传统教育相比,现代远程教育中的教师的作用如何?现代远程教育中的学习者应该具备什么基础?
12. 在阐述远程教育教学过程的一般环节与特点的基础上复述远程教育中教学的几种基本模式的定义及各自的特点。

参考资源：

[1] 艾修永.对电大远程教育教学过程的再认识.山东电大学报,2003(4).
[2] 查有梁.教育建模.南宁:广西教育出版社,1998年.
[3] 陈丽.远程教育学基础.北京:高等教育出版社,2004年.
[4] 德斯蒙德·基更,丁新等译.远距离教育基础.北京:中央广播电视大学出版社,1996年.
[5] 德斯蒙德·基更编,丁新等译.远距离教育理论原理.北京:中央广播电视大学出版社,1999年.
[6] 丁兴富.远程教育学.北京:北京师范大学出版社,2002年.
[7] 何克抗,李文光.教育技术学.北京:北京师范大学出版社,2003年.
[8] 黄清云,汪洪宝,丁兴富主编.国外远程教育的发展与研究.上海:上海教育出版社,2000年.
[9] 金振坤.论换个视角研究远程教学过程.开放教育研究,2004(4).
[10] 李秉德主编.教学论.北京:人民教育出版社,1991年.
[11] 李彩萍.现代远程教育教学过程基本要素之研究.陕西广播电视大学学报,2002(1).
[12] 李芒,陈丽,吴甡.对远程教育的现代教学理论问题的认识.电化教育研究,2003(4).
[13] 刘莉,冯琳,张爱文.远程教育教学模式改革:探索中前行——"中国远程教育学术圆桌·远程教育教学模式学术研讨会"综述.中国远程教育,2004(1).
[14] 刘扬,肖健.现代教育技术对优化远程教育教学过程的促进作用.南京师大学报,2002(Z1).
[15] 南国农等.信息化教育概论.北京:高等教育出版社,2004年.
[16] 沈逸.论远程教育信息传播过程及其优化设计.现代教育技术,2001(4).
[17] 孙绿怡.对远程教育教学过程的再认识.中国远程教育,2002(5).
[18] 王基一.论远程教育中的交互.中国远程教育,2001(4).
[19] 王继新.信息化教育概论.武汉:华中师范大学出版社,2005年.
[20] 王继新.远程教育原理与技术.武汉:湖北科学技术出版社,2005年.
[21] 吴筱萌.论远程教学过程最优化.开放教育研究,2003(5).
[22] 武法提.网络教育应用.北京:高等教育出版社,2003年.
[23] 肖河.中国特色远程教育与教学过程的整合.中国电化教育,2002(3).
[24] 肖健,刘扬.谈现代远程教育教学系统功能与教学质量的提高.西北医学教育,2002(4).
[25] 闫艳.现代远程教育教学模式和教学过程管理模式.内蒙古电大学刊,2003(1).
[26] 杨成,高利明.论信息技术条件下远程教学互动过程的共识.中国电化教育,2002(11).
[27] 杨九民.现代教育技术.武汉:华中师范大学出版社,2005年.
[28] 詹碧卿,林超文,蒋建生,林若红,黄修丹,蔡文荣.现代远程教育教学模式探讨.中国远程教育,2002(2).
[29] 张凤龙.试论现代远程教育手段对实施远程教育的主要作用.河北广播电视大学学报,2004(1).
[30] 张秀梅.对远程教育若干问题的思考.现代远距离教育,2000(4).
[31] 郑胡灵,刘建平.远程教育教学模式比较研究.广西广播电视大学学报,2000(1).
[32] 祝智庭.网络教育应用教程.北京:北京师范大学出版社,2002年.
[33] 华南师范大学现代远程教育研究所.http://www.mdei.cn:81/.
[34] 《植物学》精品课程.http://jpkc.ccnu.edu.cn/jpkcnew/2007/zhiwuxue/jsjs/kcfzr.htm.
[35] IBM协作教学平台解决方案.http://www.ccw.com.cn/cio/solution/htm2004/20041231_10WZ8.asp.

第六章 远程教育中的课程开发与教学设计

学习目标

1. 理解远程教育中课程与教学的一般概念，能够阐述远程教育中的课程与教学和传统教育中的课程与教学有什么不同。

2. 了解课程开发的一般步骤与模式，理解远程教育课程开发的特点、一般模式与常见模式，能参与实际的远程教育课程开发。

3. 了解教学设计的一般过程与模式，理解远程教育教学设计的特点与一般内容，能参与实际的远程教育教学设计工作。

知识概览

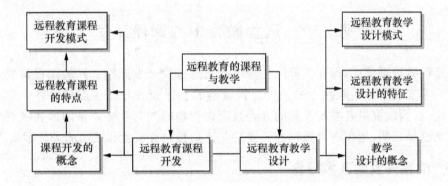

本章导学

同学们好！我们知道远程教育与传统教育的最大差异表现在教育的时空分离上。传统教育活动一般是在固定的时间和固定的地点进行的，通常是以教师为中心来组织教学的，教师和学习者的交互是面对面进行的，而远程教育的时空则是无限扩展的，学生主要通过学习教师开发好的网络课程来获得知识，那么教师如何进行远程教育中的课程开发呢？在这部分的内容中我们首先谈到了课程开发的概念，然后介绍了由美国课程理论家泰勒提出的课程开发的目标模式，泰勒将课程开发分为四个阶段：确定目标、选择学习经验、组织学习经验和评价学习经验。接下来讨论了远程教育课程开发的一般模式和常见模式分析。

远程学生学习的内容主要靠网络课程来传递，而决定网络课程质量高低的重要因素是网络课程的教学设计，所以在第二节的内容中我们重点讨论了远程教育中的教学设计相关问题,其中包括教学的含义与过程、意义与特征、远程教育教学设计的一般原则以及远程教育教学设计的一般环节和要注意的相关问题。这一节提供了相关的教学设计案例,希望同学们能够针对这些具体的案例举一反三,争取能自己独立地进行远程教育中的一般教学设计。

问题导入

1. 远程教育重要的特征是教师与学生时空分离,学生主要通过学习教师开发好的网络课程来获得知识,那么如何进行远程教育中的课程开发?

2. 在远程教育中,远程教育课程开发的好坏主要由课程中的教学设计来决定,怎样来进行远程教育中的教学设计呢?

引言

课程开发与教学设计是对教学与学习实践有重要贡献的两大教育研究领域。在远程教育中,课程开发与教学设计同样占据着核心的地位,成功的课程开发与良好的教学设计是远程教育质量的重要保障。远程教育对教育理论和实践的最大贡献也正在于对远程教育课程资源的开发和对远程教学全过程的教学设计。

第一节 远程教育中的课程开发

在远程教育系统中,远程教育院校和教师是通过发送事先准备好的课程材料和为学生提供学习支助服务这两种方式进行远程教学的。课程的开发在远程教育中有着举足轻重的地位,因此提供各类高质量的远程教育课程显得尤其重要。各国远程教育的经验和理论也已经证明,远程教育课程的开发是保证远程教育质量和成功的关键因素之一。

一、课程开发的基本概念

"课程开发"(curriculum development)是课程领域的一个常用的重要概念,指使课程的功能适应文化、社会、科学及人际关系需求的持续不断的决定课程、改进课程的活动、过程。① 课程开发除了包括目标、内容、活动、方法、资源及媒介、环境、评价、时间、人员、权力、程序和参与等各种课程因素外,还包括了各种因素之间的交互作用,特别是包含了课程决策的互动和协商,因此,课程开发的重点是强调过程性和动态性。

如果从课程开发过程所承担的任务和产生的结果来分析,课程开发大致可以分为宏观、中观、微观三个层次。不同层次的课程开发,完成不同的任务,产生不同的结果。在宏观层次中,课程开发应当解决课程的一些基本理论问题,如课程的价值、目的、主要任务、基本结构等。无论是立足于学科的课程开发,还是立足于系统的课程开发,这些问题都是必须予以明确回答的。中观层次工作的重点是教学大纲或课程标准的开发,课程开

---

① 汪霞.课程开发:含义、性质和层次[J].教育探索,2003(5).

发的主体可以是国家、地方、学区或者学校,不同教育行政体制的国家,要求不尽相同。在微观层次上,不管课程计划、课程标准制定得如何详尽,进入课程实施领域后,都要由教师根据学科或系统的各种实际因素进行再设计。

课程开发模式是指在课程开发过程中,根据某种思想和理论,选择和组织课程内容、课程教学方法、管理手段,以及制定课程评价原则而形成的一种形式系统。不同的课程开发模式有不同的教育哲学和心理学基础,代表不同的课程组织结构和教学过程,反映课程与相关领域的不同关系。在这里,我们主要介绍的是课程开发领域中最基本的、最经典的模式——植根于行为主义心理学和实用主义哲学的目标模式。

课程开发的目标模式由美国课程理论家泰勒(Ralph Tyler)提出,他主张以教学目标为中心编制课程。泰勒于1949年发表的《课程与教学的基本原理》被认为是现代课程开发的基石,在这本书中泰勒提出,课程开发应该回答四个基本问题:1.学校应该达到哪些教育目标? 2.提供哪些教育经验才能实现这些目标? 3.怎样才能有效地组织这些教育经验? 4.我们怎样才能确定这些目标正在得到实现? 泰勒由此将课程开发过程分为四个阶段:确定目标、选择学习经验、组织学习经验和评价学习经验,如图06-01所示。

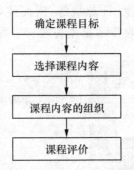

图 06-01 课程开发的目标模式

课程开发的目标模式的主要特点是以明确而具体的行为目标为开发课程的中心,强调目标的结构性。这个模式的缺陷是忽视课程的整体结构和课程内容的多样性,轻视课程开发过程和实施过程,不重视学生的主动性,把学生当做"任人加工的材料",忽视对课程本身的正确性和课程本质的研究。

诞生于20世纪初的课程开发科学化运动的目标模式,经过课程理论工作者持续不断的修正、完善,现已成为课程开发研究领域最具权威性的理论形态和教育教学实践领域中运用最为广泛的实践模式。在课程开发、实施及教学实践领域,"目标模范不仅可以应用于任何学科、任何水平的教材与教学方案的研制和处理,而且它提出了一系列较容易掌握的、具体化、层次化的程序及方法,对于提高教学效率,提高教育教学过程的计划性、可控性……无疑具有重要的促进作用"。①

---

① 赫德永.课程研制方法论.教育科学出版社,2000年,第165页.

二、远程教育课程的特点

德斯蒙德·基更通过考察历年来远程教育的一些重要定义,[①]提出了他对"远程教育"的界说,而这一界说已得到了国际远程教育界普遍的认同。在基更对远程教育的定义中,我们可以发现远程教育课程有三个最重要的属性:

1. 准永久性分离

由于远程教育将常规教室中教师和学生之间的"距离"拉长了,客观上造成了施教者和学习者之间的分离如图 06-02 所示,以及学习者之间在时间、空间和社会文化心理上的分离。但这种分离并不必然意味着他们之间完全丧失了个人联系或间接联系,只是这种联系经过了加工;它通过使用现代通信信息技术来保证教与学的进行,保证对学习者学习的全面支持。

2. 技术媒体的作用

在常规教育模式中,施教者与学习者之间直接的人际交流往往是传授大部分课程内容的重要方式。而远程教育由于破坏了这种人际间直接交流的方式,代之以某些机械的或电子的交流方式,如印刷物、录像、计算机等,因而使得技术媒体在远程教育模式中发挥着非常重要的作用。图 06-03 为技术媒体在教学中发挥作用。

图 06-02　教师与学生时空分离

图 06-03　技术媒体

---

① 基更所考察的远程教育定义有:"远程教育是一种有系统组织的自学形式,在这种形式中,学生的咨询、学习材料的准备以及学生成绩的保证和监督都是由一个教师小组进行的。这个小组的每个成员都具有高度的责任感。通过媒体手段有可能消除距离,媒体手段可以覆盖很长的距离。"(多曼,1967)"远程教学/远程教育是一种传授知识、技能和态度的方法,通过劳动分工与组织原则的应用以及技术媒体的广泛应用而合理化。特别是复制高质量教学材料的目的是使在同一时间在学生们生活的地方教导大量学生成为可能。这是一种教与学的工业化形式。"(彼得斯,1973)"远程教学可以定义成教学方法大全。在这个教学方法家庭中,教学行为与学习行为是分开实施的,也包括有学生在场进行接触的情况。结果在学生和教师之间的交流必须通过印刷的、电子的、机械的或其他手段来促进。"(穆尔,1973)远程教育"包括所有层次的各种学习形式。在远程教育中,学生和教师并不出现在同一教室或同一地点,因而学生并不处于教师连续的直接的教学指导之下,但是学生仍然从教育组织的计划、指导和教学辅导中受益。"(霍姆博格,1977)

3. 双向通信

在远程学习者和远程教育机构、指导教师,甚至学习材料之间,可以存在着多种形式的双向通信即对话和交流,它们能够有效地促进远程学习者的学习。而技术媒体的发展已经为远程教育中的双向通信提供了丰富的选择,从而提高了交流的有效性。

远程教育课程开发无疑是与远程教育的质量、使命、挑战、优势和竞争力直接相关的核心要素和关键环节。英国开放大学(如图 06-04 所示)副校长琳达·琼斯(Linda Jones)从英国开放大学课程决策和课程设计的经验出发,提出为保证远程教育项目的投资价值,需要有明确有力的决策过程,并从经济、资源等角度,阐述了课程开发与制作过程中关于投资决策、课程设计、媒体选择、支持学生、支持教工、评价与反馈诸方面的理念和英国开放大学的实践。

图 06-04　英国开放大学

琼斯引用课程生命周期的概念,将课程的开发与制作所形成的循环看做一个周期。这个循环包括:第一层次,规划课程开发与评价开发成本效益两个过程;第二层次,开发与制作课程、确定市场机会两个过程;第三层次,评价和评价课程开发与制作过程,每层次和其他各层次之间相互作用,形成一个闭合的课程生命周期环。其中,琼斯特别强调课程开发过程中市场机会和开发成本的重要性,以及做好评价和反馈的意义。

此外,琼斯还阐述了课程开发制作的两个阶段——课程规划阶段和课程决策阶段的工作程序。她认为,课程规划阶段主要讨论课程的学术性价值和资源的可支持性,其中课程投资成本是关键因素。如果选修该课程的学生人数少,从经济学的角度考虑,开发该课程的成本过高,专家就不能同意该课程的规划。而课程决策阶段则包括机会测评、商业评价、具体操作、试运行检测、运行评价、结果评价。课程整体性评论程序与机会测评程序形成一个接口,通过机会测评,决定该课程的开发与制作是否能走下去。

另一位学者阿兰·泰特则探讨了教师和学生对课程开发和实施的评价,从学习成果、评价和整体教学策略等学术角度出发,结合学生人数、市场前景、开发成本等商业角度,综合探讨了课程决策、开发和制作的全过程。泰特反复强调远程教育课程开发必须是学术性与商业性相结合,这基于两方面的原因:第一,英国开放大学的课程是大规模的,开发一门课要一百万英镑,花费一年时间,受益面有150万人。第二,新技术带来新机会和新挑战。对于虚拟的教学环境,我们关注的是,是否需要更新原有的资源。这里不再以学科作为导向,而是以项目作为导向。为学生的服务关键是要多样化,满足学生不同的需求。英国开放大学的经验和做法对于新技术冲击下的远程教学资源建设有非常现实的指导意义和示范作用。

三、远程教育课程开发的一般模式

我国学者黄健认为,适合于现代远程教育的课程开发模式可以是一种"双子系统互动模式",并提出了远程教育课程开发的模型,如图06-05所示。这一模型由两个主要部分组成,它们分别是"课程学习材料制作子系统"(简称制作系统)和"课程支助服务子系统"(简称支持系统)。前者类似于一个"制造部门",由某一领域专家在学习心理学家、课程专家、教育技术专家、媒体制作专家等人员的协助下共同完成学习材料的设计制作,并向远程教育的消费者提供课程产品。而后者更像是一个"服务部门",负责为参与的学习者提供各类学习支助服务,帮助他们更好地使用课程产品,获得期望的知识和能力。

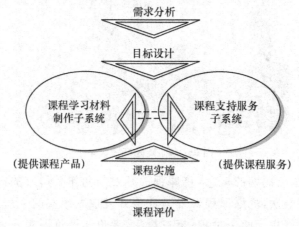

图06-05 远程教育课程开发的一般模式

黄健提出,两个子系统之间并非是一种简单的关系。一方面,随着教育教学理念和媒体与通信技术的发展,在制作学习材料的很多环节中,都要考虑如何通过适当的设计为远程学习者提供相应的学习支助服务。而另一方面,支持子系统的设计显然也离不开制作子系统,因为毫无疑问后者是前者的重要设计依据。概言之,远程教育课程开发的决策无论在理念上还是在资源上,都必须综合考虑两个子系统各自对整个项目成功运作的影响力,从而使两者的关系成为建设性的、互动的、协调的。

此外,一个完整的远程教育课程开发系统还应该在两个子系统中融合需求分析、目标设计、课程实施、课程评价等所有功能,使之成为一个囊括规划、设计、制作、实施和评价等各种功能的完整系统。由于在远程教育情形下时空上的独立性加剧了各要素之间的分离,故课程的整体设计始终是最重要的。如果各个分离的要素从学习者的观点来看不能很好地相互配合成一个内在统一的整体,预期的教育目标就无法实现。因此,有必要对整个过程进行精细的计划和有效的总体控制。

四、远程教育课程开发的常见模式分析

下面我们对国内外比较有代表性的远程教育机构的课程开发模式进行归纳对比,并对其各自的优劣进行比较分析。

1. 课程组模式——英国开放大学

高质量的媒体教材是英国开放大学的一大特色,不仅在英国本土深受好评,而且得到国际远程教育界的一致推崇,这与开放大学实行的课程组组织创作模式是分不开的。为确保高质量的媒体教材,英国开放大学可谓不惜重金,一门供学生自主学习的系统性教材需投入一千万英镑。完整的课程媒体主要包括:文字教材、录音带、录像带、CD-ROM、DVD、网上教材,以及直观实物、实验箱等。课程媒体建设采用课程组模式,课程组成员分工明确,职责清楚,其人员构成如图 06-06 所示。

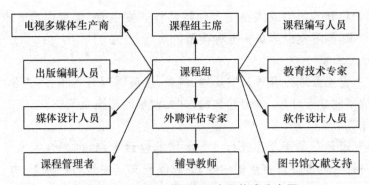

图 06-06　开放大学课程组人员构成分布图

运作良好的课程组具有以下几个特点:一是有较好的民主气氛;二是每个成员有最大的自由和责任心;三是成员必须有一定的时间保证;四是有一个具有领导能力的课程组主席。另外,课程组成员具有一定的学术声誉等等。

2. 一体化模式——中央广播电视大学

中央广播电视大学(如图 06-07 所示)编制远程教材已有二十余年的历史。二十多年来,中央电大一直重视教学资源的建设,现已基本形成了一套相对固定的流程和"一体化"的开发模式。该开发模式是以学生自学为中心,依据教学大纲对文字教材、音像教材、计算机辅助教学课件(CAI)、网络教学资源进行全方位一体化设计,其文字教材为自学主媒体,音像教材为强化媒体,CAI 为辅助媒体。中央广播电视大学在课程建设中实行项目管

图 06-07　中央广播电视大学

理制,其课程组人员包括"项目负责人"、"审定专家"、"主编"、"主讲教师"。课程制作流程包括:制订教学计划、编制课程建设规划、组建课程组、编制多媒体教材、审定和验收、试卷库建设与验收、课程试用与总结性评价。

3."主讲教师—技术人员—管理者"模式

徐铮等学者对清华大学、中国人民大学、北京邮电大学、北京师范大学和北京交通大学等几所试点院校的课程开发的情况进行了调研,发现这些学校在课程开发中的人员组成、工作流程以及所开发的课程特点都有许多共同之处,从课程开发人员的组成结构上,可以称这种开发模式为"主讲教师—技术人员—管理者"模式,该模式中的成员由"管理人员"、"主讲教师"和"技术人员"组成。课程开发流程包括:前期准备、课程准备、课程开发和后期使用。

五、远程教育课程开发的人员构成

远程教育课程开发的组成人员主要包括课程开发主管、课程内容专家、课程责任教师、媒体技术专家、学习支助人员等五种类型。

1. 课程开发主管

课程开发主管主要进行课程开发规划、组织、协调课程开发工作,为学生提供最方便的、最有学习效率的学习环境,审定导学的方向、辅学的渠道及策略。

2. 课程内容专家

课程内容专家是对课程内容进行主要编撰的科目专家,博采众家所长,提高课程的优质程度,编写符合远程教育特点的内容,完成课程文字主教材的编制,并注重课程内容及其准确性。

3. 课程责任教师

课程责任教师也是专业老师,主要进行教学设计,从教与学的角度,加入帮助学习的元素。课程导学、辅学的老师,负责拟定课程教学大纲、教学要求、作业及考核的方式方法,进行复习资料的准备,课件的设计及制作,作业的批改、答疑等。从传统的以面授为主转为以教学资源的建设和导学、辅学为主。

4. 媒体技术专家

媒体技术专家以最优的技术配合课程开发所需要的相关技术人员(音影制作人员、电脑编程人员、美工人员等)参与远程课程的制作。

5. 学习支助人员

学习支助人员主要负责分发学习资料、组织学习活动、联络答疑、反馈各方信息、进行学生思想上的教育工作等。远程教育的学员,大多是成人,这些学员最关心的是远程教育质量,而与教育质量相关的除了优秀的远程课程外,就是优良的服务和健全严密的管理,因此,提供良好的课程学习服务工作是提高教学质量的重要保证。

远程教育课程的开发需要团体合作,需要集中各方优秀的人员,它有着细致的分工和协作,需要从方方面面考虑学习者的需求,以吸引更多的人参与远程教育课程的学习。远程教育课程是最优化的产物,并贯穿以学生为中心、终身教育的个性化教育理念,唯有如此,才能适应现代远程教育的需要。

第二节　远程教育中的教学设计

现代远程教育的主要特点是师生空间分离,如何进行有效的教学设计已经成为目前远程教育发展中非常突出的问题。现代远程教育的教学设计,必须从教学设计的基本理论出发并结合现代远程教育的特点,来确定现代远程教育教学设计的基本流程与原则。

一、教学设计的含义与过程

教学设计是将教与学的原理转化成教学材料和教学活动的方案的系统化计划过程,是一种侧重于问题求解中方案的寻找和决策的过程。其基本模式是在教学设计的实践中逐渐形成的,是运用系统方法进行教学开发、设计的理论的简化形式,包括一套程序化的步骤。目前世界上教学设计过程模式种类繁多,不同的教学设计模式有各自不同的设计步骤,但都能清楚地解决四个基本问题:一是学习者的特点是什么?二是教学的目标是什么?三是教学资源的形式和教学策略是什么?四是怎样评价和修改?对这四个基本问题的处理和展开方式不同,就形成了众多的教学设计过程模式。教学设计的一般过程模式如图 06-08 所示。

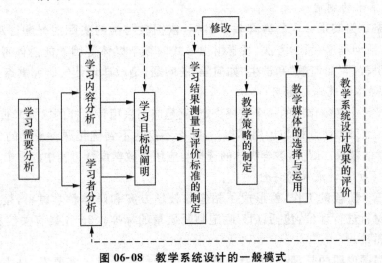

图 06-08　教学系统设计的一般模式

1. 学习需要分析

学习需要在教学设计中是一个特定概念,是指学习者学习方面所期望达到的状况与目前的学习状况之间的差距,也就是期望学习者达到的水平与学习者目前水平之间的差距。这里"期望达到的学习状况"是指学生应当具备什么样的能力素质,包括社会、学校和家庭对学生以及学生自己的期望,"目前的学习状况"是指学生已经具备的能力素质,而分析这种差距的过程就是学习需要分析。

2. 学习内容分析

学习内容分析就是在已确定好的总的教学目标前提下,借助于归类分析法、图解分析法、层级分析法、解释结构模型法等方法,分析学习者要实现总的教学目标,选择学习内容,确定其广度和深度,揭示学习内容各部分之间的联系,安排其呈现顺序。

3. 学习者分析

学习者分析的目的是为了了解学习者的学习准备情况及其学习风格,为学习内容的选择和组织、学习目标的阐明、教学活动的设计、教学方法与媒体的选用等教学外因条件适合学习者的内因条件提供依据,从而使教学真正促进学习者智力和能力的发展。

4. 学习目标的阐明

阐明学习目标,就是要确定学生在教学活动中将要达到的学习结果或标准,并使它们具体化,也就是要编写一系列明确、具体的学习目标,然后把它们组织成一个层次分明的体系。美国教育心理学家布卢姆(B. S. Bloom)提出的学习目标分类学说认为,所有以培养人为核心的教育目标均可分为三个领域,即认知领域、动作技能领域和情感领域。

5. 学习评价

学习评价是指根据教学目标对学生在学习成就上的变化进行价值判断。它是教学设计和教学过程中不可缺少的重要环节。很显然,学习评价的主要对象是学生。它是一个系统过程,通过搜集、分析和描述各种有关资料,并将实际表现与理想目标对比,以便对培养方案做出决策。对学习过程与结果的测量及评价标准的制定,是教学系统设计过程中不可或缺的重要内容之一。

6. 教学策略的制定

教学策略是为实现一定的教育教学目标,依据教与学的实际情况和客观条件,对教学顺序、教学活动程序、教学方法、教学组织形式和教学媒体等因素的总体考虑。教学策略主要是解决教师"如何教"和学生"如何学"的问题,是教学设计的研究重点。

7. 教学媒体的选择与运用

在教学设计中必须作出的一个重要决定,就是应当采用什么样的媒体来传递教学信息和提供刺激。如果媒体选择与运用不得当,那么不仅达不到优化课堂教学的目的,反而会影响课堂教学的效果。因而,教学媒体的选择与应用是教学设计过程中的一个重要内容。

8. 教学系统设计成果的评价

经过前三个阶段的工作,就形成了相应的教学方案和媒体教学材料,接下来就要对这些方案和材料进行评价,包括:(1)确定判断质量的标准;(2)收集有关信息;(3)运用标准来衡量质量。

这里应强调说明的是,我们人为地把教学设计过程分成诸多要素,是为了更加深入地了解和分析并发展和掌握整个教学设计过程的技术。因此在实际设计工作中,要从教学系统的整体功能出发,保证"学习者、目标、策略、评价"四要素的一致性,使各要素间相辅相成,产生整体效应。

二、远程教育教学设计的意义与特征

远程教育中,教学过程的组织、管理和实施是影响远程教育质量的最核心和最基本的因素。目前在远程教育的实践中,人们对如何科学地安排与组织整个教学过程还缺乏可操作性的理论和方法的指导。一些教学过程的安排仍然是从经验出发,很多远程教育教学活动中的教学组织、管理和实施还存在一些问题。很显然,在这种背景下认真思考远程教育教学中如何科学地进行教学设计是非常必要的。

现代远程教育的最主要特点是师生的时空分离,它着重关注学生的自主学习过程,强调知识服务体系的构建和学习目标的实现,因此教学设计的所有工作都应围绕学生的学习来进行。在进行远程教育的教学设计时,我们必须考虑到它的许多新特征:

(1) 教师和学生在具体教学中具有时空分离的特点。师生间很少有甚至于没有面对面的交流,教师无法直接根据学生的情况对教学活动作相应的调整。在远程教育的教学设计中,必须考虑到这一点。

(2) 教师和学生在整个远程教育的教学过程中扮演了全新的角色。学生成为整个教学的主体,他们可以自己控制教学进度,选择学习的路线,成为知识体系的主动建构者。教师的工作主要是制定教学目标、提供经过精心组织的教学材料、创造良好的学习环境并提供及时的学习指导。

(3) 远程教育的技术特性。远程教育大量应用了各种先进的信息技术,不仅能够实现优质教学资源的共享,还可以随时获取相关的信息。同时,视频、音频、计算机等多媒体技术的应用,也使得教学内容的表现形式更加丰富。

(4) 丰富的远程交流手段。课程 BBS 讨论区、邮件列表和音频视频会议系统等都是远程教育中师生之间良好的交互工具,它们可以及时反馈学生的学习情况,便于教师做相应的辅导,还能帮助教师改进教学方法,有针对性地提高教学质量。

(5) 从学习对象来看,由于远程教育是开放的、共享的,远程教育的教学对象应不分年龄、性别、种族和地域。而不同的对象有不同的学习特点,所以在进行远程教育的教学设计时必须考虑教学内容的个性化、开放性、虚拟性等要求,并提供功能完善的、智能化的学习辅助系统。

三、远程教育教学设计的一般原则

由于现代远程教育本身的各种新特点,我们在研究现代远程教育的教学设计原则时,既要吸收传统教育成功的教学设计原则的内涵,又必须根据远程教育的具体特点和实际情况,确定现代远程教育教学设计的总体目标,制定相应的教学设计原则。教师在进行具体设计时应遵循以下一些原则:

1. 学生优先、学习优先原则

由于远程教育本身的特点,学生是教学的主体,享有充分自主地控制自己的学习行为的权利。在设计远程教育的教学时,既要把握学科的科学性,又要强调利用各种信息资源来支持"学"(而非支持"教"),如提供详细的学习指导或建议,教学内容也应设计成动态层次结构,各知识点之间建立帮助性链接等等。

此外,在远程教育的教学设计中,还要针对相应的课程特点,提出学生学习这门课程的建议。在设计远程教育的教学过程时要强调以学生为中心,注重自主学习的设计,强调学生之间的"协作学习",注重协作学习环境设计,强调基于网络环境下的教学注重网络教学策略设计,要引导学生通过实践获得知识,形成技能,发展思维,掌握学习的过程与方法,培养他们的学习能力。

2. 教学手段多媒体化原则

现代远程教育的网络特性可以实现教育信息的多媒体化，表现力非常强。因此在远程教育的教学设计中，应尽量多加入交互方式，激发学生主动参与和积极思考，在疑难的知识点上更应充分发挥多媒体的功能，展现其内涵，帮助学生理解。同时，远程教育的教学设计还要特别重视传统印刷教材的内容和网络课程的内容之间的合理配合、扬长避短、优势互补，以充分发挥各种媒体的优势。

在教学设计中要考虑各相关专业所采用的教学媒体的种类及不同媒体的内容在整个专业课程学习中的作用，如文字主教材、辅导材料、录音录像教材、CAI课件、IP课件、直播课堂等，还要考虑如何借助于BBS讨论、电子邮件、电话答疑等现代教育技术手段增强教学效果。

3. 教学内容开放性原则

从学习对象来看，由于远程教育是开放的、共享的，所以理想的远程教育应不分年龄、性别、种族和地域。而不同的对象有不同的学习特点，所以远程教育的教学设计必须考虑远程教育的个性化、开放性、虚拟性等要求，并提供功能完善的、智能化的学习辅助系统。在教学内容的选择上，要开放性地选择、安排教学内容，从而使学生有机会接触到更多更新的知识。在远程教育的教学设计中还要利用网络的广域性安排大量的素材、媒体供学生选择，考虑通过人工智能安排合理的教学过程等。

4. 教学对象多样性原则

教学设计应该充分考虑教育对象的个体差异及地域差异情况。远程教育中的学生个体差异很大，因此在教学设计中既要设计针对基础好的学生的重点难点讲解内容，又要设计最基本的基础理论和课程辅导内容，以满足不同基础的学生的需要。这在远程教育教学设计中非常重要，因为同一班的学生在接受远程教育前的毕业时间相差几年甚至十几年，教学设计如果不照顾到学生的基础，就难以适应远程教育的教学规律。

再从年龄结构看，年龄相差较大的人学习相同的课程，理解能力、记忆能力也相差很大，这在教学设计过程中也要充分考虑。要按照年龄结构充分调整设计内容，使不同年龄层次的人有适宜自己学习的板块和内容。教学设计还应该充分考虑地域差别。按照远程教育的定位并结合目前生源的实际情况看，远程教育除了面向城市以外，还必须面向地方，面向基层、农村、偏远山区和少数民族地区。教学设计要充分考虑不同地域学生的不同需求，要从教学方法上、教学手段上、教学媒体上、教学模式上满足不同地区学生的不同学习需要。

5. 教学过程交互性原则

交互性原则是远程教育以教师为主导、以学生为主体的新型师生关系所必需的。要充分地实现教师的主导性和学生的主体性，就必须充分地实现交互性。只有实现及时性和实时性的交互，才能真正实现教师的主导性和学生的主体性。因为学生的主体性是以教师的及时和实时的教学指导为前提的，学生随时都可能需要教师的指导，随时需要与教师进行教和学上的交互；教师一旦满足了学生的随时指导的需要，就既实现了教师的主导性，又实现了学生的主体性。另外，教师也需要及时了解学生的学习进展、学习活动和学习中存在的问题，只有了解这些问题，才能有针对性地对学生进行教学指导，才能及时有效地发挥教师的主导作用。

6. 教学评价多样化原则

远程教育教学评价的根本标准就是学生的素质和能力是否得到了全面提高,学生是否真正成为了高素质实用型人才。要通过对学生的自主学习能力、运用现代教育技术获取信息的能力、人际交往及团结协作的能力等进行多方面的测评,通过用人单位对学生的评价、学生对教学的评价等,形成对远程教育教学的最终评价。

根据远程教育的个性化特点,相应的教学评价应体现知识与能力、过程与方法、实践与应用、情感与态度等多元评价的各个方面;同时还应采用定性与定量相结合、形成性评价和终结性评价相结合等多种评价方法。具体的教学评价测试手段也可以采用考试、论文、报告和调查等多种方式。

四、远程教育教学设计的一般环节

远程教育的教学设计要求在把握远程教学系统各要素及其相互关系的基础上,确定教学目标、组织教学资源、选择教学策略、制定教学方案,并对教学效果做出评价,为学习者提供良好的学习条件,以实现远程教育教学过程的最优化。远程教育的教学设计既与一般教学设计有共同之处,又有远程教育教学自身的特点,它主要包括以下几个基本环节。

1. 学习需要分析

学习需要分析是组成教学设计过程的要素之一,它和其他要素相互联系,共同完成教学设计优化教学效果的任务。学习需要分析主要是阐述教学设计的必要性和可行性,它包括社会需要、个人需要、知识需要、技能需要、问题与目的分析等。远程教育中的学习者具有不同于传统教育中学习者的学习需要。比如,虽然多数学生希望通过考试获得文凭,但希望提高知识和技能水平的学生也越来越多。因而对远程教育来说,尤其需要对远程教育学习者的各种不同学习需要具有透彻的了解和掌握。

2. 学习者分析

学习者分析的目的是了解学习者的学习准备情况及其学习风格,以使教学工作能够真正起到促进学习者智力和技能发展的作用。其主要内容是分析教学对象的文化背景、学习动机、初始能力、经验与技能以及需要的学习支助服务。比如,远程教育对象主要是成人学生,他们有工作、家庭和大量的社交需求,有效学习时间不足是他们所面临的最大问题。在远程教育中,学习者的多样性与复杂性达到了前所未有的程度。在远程教育的教学设计中,对学习者的分析是教学设计成功有效的重要前提。

学习活动一:学习者分析

你现在正是这门课程的学习者,试着分析自己的特征。

《远程教育原理与技术》网络课程学习者分析

3. 学习内容分析

为实现教学目标,要求学习者具有系统学习的知识、技能和行为经验,这些系统学习的知识、技能和行为经验的总和就是学习内容。对学习内容的分析,主要包括课程教学内容的说明、课程描述、内容大纲、教学方法与基本任务等。远程教育学习者及其学习需要的不同,导致了远程教育教学设计中学习内容与传统教育的不同。因此,尽管远程教育教学设计中学习内容分析的技术与方法和普通教学设计并无二致,但学习需要与学习者的不同导致远程教育的学习内容分析与传统教育教学中的内容分析呈现出不同的特点。

4. 学习目标阐明

学习目标是学习者完成学习所能达到的具体要求,包括学习者应具有的综合素质(知识、技能)和价值。对学习目标的分析,包括陈述目标内容、确定具体的目标、详细说明实现目标的途径和措施、编制具体的行为目标。当前,在学习目标的阐明上存在的问题是,管理人员、专业教师往往更注重总体培养目标和专业培养目标,而课程辅导教师往往把关注点放在课程培养目标上,他们之间缺乏宏观与微观的有效沟通和联系,这就使得教师在教学过程中的培养目标并不是非常明确,学生最终的学习效果并不是非常理想。

在远程开放教育中,首先要确定培养目标,培养目标决定专业设置,专业设置决定课程设置。培养目标也决定了学习目标和学习要求,而学习目标和学习要求则决定了学习内容的选择。学习目标规定了学生必须达到的知识深度、广度以及能力水平。也就是说,学生应该达到什么样的知识深度、广度和能力水平取决于培养目标,而不取决于学习者原有的知识水平。在教学设计中对学习者进行分析,确定学习者原有的学习水平是因材施教的要求,针对学习者原有知识水平的具体情况,可以采取有效的教学方式方法使学习者达到学习目标所规定的知识深度、广度以及能力水平。

5. 教学策略制定

教与学的策略是指为实现学习目标,教师采取的教学、导学、助学方法和技巧,以及学习者为实现学习目标所采取的学习方式、方法和技巧。制定教与学的策略,除确定教与学的策略本身外,还须对所采用的具体方法予以说明。比如,在中央电大系统,教学人员分为课程主讲教师、省级电大的导学教师,以及基层教学单位的助学教师,由于他们在同一课程教学活动中扮演的角色不同,其施教的方法和策略显然不同。主讲教师的教学策略应围绕远程传授知识而定,导学教师的策略则应是如何指导和引导学习者更好地主动学习,助学教师的工作更多的是为学习者的学习提供有效的支助服务与帮助。

6. 教学媒体选择

利用多种教学媒体进行学习,是远程教育的重要特色之一。教学媒体包括印刷媒体(教材、辅助教材、学习指导书、教学大纲)、音像媒体、电子媒体、网络媒体等。这方面的设计应包括进行媒体使用决策,明确选择的媒体类别、名称、功能及其在内容上的相互关系、时间长度,以及学习者学习需花费的时间等。在教学媒体的选择上,宏观、中观、微观不同层次的教学设计的侧重点又不同。就宏观而言,可把着力点放到媒体选择决策和多种媒体的开发上。就中观而言,应把着力点放在整合多种媒体指导基层学习中心或学习者使用及媒体的补充开发上。而在微观,则应把着力点放到指导学习者选择利用媒体进行学习及为学习者提供服务上。

教学媒体的选择一方面要根据教学要求规定的深度、广度和能力水平等要求进行,要与教学内容设计紧密配合,充分运用多媒体、超媒体功能和虚拟技术等具有多种信息通道、多种表现形式的功能优势,对图、文、声、像等多种形式的音像、动画和视频进行优化表现和组合,以增强教学内容的生动性、形象性和趣味性。另一方面,也要注意内容的针对性和启发性。要在遵循知识本身的特点,遵循教育学、心理学和认知规律的基础上,使教学媒体所表现的教学内容与课程的内在联系和学习者的认知规律相符合。具体学科具体选择,具体问题具体选择。

学习活动二:远程教育中媒体的选择

查阅相关的资料,完成下表:根据不同的认知特点在远程教育中应该选择何种不同的媒体。

认知特点	选择对应的媒体
具象思维	
形象思维	
意象思维	
抽象思维	

7. 传播途径选择

传播途径指教学信息传输和反馈的通道。设计信息传播途径,包括进行信道选择决策,提出干扰排除办法和安全保障措施,以及进行具体使用的时间、空间、环境条件等行为设计。就现代远程教育而言,目前使用的信道主要有天网(卫星电视、闭路电视)、地网(计算机校园网、城域网)、视频会议系统、电话、传真、电子邮件等。由于任务的不同,宏观、中观、微观三个层面所使用的途径也各有侧重。

8. 资源开发利用

在远程教育的教学设计中,资源开发利用主要包括资源需求分析,确定开发计划与人员,明确质量标准、评价办法、使用范围、获取途径,以及与教学手段、教学设施匹配使用的要求等,如音像资源(CAI 学习课件、VCD 学习光盘、网上资源)等学习资源的开发、管理、使用。资源开发的任务应主要落实到宏观和中观层次,微观层次的重点则是利用。

9. 学习支助服务

学习支助服务是保证远程教育学习成功的重要条件。学习支助服务中的支持主要包括学术支持、学习支持、条件支持、管理支持,服务则包括信息服务、资源服务、心理咨询服务等。这方面的内容主要是介绍提供支助服务的机构、方式、渠道和条件,提出管理措施,明确服务要求与相应费用等。

10. 设计成果评价

成果评价包括形成性评价和总结性评价,目的是通过评价分析来检查目标是否达到,方法是否有效实用,评价技术是否科学。其主要内容是解释过程模式的评价策略,确定评价的方式、手段、范围,以及结果处理办法,如调整、修改等。

五、远程教育教学设计中应该注意的几个问题

远程教育的教学设计既要遵循或借鉴一般教学设计研究的成果和做法,又要重视远程教育的特殊要求和具体特点,既要从当前远程教育人才培养模式改革的实际出发,又要放眼世界远程教育教学改革的前沿,从而使之真正体现先进性、前沿性、前瞻性的特点。在远程教育的教学设计和实施时,应注意以下几点:

首先,必须根据远程教育对象和课程实际,针对对象、课程进行教学设计。学生原有的认知结构、学习基础、态度动机、自学能力,是教学设计首先必须考虑的基本问题。大量实践证明,学生能不能主动、自觉、积极地学习,是学生能不能学有所获、学有所成的首位的,甚至比知识本身更重要的因素。关注和做好这项工作,应视作教学设计和教学实施的题中应有之义。

对某门课程的教学设计来说,应明确要求学生掌握哪些重点内容,需要提示学生弄清哪些难点疑点,重点和一般如何兼顾、联系、衔接,各应使用多少时间,各应达到什么要求等等,对这些内容要一一作出具体的规定和说明。

其次,要加强对学生学习过程、学习状态、学习质量的监控。这是远程教育教学设计的重要内容,也是一个难题。从传统教育的教学较多地把课程作为教学过程之前和教学情境之外设定的目标、计划或预期结果,到关注教学进程本身的教育价值,强调"过程课程",这是课程内涵的重要发展趋势之一。为此,英国课程专家斯腾豪斯(Lawrence Stenhouse)提出了"过程模式"的课程开发与设计理论,指出课程开发的任务就在于选择活动内容,通过对知识和教育活动的内在价值的确认,鼓励学生探索教育价值的知识领域,进行自由自主的活动;同时鼓励教师对课程实践的反思批判和发挥创造,更多地通过发现法和探索法进行教学,成为学生行为的引领者。

最后,远程教育的师与生、教与学异地分离的特殊性,决定了其课程的教学设计应该更加重视教学过程。与全日制的学校教育的学生时时刻刻都处在教师监控之下明显不同的是,远程教育中的学生大多是在业余时间学习,经常处于个别化、分散化状态,困难多,干扰因素多,精力不易集中,管理监控难度也大。因此,远程教育的学习效果和学习质量,更多地依赖于远程教育机构对学生学习过程的监控。我们有效地控制住了学生的学习过程,就是有效地控制住了学生的学习质量。因此,重视与强化学生学习过程的管理、监控与指导、服务,是远程教育和传统学校课堂面授教学的显著区别也是远程教育的主要特色。

学习测评

1. 课程开发大致可以分为(　　)个层次。
   A. 1　　　　B. 2　　　　C. 3　　　　D. 4
2. 课程开发的目标模式是由(　　)提出的。
   A. 泰勒　　　B. 基更　　　C. 琼斯　　　D. 泰特

3. 远程教育课程的特点有（　　）。
   A. 准永久性分离　　　　　　　　　B. 学生不能与教师交流
   C. 技术媒体的作用　　　　　　　　D. 双向通信
4. 我国试点院校采用的远程教育开发的模式为（　　）。
   A. 课程组模式　　　　　　　　　　B. 一体化模式
   C. "主讲教师—技术人员—管理者"模式
5. 远程教育课程开发的模型主要由（　　）组成。
   A. 专家系统　　　　　　　　　　　B. 课程学习材料制作子系统
   C. 查询系统　　　　　　　　　　　D. 课程支助服务子系统
6. 中央广播电视大学采用的远程教育开发的模式为（　　）。
   A. 课程组模式　　　　　　　　　　B. 一体化模式
   C. "主讲教师—技术人员—管理者"模式
7. 远程教育课程开发的人员包括（　　）。
   A. 课程开发主管　　　　　　　　　B. 课程内容专家
   C. 课程责任教师　　　　　　　　　D. 媒体技术专家和学习支助人员
8. 在教学设计中第一个步骤是（　　）。
   A. 学习内容分析　　　　　　　　　B. 学习需要分析
   C. 学习评价　　　　　　　　　　　D. 学习者分析
9. 在远程教育中（　　）是教学的主体。
   A. 学生　　　　　B. 教师　　　　　C. 学生与教师
10. 英国开放大学采用的远程教育开发的模式为（　　）。
    A. 课程组模式　　　　　　　　　　B. 一体化模式
    C. "主讲教师—技术人员—管理者"模式
11. 请在理解远程教育中课程与教学的一般概念的基础上，简要分析远程教育中的课程与教学和传统教育中的课程与教学有什么不同。
12. 在了解课程开发的一般步骤与模式，理解远程教育课程开发的特点、一般模式与常见模式的基础上，应用这些知识实际参与开发一门远程教育的课程材料（既可以参与整门课程，也可以参与整门课程的一部分）。
13. 在了解教学设计的一般过程与模式的基础上，认真思考远程教育中的教学设计与一般的教学设计在内容与步骤上有哪些不同，这些不同是如何导致的？并以本章内容为例，实际参与设计一个远程教育的教学设计方案。

参考资源：

[1] 彼得·贾维斯,陈青,张伟远.远程教育的教与学理论之探讨.中国远程教育,2004(17).
[2] 布鲁纳.教育过程.北京:文化教育出版社,1982年.
[3] 陈丽.远程教育学基础.北京:高等教育出版社,2004年.
[4] 丁兴富.教学设计理论和远程教学系统开发.中国电化教育,2001(5).
[5] 丁兴富.教育资源、教学媒体和教学设计——远程教育中的信息技术和媒体教学(3).中国远程教育,2000(9).

[6] 丁兴富.远程教育的课程开发和教学设计.中国电化教育,2001(11).
[7] 丁兴富.远程教育学.北京:北京师范大学出版社,2002年.
[8] 高利明.远程教育的课程开发.天津电大学报,1999(1).
[9] 谷泓,商哲.远程教育教学设计的科学性与艺术性.内蒙古电大学刊,2004(2).
[10] 何克抗,李文光.教育技术学.北京:北京师范大学出版社,2003年.
[11] 黄清云,汪洪宝,丁兴富主编.国外远程教育的发展与研究.上海:上海教育出版社,2000年.
[12] 江声皖.在教与不教之间选择——远程教育的教学设计原则.现代远距离教育,1999(4).
[13] 瞿葆奎主编.课程与教材(上、下).北京:人民教育出版社,1988年.
[14] 劳顿等著.课程研究的理论与实践.北京:人民教育出版社,1985年.
[15] 刘雍潜,李龙编著.教育技术基础.北京:中央广播电视大学出版社,2002年.
[16] 南国农等.信息化教育概论.北京:高等教育出版社,2004年.
[17] 潘正权,杨纪生.现代远程教育教学设计原则初探.现代远距离教育,2003(2).
[18] 裴达伟,刘占荣.开放远程教育中教学设计的理论与实践.中国远程教育,2002(12).
[19] 任友群.论远程学习的教学设计.远程教育杂志,2002(1).
[20] 荣壁德.建构主义与现代远程教育的课程教学设计.中国成人教育,2005(7).
[21] 沈逸.论远程教育信息传播过程及其优化设计.现代教育技术,2001(4).
[22] 施良方.课程理论——课程的基础、原理与问题.北京:教育科学出版社,1996年.
[23] 施志毅.试论开放教育课程开发的科学决策.中国远程教育,2000(4).
[24] 谭尚渭.远程课程的质量保证与效果评价.中国远程教育,2002(12).
[25] 王广新,白成杰.教学设计模型在远程学习环境中的解读.现代远距离教育,2001(4).
[26] 王继新.信息化教育概论.武汉:华中师范大学出版社,2005年.
[27] 王继新.远程教育原理与技术.武汉:湖北科学技术出版社,2005年.
[28] 乌美娜.教学设计.北京:高等教育出版社,1994年.
[29] 吴大军.论现代远程教育的课程观.北京大学学报,2004(S1).
[30] 吴晓军.谈 Internet 与远程教育的课程开发的关系.华北工学院学报,2001(S2).
[31] 武法提.网络教育应用.北京:高等教育出版社,2003年.
[32] 胥晓凤.远程高等教育教学模式中的课程开发构成要素研究.广西广播电视大学学报,2004(2).
[33] 徐玙.远程教育课程开发模式的研究.中国远程教育,2005(1).
[34] 杨家兴.远程教育情境下的媒体选择与教学设计.中国远程教育,2003(9).
[35] 杨九民.教学系统设计原理.武汉:湖北科学技术出版社,2005年.
[36] 杨九民.现代教育技术.武汉:华中师范大学出版社,2005年.
[37] 叶成林.现代远程教育未来发展的主要趋势.广州广播电视大学学报,2001(1).
[38] 余善云.电大远程教育的教学设计.现代远程教育研究,2003(3).
[39] 张凤龙.试论远程教育印刷教材设计.电化教育研究,2003(4).
[40] 钟启泉.课程设计基础.济南:山东教育出版社,1998年.
[41] 钟启泉.现代课程论.台湾:五南图书出版公司,1991年.
[42] 祝智庭.现代教育技术——走向信息化教育.北京:教育科学出版社(第二版),2002年.

第七章　远程教育中的自主学习与学习支助

学习目标

1. 了解远程教育中自主学习的主要特点以及由此产生的对学习者的要求，能复述远程教育中有关自主学习的主要理论观点以及远程教育中自主学习的一般步骤与环节。
2. 理解学习支助服务的意义与内涵，能复述远程教育中学习支助服务的基本类型、学习支助服务体系的基本结构以及构建学习支助服务的原则。
3. 了解不同远程教育机构的学习支助服务开展的情况及其对远程学习者的价值，能意识到学习支助在远程教育中的重要地位与作用。

知识概览

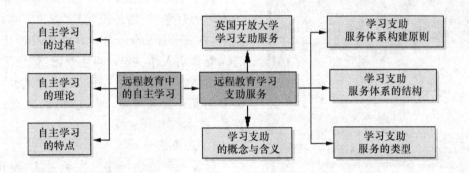

本章导学

远程教育是以"学生为中心"，培养学生自主学习能力为主要目标的一种教学活动。自主学习要求远程教育系统能够为学习者提供完备的学习支助服务，只有这样才能保证学习的质量。远程教育中的自主学习需要远程教育学习支助系统的支撑，它主要包括五个基本阶段，分别是确定学习计划、获取学习资源、参与合作讨论、提交学习成果以及评价学习效果。

本章主要讨论自主学习与学习支助，并具体讨论英国开放大学的实施情况。

问题导入

1. 远程教育中学生学习的困难有哪些？
2. 远程教育中自主学习主要有哪些基本阶段？

3. 远程教育中学习支助的类型有哪些?

引言

师生分离是远程教育的本质特征。在此情况下,远程教育中的学习形式主要是自主学习,自主学习要求远程教育系统能够为学习者提供完备的学习支助服务,唯有如此才能保证学习的质量。因而,远程教育中的自主学习与学习支助构成了远程教育中的又一个重要而关键的问题。

第一节 远程教育中的自主学习

远程教育是以"学生为中心",培养学生自主学习能力为主要目标的一种教学活动。远程教育作为知识社会教育体系中的一个重要组成部分,克服了传统教育课堂面授学习的局限,使受教育的对象扩展到全社会,学生能够不受教育时空的限制,充分利用教育技术和多媒体手段,开展自主学习。

一、远程教育中自主学习的主要特点

图 07-01 自主学习

自主学习(如图 07-01 所示)是一种教育与学习的哲学,概括地说就是"自我导向,自我激励,自我监控"的学习。自主学习者认为没有人能替别人作决定,"自主学习"体现了学习者的主体性和能动性。就远程教育来说,自主学习主要有五大特点,即:主动性、独立性、监控性、技术性和开放性。

1. 主动性

远程教育的学习建立在学生从"要我学"变为"我要学"的基础之上,因此主动学习是自主学习最基本的内涵,是开展远程教育的前提和保证。"我要学"是学生对学习的一种内在需要,主要表现在学习兴趣和学习责任上。远程教育强调学习方式的转变,要求远程教育的教师在强化责任感的同时,还必须把学习的责任真正地从教师的身上转移到学生的身上。学习者只有具有浓厚的学习兴趣,负有明确的学习责任,才能在学习过程中有精力的投入,有内在动力的支持,也才能从学习中获得积极的情感体验,取得高效率的学习效果。

2. 独立性

自主学习是独立学习。独立性是自主性的第二个特征,也是自主学习的基本品质,它在学生的学习活动中表现为"我能学"。"我能学"是学生对学习的一种认知取向,表现为学生能够在学习活动中,不依赖他人,选择自己感兴趣的学习内容,确定对自己有意义的学习目标,选择适合自己的学习方式,制定符合实际的学习进度,设计自己满意的评价

指标。

3. 监控性

自主学习也是一种元认知监控的学习。监控性是自主性的第三个表征，它在学生的学习活动中表现为"我会学"。"我会学"是学生对学习的一种基本能力。自主学习的监控性突出表现在学生对学习的自我计划、自我调整、自我指导、自我强化上，即学生能够对自己的学习过程、学习状态、学习行为等进行自我观察、自我审视、自我调节，能够对自己的学习结果进行自我检查、自我总结、自我评价、自我补救。

4. 技术性

远程教育是信息技术高度发展的产物。因此，远程教育的自主学习是建立在现代信息技术基础上的。远程学习是在师生准分离的状态下进行的，学生的学习是借助多媒体教学资源来完成的，学生只有通过现代信息技术才能将中断的学习行为继续下去。因此，技术性是自主性的第四个表征，它在学生的学习活动中表现为"我能学"。也就是说，远程教育中的学生必须能够熟练地掌握现代信息技术，充分利用多媒体教学资源。

5. 开放性

远程教育中师生异地，没有严格的约束，这给学生的自主学习带来了更大的开放性。开放性在学生的学习活动中主要体现在以下几个方面：入学前，学生可以根据自己的爱好、习惯以及优缺点，选择适合自己个性发展的专业；入学后，学生可以根据自己的工作特点及其他实际情况制订学习计划，确定达到目标所需要的时间；在学习过程中，什么时候学习、怎么学习都由自己设定。

学生自主学习是以学生为中心的思想和体制的核心。在国际远程教育界，学生自主学习的实践形态及其理论概括各有特征和差异，在远程教育文献中使用的术语也不尽相同，如学生自主学习、独立学习、自我教学和自学等，但其基本内涵是一致的，即远程教育中的自主学习是指在没有教师的直接连续指导下由学生自身规划并进行有目的的系统学习。

二、远程教育中自主学习的主要理论

远程教育中学生自主或独立学习的理论大体在 20 世纪 60—70 年代获得发展和丰富，主要代表人物有德林、魏德迈和穆尔等人，他们的理论主要强调远程教育活动的学习者一端及其活动。

（一）德林的观点

德国图宾根大学的德林（Delling）教授是一位远程教育史学家，他把远程教育看做是一种依靠人工信号系统载体辅助的学习与通信过程的多维系统，主张在远程教育的世界里，没有什么"教"的特征，要把教师和教育组织的作用降到最低限度，而主要依靠学生的自主和独立学习。建议对成人不要照搬常规的教育者与学生的关系。

（二）魏德迈的观点

魏德迈被尊为"美国远程教育之父"，其理论体系的核心是独立学习和学生自治，其思想渊源是社会民主理想和自主教育哲学。他提出克服教育时空屏障的唯一途径就是将教和学分离,并根据分离的要求将教和学设计、规划为一系列分离的活动。

魏德迈提出三条灵活自主的原理:学生根据自己的需要和条件选择教育目标和选学课程;学生根据自己的需要和条件决定学习进度;学生根据自己的需要和条件选择学习方式和考试方式。

他根据独立学习理论设计的学习系统具备六个特征:师生分离;教与学的过程通过印刷、书写和其他媒体手段实现;教学是个别化的;学习通过学生自己的活动完成;学生在自身的场所学习;学习控制自己的学习进度。

(三)穆尔的观点

穆尔是魏德迈的学生,也是美国远程教育的理论和实践的主要开拓者之一,他继承并发展了魏德迈有关远程教和学的独立学习理论。

穆尔的理论是一个二维的理论体系,核心是交互距离和学生自治,代表了两种常规对立的教学传统的融合:人文主义传统(主张教育中开放的、无结构的对话)和行为主义传统(行为目标导向,教师最大限度地控制行为过程)。

作为理论的第二个维度,学生自治首次挑战了行为主义所倡导的教师主导的传统,批评他们忽视了学生分担自己学习过程的责任和能力。

穆尔把远程教育主要看做学习者自主学习的活动,并提出三条标准以测算学习自主的程度:设定学习目标的自主权;选择学习方法的自主权;选择考核方法的自主权。

学习活动一:学习理论的比较

比较远程教育中学生自主或独立学习的理论的不同观点,填写下面的表格。

	德林	魏德迈	穆尔
主要观点			
你的评价			

三、远程教育中自主学习的过程

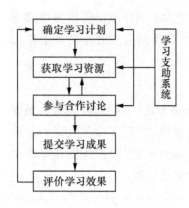

图 07-02 远程教育中自主学习的过程

远程教育中的自主学习在远程教育学习支助系统的支撑下,主要包括五个基本阶段,它们分别是确定学习计划、获取学习资源、参与合作讨论、提交学习成果以及评价学习效果(如图 07-02 所示)。在这五个阶段中,第二个阶段和第三个阶段是远程自主学习的核心部分。

(一)制订学习计划阶段

作为自主学习的主体,远程教育中的学生应该重视调整自己在传统学习中的学习理念,变"要我学"为"我要学";要加强学习自律意识,磨炼学习意志,养成自我激励、自我引导、自我发现、自我监控、自我检查和自我评价的学习习惯;要弄清楚课程的目标、要求和难点,使自己的学习有一个比较明确的起点和方向;通过与同学的交流和讨论,制定并调整自己的学习计划;通过交流,与其他的学习者进行深入的讨论,确定自己的大致学习步骤,达到共同进步的目的(在制订学习计划时,从学习支助系统中获取帮助也是非常重要的);要充分听取教师和辅导人员的建议,在相应的支持学生自主学习的管理制度和管理模式下,获得高度规范的教学管理制度的支持,使自己的学习能够得到必要的保障。

(二) 获取学习资源阶段

远程学习者应该熟悉并能使用远程学习技术,这是对远程学习者素质的基本要求。学习者只有对计算机以及网络的基本操作有所了解,才能在网上获得自己需要的学习资料。在经济不发达地区,要重视利用文字材料、电视广播等各种学习资源、技术手段进行自主学习。在获取与利用学习资源的具体策略和具体步骤上,一是要确定学习目标;二是要制定学习进度;三是要学会选择媒体资源;四是要注意网络学习资源的选择。

(三) 参与合作讨论阶段

这个阶段的讨论不仅包括学生与老师之间的交互,还包括学生与学生之间的交流和讨论。讨论可以通过面谈、信函、电话、短信息、电子邮件、电子公告板、直播课堂或虚拟教室系统进行。其中,信函与电话在师生不能谋面的情况下是一种较为经济、便捷而又具有广泛适用性的通信方式。而在互联网已经开通的地区,参与合作讨论则主要是通过基于网络的通信方式,诸如电子邮件、电子公告板以及其他各种实时或非实时网络通信工具来进行的。另一方面,由于远程通信方面的革命,即电视和电话技术的结合通过压缩视频、全带宽或卫星连接,为在虚拟教室里的远程面授教学提供了可能。

(四) 提交学习成果阶段

这个阶段相对于其他阶段要简单一些。学习成果的界定比较宽泛:可以是一门课程结束之后书面考试的成绩,可以是就某个主题写作的论文,也可以是理论联系实际工作的项目汇报,一切视自主学习者的具体情况而定。提交的方式也要具体分析,可以是传统学校里提交的纸质材料,也可以是统一的书面考试,在面对面交流不方便的情况下,还可以在网络上开辟一个大家的作业提交区域,将学生的作业按照一定的命名方式提交,然后由教师或教辅人员收齐后进行评价。

(五) 评价学习效果阶段

自主学习评价是远程教育的自主学习过程中不可或缺的一环,它以内外双向评价为主要特征,即教育者代表社会对受教育者自主学习动机、策略和能力等进行评价与受教育者内部自我监控评价相结合。远程教育中自主学习效果评价的内容包括学生的学习观、学习动机、学习策略、自我监控能力、学业求助能力、学习反思能力等等。对于采用自主学习这种高度策略化的学习方式而言,单一的评价方法已不大可行,必然要求在自主学习评价中量性评定与质性评定相结合,并注重动态、纵向的形成性评价。

远程教学将"以学习者为中心"当做核心思想,它要求学习者能实现自主学习。但是,远程学习者由于原本都是在传统的教学模式中接受教育的,要求他们一开始便能自主和自治,显然是不可行的。因此,为保证学习者自主学习的顺利进行,为学习者提供学习支助服务就显得非常重要。

四、远程教育中自主学习的影响因素

自主学习是学习主体独立地获取知识的行为,因而它要受主体和客体的影响和制约,主体认知水平的高低和客体环境的好坏决定自主学习的顺利与否和效果好坏。因此,影响自主学习的因素可以从以下两方面分析:

(一)客观因素

包括两类:一类是自主学习的环境因素,主要有学校环境、家庭环境和社会环境;一类是自主学习的媒体因素,主要有文字教材、音像教材和计算机网上资源等媒体。

从学校环境来看,包括教室、图书馆、实验室、电脑室、校园文化、气氛、风气、人际关系以及学习支助服务系统等因素。一个宽敞、美丽、宁静、舒适,具有和谐气氛、功能完备的校园,能使人静下心来自主学习,而一个嘈杂喧闹如农贸市场的校园,不能叫人安心学习,更不用说自主学习了。图07-03为计算机教室。

图07-03 计算机教室

从家庭环境来看,家庭的经济条件是物质基础,经济条件好,在家里学习的条件就好,而家庭成员的文化程度、思想观念对学习主体的影响也是较大的,如果家庭成员不理解、支持学习者的学习,学习者的自主学习就有较大阻力。

从社会环境来看,社会是学习者学习的大环境,如果一个社会不崇尚学习,不鼓励学习,学习者就有很多困惑和干扰。

从媒体因素来看,文字教材是知识的主要载体,文字教材的好坏直接影响学习者自主学习的效果。而对于现代远程教育来说,音像教材和网络资源对学习者自主学习的影响也越来越大。

(二)主观因素

影响远程教育学习者自主学习成功的主观因素主要包括学习者学习的基础、动机、能力等几个方面。

从学习者的学习基础来看,没有一定的基础,要从事高一层次的学习是比较困难的,学习应该遵循循序渐进的规律。如果没有基础知识，那么学习者在以后的自主学习过程中就会遇到种种困难，从而影响自主学习的积极性和自觉性。

从学习者的学习动机来看，动机是推动和指引个体从事各种活动的内部动因，其作用在于促进人们进行有目的的行为。学习动机实际上就是学习主体对学习的一种需求，是引起、维持和推动学习主体学习的一种内部动力。

从学习者的学习能力来看，如果学习能力不强，在自主学习过程中，遇到疑难困惑就无法解决，就会动摇信心和丧失勇气，自主学习就无法进行下去。

五、远程教育中自主学习能力的培养

远程教育环境下学生自主学习要求学生能主动地、有主见地学习，也就是要在教学过程中充分调动和发挥学生的主观能动性。在此学习过程中，培养学生的自主学习能力尤为重要。我国学者认为，这种自主学习能力主要包括三个方面的具体内容：自我组织学习的能力，如确定学习任务与目标的能力、制订学习计划的能力、选择学习媒体的能力、自我控制能力等；自主获取知识的能力，如阅读能力、运用媒体的能力、理解能力、记忆能力、质疑探索能力等；运用和创新知识的能力，如表达能力、实践能力、研究能力、创新能力等。而要想培养这些能力，需要从以下几个方面着手。

1. 激发远程学习者的学习动力

学习动机表现为学习志向和愿望，这是学生自主学习的内在推动力。远程学习者由于入学之前长期处于传统教育的环境中，已习惯于依赖教师的学习方式，自主学习意识淡薄。在远程教育中学习中心和教育者应加强引导，通过各种形式向学习者宣传讲解远程教育的特点和优势，加深学习者对新的教学模式和学习方式的理解和认同，促使他们转变学习观念；通过开展网上答疑、网上讨论、网上测试等活动，加快学习者对远程网络学习环境的熟悉和适应，增强他们自主学习的信心。同时，帮助学习者树立对远程学习价值的正确认识，帮助他们通过对自身知识技能、智力水平及学习任务的分析，制定具体的、可实现的学习目标，以激发学习者的自主学习动机。此外，在教学过程中利用各种教学途径、教学内容和激励机制等，调动学习者的学习积极性和主动性。

2. 丰富远程学习者的学习策略

教会学习者学习方法，丰富学习者的学习策略，是培养远程学习者自主学习能力的重要方面。学习策略的熟练掌握和运用是自主学习的重要保障，是一个成熟的独立的自主学习者所必备的能力。学习策略是可以学习的，具有可教性。因此，在远程教育的教学设计中不仅要注重"授之以鱼"，更重要的是"授之以渔"。在具体教学过程中教育者可在结合教学内容的基础上提供尽量多的范例，讲明相关策略知识及策略使用的范围和条件，给予学习者充分的策略练习机会，使之熟练运用。同时，也可以考虑设计开发基于网络的远程学习策略指导咨询系统，对远程学习策略进行专门指导和训练。

3. 提供信息技术保障

要进行成功的自主学习，必须加强信息技术的支撑与保障作用。在教育信息传播过程中，信息技术把教师的教与学生的学紧密联系起来，并通过互相反馈，达到教与学在方式、风格、内容上的最佳契合。现代远程教育环境中的学习，由于与传统的学习方式有所

不同,因此更加需要学生主动地通过各种媒体来加强交互,这就是自主学习的精髓,即学习不是在没有支持的独立状态下进行的,而是在主动与周围环境的交互作用下达成的。这与建构主义学习理论的主张也是不谋而合的,即"学习是学习者主动建构内部心理表征的过程,强调学习过程中学习者主动性的发挥"和"知识不是对外界客体的简单描摹,而是主体与环境(包括教师、学生和学习材料等)不断相互作用而逐渐建构的结果"。因此,决定自主学习的关键因素是个体与环境的交互,而支撑交互的信息技术则是自主学习成功的关键因素之一。

4. 要培养学习者的自我监控能力

培养学习者的自我监控能力即培养学习者控制整个自我学习过程(识别、规划、管理、评价、修改)的能力。在培养学习者尝试自我识别、组织、制订并执行学习计划、自主选择学习策略的情况下,还要培养其对学习进行自我评价的能力,并在学习的过程中不断总结经验,根据学习的实际情况调整学习的进度和方法,积极探索构建适合自己特点的、最佳的自主学习模式的能力。另外,要培养学习者通过现代通信技术主动、积极地与学校的教师、教育管理工作者联系,以便在学习环境中形成一个组织良好的反馈系统,帮助他们做出自主决策,共同探索和营建有效的自主学习方式。

5. 加强相互协作,增强归属感

马斯洛(Abraham Maslow)的需要理论认为,归属和爱的需要是人的基本心理需要,这种需要若长期得不到满足,就会降低行为效果,造成心理障碍。虽然远程教育以学生的自主学习为主要方式,但也同样支持协作学习。加强协作学习可以减轻远程教育环境中学生的孤独感和心理压力,有效稳定和增强学习动机。因此,在远程教育的自主学习中,教师要充分利用远程教育的技术优势使学生在从事自主学习的同时学会并习惯在信息技术支撑的虚拟交流空间进行协作,进行思维的碰撞,以利于他们用多重观念理解知识,思考问题,提高生成性学习的机会,并增强归属感。

学习活动二:自主学习的主要理论观点

认真思考远程教育中自主学习的主要特点以及由此产生的对学习者的要求,结合远程教育中有关自主学习的主要理论观点来探讨远程教育中自主学习的一般步骤与环节,并撰写一个简短的分析报告与同学分享。

第二节 远程教育中的学习支助

远程教学与学习有两个基本支撑,一是以课程材料为核心的教育资源创作、设计、开发、发送与评价,另外一个就是学生学习支助服务。便于学生自主学习的学习支助服务系统的建立与完善是保证远程教育质量、降低辍学率的基础和关键。学习支助服务是远程教育的核心组成部分,关系着远程教育的成败。

一、学习支助的概念与含义

学习支助服务系统是伴随着远程教育的产生而产生的,它开始只是作为解决函授教育中的辍学问题而提出的一项措施,是课程设计、开发和发送的函授教育的补充部分,但后来逐渐发展成为远程教育的两大基本功能之一,并逐渐成为新一代远程教育的核心。在长期的远程教育实践与研究中,学者们积累了系统的思想与操作方法,形成了远程教育的学习支助服务思想体系。

有学者将学生学习支助服务界定为师生之间或学生之间的人际面授交流活动。这一界定来源于对传统校园面授教育的亲近和认同,即认为人际面授这种集体教学活动是任何教育系统的必备要素。这是对学生学习支助服务最原始、也是最狭窄的理解。一种更为普遍的界定是将学生学习支助服务分为包括师生之间或者学生之间的人际面授活动和基于信息通信技术媒体的双向交流两大部分。

还有学者将学生学习支助服务界定为远程学生在远程学习时接受到的各种信息的、资源的、人员的和设施的支助服务的总和。其中,信息服务既包括向学生单向发送的课程注册信息、广播电视教学节目信息、网络课程教学信息等,也包括对学生求助信息、咨询信息或反馈信息的答复。资源服务主要是为学生提供各类课程学习材料和其他辅助材料,包括传统图书馆和电子(数字、虚拟)图书馆服务。人员服务包括上面讨论过的人际面授活动和基于技术媒体的双向通信交互活动两大类。设施服务就是远程教育院校及其在各地的学习中心或教学站点为学生提供各种学习设施和设备服务。

对学生学习支助服务最宽泛的一种界定是将上述各种学习支助服务同对学生的课程注册、学籍管理、学分认定和学位证书颁发以及财政资助等行政管理服务都包括在内。这种界定可以称之为学生支助服务。但比较严格的学生学习支助服务仅指前面三类学习支助服务,而将行政管理服务包括在内的宽泛的学生支助服务排除在外。

我们认为,学生学习支助服务主要应该界定为学生从注册学习课程的远程教学院校得到的各种学习支助服务。为此,也有学者将远程教学院校称为支助机构。但是,随着国家和全球信息技术基础设施的建立和完善,学生还可能从社会其他教育和培训提供者以及全球各类计算机网络得到学习支助服务。

学习活动三:学习支助的概念和含义

请以"学习支助"为关键词,在百度和 Google 上查找相关的概念和含义,并填写下表。

	百度	Google
搜索结果		
我的评价		

二、学习支助服务的类型

由上述对学习支助服务的定义中可以看出,远程教育中的学生学习支助服务包括远程教育机构和教师为学生提供的信息服务、资源服务、人员服务和设施服务。

1. 信息服务

信息服务,既包括向学生单向发送的课程注册信息、广播电视教学节目信息、网络课程教学信息等,也包括对学生求助信息、咨询信息或反馈信息的答复;资源服务主要为学生提供各类课程学习材料和其他辅助材料,包括传统图书馆和电子(数字、虚拟)图书馆服务;人员服务包括人际面授活动和基于技术媒体的双向通信交互活动两大类;设施服务就是远程教育院校及其各地的学习中心或教学站点,为学生提供各种学习设施和设备服务,如语音实验室、视听阅览室、音频或视频会议系统以及计算机网络中心和网络教室等。

2. 资源服务

资源服务就是给远程教育中的学习者提供全面的资源支持,这些支持涉及资源环境的改善、资源的共享和传播形式的完善、收集学习者对资源使用的反馈信息等内容。在资源服务中,包括课程材料发送、图书馆服务、网络资源服务等形式,其中图书馆服务是最重要的服务形式。这里的图书馆不再是传统的藏书库、阅览室,而是通过计算机网络与各地大学、图书馆、博物馆联网,拥有多媒体多载体馆藏资源和各种动态开发资料库、数据库的电子图书馆。远程教育院校的图书馆还应具有自己作为开放与远程服务的专业特色,建成从校本部到各地学习中心辐射的分布式网络结构的电子图书馆系统。同时,要与其他大学的公共图书馆结成紧密的协作关系,实现资源共享。

3. 人员服务

在为远程学习提供的诸多人员服务中,辅导服务或教学辅导是最基本、最重要的一种人员服务,并且是与学生学习课程内容直接相关的一项教学服务。教学辅导服务可以是以班级或小组为单位集体进行的,也可以是个别进行的,可以人际面授(在平时或周末,在学生工作单位、当地学习中心或其他教学基地,或者举办短期住宿学校或课程培训),还可以通过通信媒体进行"非面授"和"非连续"的函授辅导、电话辅导、电视辅导、音频视频会议辅导和网络辅导等。

咨询服务是远程教育院校及其代表对学生在学习期间遇到的各类(与学习有关的和与学习无关的)问题提供解答、帮助和建议的服务,这是除教学辅导之外又一种重要而常见的人员支助服务。从学习支助服务的功能分工上讲,教学辅导和咨询具有不同的服务功能和内容,对那些与课程学科教学内容有关的问题,以及与各类课程学科性质和教学内容相关的特定的学习方法和策略问题的解答和帮助应该归属教学辅导服务。而咨询通常是对那些与特定课程学科教学内容无关的交流或个人的问题的解答、帮助和建议。

4. 设施服务

上述信息、资源、人员服务都是在设施服务的基础上进行的,设施服务为其他各类学习支助服务提供了物质技术基础与保障。设施服务就是远程教育院校及其在各地的学习中心或教学站点为学生提供各种学习设施和设备服务。设施服务主要包括图书馆相关设施服务、视听设备服务、通信设备服务、计算机及网络服务等。

按照支助服务内容的性质划分,学习支助服务还可以包括学科支持和非学科支持两个方面;按照学习进程,学习支助服务可以包括学前服务、学习过程中的服务和学后服务。由于学习的发生有内部条件和外部条件,为实现远程学生的自主学习,学习支助服务可以包括内在的支持和外在的支持两个方面。内在的支持是指对学生的动机意志、情感态度、学习调控、学习方法等方面的指导与帮助,而诸如为学生提供面授辅导、网上答疑、作业的批改与评判、试卷分析以及其他各类设备的、资源的服务等,则属于外在的支助服务。

三、学习支助服务体系的结构

远程教育是一种师生时空分离并依靠媒体技术对教与学的过程再度进行整合的教育形式。由于远程学习者主要以自主学习为主,师生间交互的缺乏和非连续性为远程学习带来很多困难,因此为远程学习者提供学习支持尤为必要。世界各国在具体实现远程教育支助服务时,在内容、形式、深度、研究方向上存在许多不同之处,但根据对学习支助服务系统构成要素的分析,远程教育中学习支助服务体系的系统结构一般有四个构成要素,它们分别是学习者、教师、服务资源和通信媒体,四者之间的相互关系如图07-04所示:

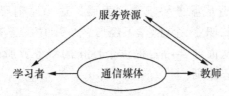

图07-04 学习支助服务体系的系统结构

在支助服务系统里,教师是支助服务的提供者,学习者是支助服务的接收与获得者。教师根据学习者的需求和特点,一方面通过通信媒体与学生进行内容丰富的双向对话交流,向学习者提供针对服务资源的各类支助服务;另一方面积极建设丰富的以通信媒体为载体的各类服务资源,通过学生对资源的学习提供支助服务。

学习支助服务系统具有开放性、丰富性、选择性、灵活性、远程性等特征,其总的目标是:为学生提供有效的学习引导机制,形成完善的学习服务体系,提供准确、及时、有效的信息服务,提供个性化的职业生涯和职业发展服务等。支持系统主要指支持学习者有效学习的内外部条件,包括学习资源支持、设备支持、信息支持、师资支持、导学支持、督学支持、管理支持等。

学习支助服务系统的运行应坚持以学生为主体,努力为学生自主学习和个别化学习提供完善的管理、咨询、辅导、答疑、沟通等服务,营造一种有助于学生自主学习的环境,不断加强远程教育学生支助服务的有效性。远程教育在为自主学习的学生构建丰富学习资源的同时还要建立一种具有高度平等和互助性的学习方式,形成一种更有活力的学习环境,增强高等远程教育中学生自主学习的平等性、互助性和理解性,消除自主学习的学生在社交方面的孤独感,这有助于改进学生之间的关系。就我国目前的状况而言,当务之急是建设强大的网络教学服务支助体系,以保证师生双方可以随时实现个性化的学习指导与交流。

四、构建学习支助服务系统的原则

在现代远程教育的学习支助服务系统的建设与运行中,为保证对远程教育学习的实际推动效果,要遵循以下几个基本原则:

1. 以学生为中心的原则

以学生学习为中心是远程教育的本质特征和核心思想,它是指整个学习支助服务系统的构建要充分考虑学生个体差异和全面发展的需要,整个系统要围绕学生的特点、学生的需求和学生的学习设计、组织和运行。这一原则是构建学习支助服务系统的最重要最基本的原则。国际远程教育界研究学习支助服务的著名专家艾伦·泰特指出,规划开放的远程教育的学习支助服务系统,需要考虑一系列相互作用的因素,其中最主要的问题是首先考察"你的学生是谁?"

2. 适应性原则

学习支助服务系统的支助服务内容、服务项目的设置要切合远程学习者的实际需求,支助服务方式的选用要符合学习者的实际情况,尽可能保证没有一个学习者有接受的不便,或因为某些原因造成服务要求受到阻碍。这一原则要求充分考虑学习者的特征,如学习者的年龄、性别、职业、个性、学习经历、学习动机、经济状况等的差别对学习支助服务系统的不同要求,从而向学习者提供个性化的服务。所以,适应性原则要以学习者为中心,故亦称学生中心原则。

3. 多元化原则

学习支助服务系统需要为学习者提供在学习过程中各个环节所需要的所有支持与帮助。在具体的实践操作过程中,服务项目、内容要逐步丰富并完善。支助服务的开展应该是多方位、多层次的。比如,在学习资源的服务上,既要提供相对简单的实用的资源,如传统文字教材、学习辅导等,又要提供较高级、精致的资源,如多媒体课件、电子教案等网上资源,最大限度地满足学习者的需求。

同时,学习支助服务系统还要具有人文关怀,能够提供人文氛围,创设人文环境。除给学生提供学习的疑难问题解答外,学习支助服务还应提供心理方面的咨询,以弥补因缺乏师生面对面交流、缺乏校园环境熏陶而带来的不足。随着远程教育的不断发展,这一点应越来越受到重视。因为远程教育不只是远程教学,它还有育人的功能,而要实现这一功能就必须依靠对学习支助服务系统功能的不断扩展。

4. 及时性原则

这一原则一方面要求教师对学习者的服务要求作及时、快速的反应,以缩短交互影响距离;另一方面,支助服务系统是一个动态、开放的系统,要根据学科的发展、社会的要求、科技的进步,及时更新学习资源,调整服务策略与方式,使学习者得到及时有效的帮助。

5. 综合性原则

学习支助服务系统的综合性原则,是指学习支助服务系统的设计和构建在内容和形式上都要体现出综合的整体优化,通过要素的取舍、功能的区分、资源的配置、媒体的选择以及关系的协调等方面的统筹规划和综合考虑,使学习支助服务系统能充分发挥其整体功能,获得最大的效应。学习支助服务要为学生的远程学习提供全过程、全方位的服务,其内容要素体现出极高的综合程度。作为远程教育系统中一个独立的子系统,学习支助服务体系的构建要体现综合性原则,从分析服务需求、设定服务目标、选择服务策略、传送学习资源、评价服务效果等方面进行综合考虑。

6. 适应性原则

各地经济、文化发展的差异,导致远程教育的发展具有不平衡性。因此,远程教育的学习支助服务系统的构建不能搞一刀切,既应符合现代远程教育的基本原则和要求,也应因地、因时、因人而异,特别是经济文化发展相对滞后的西部地区,更应当从远程教育经济学的角度考虑,既要重视基于互联网的运行平台,也要注意运用有相当运行基础的数字卫星电视、音像等二代媒体,体现针对实际的适应性原则。需要指出的是,我们不应当简单地以现代化手段和多媒体资源运用的多少来衡量学习支助服务体系构建质量,而是要提倡在混合学习理念的指导下,因地制宜地去构建学习支助服务体系。

五、英国开放大学的学习支助服务

学生学习支助服务的思想是在英国开放大学的远程教学和远程学习实践中发生和发展起来的。因而,英国开放大学的学习支助服务成为世界各国远程教育学习支助服务体系建设的典范。英国开放大学的学习支助服务系统非常完善,他们在学习支助服务方面的工作,值得我们学习与借鉴。

英国开放大学一直很注重对学生的支助服务,从接受申请者的咨询、学生注册,到学生与辅导教师的交流、准备考试、选课及对于学生职业及未来的设计,都能提供个性化的支助服务。他们尤其重视对新生的支助服务。新生在入学的前几周,甚至第一次交作业都能得到很好的帮助,随着学习时间的加长,支助服务有所减少。很多第一年安排的课程都不考试,以此适应成人及在职人员的需要。

在"学习者开放、学习地点开放、学习方法开放和观念开放"的办学思想指导下,英国开放大学在英国本土设立了13个地区中心,各地区中心下设若干个学习中心,总共设立了250多个学习中心。英国开放大学所有地区学习中心的机构设置无不突出以服务为宗旨,以学生为中心。地区学习中心的机构都是按总部的要求统一设置,主任下面设三个助理,分别负责学生服务、学习支助服务和地区中心服务,教研辅导员由主任直接负责。

地区学习中心的主要工作分为两大块:学生服务与教学辅导服务。学生服务这一块又分为课程与录取、咨询与指导、就业指导、市场开拓、业务开发、学习支持等。教学辅导服务分为:教学与对外联络、计划与资源、协调中心、学习支持、教学服务、学术支持、教学支持、中心服务等。学生服务的若干个部门都有明确具体的分工:课程与录取部门主要负责学生交费,领取学习资源;咨询与指导部门主要指导学生选课;市场开拓部门主要负责组织学生工作,如组织学生到学习中心参加辅导;业务开发部门主要负责与当地的联系与合作,与个别学生的联系以及与中学的联系等;学生支持部门主要负责学生学习上的问题。

英国开放大学的地区中心和学习中心除少量的专职工作人员外,还聘请了一批兼职课程辅导教师。地区中心的主要职能是:聘请课程辅导教师;指导和监控辅导教师的工作;做好与其他机构的沟通联系,保持中心正常运作;降低学生的辍学率等。

课程辅导教师的主要职责则是为学生提供课程学习辅导和咨询服务,开放大学的学生在第一学年都指定了一位课程辅导教师兼咨询顾问,负责该学生第一学年基础课程的教学辅导,并承担学生攻读学位整个时期的咨询服务,如提供选课建议、指导学习方法等。学生遇到问题可以随时通过各种通信手段(如:信件、传真、电话、E-mail等)与指导教师联系。开放大学对学生的学习支助服务既有机构、人员的保证,也有制度、方法和内容的保证,从而使其服务质量能保持高水准。

在英国开放大学,每个学生每门课程都有一个学习包,内容有主教材、辅导教材、录音带、录像带、教学光盘,还包括作业安排、考试说明、教学组织过程、辅导和答疑方法以及学习包的使用方法等。每个学生每门课程都有指定的辅导教师——英国开放大学7000名助教中的一位。这些兼职教学人员批改学生作业并做评注,组织必要和可能的小组会面活动,通过电话和电子邮件来支助学生。

英国开放大学学习支助服务各部门的工作目标是"学生第一"。在这个口号下,学校开发了一系列学生服务与学习支助服务的学生信息系统,方便学生注册、选课等。应用这些系统,学生们可以通过计算机网络甚至电话完成注册、选课、在规定期限内退选课程等,还可以详细查询各门课程的内容提要、选修课要求、课程时间、地点、可容纳人数等情况,以及自己历年的成绩和各个专业方向对选课的要求等等。教师通过系统可以查询学生的所有信息,如家庭情况、工作情况以及目前的学习情况等,甚至包括学生给教师打过多少电话,问过多少问题,参加过多少次网络辅导与讨论等。在系统中还可查到辅导教师给予学生支助服务、解答学生问题和解决学生困难的详细信息。

英国开放大学在学习支助服务中对技术所持的态度以及具体做法尤其值得我们思考与借鉴。英国开放大学认为,虽然网络教育是一个必然的发展趋势,但是利用因特网学习不应成为学生的唯一选择,高质量的教材(印刷、电视、广播)是最基本的,不可丢弃,应该根据实际情况,充分发挥传统媒体(幻灯、投影等)的作用,把现代教育技术与传统技术结合起来,在教学手段上突出特色,提供多种媒体类型的有利于学生学习的支助服务。

学习活动四:运用学习支持服务进行分析

理解学习支助服务的意义与内涵,复述远程教育中学习支助服务的基本类型、学习支助服务体系的基本结构以及构建学习支助服务的原则,并运用这些知识对一个实际的远程教育支助服务体系进行分析,撰写分析报告。

学习测评

1. 穆尔的理论核心概念包括:(   )。
   A. 交互距离   B. 学生自治   C. 师生分离   D. 独立学习
2. 远程教育中自主学习的五个过程中的核心是(   )。
   A. 确定学习计划   B. 获取学习资源
   C. 参与合作讨论   D. 提交学习成果
   E. 评价学习效果
3. (   )可以认为是西方学者对学生学习支助服务的第一篇系统论述。
   A.《远程教育学》
   B.《远程教学》
   C.《学习支助服务功能及其对远程教学关系的重建》

D. 《远程学习系统对学生的持续关注》
4. 学习支助服务的类型有( )。
   A. 信息服务　　　B. 资源服务　　　C. 人员服务
   D. 设施服务　　　E. 网络服务
5. 学习支助服务体系的系统结构一般有四个要素,它们分别是( )。
   A. 学习者　　　　B. 教师　　　　　C. 服务资源
   D. 通信媒体　　　E. 教学设备
6. 调查电视大学与网络教育学院等不同的远程教育机构中学习支助服务开展的情况、存在的问题、对远程学习者的价值,认真思考并深入探讨学习支助在远程教育中的重要地位与作用,撰写一份调查报告。

参考资源:

[1] 艾伦·泰特,陈垄.开放和远程教育中学生学习支持之理念与模式.中国远程教育,2003(15).
[2] 陈丽.远程教育学基础.北京:高等教育出版社,2004年.
[3] 德斯蒙德·基更,丁新等译.远距离教育基础.北京:中央广播电视大学出版社,1996年.
[4] 德斯蒙德·基更编,丁新等译.远距离教育理论原理.北京:中央广播电视大学出版社,1999年.
[5] 丁兴富.论远程教育中的学生学习支助服务(上).中国电化教育,2002(3).
[6] 丁兴富.论远程教育中的学生学习支助服务(下).中国电化教育,2002(4).
[7] 丁兴富.远程教育学.北京:北京师范大学出版社,2002年.
[8] 丁兴富.远程学习圈:构建远程教学与远程学习的基础理论.中国远程教育,2001(7).
[9] 黄清云,汪洪宝,丁兴富主编.国外远程教育的发展与研究.上海:上海教育出版社,2000年.
[10] 千里.远程教育学习支助服务系统的构成与有效性探析.湖北广播电视大学学报,2002(2).
[11] 申豫玲.电大远程教育学习支助服务系统的设想.厦门广播电视大学学报,2003(2).
[12] 王继新.远程教育原理与技术.武汉:湖北科学技术出版社,2005年.
[13] 肖俊洪.关于非学科学习支助服务的思考.中国远程教育,2003(13).
[14] 肖俊洪.知识媒体·元学习环境·学习支助服务.开放教育研究,2003(1).
[15] 谢新观等.远程教育概论.北京:中央广播电视大学出版社,2000年.
[16] 徐学锋,裴纯礼.从与传统教育相结合的角度谈远程教育中的学习支助服务.中国电化教育,2003(6).
[17] 杨锡宏.试论现代远程教育学习支助服务系统的建设.湖北广播电视大学学报,2002(2).
[18] 于云秀.开放教育入学指南百问.北京:中央广播电视大学出版社,2000年.
[19] 袁昱明.学习支助服务功能及其对远程教学关系的重建.中国远程教育,2000(5).
[20] 周蔚.论远程教育学习支助服务系统的构建.天津电大学报,2000(4).
[21] 朱树牛.试论远距离教育中学生学习支助服务系统的建立.现代远距离教育,1996(2).

管理与评价篇

第八章 远程教育管理

学习目标

1. 了解远程教育管理的基本内涵,能复述远程教育行政管理、教学管理、资源管理与人员管理的主要内容。

2. 了解远程教育的三种实践模式,能复述远程教育管理的几种基本模式,并能结合远程教育的实践模式对这些管理模式进行分析。

3. 了解远程教育质量保证的基本含义以及国内外远程教育质量保证体系建设的情况与基本内容,意识到质量保证对远程教育的重要性。

知识概览

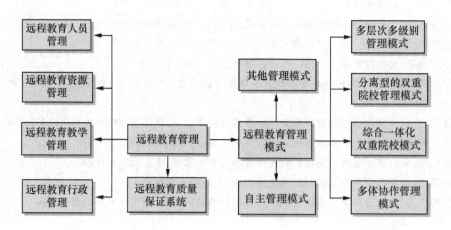

本章导学

远程教育在个性教育、终身教育的实现中扮演着重要的角色,而管理则对远程教育的实施和实现提供了有力的保障。对远程教育来说,教学管理的内容主要包括远程教育教务管理、课程开发管理与学习支助服务管理。本章将讨论远程教育管理的基本内容和基本模式,并学习几种典型的国内外远程教育质量管理体系。

问题导入

1. 远程教育的教学管理包括哪些内容?
2. 如何保证远程教育的质量?
3. 世界远程教育有哪些实践模式?

引言

远程教育在个性教育、终身教育的实现中扮演着重要的角色,而管理则对远程教育的实施和实现提供了有力的保障。远程教育在教育理念、教学手段、教学内容、管理模式上都有别于传统教育,因而远程教育的管理将不能沿用常规的、传统的教育管理模式,而应根据自身的特点进行一些调整与探索。

第一节 远程教育管理的基本内容

卓有成效的管理是保证质量的前提,远程教育管理同远程教育的学习支助服务一样,是远程教育质量的重要保证。远程教育管理要求参与远程教育的管理人员充分利用远程教育管理系统中的各类资源,通过共享、交流与协作,最大限度地发挥远程教育管理的功能,促进远程教育的发展。

一、远程教育管理概述

根据远程教育管理对象的层次结构,可以将远程教育管理分为教育行政管理和远程教育学校管理。教育行政管理将整个国家的远程教育系统作为研究对象,主要指各国各级政府及其教育行政部门应用立法、行政、财政等手段,对各级各类远程教育院校机构进行规划、组织、指导和控制,使有限的远程教育资源得到合理的配置,以实现远程教育管理目标的最优化;而远程教育学校管理则以远程教育院校机构为实施主体,主要涉及远程教育院校与社会环境的关系、远程教育院校内部的组织结构和功能,以及为了保证远程教学的正常运行、提高远程教育的质量和效益而开展的各种行政的、教学的和人员(教师和学生)的管理。远程教育的学校管理又包括远程教育教学管理、远程教育资源管理以及远程教育人员管理等多项管理内容。

二、远程教育的行政管理

根据我国学者丁兴富的观点,远程教育的教育行政管理可以从远程教育的管理体制、远程教育的管理机制、远程教育的立法与远程教育的财政四个方面来加以分析。

1. 远程教育的管理体制

远程教育的管理体制主要分为两种,它们分别是政府分权体制和对院校的分类管理体制。政府分权体制主要是指中央政府和地方政府在对远程教育管辖权限上的分工。在西方许多联邦制国家(如美国和澳大利亚),对传统院校的教育管辖权主要归于州政府,但对远程教育领域,中央政府往往表现出更多的兴趣和干预。在英国,开放大学则由英国政府创办并直接管辖。在许多发展中国家,通常由中央政府创建并直接管理面向全国的开放大学或远程教学大学。这样,便于利用国家的广播电视系统和国家信息基础设施,动员全社会的人力、物力和财力资源在短期内迅速、大规模地发展教育。我国采取了中央政府统一制定政策和规划,由中央和各级地方政府分工办学和管理的体制。我国广播电视大学、农业广播电视学校等都是从中央到地方基层的多层次的远程教育系统。中央院校由中央政府的有关部门领导和管辖,各级地方院校接受对应级别的地方政府的领导和管辖,形成了学校教育系统与国家行政系统并行设置的独特体制。

院校的分类管理体制是指政府教育部门如何分类指导和管理各种教育院校。比如,在我国,首先将教育院校分为普通院校和成人院校两类,而将大多数独立设置的远程教育院校归入成人院校。与此对应地,就有两种全国统一的高等教育入学考试:普通高校入学考试和成人高校入学考试。这种双轨制的院校分类管理体制在现实中已经显示出其不适应来。首先是不适应统一的教育市场;其次,上述双轨制的院校分类管理体制不适应建立终身教育体系和学习型社会的需要。在许多发达国家和发展中国家,已经抛弃了这种普通院校和成人院校人为分割的双轨制的院校分类管理体制,而实施面向全体国民的终身教育院校设置体制。不仅如此,远程教育院校和传统校园院校的分类管理体制也受到了挑战。

2. 远程教育的管理机制

远程教育的管理机制是指政府对远程教育院校的行政管理机制,即是政府直接主办和管理学校或政府对实行自治的学校进行宏观管理。在世界各国,对于双重模式院校举办的远程教育,各国政府通常采取宏观管理的机制,即通过立法、规划、拨款等手段来进行宏观调控。因为双重模式院校原本都是由传统校园院校介入远程教育市场发展演变而成,这些传统校园院校本来就享有办学自主权。但是,对于独立设置的单一模式的远程教育院校,情形就不完全一样了。像英国等国家的开放大学(图 08-01 为英国的威尔士开放大学),大多是自治的远程教学大学,在财政、考核、学分认定和授予学位、课程设置、课程材料的设计和开发以及课程发送和学生学习支助服务诸领域享有充分的自治权。比如,这些开放大学有权依据教育市场的需求提

图 08-01　英国的威尔士开放大学

供大学学士学位、研究生硕士和博士学位以及继续教育的专业课程设置。同时,这些开放大学的招生、考核、学分认定和学位授予也都属于大学自治的权限,政府并不干预。我国政府对广播电视大学和高等教育自学考试则实行另一种行政管理机制,体现出政府直接主办和管理学校的特征。广播电视大学一直在努力争取从各级政府那里取得更多的办学自主权,我国高等教育自学考试和中等专业教育自学考试更是由各级政府直接主办和管理的。委托承办的主考学校或其他机构只是负责课程资源的建设和考试命题,整个自学考试的专业课程设置和组织实施均由各级政府中的自学考试委员会及其办公室直接主办和管理。

3. 远程教育的立法

各国都十分重视远程教育的立法,认为立法对规范和发展远程教育具有重大的意义。在西方发达国家,远程教育立法及远程教育院校法律地位的确立通常需要经历较长的准备、论证和立法程序。比如,英国开放大学从威尔逊1963年提出创建开放大学的倡议,到1969年英国国会通过皇家法令正式建立英国开放大学,共经历了六年时间。又经过了两年筹备,英国开放大学在1971年才开始招生开学。再如日本放送大学,早在1967年文部省就有了"关于使用视频和音频广播于教育播出的模式问题"的咨询备案,1969年通过答辩一致同意着手建立放送大学,经过文部和邮政两省向内阁会议提出报告并进行长时间的可行性论证,终于在1981年以国会第80号法令《放送大学学园法》公布实施,前后经历了12年。又经过了4年筹备,在1985年,日本放送大学才正式开学。与此作为对比的是,发展中国家远程教育立法经历的时间通常较短。比如,巴基斯坦在1974年召开国民代表大会正式通过了关于建立人民开放大学的议案,1975年即招生开学,1977年改名为阿拉玛·伊克巴尔开放大学。上述议案除了规定开放大学要履行普通高等学校的一般职责外,还重点强调了开放大学的办学宗旨,即教育要面向社会,要为大众服务。

4. 远程教育的财政

远程教育的财政,广义地说,就是远程教育的成本或费用的分担问题;狭义地说,专指国家财政(各级政府)如何承担远程教育的经费及其拨款机制问题。国际远程教育界普遍认同,对于远程教育的费用,应该实行"谁受益、谁承担"的分摊准则。谁是远程教育的受益者呢?通常认为,远程教育的三个主要受益者是国家、社会和学生。至于远程教育的成本或费用在国家、社会和学生之间如何分摊,这在不同的国家,在同一个国家的不同地域和不同时期,以及在各类不同的远程教育院校和项目之间是很不相同的。

英国开放大学的经费主要来自政府拨款。20世纪80年代初,学位教育计划经费的82%由英国教育科学部直接拨款,16%来自学生所交学费,2%来自各种课程材料销售所得和其他财源。继续教育计划的经费原则上要求自筹解决,大约60%—70%来自学生交费收入,其余的来自社会各种专门的基金组织。自进入80年代以来,英国政府执行新的财政政策:减少政府拨款,增加学费收入在整个预算收入中的比例。

我国广播电视大学的经费来源实行国家、社会和个人多渠道集资的体制。依据20世纪80年代末对广播电视大学投资效益的评价研究成果可知,我国广播电视大学系统经费来源的基本结构如下:各级政府财政拨款约占52%,社会(办学部门、机构和企事业单位)集资约占40%,学生交费约占5%,其他收入约占3%。进入90年代以来,随着经济改革的深入和市场经济体制的逐步建立,也随着非义务教育阶段适当增收学费的政策出台,广播电视大学经费来源中,学生个人承担的部分增加了。随着网络教育的开展,学生个人承担的计算机设备投入和通信费用的增长是远程教育成本核算中又一个需要考虑的新因素。

三、远程教育的教学管理

教学管理是管理者依据一定的教育思想,遵循教学规律和管理规律,对教学过程进行计划、组织、指挥、协调、控制,以实现学校教育目标的过程。它是学校管理的核心,是科学管理在教学活动中的具体应用。对远程教育来说,教学管理的内容主要包括远程教育教务管理、课程开发管理与学习支助服务管理。

1. 远程教育教务管理

远程教育教务管理主要包括教学计划管理、考务管理、成绩管理、学籍管理、教材管理和系统维护。

教学计划管理主要用于确定各专业的学习年限及所应完成的学习内容,控制和决定学籍管理子系统、考务管理子系统、教材管理子系统,这是教务管理的纲。教学计划管理的主要功能包括:课程设置管理、专业设置管理、教学大纲管理、年级专业管理、必要教学环节管理、专业计划管理、分类计划管理、年级课程表管理、学期开设课程表管理、学期考试课程表管理、班级教学计划管理与教学计划调整等。

考务管理在严格遵循考务管理的基本原则的前提下,负责组织和实施教学计划规定的考试报名、安排考场、成绩登录等考试方面的任务。考务管理为有关部门提供考试文件、试卷征订等信息,其主要功能包括:课程科目表管理、考前处理、试卷订单管理、考试报名、考场编排、成绩登分、违纪处理、补考处理等。

成绩管理负责收集学生学习成绩、考试记录及处理违纪学生等方面的信息,为有关部门提供成绩分析及质量评价等信息资料。主要功能包括:成绩查询、成绩合成、成绩更改、接收外部成绩、实践环节成绩、成绩统计和分析管理等。

学籍管理承担着处理学生注册、课程注册、学籍异动、毕业、学位管理和证书管理等工作。在学籍管理中任何模块均可查询到某个学生的基本情况、辅修专业、奖励情况、处罚情况、考试成绩、违纪情况、所缺课程、学籍异动和所用的教学计划。其主要功能包括:新生注册、课程注册、学生档案管理、学生基本信息统计管理、专业统计管理、学生成绩管理、学籍异动、毕业预审、毕业审核、电子注册号管理、证件管理、学位管理等。

教材管理负责管理用书计划表、教材征订和发行、财务结算等工作,同时负责向教务管理系统以外的有关部门发送有关教材管理信息。主要功能包括:教学用书计划表管理、教材征订、教材采购、教材发行、库房管理、财务结算等。

系统维护是保证整个系统正常运行的一个非常关键的子系统。主要是提供人员管理及权限设置、使用单位设置、口令修改、重新注册、历史操作查询、错误信息查看、上下级数据交换、外部数据接口等本系统的维护工作,控制和决定系统的安全性。用户自己开发的程序可以通过用户子系统无缝连接到该系统中,能够实现正式数据库和临时数据库之间的切换,进行光电阅读机数据读入和利用互联网接收和发送 E-mail 邮件等工作。

2. 课程开发管理

课程开发管理主要包括课程创作阶段的管理、课程制作阶段的管理、课程发送阶段的管理以及课程使用阶段的管理。

课程创作阶段的管理的主要任务是组建课程创作小组、明确小组成员分工、制定课程开发计划并制定相应的质量检查与管理部分,对课程开发计划的实施情况进行监督。

课程制作阶段的管理的主要任务是根据实际情况,确定由哪个单位来负责课程资源的生产制作,是由远程教育院校内部自建的印刷厂或生产制作中心承担,还是订立合同委托远程教育院校外的相关生产制作单位承担。

课程发送阶段的管理的主要任务是选择与组建课程传输的渠道,并采取相应的保护措施保证学习者能方便快捷地获取这些课程。

课程使用阶段的管理的主要任务是根据学习者的反馈对课程进行维护、评价与更新。

3. 学习支助服务管理

学习支助服务管理包括信息服务管理、学习资源服务管理、策略服务管理、交互服务管理、学习评价服务管理等,以实现学生注册与选课、作业提交与检测、学分认定以及实践性教学环节的管理,形成贯穿教学全过程的学习支助服务系统管理等。

四、远程教育的资源管理

远程教育的实施要借助于各种环境资源、信息资源以及人力资源,因此对这些资源的统筹规划与管理是远程教育学校管理的重要内容。远程教育资源管理的主要内容包括:系统拥有的远程教育资源的种类与数量;系统生产与发展有关课程材料的能力;学生实际可能获得的资源种类和相关课程的数量;依据各科课程的学科性质和教学目标,确定各门课程所需资源的种类与数量等。

伴随着信息技术的进步,远程教育资源管理的技术含量不断提高。目前,广泛应用于远程教育资源管理的关键技术主要包括多媒体技术、知识挖掘技术、知识关联技术等。知识挖掘技术可以进行自动标引和自动分类,能够完成资源自身的隐性知识显性化,在此基础上应用知识挖掘技术还可以进一步分析并建立资源之间的关联,将可以完成资源库层次上的隐性知识显性化。在资源结构化、知识外化的基础上,应用知识关联技术可以为远程教育的资源库建立以知识元为核心的完备的知识网络,并且依托知识网络提供知识服务。

五、远程教育的人员管理

远程教育人员管理主要包括对教师的管理与对学生的管理。建立一支强有力的教师队伍,是远程教育可持续发展的先决条件。远程教育中教师管理的关键是调动教师的工作积极性,教师积极性的发挥直接影响远程教育目标的实现。对教师的管理主要包括对教师教学思想的管理、对教师教学计划的管理以及对教师教学活动的管理三个方面的内容。在远程教育的教师管理工作中,要注重创新管理理念,实施目标管理;要坚持以人为本,强化自我管理;要讲究管理艺术,实行参与管理;要开发人力资源,坚持动态管理;

要善用绩效强化,注重心理管理。

对学生的管理主要是与教学管理有关的学生注册、选课、考试、作业提交、学分认定等管理。在具体实施过程中,远程教育环境下的学生管理,应根据学生的多种入学形式、成人身份特点和心理特点,根据学生自主学习、业余学习为主的学习特点和环境特点来制定具体的管理对策。具体来说,首先应要求学生结合现代远程教育的特点,一入学就制定专业学习计划,每学期制定学期学习计划,并经常检查,定期公布。远程学习的过程中,要组织学生建立学习小组,学习小组可以以课程、地域来组建。此外,还要督促学生落实学习计划,定期开展活动,加强交流。最后,要重视对学生学习的考评,保证形成性考核的质量。教学管理部门应坚持作业检查和抽查制度,并按相应的规定采取奖惩。对于没有完成平时作业、实验、实习等课程实践环节,以及在形成性考核中走过场的学生,取消其形成性考核成绩,不准参加本学期的课程考试,不能取得该课程的学分。

学习活动一:教育管理的基本内涵

认真思考远程教育管理的基本内涵,通过查找网络资源填写下表。

	远教行政管理	远教教学管理	远教资源管理	远教人员管理
主要内容				
典型实例				

第二节 远程教育管理的基本模式

远程教育是以现代信息技术为主要教学手段的现代教育形式,它为一切有学习愿望的人提供了不受时空限制的、全方位的学习环境。远程教育的教育模式相对于传统的教育模式发生了根本性的变化,这种全新的教育模式呼唤着与之相适应的管理模式。

一、远程教育的三种实践模式

在国家层次上,可以将世界远程教育抽象为三种实践模式,即英国开放大学的单一院校模式;美、俄和澳大利亚的双重院校模式;中国、法国和加拿大的多重系统模式。

1. 单一院校模式

单一院校模式主要由开放大学这类院校来实施远程高等教育,以英国为代表。除英国外,西班牙、荷兰、印度、印度尼西亚、泰国、马来西亚、巴基斯坦、斯里兰卡、伊朗、土耳其、韩国、哥斯达利加以及委内瑞拉等国的远程教育也属于单一院校模式。在这些国家,传统高等学校主要进行校园面授教育,成人业余高等教育则主要由国家专门建立的远程教学大学(通常取名开放大学)来开展。比如,英国建有一所面向全国的开放大学,泰国则建有两所全国性的远程教学大学,印度既有面向全国的国立开放大学,又有面向各个邦的开放大学。在单一院校模式的开放与远程教育系统中,远程学生通常是以家庭为学习基地进行个别化学习的。远程教学是通过发送精心设计的多种媒体课程材料和建立在非连续的双向通信基础上的学习支助服务来实现的。遍布各地的学习中心网是学习支助服务系统的重要基础设施,一定量的面授辅导和学生小组活动是受到普遍鼓励的。

2. 双重院校模式

双重院校模式是说,在美、俄和澳大利亚等国家,开放与远程高等教育主要由传统高等学校承担,这类传统院校具有双重功能,既进行校园面授教育,又开展开放与远程教育。比如,澳大利亚没有国家专门建立的远程开放大学,大学层次的远程教育有校外教育和开放学习两个相互连通的系统,它们都是由传统高等学校,即双重模式院校提供实施的。澳大利亚政府鼓励所有传统高等学校开展校外教育,大多数传统高校有从事校外教育的经验,其中有些双重模式院校的校外学生人数已接近或超过了校内学生人数。

3. 多重系统模式

多重系统模式,指在同一个国家中并行存在多种模式的开放教育系统,既有独立设置、专门开展远程教育的院校,又有举办开放与远程教育的普通高校,中国、法国、加拿大就是采用多重系统模式来开展远程教育的。比如,我国既有传统高等学校举办的函授教育和现代远程教育,又有国家专门建立的广播电视大学开展的远程教育,还有作为国家考试制度的高等教育自学考试。

二、远程教育管理模式

这里所指的管理模式主要是院校级别的行政管理模式。参考我国学者丁兴富的观点,远程教育的管理模式可以分为以下几种:

1. 自主管理模式

自主管理模式的主要形式为独立函授学院(如图 08-02 所示)、自治的多种媒体教学的远程教学大学和独立设置的网络大学或虚拟大学以及传统大学中的独立函授学院等。

独立的函授学院多存在于 20 世纪 80 年代的西欧、北美和前苏联。比如,前苏联的独立函授院校与其他普通高校一样,也实行院、系、教研室三级管理体制,全院实行院长负责制。并且大多数的独立函授院校都是面向

图 08-02　函授教育

全苏联招生的,它们在有关城市、边远地区、大型企业设有函授分院、分部、系或函授辅导站。

自治的多种媒体教学的远程教学大学是 20 世纪下半叶发展起来的远程教育的主流模式,各国开放大学和放送大学大多属于这一类。英国开放大学是这类学校的代表,学校在财政、考核和发证、课程设置和课程材料设计制作、课程材料的发送和学生学习支助服务领域享有充分的自治权。大学总部对全英国的地区办公室和学习中心实行垂直领

导和直接行政管理。

此外,像我国的中国人民大学函授学院、同济大学函授学院等,也属于这种自主管理模式。它们拥有一支相对独立且比较成熟、有经验的函授教师队伍,自主组织实施从课程设置、学生注册、教学辅导、学籍管理到考核发证的完整的远程教育全过程和远程教学教务管理。

2. 多体协作的管理模式

多体协作管理模式指多个远程教育机构相互协作提供远程教育,并且这些协作机构在行政管理上是平等的,没有上下级层次关系。

这里的多体协作管理模式,既包括单一模式院校之间相互协作构成的系统,也包括双重院校的多体合作系统。比如,加拿大哥伦比亚省的开放学习联合体和加拿大联邦学习共同体、美国国家技术大学、澳大利亚开放学习联合体以及非洲的虚拟大学等。

美国国家技术大学是由美国47所知名大学的工程技术学院和管理学院结盟开展研究生层次的工程师继续教育的远程教育联合体,其各加盟大学之间是伙伴关系,没有层次关系。美国国家技术大学的最高权力和决策机构是校务会,由各加盟大学和参加国家技术大学卫星网的美国公司的代表们组成。大学校长和全体教学和管理人员均由校务委员会担任,校务会还授权教师委员会和管理者委员会对大学教学政策和管理工作进行评议。美国国家技术大学的主要组织机构是主管学位教育的5个学院,每个学院有3个常设委员会,委员会会员由有关大学学院的教师代表组成。

3. 多层次多级别的管理模式

此种管理模式以我国广播电视大学系统和法国国家远程教育中心为代表。我国的广播电视大学系统实行"统筹规划、分级办学、分级管理"的体制,包括中央广播电视大学、省级广播电视大学、地市级广播电视大学、县级广播电视大学工作站和基层广播电视大学教学班等五级结构,实行多层次教学和管理。各级广播电视大学在行政上归属同级政府主管部门领导,在教学和教学管理业务上接受上级广播电视大学的指导。此外,广播电视大学系统的学历教育实行三级办学的体制:中央广播电视大学举办全国统设的学科专业教学计划;省级广播电视大学举办面向本地区的学科专业教学计划;地市级广播电视大学分校则可以举办适应当地需要的学科专业教学计划。广播电视大学在课程设置上则实行多级开课的体制。以中央广播电视大学全国统设学科专业教学计划为例,中央电大提供不少于60%的全国统设课程,其余课程由各级地方电大直至电大教学班分别负责开设。

4. 综合一体化双重院校模式

综合一体化双重院校模式指校内的传统高等教育与校外远程教育一体化的模式,这种模式以澳大利亚为代表。澳大利亚大学实行校内教育与校外教育一体化的体制,即对校园内学生和校园外远程教育学生同等对待,执行相同的教学计划和课程设置,学习同样的课程材料,接受同样的教师教学和辅导,完成同样的作业,通过统一考试,取得同样多的学分和授予同样的学位证书。并且,两类学生交费一样,政府拨款也一样。

5. 分离型的双重院校模式

分离型双重院校模式即在双重院校中校内全日制学生和校外函授学生在教学计划、

教材、教师、学分、学历证书等方面都是不一样的,是分离的。此种模式以苏联和我国的大多数普通高校为代表。在此种模式的双重院校里,有专门设计的函授教育计划和函授教材,由专职的函授教师或兼职函授辅导教师承担函授学生的教学和辅导,函授教师同担任校内全日制学生教学和辅导任务的传统专职教师实行不同的管理方式。最后,考核、学分和学位证书也都是不同的。大学设立的函授教学部门只是承担函授学生的学籍管理、教材制作与发送、函授分校以及函授工作站的教学教务管理工作。

6. 其他管理模式

除了以上管理模式外,还有播课中心模式、校外学位模式以及国家考试模式。

采用播课中心模式的远程教育机构只负责远程教育课程资源的开发与发送,不负责对学生的注册管理、教学辅导以及考核发证。比如,我国的电视师范学院,它们的主要任务是同高等教育出版社和人民教育出版社以及有关的普通高等学校和中等师范学校合作,组织相关教学人员制订中小学教师在职培训的教学计划、课程教学大纲,编写培训教材和制作卫星电视教学节目。其电视教学节目由中国教育电视台通过全国卫星电视网播出。

校外学位模式,即大学只负责考试、学分认定和授予学位,而不负责课程资源的开发、发送以及学生的教学辅导和管理,此种模式以伦敦大学的校外学位制度为代表。

国家考试模式即国家通过设置相应的国家考试机构和国家考试制度,学生通过自学,参加相应的考试,取得一定的学分或达到一定的要求后,获得相应证书的远程教育模式,比如,我国的高等教育自学考试。

学习活动二:远程教育的实践模式

从下面的名单中选择一个远程教育机构,考察其远程教育的实践模式。

备选的教育机构名单:香港公开大学(OUHK:Open University of Hong Kong)、英国开放大学、中国广播电视大学、华中师范大学职业与继续教育学院。

第三节 远程教育的质量保证体系

无论各国远程教育机构采用何种方式实施远程教育,其工作人员都在认真思索如何将质量保证问题置于发展远程教育的首位,因为远程教育若要赢得社会的公认,必须展现其教育质量水准,可以毫不夸张地说,质量保证是远程教育的生命线。

一、远程教育质量保证的涵义

国际标准化组织(ISO)的"质量管理和质量保证技术委员会"在 2000 年颁布了 2000 版的 ISO 9000 族标准。在其制定的名词术语标准中将质量(quality)定义为:"产品、体系或过程的一组固有特定满足顾客和其他相关方要求的能力"。而"质量保证是随着生产和管理工作的发展逐步形成的一个新概念,是指为使用户确定所提供的某一产品、作业或服务质量能满足规定要求所必需的有计划、有系统的全部活动"。"'质量保证'的内涵已不是单纯为了保证质量,保证质量是质量控制的任务,而'质量保证'则是以保证质量为其基础,进一步引申到提供'确信'这一基本目的"。图 08-03 为 ISO9001 质量管理体系模式图，图08-04为ISO9001认证咨询流程图。

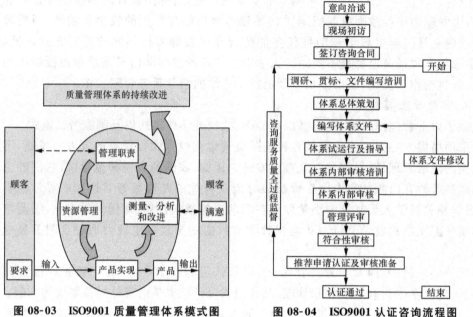

图08-03　ISO9001质量管理体系模式图　　　图08-04　ISO9001认证咨询流程图

"远程教育中的质量保证就是远程教育机构制订课程目标，并依据课程目标对教育结果进行评价的过程。这个过程中涉及对课程内容、教学策略、资源、支助服务的检查，评价它们是否共同改善了学习环境，并保证了学生的学业成绩。"远程教育质量保证体系是使现代远程教育按照既定的培养目标和质量标准组织实施的各种保证措施和监控手段组成的有机整体。

"培养目标"是远程教育质量保证体系的目的和核心。"质量标准"是远程教育质量体系的基础和依据。标准是衡量价值的尺度，没有各类标准，就无法进行管理，也就谈不上质量保证体系。"保证措施和监控手段"是远程教育质量保证体系的主要内容和关键。"有机整体"是指远程教育质量保证体系的最终结果。远程教育质量保证体系中的各种标准、措施和监控手段是依据其所具有的功能与作用，按照其内在的联系组织起来的有机整体，从而实现了整体功能大于部分功能之和的目的。

依据现代远程教育质量保证体系的内在层次，一般情况下将其划分为两个子系统，即外部质量保证体系和内部质量保证体系。外部质量保证体系是指现代远程教育系统以外的教育行政管理部门以及第三方为保证现代远程教育的质量而建立的质量保证体系。其功能是领导、管理、协调、控制和监督现代远程教育机构（学校）的教育活动。内部质量保证体系是指现代远程教育机构（学校）为保证现代远程教育的质量而建立的质量保证体系。"外部质量保证体系是内部质量保证体系的基础，内部质量保证体系是外部质量保证体系的具体规范。"[①]二者在共同的目标指引下，各自承担着不同的职责和任务，它们既是相互联系、相互制约、相互促进又是相互独立的体系。

---

① 张凤龙.网络教育质量保证体系概念界定.中国远程教育,2002(7).

二、国内外远程教育质量保证体系简介

远程教育作为高等教育的一种形式,需要保持持续性健康发展。社会对它的认可与接受程度,取决于其能否执行严格的质量保证。随着远程教育实践的飞速发展,远程教育的质量面临着严峻的挑战,国际、国内对有关远程教育质量标准的界定也存在着不同的看法。由于国情不同,教育定位不同,远程教育进展不同,各国的质量保证体系都有自己的评价侧重面与关注点。

传统高等教育质量标准对于开放和远程教育体系是不太适合的。开放和远程教育在质量评价方面正面临着非同寻常的挑战。一方面,在评价中,远程教育机构的学术标准和资质要能够与同一国家中的传统高等教育机构相比较。但是,由于开放和远程学习系统,特别是大规模运作的系统,其教育过程、学习方法、评价方法,都与传统高等教育根本不同,因而就给评价远程学习系统带来了困难。另一方面,远程教育机构办学的过程和程序应当能在国际开放和远程教育领域中得到评价。但目前并没有一个国际认可的有关课程内容和资质的标准和定义。开放和远程教育不能简单地套用传统学校教育的质量标准,它需要自己独特的质量保证体系。

1. ISO 9000 质量管理体系

ISO 9000 族标准是一套质量管理体系的标准,是国际标准化组织(ISO)在 1994 年提出的概念,是指"由 ISO/TC176(国际标准化组织质量管理和质量保证技术委员会)制定的所有国际标准"。该标准可帮助组织实施和有效运行质量管理体系,是质量管理体系通用的要求或指南。它不受具体的行业或经济部门的限制,可广泛适用于各种类型和规模的组织。ISO 9000 标准归纳总结了全球实践这套标准的效果,并且提出:采用质量管理体系,应当是组织的一项战略决策;为了成功地领导和运作一个组织,需要采用一种系统的、透明的方式来实施管理,即把组织看成一个有机的体系,把系统内部的各个职能部门、各个岗位的工作加以规范化,形成可以操作的制度化文件,并按照这些制度化的文件进行运作。

目前,ISO 9000 标准已被 150 多个国家和地区采用。我国于 20 世纪 80 年代末期将其作为国家推荐标准。ISO 9000 标准的应用范围覆盖了包括农渔、食品、印刷、航空航天、金融房地产、科技服务、信息技术、公共行政管理、教育、卫生保健与社会公益事业等 39 类行业。其中,教育属第 37 类。在国际上,从 1997 年以后就陆续有许多知名学校采用了这样的标准。截至目前,国内已经有多家教育机构,包括高等学校、中等学校、职业学校和网络学院,采用 ISO 9000 质量管理体系标准。可见,ISO 9000 标准适用于各行各业,适用于教育,同样适用于远程教育。

在远程教育中采用这种标准,并不是把一套现成的东西搬到学校管理中来,而是把标准的理念、理论和方法,与组织自身的管理相结合,形成内部的管理制度。ISO 9000 本质上是一个管理性质的标准,它研究如何实现管理的科学化。ISO 9000 归纳了科学管理的八项基本原则,远程教育组织建立、实施质量管理体系,实际上是要把 ISO 9000 标准所包含的理念、理论和方法转化为组织自身的一套管理制度。

管理的内涵很丰富,ISO 9000 标准对"管理"的定义中有一句话很经典:指挥、控制的

协调管理。管理没有顶点,管理不定,因为需求、技术等等是在变化和进步的。2000版ISO 9000标准实际上要求在动态的管理过程中,根据顾客的变化、市场需求的变化、社会需求的变化,根据经济技术的发展,不断地提升标准。这一体系的基本理论、基本思想,如预防为主、主动管理、过程控制等,蕴含了现代管理思想,意味着控制论、系统论、信息论在管理中的全面应用。

ISO 9000质量管理体系对加强远程教育管理、保证远程教育质量可以起到三方面的作用:增强客户对组织的满意程度,满足客户的要求,为组织的持续改进提供框架。ISO 9000的八项基本原则中所蕴含的科学管理理念,对质量管理体系的建立和运转具有重要的指导作用。这八项原则——以顾客为关注焦点,领导作用,全员参与,过程方法,管理的系统方法,基于事实的决策方法,持续改进,与供方互利的关系——是实施ISO 9000质量管理体系的精髓,适用于一般的管理工作。

2. 英国开放大学质量保证体系

英国开放大学是国际闻名的大型远程教育大学,学生有20万人,虽然采用远程教学,但它的教学质量却位居英国大学的前十名,该校的成功与其高效的质量保证体系是分不开的。

英国开放大学有自己的质量保证机制,它通过组建课程组、校外评价专家组、校外考核专家组,通过对学生进行调查,来评价学校的教学质量。此外,英国开放大学还接受国家质量保证署、国家高等教育基金会等组织对学校的教学质量、学校的办学质量、科研成果质量等方面作出评价。

(1) 英国开放大学的内部质量保证体系

英国开放大学的内部质量保证体系主要体现在:从教材建设、学习支助服务与学生支助服务三个环节保证质量,从学术、教学法、媒体产品与服务质量等四个维度评价质量,利用质量控制、质量保证与质量提高等三个手段来监控质量。

教材建设包括主要教材建设与辅助教材建设。主要教材包括传统文字、录音、录像、类似文字的CD-ROM、基于多媒体的DVD等;辅助教材包括学习指导、考试指导、作业指导等。学习支助服务包括必要的学习资源(数字图书馆、实验室实习机会、考试等)和咨询服务;咨询服务主要包括就业咨询指导、IT技术服务、一般的信息服务等。学生支助服务主要通过学习中心和辅导教师完成,主要包括:通过网络、电话或面授形式提供学业辅导;情感问题、学习障碍问题咨询;学习能力培养、学习方法辅导、学习动力激励、情绪控制帮助;建立学生在线讨论组,促进学生与学生交互等。

学术方面主要包括:课程内容的科学性与合理性,学术内容、教学目标与普通大学一致。教学法要合理、有效,适合学生学习,具有交互性。媒体产品要利于学习、便于搜索,要能激发学生的学习兴趣,吸引学生进行持续学习。服务质量方面,保证教材、学习支助服务、学生支助服务等方面的问题能及时有效地解决,减少学生流失。

从以上内容可以看出,英国开放大学非常重视质量保证和质量提高,三维质量分析显示了质量监控发展的空间,英国开放大学将质量保证和质量提高看做是永恒的主题。

(2) 英国开放大学外部质量保证体系

英国开放大学的外部质量保证系统主要由质量保证署、社会上的专业质量保证机构与国外质量论证机构组成。

英国高等教育质量保证署成立于1997年,其目的是为英国的高等教育提供完整的质量保证服务,促进和保证高等教育质量的标准不断提高,评价和监管高等学校的教育质量,同时向学生和社会各界提供清晰的质量保证标准。其工作包括:审计大学的业绩,全面评价大学的教学质量;对各个学科进行教学质量评价;对政府将批准的学位权力提供建议;颁布全国的学科基准、机构评价的程序、学科层面的学术评价标准和高等教育质量保证的《行为守则》。

社会上专业质量保证机构主要有教育标准办公室、社会关心下一代协会、助产士协会、英国心理学会、管理协会等。

国外质量认证机构主要有欧洲管理发展基金会、中部地区高等教育委员会等。

3. 中国广播电视大学质量保证体系

中国广播电视大学的质量保证体系可以用一种三阶段机制(如图08-05所示)来总结。

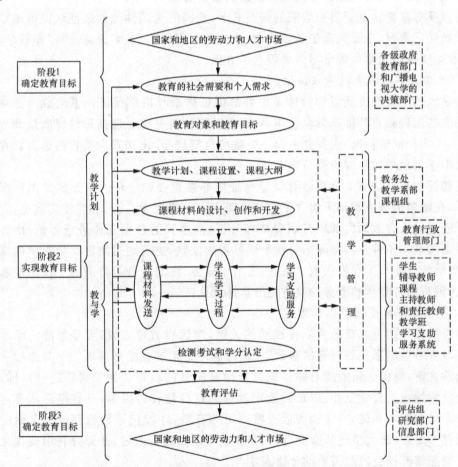

图08-05 中国广播电视大学全面质量保证体系的三个阶段机制

第一阶段,通过调查劳动力和人才市场确定教育目标,即通过对国家和地区劳动力和人才市场需要和需求的调查确定教育的对象和目标;第二阶段,通过系统的设计、运行

(教与学包括教学检测和考试)和管理实现教育目标,即对学生进行教育和培训,按照确定的教育目标将他们从入学新生转变成合格的毕业生(专业人才);第三阶段,从教育评价取得反馈,调整和完善教学周期的教育目标,即通过各类教育评价来评价教育过程,为决策、改进教与学的质量和效益,为完善教育管理反馈信息并提供重要的建议。

4. 美国网上课程质量保证体系

美国全国教育协会2000年提出了在线远程教育二十四条质量标准,涉及对组织机构的支持、课程开发、教与学、课程结构、对学生的支持、对教师的支持、评价等七个方面。美国成人学习研究中心2000年提出了保证远程教育质量的五个原则:教学设计、学习者支持、远程教育机构的支持、学习结果、技术。

美国高等教育机构委员会提出的保证远程教育质量的五个方面是:教育机构和院校的责任、课程和教学、教师支持、学生支持、评价。美国西部院校协会在2000年发表的《远程教育指南:良好实践的原则》中提出:课程和教学、评价、学习资源、学生支助服务、教学设施、师资和经费是保证远程教育质量的重要方面。

美国高等教育认证委员会组织的调查显示,美国的全国性和地区性认证组织在评价远程教育的质量时,主要侧重于学校使命、学校的组织结构、教学资源、课程和教学、教师支持、学生支持以及学生的学习结果等七个方面。

5. 加拿大远程教育质量保证体系

加拿大的远程教育质量评价体系由外部保证体系与内部保证体系组成。加拿大并没有独立的远程教育外部质量保证体系,远程教育评价是与普通高等教育质量评价合为一体的,采用相同的标准,主要是由州一级政府负责进行,比如安大略省的远程教育评价就是由中学后教学质量评价部负责。

内部评价也是加拿大远程教育质量保证中非常重要的一环。比如加拿大阿萨巴斯卡大学,在阿尔伯塔省管辖下建立了阿萨巴斯卡大学管理委员会,对院校实施全面管理。该大学通过提供有效的内部履行职责指标分析,对本校的各项工作进行评价,由此提供质量保证的基本条件。其测评十分看重学习者的反映,主要通过测定学生提供的满意程度,考察学校教职员工在提供教学服务、图书馆服务、注册服务等方面的工作态度和工作质量,为远程教育教学和服务的改进提出具体意见。

6. 印度远程教育质量保证体系

教育质量是衡量教育是否取得成功的关键,对远程教育来说,更是如此。印度政府把远程教育看做国家发展教育的新希望,作为这种希望的直接体现者——英迪拉·甘地国立开放大学,提出了新的座右铭:"提供全面高质量的教育。"为了实现这一目标,该大学决定设置远程教育学专业,以加强远程教育的自身建设。因为,只有提高从事远程教育工作人员的素质和能力,才能使远程教育更为有效,才能使远程教育成为全面的高质量的教育。另外,该大学还从师资、课程和考试等方面进行改进,并充分利用现代化的教育技术加速培养社会发展需要的合格人才。

英迪拉·甘地国立开放大学创建了一些有助于提高自身质量的机制,建立了远程教育师资培训和研究所以及远程教育委员会。师资培训和研究所的主要功能是培训远程教育师资。远程教育委员会的主要职能是在全国范围内建立起开放大学和远程教育网络,并向邦立大学提供足够的资金。

英迪拉·甘地国立开放大学于1992年成立的远程教育委员会与1995年国家建立的全国评价与认定委员会共同承担对远程教育的评价和认定,以确保教育质量。为更好地完成这一任务,远程教育委员会特地组建了下设机构"开放和远程教育评价和认证部"(ODEAAB),对机构及其课程每隔5年进行一次严格的评审。ODEAAB分为两个部分:控制部分和管理部分。控制部分由来自印度人类资源发展部、大学资助委员会、远程教育委员会、州开放大学或函授学院的代表,以及远程教育专家等共七位组成;管理部分则由五位获得过维多利亚十字勋章的成员组成,其中一位是来自英迪拉·甘地国立开放大学的代表或其推选人,担任主席,余下四位成员分别是:一位来自州开放大学或函授学院的代表,两位远程教育和媒体专家,及一位远程教育委员会的成员。印度远程教育认证和评价的对象包括:(1)州立开放大学;(2)普通高校、认可高校、私立大学、理工学院、管理学院的远程教育或函授学院;(3)其他社会或私人的开放和远程学习的注册机构;(4)所有层次包括证书、学历和学位及所有类别的课程,包括专业、职业、普通教育和初步就业;(5)外国在印度实施的远程教育项目,包括独立运行以及与印度高校合作办学的项目。

学习活动三:远程教育管理的质量保证体系的内涵

认真思考远程教育管理的质量保证体系的内涵,分析并填写下表。

	英国开放大学 质量保证体系	中国广播电视大学 质量保证体系	美国网上课程 质量保证体系
主要特点			
典型优势			
你的评价			

学习测评

1. 远程教育的三种实践模式有(　　)。
   A. 单一院校模式　　　　　　　B. 双重院校模式
   C. 多重系统模式　　　　　　　D. 独立学院模式
2. 远程教育的管理体制主要分为两种,它们分别是(　　)。
   A. 市场主导体制　　　　　　　B. 政府分权体制
   C. 对院校的分类管理体制　　　D. 计划主导体制
3. 美国国家技术大学的远程教育管理模式是(　　)。
   A. 自主管理模式　　　　　　　B. 多体协作管理模式
   C. 多层次多级别的管理模式　　D. 综合一体化双重院校模式
4. ISO 9000 质量管理体系对加强远程教育管理、保证远程教育质量可起到三方面的作用,分别是(　　)。
   A. 增强客户对组织的满意程度　B. 满足客户的要求
   C. 为组织持续改进提供框架　　D. 为客户提供设施和网络服务

5. 判断题：ISO 9000 标准的应用范围覆盖了包括农渔、食品、印刷、航空航天、金融房地产、科技服务、信息技术、公共行政管理、卫生保健与社会公益事业等 39 类行业，其中不包括教育（　　）。
6. 校外学习中心管理的主要问题有哪些？
7. 目前远程教育管理存在的问题有哪些？

参考资源：

[1] 常玲.现代远程教育管理模式初构.云南电大学报,2003(3).
[2] 陈丽.远程教育学基础.北京:高等教育出版社,2004年.
[3] 德斯蒙德·基更,丁新等译.远距离教育基础.北京:中央广播电视大学出版社,1996年.
[4] 丁兴富.远程教育学.北京:北京师范大学出版社,2002年.
[5] 胡志华.21世纪远程教育管理框架的研究——研究之一:研究的背景及总体走势的探讨.现代远距离教育,1999(3).
[6] 黄清云,汪洪宝,丁兴富主编.国外远程教育的发展与研究.上海:上海教育出版社,2000年.
[7] 黄艳芳.构建远程教育质量管理体系的实践探索.广西广播电视大学学报,2004(4).
[8] 李文裴.现代远程教育教学管理的重构.广州大学学报(社会科学版),2001(10).
[9] 刘名卓.从质量管理的角度探讨现代远程教育管理系统的建设.中国电化教育,2005(5).
[10] 刘仁坤.关于远程教育教学管理及运行机制的探讨.现代远距离教育,2005(3).
[11] 刘雍潜,李龙编著.教育技术基础.北京:中央广播电视大学出版社,2002年.
[12] 桑托希·潘德,郝丹.在国际背景下远程教育的规划与管理.中国远程教育,2004(6).
[13] 施志毅.现代远程教育教学管理的比较研究与问题探索.现代远程教育研究,2005(3).
[14] 汪军.远程教育管理模式初探.改革与战略,2004(10).
[15] 王继新.远程教育原理与技术.武汉:湖北科学技术出版社,2005年.
[16] 王丽.构建ISO 9000质量管理体系强化远程教育质量管理.中国医学教育技术,2005(2).
[17] 谢新观等著.远程教育概论.北京:中央广播电视大学出版社,2000年.
[18] 闫亚军.现代远程教育管理模式的特征分析.科技进步与对策,2004(5).
[19] 颜绍梅.远程教育中质量管理的运行机制研究.云南电大学报,2003(1).
[20] 张小真,周竹荣,李采强.现代远程教育管理模型研究.西南师范大学学报,2001(Z6).
[21] 张亚斌.控制论视野中的远程教育管理服务支持系统.现代远程教育研究,2003(3).
[22] 张屹,祝智庭.应用现代管理思想确立现代远程教育质量管理原则.中国电化教育,2002(6).

第九章 远程教育评价

学习目标

1. 了解教育评价与远程教育评价的基本概念,能复述远程教育评价的基本类型与功能,能分析远程教育评价的特点及其与传统教育评价的差异。
2. 了解远程教育评价实施的几种方式以及实施评价的基本原则,能简要复述实施远程教育评价的一般步骤,并能切实从事实际的评价工作。
3. 了解全国省级电大高等专科教育教学评价实施的步骤与方法以及广播电视大学远程教育毕业生追踪调查的基本情况,并能对其进行初步的理论分析。

知识概览

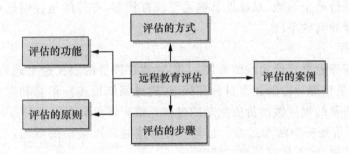

本章导学

  对于远程教育这种远距离、开放式的教育形式,教育评价更有其特殊意义。远程教育评价全面地、系统地掌握远程教育状态,有目的地控制远程教学,是保证远程教育教学质量的有效手段。本章将讨论远程教育评价的概念、分类、功能、特点、评价方式、评价原则以及步骤,并学习我国远程教育评估的两种典型实践:省级电大教学评价和广播电视大学毕业生追踪调查。

问题导入

1. 什么是教学评估?远程教育评估有哪些特点?
2. 实施远程教育评估应遵循的原则有哪些?
3. 远程教育评估实施可分为哪几个步骤,分别是什么?

引言

在世界范围内,教育评价研究已经成为与教育理论研究、教育发展研究并列的教育科学三大研究主流之一。远程教育评价是教育评价在远程教育领域内的特殊应用。远程教育评价由于在教育质量保障和远程教育经济成本核算中发挥了重要的作用,正越来越受到人们的重视。

第一节 远程教育评价的类型与特点

哈瑞顿(James Harrington)曾经指出:评价是关键,如果不能评价,你就不能控制;如果不能控制,你就不能管理;如果不能管理,你就不能提高。评价在社会各个领域中都是保证和提高质量的有效手段,而对于远程教育这种远距离、开放式的教育形式,教育评价更有其特殊意义。

一、远程教育评价的概念

远程教育评价是全面地、系统地掌握远程教育状态,有目的地控制远程教学,保证远程教育教学质量的有效手段。

1. 教育评价

随着我国高等教育评价实践的开展,人们对教育评价的定义越来越趋于一致。一般认为,教育评价是根据一定的教育目标和标准,通过系统地搜集信息和定量定性分析,对教育适应社会需要的程度做出价值判断的过程。教育评价具有以下特点:

(1) 教育评价是一个活动过程。它是一种特殊的和连续性的活动,其中包含着一系列步骤和多种方法,而不是单一性的活动。

(2) 这个活动过程是有计划、有目的地进行着的。它和日常所进行的选择和决定有所不同。这个系统是由确定目标、收集资料、分析资料、形成判断、指导行动等项组成。

(3) 教育评价的核心是确定评价对象和评价目标,并进一步实事求是、依据标准来评价对象,进行价值判断。

(4) 教育评价是主观估计和客观测验的统一。教育测量提供客观的、科学的数据,评价者依据教育目标,对资料、数据进行分析、比较,做出主观的"解释"和价值的"判断"。

2. 远程教育评价

根据教育评价的定义,我们可以将远程教育评价定义为:按照一定社会发展的要求所确定的远程教育目标和方针、政策,对各种远程教育活动的状态和效果、完成任务的情况和教育对象的发展水平进行科学判定的过程。

远程教育评价与传统教育评价一样,都是通过系统地收集信息,按照严格的程序和科学的方法,有计划、有组织地进行的一种关于对象的较为深刻的价值判断过程。而远程教育与传统的学校教育相比,又具有教学媒体多样化、教育传播系统的中间环节多、时空范围广、社会性强和管理系统大等特点,因此,远程教育评价是比传统的学校教育评价更具复杂性的系统工程。

二、远程教育评价的类型

远程教育评价按照评价内容所涉及范围的不同,可以划分为宏观范围评价、中观范围评价、微观范围评价三大类。

宏观教育评价是以远程教育的全领域或涉及教育决策方面的教育现象、教育措施为对象的教育评价,主要包括高等专门人才的社会需要、预测及规划评价;远距离教育办学制度与专业设置的评价;人才培养层次结构的评价;远距离教育投资效益及教育质量评价;国际远距离教育交流性评价等。

中观教育评价是以远程教育学校或其他远程教育机构内部各方面工作为对象的教育评价,主要包括对办学条件、办学水平、办学绩效、教学过程、教学组织、课程设置、教材制作、学校、分校、工作站的管理、教学管理、思想工作管理、科研管理、学生服务等的评价。

微观教育评价是以学生的发展变化为对象的教育评价,包括对学生的思想品德、知识技能以及学生的自习、作业、实验、毕业设计和毕业论文等的评价。

三、远程教育评价的功能

教育评价的功能是指教育评价活动本身所具有的能引起评价对象变化的作用和能力。它通过教育评价活动与结果,作用于评价对象而体现出来。远程教育评价对提高远程教育教学质量具有重要作用,主要表现在以下几个方面(如图09-01所示):

1. 鉴定功能

远程教育评价的鉴定功能是指教育评价认定、判断评价对象合格与否、优劣程度、水平高低等实际价值的功效和能力。鉴定功能是教育评价的基本功能,其他功能都是在科学鉴定的基础上实现的。任何形式的远程教育评价都是根据一定的标准进行的,这就决定了它具有对评价对象进行优劣鉴定、等级区分、名次排列、先进评选、资源审查等鉴定功能。比如,在全国省级广播电视大学教学评价中,对于教学工作开展较好的省级电大予以鼓励,并在电大系统内介绍和推广其经验;对于教学工作开展较差,严重违反电大系统有关规定的学校,提出整改意见,并采取适当的宏观调控措施。

2. 导向功能

远程教育评价的导向功能是指远程教育评价本身所具有的引导远程教育学校、远程教育机构或个人朝着理想目标前进的功效和能力。在教育评价中,作为价值判断依据的评价目标、标准、指标及权重对评价对象起着指挥棒的作用,是他们努力的方向。而这些评价目标在一定程度上反映了社会的需要,所以通过评价的导向作用,可以引导远程教育朝向社会需要的正确的方向发展。

3. 激励功能

远程教育评价的激励功能是指合理有效地运用教育评价,激发和维持评价对象的内在动力,调动被评价者的内部潜力,提高其工作的积极性和创造性,从而达到教育管理的目的。在被评价对象比较多的情况下,不同等级的评价会使个人与个人、单位与单位之间进行不自觉的对比,这对被评对象来说,是积极的刺激和有力的推动。

4. 诊断功能

远程教育评价的诊断功能是指远程教育评价对远程教育的成效、矛盾和问题做出判断的功效和能力。科学的评价过程是评价者利用观察、问卷、测验等手段,搜集被评价者的有关资料进行严格的分析,根据评价标准做出价值判断,分析诊断出远程教育活动中做得好的部分或环节,加以保持和提高,同时也指出存在问题的地方,找出原因,再针对这些问题提供改进途径和措施的过程。

5. 监督功能

远程教育评价的监督功能是指远程教育评价具有对被评价对象进行检查、督促的功效和能力。它通过找到被评价对象与评价目标之间的差距,为被评价对象指明努力的方向,并督促其向着评价目标前进。

6. 管理功能

远程教育评价的管理功能是指远程教育评价具有使管理活动及评价对象的行为得到调节、控制、规范并使其趋向于教育目标实现的功效和能力。它主要通过发布通知、行政命令或颁布法律、法规等手段进行导向、激励、监督、检查、鉴定,从而实现调节、控制、规范功能,保证远程教育目标的实现。

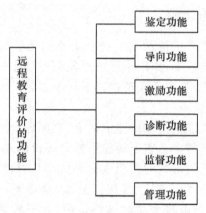

图 09-01　远程教育评价的功能

四、远程教育评价的特点

由于远程教育与传统学校教育相比有许多不同之处,因而远程教育评价也有许多和传统学校教育系统评价不同的特点。

1. 由远程教育评价任务带来的特点

中国是人口最多的发展中国家,又是一个地域辽阔、发展十分不平衡的国家。为了提高教育的质量和效益,扩大受教育人数,使相对落后地区的群众早日脱贫,跟上时代发展的步伐,教育部在1998年12月制订的"面向21世纪教育振兴行动计划"中决定实施现代远程教育工程,并制定了现代远程教育的近三年目标;经过三年左右的努力,初步建立现代远程教育网络;以中国教育、科研计算机网和卫星电视教育网为基础,初步建立起现代远程教育网络体系;一批高校和有条件的中小学利用网络开展远程教育,建立一批不同类型的远程教育试点;继续开展教育软件的开发和信息资源的建设,培育软件产业;通过试点,探索适应我国国情的现代远程教育教学模式、管理模式和运行机制。

目前我国远程教育的任务是以现有中国教育、科研计算机网和卫星电视教育网为基础,充分利用国家已有的互联网及其他信息资源,构成覆盖全国城乡的现代远程教育网络;开发教学软件工具和实用的教学软件,加快建设现代远程教育教学点和资源库;逐步建立并完善现代远程教育的政策法规和管理办法。因此远程教育评价主要是对远程教育网络、资源进行评价。

我国现代远程教育的另一个任务是开展继续教育,发展多种行业和专业的继续教育,即进行教师培训,为实施"园丁工程"和提高中小学教师队伍素质服务;提供更丰富的、高质量的教学资源,推动学校教学改革,增强各级各类学校运用现代化教育技术的能力,提高学生获取知识的能力和进行创新的能力,提高教育质量;推动解决偏远穷困地区的教育,重点满足边远、海岛、深山、林牧等地区普及义务教育的要求;为城乡劳动者提供培训;推动农科教统筹,为农民提供更多的实用技术培训;为职工转岗和再就业服务;提高社会成员受教育的层次;充分发挥大学的优势,使更多的人通过远程教育接受高质量教育,满足不同地区对于高等教育的需求,逐步探讨发达地区高等教育大众化的途径。

根据远程教育任务的特点,对远程教育进行评价必须从宏观和微观两个方面来进行考虑,既要注意对整个远程教育网络的综合评价,又要注意对远程教育教学过程的具体评价。

2. 由远程教育评价对象带来的特点

从不同的评价维度出发,远程教育评价有不同的评价对象。通过分析国外网络化远程教育评价的相关标准,本着适当跨度的原则,远程教学系统的评价对象可以从教师、学习者和教育资源三个方面进行考虑,如图09-02所示。

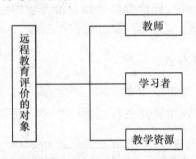

图09-02　远程教育评价的对象

在传统的教学过程中,教师的主导作用决定着教学的方向、目的、内容、方法、进程、质量等。但是,现代远程教育的出现,使人们头脑中原有的"教师"观念,受到了前所未有的冲击,教师角色将由传统课堂教学中的主讲人转变为学生学习中的指导者,由信息源变成导航者,由过去信息传授者转变为学生与各方面关系的协调者。因此,对教师进行评价应充分体现教师和学生处于准永久性分离状态时教师对学生的指导作用,教师是否参与设计出以学生为主体的、信息丰富的网络化学习环境,以及教师是否鼓励学生与其他团体组织成员和专家进行交流,完成社会协商过程。

传统教育以教师为中心或主导,以教师的课堂集体面授为主;而远程教育以学生为中心、以学生自主学习为主。同时,远程教育中的学生还应具备协作学习的能力。因此,对远程教育进行评价就必须关注学生自主学习情况,即关注学生是否充分发挥了主观能动性,是否积极主动地完成了学习内容等。在评价过程中不能只注重对学生学习结果的评价,还应注重对其学习过程的评价。

在远程教育中,学习者不再直接从教师那里获取信息,而是自主地在网络教学支撑平台中进行各种学习;远程教育中的教师也不再直接对学生进行教学,而是通过文字教材和各种多媒体教材进行教学。因此,远程教育评价中对教育资源进行评价是必不可少的环节。根据国家制定的《教育资源建设技术规范》,对教育资源进行评价主要从四个角度进行:一是从资源的技术开发角度,提出一些最低的技术要求;二是从用户的角度,规范属性的数据类型及编写类型;三是从资源评审者的角度,提出教育资源的评价标准,作为用户筛选资料的直接依据;四是从管理者的角度,提出管理这些素材的管理系统的体系结构以及所应具备的一些基本功能。

学习活动一:远程教育评价特点

了解远程教育评价的特点,并填写下表。

	传统教育评价	远程教育评价
主要特征		
区别		

第二节 远程教育评价的实施

科学地组织评价,是保证评价结果的可靠性和有效性的关键。各种不同项目的评价,由于评价的领域、对象、目标、评价参与者和评价环境的不同,评价的具体步骤也不会完全相同,但一般可分为准备、实施和结果处理三个阶段。

一、远程教育评价的方式

远程教育评价方式是指与评价对象具有不同关系的实施评价的主体及其实施评价的形式。远程教育评价的方式主要有三种,如图 09-03 所示:

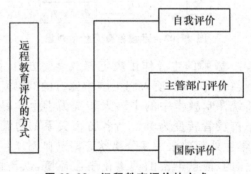

图 09-03 远程教育评价的方式

(一)自我评价

自我评价是指评价对象自身主持的评价,评价对象既可以是一个单位,如学校、部门等;也可以是个人,如教师、管理人员、教材编制人员等。自我评价既可以作为评价对象总结和改进工作的一种手段,又可以用于特定目的或为其他方式评价做准备。自我评价既可以是对自身的全面评价,也可以是对某一方面的局部评价。评价活动除被评价对象参加外,还可以请有关专家、同行或其他人员参与。自我评价的优点是,评价可以结合日常工作进行,而且信息收集和分析评价比较深入,自我评价的缺点是,评价常常受到主观局限,且无法与同类对象进行比较。

(二) 主管部门主持的评价

主管部门主持的评价是指由评价对象所在部门或上级主管部门主持的评价。例如教育行政管理部门主持的对学校或学校某一方面工作或某一部门人员的评价;学校主持的对下属某一部门、部某一方面工作或某一部分人员的评价;学校某一部门主持的对本部门某一方面工作或某些成员的评价等。它既可以作为管理部门的一种管理手段,又可以用于特定目的;既可以是对对象的全面评价,也可以是对某一方面的评价。评价活动既可以由主管部门单独进行,也可以由主管部门组织有关学校、部门、人员以及教育对象共同完成,必要时还可以邀请社会各方面(如教育界、科技界、文化界、企业界、用人部门等)的有关人员参与。

主管部门主持的评价的作用有以下两个方面。一是主管部门可以按既定目标和要求来衡量评价对象,从而发现优势,揭示不足,并据此改进管理工作。如果评价对象较多,还可以进行横向比较,区分优劣,进而加强管理和调控。二是便于评价对象(或评价对象有关人员)更加全面、客观地认识自己的成绩与不足,以便更好地改进工作,提高水平。

此外,如果评价有专家和同行参与,由于他们既通晓远程教育规律,又了解教育工作过程和实际情况,其评价意见往往能切中要害,揭示本质,因而对评价对象(或评价对象有关人员)更具指导作用。同时,在评价活动中,同行之间的交流,能促进评价对象(或评价对象有关人员)与参与评价人员的共同提高;如果评价活动有用人单位和社会各界的有关人员参加,则不但可以提供有关评价方面的信息,而且还能提供有关社会需求情况的信息。这无论是对主管部门制定工作决策,还是对评价对象(或评价对象有关人员)改进工作,都是很有意义的。

(三) 国际评价

国际评价可以是国际有关组织主持的评价活动,也可以是被评价对象邀请国际有关组织或国际各界人士所进行的评价。评价对象既可以是一个或一些国际的远程教育总体,也可以是一个或一些国际远程教育的地方或学校等等。它的作用特点如下:

1. 可以在不同国际远程教育的互相比较中,从更广阔的视野来审视评价对象的水平、成就、特点与不足,从国际远程教育事业整体发展水平上肯定评价对象的贡献与作用,使评价对象能在更高水平上全面、深刻地认识自身的成败得失,了解自身与国际先进水平的差异所在。这对于评价对象总结工作经验,制订、调整发展规划,改进工作,提高水平,具有很大的促进作用。

2. 评价活动也可以为各国交流经验提供便利的条件,促进各国远程教育专家互相学习,共同提高,从而推动各国远程教育的发展。

3. 为各国开展有关远程教育项目的合作,如信息交流、人才培养、科研攻关等方面的合作,提供了信息和机会,有利于进一步提高各国的远程教育水平。

从上述国际评价的特点可见,与国内评价相比,国际评价是一种具有更高水平的评价活动,它的作用范围也更为广泛。但国际评价的组织实施是比较困难的,因而很少开展。一般情况下,常常是通过国家间或学校间互派考察团或访问学者的方法,达到交流经验、互相学习和开展项目合作的目的。但这类活动一般不可能给对象做出全面、准确的评价,因而并不能完全代替有组织的国际评价活动。

二、远程教育评价原则

对远程教育进行评价必须坚持实事求是和科学的原则,这是充分体现评价活动功能的关键。

(一)在评价活动中坚持实事求是,一切从实际出发

远程教育评价就是根据教育目标对所实施的各种教育活动及其效果进行价值判定。这种判定如果是实事求是的,符合客观实际的,就可以发挥出正确的导向作用,并有利于调动各方面人员的积极性,推动远程教育的发展;反之,评价活动如果脱离客观实际,就会挫伤人员的积极性,甚至形成错误导向,造成不良影响。在评价活动中,要做到实事求是,一切从实际出发,就必须坚持以下几点:

1. 坚持按照远程教育的特点和需要进行评价

远程教育与传统的学校教育相比,在办学模式、教学和管理方式等方面都存在着显著的差别,其工作特点和要求也与传统的学校教育有所不同,在评价活动中必须对此予以充分注意,才能做出符合实际的正确判断。

2. 坚持基本评价与特色评价的统一

基本评价是指对评价对象达到统一的基本要求的价值判断;特色评价是对评价对象的特点和个性色彩的价值判断。在远程教育评价中,要做到实事求是,一切从实际出发,就必须坚持基本评价与特色评价的统一。

坚持基本评价与特色评价的统一,是由远程教育的特点决定的。远程教育的培养对象是人才,在对培养对象施教时,所采用的具体方法,并不是一成不变的。为了达到同一教育目标,不同的学校或不同的教师可以根据各自的条件和特点,采用不同的方法。

坚持基本评价与特色评价的统一,也是远程教育发展规律所要求的。以学校评价为例,不同的学校,由于自然环境、社会环境和发展历史的不同,其内部条件和外部条件都可能有所不同。但各校都可以根据自己的特点,发挥自己的优势,扬长避短,办出特色,办出水平。远程教育评价要做出办学价值判断,就必须充分注意特色评价,肯定特色成绩。

坚持基本评价与特色评价的统一,也是远程教育改革的需要。远程教育改革的目标,就是要求学校的教学、管理人员根据自身的特点和社会的需要,开拓创新,发挥特色。而评价活动的目的之一就是促进学校改革和发展,因此,远程教育评价必须支持改革,鼓励创新,支持特色。

3. 坚持目标评价与过程评价、条件评价的统一

目标评价是指对评价对象能否达到教育目标程度的判断,过程评价是对评价对象在达到目标的过程中的状况和态势的判断,条件评价是对评价对象自身所具备的工作条件的测定和能力的判断。

目标评价必须与过程评价相结合的首要原因在于,目标评价虽然可以对评价对象达

到目标的程度进行判断,但无法了解评价对象形成现状的内在因素以及这些因素是否具有合理性、稳定性和持续性,因而也无法判断评价对象所具有的真实潜能,而这些必将影响目标评价的准确性。而在过程评价活动中对评价对象在达到目标过程中所处的状况和态势的内在因素进行深入调查,了解这些因素的实质和变化,分析它们的发展趋势,恰好弥补了上述目标评价的不足。因此,将目标评价与过程评价结合起来,不但有利于调动评价对象的积极性,而且有利于评价对象改进工作。

目标评价必须与条件评价相结合的原因在于,不同评价对象自身的条件往往是不相同的,有的甚至有很大的差别。因而,将目标评价与条件评价结合起来,不仅可以了解到评价对象目前所处的状态,而且可以了解到评价对象过去的基础和条件,从而发现评价对象在向目标迈进的过程中努力的程度,这样得出的评价结果也会更加合理、全面。

4. 既注重预期效果的评价,又重视预期外效果的评价

预期效果是为了实现目标所要求产生的效果,预期外效果是在实现目标的过程中所产生的目标所要求出现的效果以外的各种效果。例如,学校要求教师在完成教学任务的同时,积极开展科研活动。其目的是使教师通过完成科研任务,提高业务水平,进而提高教学质量,与此同时也体现出学校为社会服务的功能,并创造经济效益。这样就有两种效果:一种是教师合理安排时间,一方面主动完成教学任务,一方面刻苦钻研业务,积极开展研究工作,做到教学与科研互相促进;另一种是教师不愿承担教学任务,或者对教学工作敷衍搪塞,马虎应付,片面追求科研成果和经济收入。前者是目标所预期的效果,它对教育目标的实现具有促进作用;后者是消极的预期外效果,对目标的实现起阻碍作用。

评价活动中,必须坚持在对预期效果进行评价的同时,充分注意对预期外效果的评价,特别要对实现目标影响较大的预期外效果进行认真考察和鉴定。否则,对效果的价值判断就可能出现片面性,做出不完全符合实际情况的判断。

5. 坚持评价的客观性

在评价活动中要坚持实事求是,一切从实际出发,就必须坚持评价的客观性。在评价活动中要防止各种片面性,防止凭个人经验和主观臆测进行盲目估计,坚持评价活动的严肃性和公正性。

(二) 在评价活动中坚持评价方法的科学性

评价活动是一种主观与客观高度统一的活动。所谓主观是指任何评价都是以评价主体的目的、以价值观为准绳对客体进行判断的过程;所谓客观是指被评价的客体所体现的满足社会现实的或可能的价值。为了实现这两者的高度统一,就必须使评价活动具有高度的科学性。为此,必须做到以下几点:

1. 明确评价的目的

在每次评价活动开始时,都必须明确评价的目的,因为明确了评价目的,才能确定评价的内容、组织方法和评价的具体方法。

2. 统一价值观

对同一客体进行评价,如果价值观不同就会得出迥然不同的结论。这是因为,价值观不同,对同一事物的评价标准就不同,因而对同一对象的评价结果就会出现差异。例如,目前许多远程教育高等学校都在使用普通高等学校所编写的印刷教材,这些教材多

是由国内各专业的著名专家编写的。如果按普通高校对教材的要求出发,从思想性、科学性、教学性、艺术性等几个方面进行评价,其中绝大多数教材均属上乘佳作。但从远程教育的评价标准来看,一本好的教材,不但要具有较高的思想性、科学性和艺术性,而且还要求教材具备很强的远程教育适应性和多媒体教材协调性。而这些又往往是普通高校教材所不具备的。因此,普通高校的教材如果用于远程教育,则多数是不完备的。由此可见,在评价活动中,使参加评价活动的人员建立起统一的符合目标要求的价值观,是搞好评价活动的重要前提。

3. 采用正确、合适的方法收集信息

在评价的实施过程中,为保证评价的准确性,必须根据评价目标和对象的特点,选择正确的收集信息的方法,以使所收集的信息能够全面、客观、准确地反映对象的有关情况。

在收集信息的过程中,为了保证信息的全面性、客观性和准确性,还必须注意对所评价的对象进行群体性考察,广泛收集信息,这样才能够有效地防止反馈信息的片面性。

4. 采用正确的描述方法

在评价活动中,在获得了对评价客体的各方面信息之后,应当对客体的状态作出描述。对客体的描述有定量描述与定性描述两种,与之相应的是定量评价与定性评价。事物的质和量总是联系在一起的,质通过一定的量表现出来,量又制约质。实践表明,只有对客体进行全面、深入的定量分析,对客体的判断描述才能更加精确、细微,才能消除主观性和随意性,增强科学性。因此,对客体的描述应当尽量采用定量的方法。为此,必须根据评价目标和对象的特点,采用科学的方法,建立定量描述的教学模型。

但是,也应指出,由于人们受认识和客观条件的限制,对于远程教育活动中的许多现象至今还难以制定出量化的评价标准,因而只能进行定性的描述。因此,在远程教育评价中也不能完全排除定性的描述方法,应当根据评价对象的特点,将定量描述与定性描述结合起来,以求得对客体描述的全面性和准确性。

5. 形成正确的综合评价

在评价活动中,收集了评价信息之后,必须对被评价对象作出正确的综合评价。对评价对象作出正确评价的关键是对所获得的信息进行正确的综合分析,而要对所获得的信息进行综合分析,就必须在分析过程中坚持科学、辩证的思想,对有关评价对象的各方面的反馈信息进行全面综合分析,并在此基础上,从总体上对评价对象作出是否达到预期目标的评价结论。综合评价既要肯定对象在达到预期目标的过程中所取得的成绩,又要对所获得的信息进行细致的分析,对评价对象的长短优劣进行系统的评论,以帮助评价对象找出存在的问题,帮助评价对象提高水平。

三、远程教育评价实施的一般步骤

科学地组织评价,是保证评价结果的可靠性和有效性的关键。各种不同项目的评价,由于评价的领域、对象、目标、评价参与者和评价环境的不同,评价的具体步骤也不会完全相同,但一般可分为准备、实施和结果处理三个阶段。

(一)评价的准备

准备阶段是评价实施的预备阶段。古人云:"凡事预则立,不预则废。"由此不难理解,准备阶段对于一个科学的评价过程而言是必不可少的。准备阶段工作质量的优劣将直接影响评价结果的质量。评价的准备阶段大体可分为决策、建立评价机构、方案准备等几个方面。

1. 决策

评价准备阶段的第一步就是对评价的目的、内容、组织方式等一系列关系到评价工作全局的重要问题进行决策。

决策中首先要研究的问题就是确定评价的目的,这是任何一项评价工作首先要明确的问题。评价的目的有许多,例如有的评价是要对教师的教学水平进行评价,以鉴别其水平的高低;有的评价是要对学校作出鉴定,衡量其是否达到了应有的标准;有的则是要帮助学校或学校中某一部门总结经验,找出问题,根据评价所获得的信息改进工作等等。显然,评价的目的不同,其组织、内容和方法也不相同。例如,在以鉴定被评单位优劣程度为目的的总结性评价中,校外专家评价组的作用会大一些;而在以改进学校内部教学、管理工作为目的的形成性评价中,则学校的自我评价的作用会更加有效。所以说,评价的目的决定了评价的组织和方案的选择。

其次,要决策的是由谁来担任评价活动的主要组织者。根据评价组织者的主体的不同,可分为上级领导部门、本校或本部门领导组织的评价,国际评价和自我评价等多种类型。评价组织者如何选择主体、建立组织机构对于评价活动能否顺利地开展以及评价的最终质量都有重要的影响。一般来说,不同层次的管理者或不同类型的人员,考虑问题的角度也不相同。例如,对于一所远程教育学校来说,教育行政主管部门主要关心的是学校的教学质量。因此,评价组织者的选择一方面会由于评价目的的不同而有所不同,另一方面也会因为评价对象的不同而有所不同。此外,对于一项评价,评价组织的主体确定之后,评价人员如何组织,用什么样的方式和方法组织等,也都需要在评价活动实施之前做出决定。

第三,要决策的是对评价对象作全面的评价,还是作某一方面的评价。比如,对一部录像教材,是对其质量进行全面评价,还是对其科学性或教学性作出评价;对一所学校,是对其办学水平进行评价,还是对其办学条件作出评价。这些问题不解决,评价也就无法进行。此外,对于一个评价对象,在诸多影响因素中,有些因素是起主导作用的,不对这些因素作出评价,整个评价将失去意义;而有些因素是次要的,忽略了它们,也不会对总的评价结果产生较大影响。因此,将评价的重点放在哪些方面,也是评价的准备阶段需要解决的问题。

2. 建立评价机构

建立评价机构也就是进行评价的组织准备工作。它包括成立评价领导班子和设置负责各种具体业务的办事机构。由领导和专家组成的领导班子主要对评价过程中的重大事件进行裁决;而具体办事机构负责承担编制计划、宣传联络、组织协调、文书档案、技术处理等具体业务。当然,在不同类型的评价活动中,相应的组织机构、组织方式和组织规模也不完全相同。

3. 评价方案的准备

评价方案的准备,在一定意义上来讲,是评价准备阶段最有意义、最为关键的工作。它要解决的是明确评价目标、构造指标体系权重、制定评价指标体系和评价标准、确定评价方法和评价结果的处理方法等,也就是说是决定评什么、怎样评的问题。它具体包括下列任务:

(1) 明确评价目标

一项评价活动预定应达到的目标，对于评价的组织机构的建立和方案的准备有重大影响。因此，评价的方案准备必须从明确评价目标入手。对于评价方案的准备者来说，首先要对评价的目标有一个清楚的理解。评价目标与前面所说的评价的目的并不相同。例如，在学校整体评价中，它指的是学校办学目标或者管理目标；而在教学评价中，它指的是教学目标。而评价目的则是评价活动本身所要达到的目的，如鉴别、评优、诊断等。在评价活动中，只有搞清楚评价所依据的目标是什么，才有可能对评价对象作出正确判断。

(2) 建立评价指标体系

远程教育评价指标体系是整个教学评价大系统中的小系统。建立科学的、合理的指标体系是评价取得成功的关键。评价的指标体系实际上就是对评价目标的具体化和分解，因而制定评价指标体系实际上就是对评价目标分类并加以具体化、行为化。

(3) 构造指标权重

在确定指标体系的前提下，根据各指标的相对重要程度，运用科学的方法确定相应的评价指标体系的权重。

方案准备过程的上述三方面的工作是密切相关的。从三者的关系来看，要先确定评价目标，然后根据评价目标制定评价指标体系，最后再确定相应的指标权重。其中指标体系的确定是关键性、决定性的工作。但是指标权重的确定，反过来也会影响指标体系中指标的确定。比如，对于一个评价指标体系，运用科学的方法确定权重后，发现某一指标的权重相对于其他指标的权重而言很小，就说明该指标的重要性不大。为了抓住问题的关键因素，同时也为提高评价活动的简便性和可操作性，该指标可忽略。从这个意义上来讲，权重的确定也制约了指标的设计。它们之间存在着相互依赖、相互制约的关系。

(4) 设计表格和文件

设计评价的表格和文件是上述工作的延续。它主要是根据评价指标体系规定的要求设计相应的调查、评价表格。其中包括对评价对象的评审表和各类统计表格等等。在采用实地会议评审时，还需要准备评价对象的汇报提纲，它的主要作用是由被评对象按要求提供必需的资料和信息；评审表则是为参与评价人员准备的。此外，还要制订评价活动计划、评价机构设置、评价工作制度、评价人员工作职责等有关文件。

(5) 确定实施日程

在上述工作完成后，根据评价的复杂程度和有关部门的要求，制定评价实施日程表。方案的准备过程同时也是人们思想准备的过程，是用指标体系和权重去反映并统一人们认识的过程。因此，可以说方案准备是准备阶段最重要的一环，也是远程教育评价过程中技术性最强的一环。

当上述工作全部完成以后，评价就可进入实施的阶段了。

(二) 评价的实施

1. 评价实施的一般步骤

远程教育评价的实施一般可分为自评、互评、终评三个阶段，如图09-04所示。这三个阶段是整个评价活动实施的重要环节。把评价实施的整个过程分为这三个阶段，是提高评价的质量，充分发挥评价功能的重要措施。

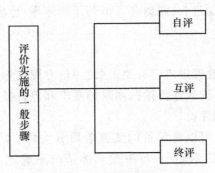

图 09-04　评价实施的一般步骤

（1）自评

自评是评价对象依照评价文件的要求，对照评价指标体系中的相关部分，收集资料并进行自我评价。自评不同于自我总结，自我总结一般是按照自己的认识和思维方式进行的，材料的取舍、评价的标准没有严格的规范。自评则是按照评价指标体系及评价技术的要求进行的，具有严格的规定性。

自我评价是整个评价工作的基础，这是因为：

第一，评价活动能否对远程教育的社会价值形成准确的判断，在很大程度上取决于能否全面、系统地收集评价对象的信息。在评价活动中，即使是进行实地调查，由于评价组织只能在某一段时间内进行工作，因而也只能对评价对象的某个局部、某些人进行调查，不可能全面、系统地收集信息。这一点在远程教育评价中反应得特别明显。远程教育学校具有覆盖面广、容量大、层次多、开放性强的特点。因此，在检查组的一般评价活动中，就难以全面、系统地掌握评价对象的情况。而自我评价因为不存在时间上的限制，就能够比较充分地取得各方面的信息和资料，而且在总结工作教训时，心理上的障碍也易消除。因此，在评价实施的过程中，自我评价对于全面收集信息、形成正确评价具有重要意义。

第二，在评价活动中，特别是在教育质量评价、办学水平评价等择优的评价活动中，自我评价的过程实际上是一个自我把关过程。一些明显不符合条件的评价对象通过自我评价就被淘汰掉了。这样就可以使评价组织者的工作量大大地减少，同时也可以缩短评价活动的时间，节省经费。

第三，虽然远程教育评价具有诊断问题、推动各项工作的作用，但是要使这些作用得到充分发挥，关键还是要充分调动评价对象本身的积极性，发动评价对象自身或系统内部各方面的力量，根据评价指标体系的要求，进行自我诊断。由于自我评价可以较容易地发现问题的症结所在，所以解决问题时就容易抓住关键，有的放矢。

第四，把自我评价作为评价的最基础阶段，由评价对象自己根据评价指标体系的要求进行自我评价。这就促使评价对象深入理解评价目的和评价指标体系的内涵，掌握评价的基础理论、方法和评价调查数据的处理方法。这在一定意义上会大大提高评价对象的素质。

（2）互评

互评就是由工作性质相近和业务相关的部门或个人在评价机构的领导下，按照评价指标体系和评价的技术要求，相互间进行同级评价。它与同行评价基本类似。互评是在自我评价的基础上进行的，它的主要作用是可以弥补自我评价难以发现自己不足的缺陷,有利于相互了解、相互促进、共同提高。但若运用不当,也容易产生矛盾,所以特别需要加强引导。

(3) 终评

终评一般是由教育行政管理部门有关人员、评价专职工作人员、专家、其他有关人员或代表组成的综合评价组,按照评价指标体系的要求和评价技术要求对评价对象进行评价,是具有最终裁定作用的评价。

在实际评价活动中,也可以将评价的实施阶段分为两个阶段,即自我评价阶段和终结评价阶段。在具体的评价活动中,可根据具体情况来确定。对于较为简单的评价对象,将评价实施阶段分为自我评价和终结评价两个阶段进行,可以使评价过程简化,同时亦可缩短评价活动的时间,降低经费的开支,节省人力的投入。但不管是将评价实施阶段分三步还是两步进行,其目的和实质都是一样的。

设置终评或互评的意义在于:

第一,自我评价尽管可以较全面地收集信息、准确地形成判断,但不可否认,各评价对象在自我评价时,出于种种原因,有的会夸大自己的成绩,有的则可能掩饰自己的某些不足。在评价过程中出现的这些虚假信息,必然会干扰评价机构形成准确的判断,同时也不利于评价对象克服自身的不足,影响今后的发展。在自我评价的基础上,进行终结评价的过程,也是对自我评价所提供的信息进行鉴别的过程。此外,参加终结评价的人员来自评价对象之外的各个单位,他们对评价对象进行终结评价,易于对各个评价对象进行横向比较,发现评价对象本身所忽视的问题。因此,终结评价有助于增强评价的可靠性。

第二,参加终评的人员一般都包括上级教育行政领导部门有关人员、专家等各类人员。有些评价,如办学水平评价等,往往还要有教育界、社会各界代表和用人单位代表参加。因此,终评的人员班子一般都既有业务权威性,又具有社会权威性。评价所得到的结果,自然容易被评价对象接受,同时也易于被社会承认。

第三,由于终结评价的评价人员,能够全面地接触各个评价对象,在横向对比的评价过程中,可以总结出各个评价对象的共同经验。在此基础上,可以进一步形成规律性、理论性的认识,从而推动远程教育理论的发展。

终评工作需要评价对象的密切配合,特别是在实地评价的过程中,评价对象不仅需要尽可能实事求是地提供各方面情况,而且还要为评价小组开展工作提供各种便利条件,如生活安排、调查活动的安排等等。同时,评价对象应注意端正态度,防止各种弄虚作假和其他各种错误行为的出现。

2. 评价实施阶段的主要工作

要保证评价实施的顺利进行,对于评价的组织者来说,还有许多具体工作要做,主要有以下几项:

(1) 进行广泛而深入的宣传动员工作

进行广泛而深入的宣传动员工作,是评价实施阶段带有战略性意义的工作。在评价实施的初期要广泛而深入地宣传评价的目的、意义和方法。宣传动员工作做得深入、仔细,不但可以为全面提供信息奠定坚实的基础,而且也为以后根据评价结果改进工作创造了良好的条件。因此,宣传动员工作的意义和作用是不容忽视的。

(2) 全面而有重点地收集资料信息

全面而有重点地进行资料、信息的收集工作,是一项具有基础性意义的活动。但是,由于远程教育有其独特的复杂性,而评价活动是在有限的人力、物力的条件下进行的,因此要求把评价对象各方面的信息毫无遗漏地收集起来,是不切实际的,也是不可能的。因而,应在力求全面收集信息的基础上,根据评价指标体系和权重的特点,对权重系数较大的指标所涉及的信息,进行重点收集,以保证评价的准确性。

(3) 采用科学的方法进行评价

采用科学的方法对评价对象进行评价,是保证评价结论准确的关键。因为评价结果对评价对象以后的发展往往会产生极其重要的影响,所以,评价的结论是否真实地反映了评价对象的实际情况,对评价对象而言十分重要。对于评价方法的选择,既要讲究科学性,又要力求简便和易于操作,不能太繁琐深奥。

(4) 要迅速而又准确地进行信息的汇集整理工作

对收集的信息要及时、准确地进行分类、汇总以保证信息的有效性。信息是具有动态性的,由于时间的延伸,原来准确的信息也可能变为虚假的信息。若信息未能及时地进行汇集整理,据此得出的评价结果就可能是不准确的。因此,及时进行信息的汇集整理,是作出科学的评价结论的基础。

评价实施阶段的几项主要工作,彼此有着密切的联系。任何一项工作开展得不好,都会给整个工作造成不良的影响,因此,评价的组织者必须统筹规划,做到环环相扣,以确保评价的质量。

3. 评价实施的一般方法

选择恰当的实施方法是搞好评价实施阶段工作的重要前提。目前,用于评价实施的具体方法有许多,下面分别介绍宣传发动、收集信息和评价数据的汇集等三个方面的具体方法。

(1) 宣传发动的方法

走群众路线是做好一切工作的基本方法。在远程教育评价活动的实施阶段,走群众路线,进行宣传、发动工作,充分调动广大远程教育工作者的积极性,对于保障评价实施阶段的顺利进行是非常有效的。

国外在开展远程教育评价活动时,也十分重视宣传动员工作,且方法多种多样。国外的实践证明,在评价活动实施过程中,有计划地利用报刊进行宣传是十分必要的。在条件允许的情况下,利用广播、电视、报刊等新闻媒体进行宣传,其作用和效果十分明显。此外,聘请专家、学者就评价活动的有关问题进行专题报告或召开研讨会,其效果也很好。对于国外的这些成功的做法,可以结合我国的实际情况加以采用,以充分调动有关人员参加评价活动的积极性。

(2) 收集信息的方法

在远程教育评价中,收集资料的方法有多种。常用的有听取汇报、调查研究、收集文献与洽谈等几种方法。

① 听取汇报

听取汇报是获得信息的一个重要方法。评价人员在评价活动的开始或评价过程中,应当仔细听取被评价对象的汇报。一般而言,如果评价对象是一所学校或学校中的某一个单位,则在评价收集信息活动的开始,就应当听取学校或单位负责人所作的汇报。如果评价对象是个人,则可以在评价活动过程中的适当时间,听取被评价对象的汇报。

被评价对象汇报的主要内容为:基本情况、为达到目标所做的工作和达到目标的程度以及存在问题和改进措施。如果在终评之前进行了自评和互评,则还应就自评和互评的情况进行汇报。

被评价对象所作的汇报,一般都可以提供大量信息,因此是收集信息的重要途径,但评价人员对于汇报所提供的信息,应当在评价过程中进行认真的鉴别。

② 调查研究

调查研究是一种获得信息的传统办法,但在现代技术十分发达的今天,仍具有其他现代工具所不能替代的作用,因而,它在远程教育评价中被广泛应用。现代教育评价学派认为,运用现代测量工具获得的信息是机械的、较为简单的,只有通过眼和耳才能收集到具有复杂性、能动性、系统性的信息。

在远程教育评价中,调查研究具体有问卷调查、洽谈调查、观察记录、核心人物访问等方法。

问卷调查法实际上就是书面调查。它是将需要调查的问题,列成书面材料,让评价对象填写。问卷调查一般不受空间的限制,能在较短的时间里获得较多的信息。采用问卷调查法时应注意以下几个问题:第一,问卷的目的是探讨内情,因此,评价者与评价对象之间应建立良好的信任关系。问卷的结果可以作为评价资料,但不宜用作成绩评定。第二,应尽量避免提出一些模棱两可、难于回答的问题,而且回答的方式越简单越好。第三,问卷调查在一般情况下应采取不记名方式,以提高答卷的真实性、可靠性。对于个人评价,需要评价对象记下姓名的,评价者也应该周密考虑,采取一定的措施,尽量避免出现由此而造成的问卷真实性、可靠性下降的现象。第四,设计问卷表时,应首先进行调查,并在此基础上设计出初表,经专家审核定稿后,先在评价对象之外进行试测,修改后,再进行实测,以期获得最佳的调查结果。

洽谈调查法就是直接进行口头谈话。

第三节 我国远程教育评价的实践

中国广播电视大学在中国的远程教育中起着举足轻重的作用,它是我国开展远程教育的主要载体,本节内容就以中国广播电视大学为例来介绍我国远程教育评价的实施过程。中国广播电视大学作为开展远程教育的一种形式,其教学过程与普通高等院校相比有显著的区别,其特点如下:

(1) 广播电视大学采用分级办学、分级管理等方式,在教学过程中,中央、省、市、县等各级电大都要承担不同的教学任务,教学过程的状况是各级电大教学工作质量的综合反映。

(2) 广播电视大学主要采用文字教材、音像教材、计算机辅助教材等多种媒体教材进行远程教学。学生多为成人,以在职或业余学习为主。师资队伍由各级电大的专职和兼职教师组成,教师担任着教学、教学支助服务和教学过程的组织与管理工作。

(3) 广播电视大学拥有一个庞大的教学支助服务系统。教学支助服务主要指各级电大的教学指导、教学辅导和教学服务。它是电大远程教学过程中的重要工作,是电大教学质量保证体系中的重要组成部分。

(4) 广播电视大学的实践性教学主要是课程实验、课程设计和大作业、社会调查与实习、毕业设计或毕业作业等。广播电视大学系统的实践性教学除依靠自身的师资和实践教学基地外,还依托社会、高校的教学力量及实践教学基地来完成。实践性教学由中央电大统一要求,省级电大部署和组织基层电大具体实施,并对实施情况进行检查、考核和验收。

(5) 广播电视大学实行平时的单元作业、教学检查与期末考试相结合的教学考核方法。基层电大组织进行单元测验和期中考核,检查教学过程中存在的问题,改进教学方法,提高教学效果。中央电大或省级电大组织进行课程结业考试,衡量学生是否达到了规定的教学目标。

一、全国省级电大高等专科教育教学评价的实施

1997年10月至1999年5月,我国开展了对全国省级广播电视大学高等专科教育教学进行全面的检查与评价的评价活动。此次评价是我国电大系统创建以前规模最大、规格最高的一次全国性评价活动,其目的是促进电大系统的建设,加快电大改革和发展的步伐,提高开放办学和现代化远距离教学的质量和效益,积累电大开展评价工作的经验。这次教学评价的重点,是围绕省级电大高等专科教育教学和教学管理工作的几个主要方面,有针对性地进行检查和评价。

(一) 评价的目的

通过考察省级电大高等专科教育的教学工作情况,检查电大的教学过程、教学管理、教学条件以及教学效果等;促进电大更好地利用现代教学手段和多种媒体进行远距离开放教学,充分发挥电大系统教育资源的优势,深化教学改革;加强电大系统的教学指导,提高现代化教学管理水平,促进教学管理的科学化、规范化和正规化;改善教学条件,提高教学质量和效益,使电大高等专科教育更好地为我国经济建设和社会发展服务。

(二) 评价的原则

根据原国家教委关于各类成人高等学校评价工作"基本内容和准则"中有关教学工作方面的要求,本次评价结合电大教学的实际,突出远程教育和开放教学的特点,制定评价方案并组织实施。评价工作坚持导向性、科学性、主要性和客观性的原则;将过程评价、目标评价和条件评价相结合,以过程评价为主;评价指标采用定量和定性相结合的原则,力求简单易行。

(三) 评价的对象和范围

本次评价的主要对象是省级电大,评价的范围主要是电大高等专科教育的教学和教学管理工作。

(四) 评价的主要内容

第一部分 教学过程

1. 多种媒体教材使用。统设课程和自开课程的教材符合教学大纲要求,具有适于远

距离教学、成人自学的特点;学校根据学科特点和教学要求建设多种形式的教材;坚持采用多种教学媒体,注意发挥多种媒体资源的优势。

2. 教学支助服务。采用音像、面授、作业、函授以及电话等多种形式进行教学辅导,并有相应的规定和要求;通过开展教研活动对各级教师进行教法指导,根据学生特点制定学习方法指导的方案;沟通教与学之间的信息反馈渠道,及时下达各种教学信息,定期开展教学检查,征集各种意见并妥善处理;能为师生及时提供图书、资料以及音像磁带的借用、复制、播放等服务。

3. 实践性教学。实践性教学能按教学计划规定落实实验、课程设计(作业)、实习、社会调查和毕业设计(论文)等实践性教学环节,能执行教学大纲的要求,严格进行考核和验收,切实提高学生的实际能力。

4. 检查与考试。定期检查学生平时的学习情况,注意分析其学习成绩;每学期能总结期末考试和实践教学环节的考核结果,评定各课程的教学效果;对省级电大所开课的试卷应制定多项质量检测指标。

5. 教书育人。能按教学计划要求开设政治理论课和思想教育课;能结合课程特点在教学中进行世界观、人生观和价值观的教育,重视素质教育,培养学生全面发展;教师在各种教学活动中,注重教书育人,做到为人师表。

第二部分 教学管理

1. 制度建设。省级电大在教学计划、教学大纲、教材、考试、学籍以及教师管理和教学过程管理等方面,应有与中央电大的规定相配套的制度或执行细则,并能保证正常的教学和管理工作的开展。

2. 计划管理。严格执行中央电大教学计划中的有关规定,坚持统设和派生专业中采用中央电大统设课的学分占课程总学分的60%,必修课程严格按照中央电大制订的统一计划执行;认真制订适应当地社会经济发展需要的专业教学计划并履行必要的审批、备案手续;教学计划调整(课程、学时、学分等变动)有完备的手续。

3. 大纲管理。统设课程严格执行中央电大制定的教学大纲;省级电大所开课程的教学大纲的制定要符合大专水平,适应专业培养目标,并经过研讨审定。

4. 教材管理。统设课程使用中央电大指定的教材;省级电大所开课程有符合大专培养目标要求的主教材和辅助教材;教材管理工作能做到准确、及时、有序,重点保证课前到书、到带。

5. 考试管理。能严格执行电大系统有关考务管理规定,做好考前准备、试卷保密、考场组织、评卷和成绩发放以及违纪处理等工作,及时开展试卷分析,为改进教学提供参考信息。

6. 学籍管理。严格执行中央电大学籍管理的有关规定,学生档案规范齐全,能在规定时间内完成办理学生毕业、结业证书等工作。

7. 文档管理。教学文件、教学信息资料齐备,档案健全,教学要求、部署和教学信息下达及时,并能落实到各教学单位。

8. 管理手段。利用计算机和系统联网等现代管理手段,具有较高的现代化管理水平和工作效率。

第三部分 教学条件

1. 队伍建设。教师队伍、技术人员队伍和教学教务管理人员队伍在人员配备、学历层次、职称、结构及培训等方面均较为合理,能适应教学及管理工作的需要。

2. 教学经费。教育事业费拨款能保证正常教学工作需要;教育事业费和专项经费能按一定比例保持逐年递增。

3. 教学设施。省级电大具有相当规模,设备先进,具有能保证正常教学需要的办公设施、教学基地、实验基地、图书资料中心、电教设施以及计算机中心等。

第四部分 教学效果

1. 学生思想品德。重点从操行评定合格率、获得各种政治荣誉和遵纪守法学生比例,以及党团员学生比例等几方面进行评价。

2. 学习成绩。检查指定课程期末考试及格率。

3. 专业技能考核。从实验、课程设计(作业)和社会实习与调查等方面的考核评定结果,检验学生的专业技能水平。

4. 毕业设计(作业)评定。检验能反映学生综合能力的毕业设计(论文)的水平。

5. 毕业合格率。重点检查学生按期毕业的情况。

6. 社会等级考试。

(五)评价的组织领导

为了有计划、有组织地开展评价工作,教育部电教办和中央广播电视大学联合成立全国电大教学评价领导小组,负责评价工作的组织实施和复查验收。评价领导小组组成人员如下:

组长:宋成栋

副组长:孙绿怡　陈志龙

组员:任为民　费玉珍　丁兴富

全国电大教学评价领导小组下设电大教学评价工作小组,具体负责评价方案的设计、评价人员的培训以及评价工作的操作、运行和管理。

各省级电大在当地教育主管部门的领导下,成立省电大教学评价领导小组,负责对评价的组织领导工作。

(六)评价的实施步骤

此次教学评价由教育部电教办和中央电大直接组织领导,全国44所省级电大都参加了评价。评价分准备、自评、复评与验收四个阶段。

第一步:准备。在全国电大教学评价领导小组指导下,中央电大评价工作小组于1997年制定了包括"省级电大教学评价指标体系"、"省级电大教学评价量表"以及"学生调查表"、"教师调查表"和"省级电大调查表"在内的评价方案,并设计开发了具有多种功能的全国省级电大教学评价数学模型和统计软件。"省级电大教学评价指标体系"是评价方案的核心,包括教学过程、教学管理、教学条件和教学效果四个方面的五级评价指标,指标总数为168项。并于6月至7月份在北京等电大进行试评,进一步改进完善评价方案。7月上旬下发有关文件,布置评价任务和要求并征求意见。省级电大在收到有关文件后,认真组织研讨,成立省电大教学评价领导小组,做好评价前的各项准备工作。10月份中央电大召开评价工作培训会。

第二步：自评。1998年3月底以前，各省级电大开展自评。各校充分发挥学校教职工的积极性和主动性，根据评价标准和要求，实事求是地对各项评价指标进行对照测评，以作出正确判断。省级电大自评工作结束后，要写出自评报告。自评报告的内容包括：(1)自评过程；(2)自评结果（各指标得分）；(3)存在问题、原因分析与改进措施；(4)附件：自评基础资料。各省级电大自评报告经当地教育主管部门审核后，于1998年4月中旬报全国电大教学评价领导小组。

第三步：复评。复评工作是在省级电大自评的基础上，由中央电大负责组织了12个复评小组，分两批于1998年6月和9月进行。各复评小组按照评价标准，认真审核被评电大的自评报告和有关评价资料，进行实际考察与测评，于1998年年底完成对44所省级电大的复评工作。

第四步：验收。全国电大教学评价领导小组在国家教委有关部门指导下对省级电大的自评和复评情况进行验收。1999年1月至3月，在汇集全国省级电大经复评修改的《自评报告》及相应的评价原始数据库的基础上，对全国省级电大的教学评价数据进行综合运算和各种统计分析处理，撰写形成了《中国广播电视大学教学评价（1997—1999）报告》。1999年3月全国电大教学评价领导小组确认评价结果，做出评价结论。

此次教学评价重点调查了1997届毕业班学生（即1994级三年制学生和1995级二年制学生）在整个教学周期的情况，以及1996级新生入学第一年的教学和学习状况。1996—1997学年全国电大共有高等专科分专业全科在校生（不计注册视听生）516077人。其中，1997届分专业毕业班学生200325人。专任教师21505人。全国电大1996—1997学年开设一级学科9类、二级科类55类、专业共计534个。这次教学评价选择计算机应用、法律、财务会计和英语4个专业分别作为理工农医、社会科学、经济管理和教育文学四大学科群的典型代表，对这4个专业的参评学生组织了分层、整群和等距相结合的抽样调查，共发放学生问卷33323份，有效学生问卷20883份，有效回收率63%；发放教师问卷7009份，有效答卷4874份，有效回收率70%；有效全国省级电大普查问卷表44份。调查结果表明，全国44所省级电大高等专科教育的教学和教学管理工作总体上是好的或比较好的，省级电大之间的差距并不很大。少数省级电大的教育教学工作尽管也都符合基本要求，质量也有基础保证，但在教学和教学管理工作或教学条件的一些方面仍有差距，有待加强和改进。

二、广播电视大学远程教育毕业生追踪调查

为了深入开展中央广播电视大学人才培养工作，检查教学效果和人才培养质量，中央电大决定开展开放教育试点毕业生追踪调查工作，于2004年2月至5月中央电大在部分省级电大进行了试点，并于2004年6月至12月正式在全国电大开展。

"中央广播电视大学人才培养模式改革和开放教育试点"（以下简称"试点"）项目，自1999年开始实施以来，试点专业从最初试点的4个发展到39个，试点的学生从最初试点的5万多人发展到170余万，毕业生已近30万人。为了对试点项目的教育质量和效果做出客观、科学的评价，除了电大系统对学生的知识水平和实践能力通过形成性考核、终结性考试、操作技能和综合能力测试等进行测评以外，对学生实际行为表现也进行测评，即

对毕业生及其社会用人单位进行追踪调查。进行电大毕业生和社会用人单位追踪调查,一是为了了解毕业生实际的信息反馈和遇到的知识和技术问题,以及他们对开放教育教学环境、试点专业课程设置和教育教学内容、教学资源、教学方式、管理模式及学习支助服务等方面的意见和建议;二是了解用人单位对电大开放教育试点毕业生的思想品德、专业知识、业务能力和工作业绩等方面的总体评价和要求;三是检验"中央广播电视大学人才培养模式改革和开放教育试点"研究项目人才培养目标的实现程度;四是为逐步建立经常性的反馈渠道和评价制度,为教学改革提供依据。这对改进我们教学和管理工作,提高教育质量和服务水平,顺利完成"试点"项目,培养出适应学生个性发展和社会用人单位实际需要的应用型高等专门人才,服务于社会和国家的经济建设,具有十分重要的理论价值和现实意义。

本次追踪调查从中央电大开设的远程教育39个专业中,选择了招生规模大、毕业人数多且具有代表性的法学、英语等6个本科专业和水利水电、金融等3个专科专业作为调查专业,并以这9个专业2002、2003、2004年度毕业的学生以及相应的社会用人单位为调查对象,采用分层抽样与整群抽样相结合的多阶段随机抽样方法,进行调查和访谈。调查内容分为两方面,即电大毕业生调查和社会用人单位调查。对电大毕业生的调查主要包括评价人才培养方式的课程设置和内容、教学资源、教学组织形式、学习支助服务、教学效果以及毕业生的基本情况、专业知识、业务能力和工作业绩等;对社会用人单位的调查主要包括毕业生的基本情况、思想品质、专业知识、业务能力和工作业绩等。

本次调查于2004年年底结束,在调查过程中共收回毕业生调查问卷15780个,约占28万毕业生总体(截止到2004年8月)的5.64%;社会用人单位调查问卷9926个,约占毕业生用人单位总体的3.55%。

调查结果显示,社会用人单位对9个抽样专业培养人才的思想品德总体评价为88.84分,专业知识为81.04分,业务能力为80.25分,工作业绩为84.03分。调查分析报告指出,在开放教育人才培养总体质量评价中,社会用人单位给毕业生综合评价得分83.39,毕业生受到了社会用人单位的普遍欢迎和好评。

在调查中也发现用人单位对电大毕业生的信息获取能力、创新能力培养寄予更大的期望,这说明基于网络和多种媒体整合利用开展教学的电大开放教育,在培养学生的创新能力和信息获取能力方面还需要进一步改进和提高。

学习活动二:远程教育毕业生追踪调查

搜索报纸杂志与互联网上的信息,重点关注全国省级电大高等专科教育教学评价实施的步骤与方法以及广播电视大学远程教育毕业生追踪调查的基本情况,并结合所学的内容对其进行初步分析。

学习测评

1. 判断题:在远程教育评价中,对教师进行评价应充分体现教师和学生处于准永久性分离状态时教师对学生的指导作用。(　　)
2. 判断题:评价的准备阶段大体可分为决策、建立评价机构、方案准备等几个方

面。（   ）

3. 判断题：明确评价目标是远程教育评价取得成功的关键。（   ）
4. 判断题：在远程教育评价中，自评等同于自我总结。（   ）
5. 判断题：在远程教育评价中，如果在终评之前进行了自评和互评，则还应就自评和互评的情况进行汇报。（   ）
6. 判断题：在远程教育评价中，问卷调查在一般情况下应采取不记名方式，以提高答卷的真实性、可靠性。（   ）
7. 远程教育评价的方式主要有：（   ）
   A. 自我评价   B. 主管部门主持的评价
   C. 国际评价   D. 第三方评价
8. 试述当前网络远程教育评价中存在的问题。
9. 试述远程高等教育教学质量已有的评价方法及其存在问题。

参考资源：

[1] 蔡惠京.远程教育课程教学质量评价研究.广东广播电视大学学报,2004(3).
[2] 蔡力民,安建民.Q-CATS——一种开展远程教育的评价模式.西北医学教育,2002(4).
[3] 陈斌,丁新.国际远程教育评价的发展趋势.中国远程教育,2004(17).
[4] 陈祎,陈丽,殷丙山.远程教育质量保证的系统观与评价方法.中国电化教育,2002(12).
[5] 邓幸涛.世纪之交：回顾与思考——全国省级广播电视大学高等专科教育教学评价述评.中国远程教育,1999(3).
[6] 丁兴富.国外远程教育评价研究及其主要成果——远程教育评价研究及其主要成果(3).湖北广播电视大学学报,2001(3).
[7] 丁兴富.远程教育评价的类型、程序和方法——远程教育评价研究及其主要成果(2).湖北广播电视大学学报,2001(2).
[8] 丁兴富.远程教育学.北京：北京师范大学出版社,2002年.
[9] 丁兴富.远程教育质量保证国际比较研究及其结论.远程教育杂志,2004(3).
[10] 丁兴富.远程教育质量保证国际比较研究及其主要结论——"远程教育质量保证及质量评价与认证国际比较研究"成果(1).中国远程教育,2005(2).
[11] 方慕真.远程教育中的CAL评价理论与实践.中国远程教育,2000(7).
[12] 黄清云,汪洪宝,丁兴富主编.国外远程教育的发展与研究.上海：上海教育出版社,2000年.
[13] 冀燕丽,陈庚.现代远程教育评价之探析.中国远程教育,2005(1).
[14] 李亚婉.南非大学的教学、管理、评价与服务体系.开放教育研究,2003(4).
[15] 王继新.远程教育原理与技术.武汉：湖北科学技术出版社,2005年.
[16] 王永玉,米力安,李艳玲.远程教育中如何评价学生的成绩.中国远程教育,1999(Z1).
[17] 杨亭亭.远程教育课程评价指标体系设计.现代远程教育研究,2002(4).
[18] 杨亭亭.远程教育教学质量保证体系和教学评价的研究——"中央电大人才培养模式改革和开放教育试点项目"研究综述之一.中国远程教育,2004(7).

资源与应用篇

第十章　现代远程教育资源建设

学习目标

1. 了解现代远程教育资源的基本内涵、主要类型及特点,认识资源建设对远程教育的重要意义与价值。

2. 了解现代远程教育资源建设的主要内容,掌握远程教育资源建设的一般步骤和策略,能够从事远程教育资源的收集与开发。

3. 了解网络课程的基本含义与特点,理解网络课程设计的一般原则、一般步骤与方法,能实际参与网络课程的设计与开发。

知识概览

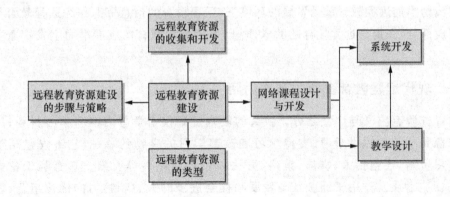

本章导学

同学们好!大家知道我国远程教育的发展十分迅猛,其中资源建设是保证远程教育质量的一个很重要的内容,因为在远程教育中教师与学生时空分离,学生直接面对的是对远程教育资源的学习,所以在本章我们首先要详细讨论现代远程教育资源的基本内涵、主要类型、特点，以及资源建设对远程教育的重要意义与价值。

我们然后要讨论的是远程教育资源建设的一般步骤和策略，希望同学们在学完本章内容后能够从事简单的远程教育资源的收集与开发。

本章最后讲述了网络课程设计的一般原则、一般步骤与方法。

问题导入

1. 远程教育资源是学生学习的主要内容，这些资源有哪些类别？它们有哪些特点呢？

2. 在开展现代远程教育的过程中，没有相当数量和质量的教育信息资源，现代远程教育就成了无源之水，那么怎样建设远程教育资源？建设资源有哪些步骤和策略？

3. 在远程教育资源建设中素材类教学资源建设和网络课程是重点和核心，我们如何进行网络课程的设计开发？应该遵循什么样的开发流程？

引言

近年来，我国远程教育的发展十分迅猛，远程教育的资源建设也得到了相应的发展。从远程教育发展的进程来看，教育资源建设仍将是重中之重。随着技术的发展和开发者对教育信息化理解的不断加深，未来的教育资源建设将会不断成熟和完善，将从基于过程的教学转向基于资源的学习，重视资源建设也将成为远程教育机构的最大课题。

第一节　远程教育的资源概述

在我国当前远程教育蓬勃发展的环境下，远程教育的信息资源作为远程教育系统的重要组成部分，在提高远程教育的教学质量、挖掘远程教育的发展潜力上发挥着重要的作用。

一、现代远程教育资源的基本内涵

教育资源有狭义与广义之分。狭义的教育资源仅指学习内容和学习材料；广义的教育资源是一系列提供学习、支持学习和改善学习的事物的总称，它不仅包括学习内容和学习资料，还包括人、媒体、策略、方法以及环境条件等要素。它有利于挖掘教育对象的创造潜质。作用于经济社会发展和社会进步的人力和物力的优化组合，教育资源涵盖的范围非常广泛，不仅包括非生命的各类实物，还包括具有能动性的有生命的人力资源。

远程教育资源主要指蕴涵了大量的教育信息，能创造出一定的教育价值，利用各种信息传输和处理技术，以数字信号的形式在互联网上进行传输的信息资源。它能够激发学生通过自主、合作、创造的方式来寻找和处理信息，从而使数字化学习成为可能。它包括数字视频、数字音频、多媒体软件、CD-ROM、网站、电子邮件、在线学习管理系统、计算机模拟、在线讨论、数据文件、数据库等等。远程教育信息资源是数字化学习的关键,它可以通过教师开发、学生创作、市场购买、网络下载等方式获取;可用于多层次探究;可操纵处理;具有切合实际、即时可信、富有创造性等特点。

从某种意义上说,远程教育资源是对传统的教育资源的一种统合。这种"统合"就表现在远程教育资源将教育的物力、人力资源转化为信息的形式,涵盖了教育资源的方方面面,并通过网络来发布、传递这些教育资源。

二、现代远程教育资源的分类

目前,远程教育资源的种类非常丰富,并不局限于某种媒体形式之中。教育资源的复杂性使得人们对其产生了不同层面的认识,因而对其分类也是多角度、多层面的。

(一) 按照资源的形态划分

按照资源的形态划分,远程教育资源可分为远程教育环境资源、远程教育信息资源和远程教育人力资源。

远程教育环境资源是指构成远程教育系统的硬件和软件,如计算机设备、联网设备、通信设备、网络操作系统、应用软件、工具软件、网络协议等,如图10-01所示。

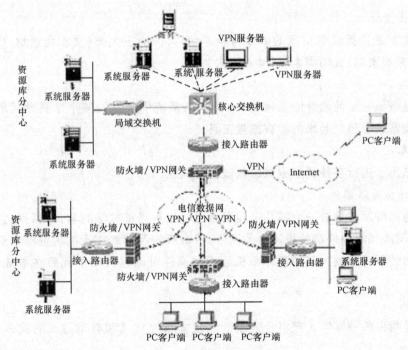

图 10-01 远程教育环境资源

远程教育信息资源主要指多种媒体形式的数字化知识信息,如课程、题库、资料、素材等,如图 10-02 所示。

远程教育人力资源包括网上教学人员、管理人员，如教师、助教、专家、学者、系统管理人员等，如图 10-03 所示。

图 10-02　远程教育信息资源

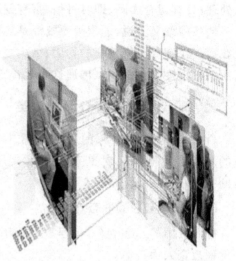

图 10-03　远程教育人力资源

（二）按资源的组织形式划分

1．媒体素材

媒体素材是传播教学信息的基本材料单元，可分为五大类：文本类素材、图形/图像类素材、音频类素材、视频类素材、动画类素材。

2．试题

试题是按照一定的教育测量理论，在计算机系统中实现的某个学科题目的集合，是在数学模型基础上建立起来的教育测量工具。

3．试卷

试卷是用于进行多种类型测试的典型成套试题。

4．课件与网络课件

课件与网络课件是对一个或几个知识点实施相对完整教学的软件，根据运行平台划分，可分为网络版的课件和单机运行的课件，网络版的课件能在标准浏览器中运行，并且能通过网络教学环境被大家共享。单机运行的课件可通过网络下载后在本地计算机上运行。

5．案例

案例是指由各种媒体元素组合表现的有现实指导意义和教学意义的代表性事件或现象。

6．文献资料

文献资料是指有关教育方面的政策、法规、条例、规章制度，对重大事件的记录、重要文章、书籍等。

7. 网络课程

网络课程是通过网络表现的某门学科的教学内容及实施的教学活动的总和,它包括两个组成部分:按一定的教学目标、教学策略组织起来的教学内容和网络教学支撑环境,如图10-04所示。

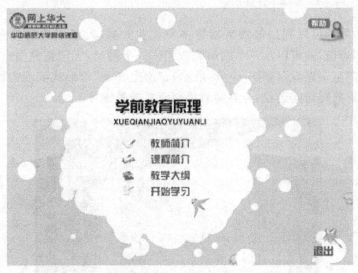

图 10-04　网络课程

8. 常见问题解答

常见问题解答是针对某一具体领域最常出现的问题给出全面的解答。

9. 资源目录索引

资源目录索引是列出某一领域中相关的网络资源地址链接和非网络资源的索引。

(三) 按照使用对象划分

按照使用对象划分,远程教育资源可分为学习资源、科研资源和教研资源。在网络环境下,电子邮箱、搜索引擎、电子图书馆、虚拟实验室等是各类人员共用的资源,此外,供学习者使用的学习资源还包括网络课程、题库等。供各类人员进行科研使用的科研资源还包括科研相关政策法规、各种统计资料、工具软件包、年鉴、学术会议资料等。供教师使用的备课资源还包括各种课程资料、素材、课件、教案、指导刊物、教学大纲、教学计划等。

三、现代远程教育资源的特点

(一) 从内容本身来看,远程教育信息资源具有丰富性和多样性

Internet 网络中包括了丰富的教育资源,如教学资源(如课程设置、教学课件),教育研究资源(如教育理论知识、科研动向与成果),教育状态信息(如学校规模、学生发展情况、教学活动状况)等。同时,各网站的定期维护与信息更新也不断地扩充网络教育资源的数量,其内容的丰富性可见一斑。

现代远程教育资源不仅包括传统的文本、图像等媒体素材,还包括多媒体、多语种的

表现形式,极大地丰富了教育资源的表现力,有助于学习者知识结构的更新和重组。

(二)从内容呈现形式看,远程教育信息资源具有非线性、动态性、交互性与共享性

非线性:超文本技术的一大特征是信息的非线性编排,将信息组织成某种网状结构。浏览超文本信息时可根据需要,或以线性顺序依次翻阅,或沿着信息单元之间的链接进行浏览。

交互性:学习者可以利用超级链接等多种交互方式,对感兴趣的概念、话题进行追踪,仅用"鼠标"点击,就可以从一个网站跳转到另一个网站,无限拓宽信息范围和想象空间。另外,通过"空中课堂"(如图 10-05 所示)、"网上答疑"等形式实现的远程教育,可以使学生足不出户就能访问名校,与名师直接交流并接受辅导。

图 10-05　空中课堂

动态性:网络信息资源的内容通过即时参与、网上会议、多端上传等形式及时更新,呈现方式从静态的文本格式发展到动态的多模式、智能化的链接。

共享性:现代远程教育资源除了具备一般意义上的信息资源的共享,还表现为 Internet 网页可供所有的用户随时访问,不存在传统媒体由于副本数量限制而不能获取信息的现象。网络教育资源可以实现最大范围的资源共享,全球任何一个角落的用户都可以共享网络上的信息。

(三)从使用方式上看,远程教育信息资源具有无限制性、便捷性和互动性

无限制性:通过电子传播媒介的整合,地球将变成一个"村落"。如今人们无论身居何处,通过一台电脑、一个调制解调器和一条电话线就可以遍访全球,与世界各地的人发生联系,可以完全不受时间和空间的限制。

便捷性:现代远程教育资源的这一特点根源于网络的传播特点。学习者可以随时随地根据所需获取网络上的教育资源。利用搜索工具和在线帮助工具,用户只需输入关键字,就可在几秒钟之内获得无数的信息。选中的信息可以直接拷贝到用户的磁盘上,需要的时间极少。在传播学中网络被称为第四媒体,它的新闻传播速度和更新频率高于任何一种传统媒体,网上信息具有传播时效上的优势。在网上获取和发布信息,可以最大限度地缩短信息传输的时间,提高学习效率。

互动性:现代远程教育中的资源不同于传统远程教育中印刷信息和电子信息的单向传播方式,也不同于电话必须同步的双向交流方式,它具备双向传递功能,即用户在接收到信息后可针对信息随时向信源提供反馈。由于现代远程教育资源的互动性,学习者可以根据需要自主选择学习目标、学习内容、学习方式、学习时间和地点。这种学习模式改变了传统的教学模式,使学习者具有了更大的主动选择权,突出了学习者在学习过程中的自主性。图10-06为异步互动。

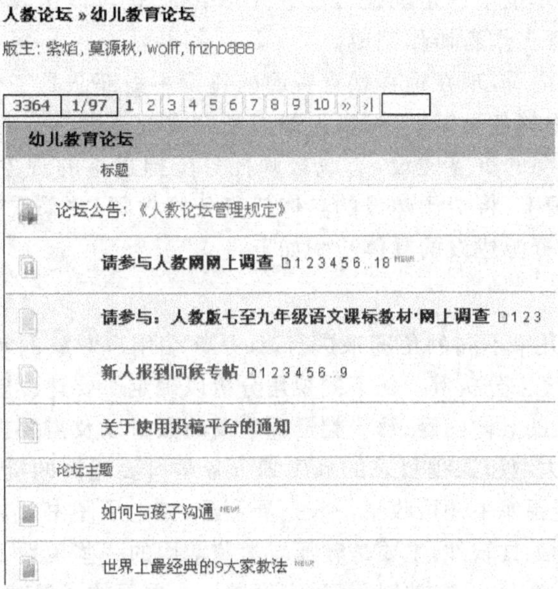

图 10-06　异步互动

第二节　远程教育的资源建设

在开展现代远程教育的过程中,信息资源建设是一项关键性基础工程。没有相当数量和质量的教育信息资源,现代远程教育就成了无源之水,难以为继。因而,远程教育的资源建设构成了现代远程教育发展的首要任务之一。

一、现代远程教育资源建设的基本内容

我国远程教育发展速度很快,目前远程高等教育资源建设已经取得了初步的规模,并且具备了一定的规模效益。随着远程教育的快速发展,教育资源建设也逐步暴露出来一系列的缺陷和不足,这些因素成为现代远程教育中亟待解决的问题。

对于远程教育资源的建设可以分为四个方面同步展开:课程资源建设、网上资源库建设、人力资源建设以及离线辅助教材资源建设。具体地说资源建设的内容包括网络课程建设、素材库建设、教学支撑软件建设、远程教学点建设、现代远程教育信息网站建设、远程教育工作者培训、现代远程教育法规建设等内容。

实施现代远程教育工程形成开放式教育网络,构建终身学习体系,是充分利用和优化我国教育资源,普及与提高全民素质,降低教育成本与让全民充分享有受教育权利的一项重大工程。目前,我国现代远程教育资源建设主要分国家、地方和学校三级进行。

二、远程教育资源建设的主要步骤

现代远程教育资源的建设主要采取自上而下的组织策略,总体规划部门确定资源建设的整体目标、内容和标准,并与各建设单位进行协商,将资源建设任务进行分配。参与现代远程资源建设的单位不一定都是学校等教育单位,也可以由具备雄厚实力的企业公司承担,但需要有教育工作者协作完成。

从我国教育领域内看,现在远程教育资源的建设主力部队是工作在教育最前线的教师,他们最了解教育中的各种需要,可以说他们是完成教育教学资源建设任务的主力军。为防止各校教师对资源的重复建设,造成教师任务负担过重的现象,主管部门应统筹规划,根据各校的实际情况,将资源建设的具体任务分给教师,并采取有效的激励机制调动教师的积极性。教育资源建设的具体步骤如下:

(一) 需求分析

需求分析可以从几个不同的角度来进行,如从终端用户对象的特点来分析;从本地区教育信息化进展的程度去分析等。从不同视角分析以确定所要建设资源的种类、教育资源的学科范围、资源建设的具体内容、每一类资源建设的数量以及需要提供哪些特色资源等,这些都需要按照教学大纲和课程目录的顺序划分各学科要建设的资源的详细内容。除了专门的教学资源外,资源库中还可收录一些拓展资源,如电子图书,包括课外读物、传记、文学、法律、诗歌等;教学工具软件,主要是教师与学校常用的一些免费下载的系统工具、驱动程序、文字处理媒体工具等。需求分析最后应生成一个书面的资源建设的需求分析报告文档。资源建设的领导决策者根据此文档来确定资源建设的规模、可持续发展的规划。

(二) 确定标准

根据国家教育部教育信息化技术标准委员会发布的《教育资源建设技术规范》(征求意见稿)确定资源建设的技术标准,必须细化到对资源每个属性的具体要求,以便于操作。

(三) 编制评价指标

编制资源的评价指标主要是作为后期"资源建设专家组"和"各学科工作小组"对征集上来的资源进行审查、分类的依据。此外,明确评价标准有利于保证资源的质量。

(四) 资源建设培训

对资源的开发者、建设者进行业务知识培训是非常必要的。这些业务知识包括基础教育教学资源的分类体系、分类标准、基本属性特征等。通过培训,资源数据的建设生产者对常用专业术语要能准确理解,掌握资源制作、收集、整合的基本方法和基本技能。各部分人员应掌握工作的技术细节,明确资源建设项目的目的、任务和整体实施计划等。

(五) 资源征集

分配资源征集任务,并向各个部门下发。在任务分配时要考虑到各个地区、各个学校和任课教师的长处与特色,尽可能最大限度地发挥其优势,保证资源整合的完善。收集整理的具体操作可以根据学科、年级和类型的不同组合顺序来实施。

(六)资源的审核与完善

对收集到的资源要有专门人员进行初步审核。主要由资源建设领导小组组织资源建设专家组及各学科工作小组、技术小组按照已定的"资源评价指标"对征集到的资源进行审核、筛选、优化、整合,并确定资源的等级和价格。对筛选出的基础较好但不完善的资源由技术小组在学科工作小组帮助下进行优化(包括增补、修改部分内容或重新开发部分内容),使之达到合格资源的要求。所有的审核与定价工作应以教育需求为前提,并按资源数量和质量给予生产者一定的报酬。教育资源的评价是一个不断延续的过程,在资源的后续使用过程中,也要获取用户的反馈信息,以完善资源。

(七)资源入库

利用计算机网络技术,通过资源管理平台批量或单个将资源存入数据库中,这时需要资源收集整理者在入库时对资源的所有属性进行预校验,确保资源库中数据的精确性。资源收集整理者需具备资源分类知识以及认真负责的态度,能否准确标注资源的属性将会影响以后整个资源管理系统使用时资源的查全和查准问题。

(八)资源的运营与维护

教育资源的整合是一个动态的过程,需要在后期的运营过程中不断地维护和更新,以实现资源的持续发展。主要包括:定期采购资源,利用信息搜集模块自动实现资源补充,定期审核原有资源,删除无效资源,确保资源的质量。

三、远程教育资源建设的策略

根据我国的现状,远程教育资源建设的 70% 应投入于软件资源建设,余下的 30% 投入于硬件建设,因此,远程教育资源建设应该从"软"、"硬"两个方面着手。

(一)软件资源建设

1. 规范建设,形成规模效应

教育资源建设在国家远程教育中占有举足轻重的地位,面对我国远程教育领域的资源现状,国家必须制定相应的规范标准,使资源建设在规范、科学和有序中发展,形成资源建设的规模效应。

在我国,开展现代远程教育的各个试点院校之间相互独立,资源共享有一定的困难,学校内外的网络资源建设也不能很好地整合,导致资源不能充分利用。由于各远程站点往往自行设计和建立远程教育系统,资源孤立分散,虽然现有的网络技术为学习资源的共享、学习活动的合作提供了基本技术条件,但这种共享还处于较低水平,缺乏在课程知识和教学管理水平层次上的交流,妨碍了网上教育资源的大范围共享与交流。例如,网络学院或者个别教师制作的资源有明确的针对性和目标性,实用性强,但是,只能在局部范围应用,难以实现规模化的资源共享。针对这种情况,需尽快制定相关网络资源标准化制度。用标准化方法保证网上一个学习对象可利用多个学习系统,实现学习资源共享;用标准化方法保证多个系统及组件之间能够交换和使用彼此的信息,实现系统的交流和交换。

同时可以引进国外较成熟的课件资源,用于高校的网络教育、全日制教育、成人教育、非学历培训等。借鉴国内的联合办学经验,倡导校企合作、校校合作,形成规模效益。

2. 和无偿资源并进,建立有偿的资源中心

远程资源的匮乏已经成为远程高等教育质量发展的瓶颈。公共免费资源的状况不容乐观,在我国的网络教育中公共免费站点非常少,网站中的免费可用资源不能满足公益需求。即使是一些收费资源网站,管理和操作也比较混乱,不仅资源数量不能保证需要,而且还存在链接速度慢、网站资源的更新过慢,知识陈旧和低质量资源泛滥等问题。

高质量的教育资源开发和利用是现代远程教育迫切需要解决的问题。阻碍资源建设不能顺利进行的原因有多种多样,除了教育专家、学科专家和技术人员的因素外,一个最重要的原因是资金投入的严重不足。资源建设是一项高成本的投入,在资源开发过程中需要教育理论、学科、信息技术三方面专家的协同工作,缺一不可。

3. 共享国际教育资源

对于远程教育资源共享的必要性与重要性,世界各国早已达成了共识。资源的国际化利用愈来愈得到世界各国的承认和采纳,成为发展本国教育的"他山之石"。例如,在1998年第十届南亚地区首脑会议上发表的《科伦坡宣言》,强调加大成员国家之间在学习材料、专家和信息技术三方面的资源共享和合作,发展地区开放与远程教育。

国外远程教育起步较早,不仅在理论上建立了比较成熟的理论体系,而且在实际运作中也获得了举世瞩目的成绩。在资源建设方面,美国和英国等远程教育发展较快的国家,建立了为数不少的资源中心和资料库,有些是免费服务,有些是收费服务。面对教育日益开放的局面,我国同样也要鼓励高校积极寻求和探索与国外大学及教育机构合作的多种形式,引进、吸收、消化、改造和利用国外课程、师资等多种优秀教育资源,尤其是经济、金融、外贸、IT等优秀课程资源,满足我国网络教育的需求。我国应尽快建立相应平台,实现和国际资源链接,充分将世界资源为我国远程教育所利用。

借鉴国际教育资源的同时要注意两方面的问题:一方面,借鉴国外资源时要考虑国外的"强势"文化对我国"弱势"文化的同化与整合;另一方面,利用国外优秀课程资源的同时,要注意面对争夺生源的严峻问题。

4. 建立国家教育平台,整合资源

我国学者李幼平提出的"国家教育平台"思想是实现国家教育资源共享,建立远程教育市场良性竞争机制的有效方法。国家远程教育平台方案的研究内容与整体目标是:针对远程教育关键技术开发及示范基地建设进行研究和试验,以形成具有自主知识产权的基于并播与仓储技术的网络教育系统的核心技术,构建国家教育信息共享新平台。其中主要目标之一是远程教学资源建设。教学资源建设包括:格式规范的课程素材库建设;适合网络运行的交互式多媒体课件制作;用于多媒体课件开发的辅助工具。这个设想的实现和运作,将克服我国目前资源建设中的多种缺陷,对我国远程教育资源建设产生一定的促进作用,如图10-07所示。

图 10-07 国家教育平台

5．校际合作

政府应该进一步加强宏观调控，加强试点高校的横向合作。远程教育学校或机构要加强以下几方面的合作：

（1）网络学院要加强与本高校内部其他院系之间的合作。要与其他院系之间共享师资，特别是聘用那些教学素质比较高的教师，打破传统学科院系之间的壁垒，实现人力资源共享。

（2）加强与商业和 IT 业之间的合作。开办远程教育的一次性投资很大，很多网络学院难以独立承担。因此，采用"商业＋教育"的模式，可吸收社会资金，利用国际先进的技术优势开发教育资源，实现资金和人力资源的共享，推动高等远程教育资源建设的步伐。

（3）加强与广播电视大学和其他网络学院之间的信息与资源合作。如果和电大联合共建资源中心，共享多媒体资源，优化资源组合，就会减少重复的资源建设。建设国家资源平台和校际合作，是我国实现资源共享的有效途径。

6．发掘人力资源，全员参与创建

远程教育资源的开发是一个系统工程，其中涵盖了教育教学原理、网络技术、多媒体技术、计算机技术及软件开发技术，在资源开发中必须要整合课程专家、教育专家、网络程序设计师等人员，共同开发高质量教育软件以丰富教育资源。课件的质量会影响学习者的学习效果，课程和教育专家对教学内容的选择决定了学习者的学习范围和质量方向；程序设计师和网络技术人员的知识和能力决定了开发对象的呈现质量。这些人员都是远程教育中的潜在性资源，对人员相应素质的发掘与充分利用会大大提高教学效果。

（二）硬件建设

远程教育中的硬件建设是远程资源建设的一个方面，是远程教育开展和发生的物质载体。经过近几年的快速发展，我国大中城市的硬件建设已经接近或达到国际先进水平。硬件建设是我国现代远程教育工程项目中的重要内容,它的目标是建立一个开放的、网络化的和数字化的公共远程教育平台。

硬件建设为资源建设提供了发展平台,我国的硬件建设在最近几年内获得了快速的发展。但广大的农村和经济欠发达地区的相应装备还是很落后,甚至连电视机、计算机等都没有,更不用说互联网。所以加强硬件设施建设依然是资源建设努力发展的方向。

要改变硬件建设不平衡的状况,必须加快广大农村和经济欠发达等地区的信息与通信等方面的硬件建设,通过网络资源实现与世界接轨。根据国务院作出的关于深化教育改革,加快发展民族教育的决定,中国各级政府今后要重点支持现代远程教育网络建设,建立县级远程教育教学点和乡级电视、数据收视点,有条件的地区和学校要启动校园网络或局域网络建设,培养、培训教师和管理人员。同时还要把中央财政扶持教育的工作重点向边远农牧区、高寒山区、边境地区以及经济发展落后的人口较少的少数民族聚居地区倾斜。

在我国资源建设中,还存在技术普及的难题。解决问题的方法除了提高网络建设中的技术水平外,更重要的是需要投入大量的资金和人力来改善硬件设施,增加流量和容量。硬件措施的改善会有助于软件资源环境合作和共享的运营,促进资源的有效开发和利用。随着科技的发展,远程教育硬件资源的发展迅速,产品的更新换代非常快,新的视听等辅助设备不断出现,旧的形式和产品不断被新的形式和产品替代。所以,硬件资源建设是一个动态的不断调整和更新的过程,只有这样才能紧跟时代的发展脉搏,更好地提高学习效率。

社会不断变迁,教育技术不断发展,远程教育的变革是唯一的永恒。无论是硬件还是软件建设,都不是一劳永逸的,而是动态发展的过程。只有动态的"软硬兼施"的资源建设,才能适合学习者的需要。同时,除了努力建设远程资源之外,高效益利用远程教育的资源,也是远程教育有效发展的关键,是远程教育今后发展和努力的方向。

四、远程教育资源的收集与开发

(一)远程教育资源的获取

目前教育资源的来源主要有:Internet 上的教育资源、已有视音频资源的数字化、现有文档资料分类整理录入、商品化的教育资源光盘、组织人员按需编写、同构资源库中的教育资源和异构资源库中的教育资源。

随着网上信息的膨胀,互联网已成为我们获取信息的主要途径,因此信息查询与获取策略显得尤为重要。目前也出现了许多在网上查找信息的方法。这些方法可以分为两类:一类是有既定目标的查找,一类是没有既定目标的查找,而后者往往是指一种网上"冲浪"游戏。一般来说,搜索引擎主要分为两类:传统的搜索引擎和现在的搜索引擎(如智能代理 Agent)。

传统的搜索引擎是通过索引机制来实现的,无论是关键词搜索系统和目录系统都利用 Web 检索工具。大多的 Web 检索工具都是靠称作"机器人(Robots)""蜘蛛(Spiders)""爬虫(Reptile)"或"流浪者(Vagrant)"的计算机自动搜索或索引程序来不断访问、搜寻 Internet 网络,对网络资源进行自动或人工整理和分类。

第十章 现代远程教育资源建设

与传统的搜索引擎相比,现在的搜索引擎(如智能代理)不是对整个网络进行索引,而是在接到一个新任务时就出发,去搜索网上资源并提取有价值的信息。因此,智能代理是利用神经网络技术进行搜索,它试图去发现自然语言与样本网页的模式及它们之间的相互关系,这些将与新近发现的网上资源相匹配,最后以一串 URL 的形式供用户访问。现在已经有许多此类智能代理软件问世,例如,一种朝高度智能化方向发展的知识开采机,已成为人们从网上发掘知识的好帮手。

下面,我们介绍一些目前国内、外常用的搜索引擎。

1. Google(http://www.google.com)

Google 开发出了世界上最大的搜索引擎,提供了便捷的网上信息查询方法。通过对 20 多亿网页进行整理,Google 可为世界各地的用户提供需要的搜索结果,而且搜索时间通常不到半秒。Google 富于创新的搜索技术和典雅的用户界面设计使 Google 从当今的第一代搜索引擎中脱颖而出。Google 并非只使用关键词或代理搜索技术,它将自身建立在高级的 PageRank(tm)(网页级别)技术基础之上。网页级别可对网页的重要性进行客观的分析。用于计算网页级别的公式包含 5 亿个变量和 20 多亿个项。网页级别利用巨大的网络链接结构对网页进行组织整理。Google 与大多数其他搜索引擎的区别在于:Google 只显示相关的网页,其正文或指向它的链接包含用户输入的所有关键词,而无须再受其他无关结果的烦扰。Google 不仅能搜索出包含所有关键词的结果,并且还对网页关键词的接近度进行分析,如图 10-08 所示。

图 10-08 Google 搜索引擎

2. 雅虎(http://www.yahoo.com)

雅虎是一个以分类目录、网站检索为主,附带网页全文检索的搜索引擎,是分类目录的开创者,如图 10-09 所示。雅虎发表有中文、英文等 10 余种语言版本,每个版本都是一个相对独立的搜索引擎。英文版主要收录英文网站,中文版主要收录中文网站等。雅虎英文版除主站外,又有多个地区分站,如亚洲站(Yahoo in Asia)、加拿大站(Yahoo in Canada)等,这些分站以收录这一地区的英文网站为主,也可视为独立的搜索引擎。Yahoo 具有信息检索难度低、检索结果的分类选择清晰等特点,该站点为大多数人所熟悉,适合于一般查询,但在某些类目下收集的文件数量有限,满足不了相应的信息需求。

图 10-09　雅虎

3. Dogpile(http://www.dogpile.com)

Dogpile 可以调用 15 个 WWW 引擎和 11 个 FTP 等其他引擎。它采用独特的并行和串行结合的查询方式,首先并行调用 3 个搜索引擎,如果没有得到 10 个以上的结果,则并行调用另外 3 个搜索引擎,如此反复,可以设定最大查询时间,可以选择使用哪些独立的搜索引擎,按照来源顺序列出结果。Dogpile 的一大特色在于地理查询,你可以输入美国的任何一个地名,采取 Geodogpile 查询后,你可以查询这一地方的所有网站、地图、电话黄页和白页(人名)、天气、工作机会等等。特别是对精确到门牌的地图十分有用。如图 10-10 所示。

图 10-10　Dogpile

4. Search(http://www.search.com)

Search 是查找范围最为广泛的并行多元搜索引擎之一,其中既包括像电影库(http://www.msstate.edu/Movies/)和虚拟软件图书馆(http://www.shareware.com/)这样的专用数据库,也包括"Yahoo"这样的通用搜索引擎。在进行 Web 检索的时候可以同时对 22 个搜索引擎进行查找。检索结果集中显示,注明搜索结果的标题、超级链接、简要说明以及来自哪一个搜索引擎。用户可以自己决定是使用综合性搜索引擎,还是新闻搜索引擎,或者是专业搜索引擎。如图 10-11 所示。

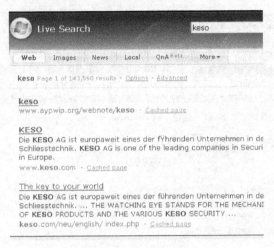

图 10-11　SEARCH

5. 百度(http://www.baidu.com)

百度是目前国内技术水平最高的搜索引擎,而且也是国内最大的商业化全文搜索引擎,为包括 Lycos 中国、Tom.com、21CN、广州视窗等搜索引擎以及中央电视台、外经贸部等机构提供后台数据搜索及技术支持。百度目前主要提供中文(简/繁体)网页搜索服务。如无限定,默认以关键词精确匹配方式搜索。支持"—"号、"."号、"|"号及"link:"等特殊搜索命令。在搜索结果页面,百度还设置了关联搜索功能,方便访问者查询与输入关键词有关的其他方面的信息,以及"百度快照"查询。百度还提供包括新闻搜索、网站网址链接、MP3 搜索、图片搜索、Flash 搜索等搜索功能。如图 10-12 所示。

图 10-12　百度搜索引擎

6. 天网(http://pccms.pku.edu.cn:8000/gbindex.htm)

天网是由 CERNET(中国教育和科研计算机网)在北京大学设立的一个较优秀的中文搜索引擎,主要以 CERNET 的网页信息为主。它不仅提供 WWW 网页的查询,同时也提供对新闻组内容的查询。目前天网大约收集了 100 万个 WWW 页面(国内)和 14 万篇 Newsgroup 文章。同时天网还提供对 FTP 服务器的 FTP 文件检索。如图 10-13 所示。

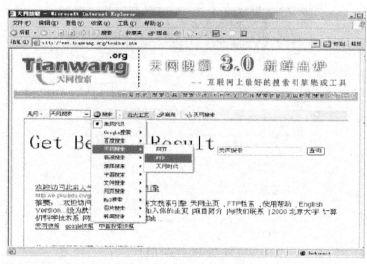

图 10-13　天网搜索引擎

天网采取全文检索技术,将用户的检索式进行自动分词,然后进行检索。同时天网还提供模糊匹配检索模式,在模糊匹配中,系统不仅检索出用户表达式中的关键词,并且将其同义词也一并检出。但是不支持数字关键词和 URL 名检索。天网主要收录中国教育科研网的网页资料,特别适合对于某方面的学术资料进行查询。

7. 搜狐(http://www.sohu.com)

搜狐的站点内容全部采用人工分类,共分为 18 大类,2 万多个类目,目前收录了以中文信息为主的 20 多万个网站。其数据库范围不仅有国内站点,而且还包含国外的中文站点;不仅提供分类查询方式,还提供关键词的全文检索方式。搜狐的查询分为 5 类:类目检索、网站检索、网页检索、新闻检索和中文网址检索。如图 10-14 所示。

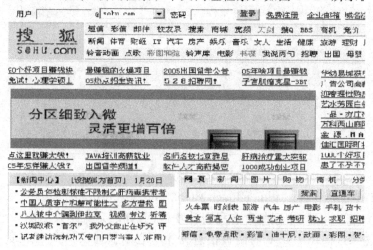

图 10-14　搜狐搜索引擎

8. 新浪（http://www.sina.com.cn）

新浪网搜索引擎提供网站、中文网页、英文网页、新闻标题等查询服务。网站资源丰富，目前共有14大类目录，10000多个细目和20余万个网站，是互联网上最大规模的中文搜索引擎之一。除了资源查询外，新浪网搜索引擎推出了更多的内容和服务，其中少儿搜索专门为孩子们提供相关网站，而WAP搜索更是顺应WAP的发展推出的新项目，是中国内地的第一个WAP专用搜索引擎。如图10-15所示。

图10-15　新浪

（二）资源开发工具

1. 文本素材的准备

各种媒体素材中文字素材是最基本的素材，文字素材的处理离不开文字的输入和编辑。文字在计算机中的输入方法很多，除了最常用的键盘输入以外，还可用语音识别输入、扫描识别输入及笔式书写识别输入等方法。目前，多媒体课件多以Windows为系统平台，因此准备文字素材时应尽可能采用Windows平台上的文字处理软件，如写字板、word等。选用文字素材文件格式时要考虑课件集成工具软件是否能识别这些格式，以避免准备的文字素材无法插入到课件集成工具软件中，如纯文本文件格式（*.txt）可以被任何程序识别，Rich Text Format文件格式（*.rtf）的文本也可被大多数程序识别。

在实际应用中，文字还是主要采用人工录入、手写汉字识别系统、扫描仪和语音识别进行录入，然后采用文字处理软件进行编辑整理。目前还有一些操作简单、兼容性强的文本抓取工具，如SnagIt，用它抓取的文字可以应用在任何Windows文字编辑器中，如记事本、写字板、Word、C++、Visual Basic或Access等。

2. 图形/图像素材的准备

图像素材的采集大多通过扫描完成，高档扫描仪甚至能扫描照片底片，得到高精度的彩色图像。现在流行的数字相机将为图像的采集带来极大的方便，而且成本较低。数字化仪用于采集工程图形，在工业设计领域有广泛的用途。另外图像素材还可用屏幕抓图软件获得以及直接使用软件进行创作，归纳起来图形图像的采集主要有5种途径：用软件创作，扫描仪扫描，数码相机拍摄，数字化仪输入，从屏幕、动画、视频中捕捉。图10-16至图10-18分别为手写识别系统、扫描仪和语音识别系统。

图 10-16　手写识别系统　　　图 10-17　扫描仪　　　图 10-18　语音识别系统

3. 音频素材的准备

课件中声音素材的采集和制作可以有以下几种方式：

（1）利用一些软件光盘中提供的声音文件。在一些声卡产品的配套光盘中往往也提供许多 WAV 或 midi 格式的声音文件。

（2）通过计算机中的声卡，从麦克风中采集语音，生成 WAV 文件。如课件中的解说语音的制作就可采用这种方法。

（3）通过计算机中声卡的 MIDI 接口，从带 MIDI 输出的乐器中采集音乐，形成 MIDI 文件；或用连接在计算机上的 MIDI 键盘创作音乐，形成 MIDI 文件。

（4）使用专门的软件抓取 CD 或 VCD 光盘中的音乐，生成声源素材。再利用声音编辑软件对声源素材进行剪辑、合成，最终生成所需的声音文件。

（5）MP3、VQF 等其他高压缩比的格式，可以采用软件使各种声音文件进行格式的转换。

4. 视频素材的准备

视频作为多媒体家族中的成员之一，在多媒体课件中占有非常重要的地位。因为它本身就可以由文本、图形图像、声音、动画中的一种或多种组合而成。利用其声音与画面同步、表现力强的特点，能大大提高教学的直观性和形象性。

视频素材的采集方法很多。最常见的是用视频捕捉卡（如图 10-19 所示）配合相应的软件（如 Ulead 公司的 Media Studio 以及 Adobe 公司的 Premiere）来采集录像带上的素材。录像带的使用在教学中比较普及，所以，用这种方法，其素材的来源较广。

另一种方法是利用超级解霸、金山影霸等软件来截取 VCD 上的视频片段（截取成 *.mpg 文件或 *.bmp 图像序列文件），或把视频文件 *.dat 转换成 Windows 系统通用的 avi 文件。这种方法的特点是无需额外的硬件投资，有一台多媒体电脑就可以了。用这种采集方法得到的视频画面的清晰度，要明显高于用一般视频捕捉卡从录像带上采集到的视频画面。另外，还可以用屏幕抓取软件如 SnagIt/32、HyperCam 等来记录屏幕的动态显示及进行鼠标操作，以获得视频素材，但此方法对电脑的硬件配置要求很高，否则只能用降低帧速或缩小抓取范围等办法来弥补。对得到的 AVI 文件或 MPG 文件进行合成或编辑，可以使用 Adobe Premiere 软件，如图 10-20 所示。

第十章 现代远程教育资源建设

图 10-19 视频捕捉卡

图 10-20 Premiere 编辑软件

5. 动画素材的准备

动画制作软件很丰富，流行的有 Autodesk 公司的 Animator（二维动画）和 3D Studio max（三维动画），如图 10-21 所示。Flash 动画在网页中应用广泛，是目前最流行的二维动画技术。用它制作的 SWF 动画文件，可以嵌入到 HTML 文件里，也可以单独成页，或以 OLE 对象的方式出现在 Authorware 课件中。SWF 文件的存储量很小，但在几百至几千字节的动画文件中，却可以包含几十秒钟的动画和声音，使整个页面充满了生机。Flash 动画还有一大特点是，其中的文字、图像都能跟随鼠标的移动而变化，可制作出交互性很强的动画文件，如图 10-22 所示。

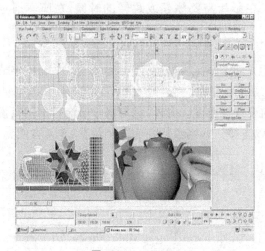

图 10-21 3Dmax

图 10-22 Flash

6. 课件开发——多媒体素材集成工具

选择了不同的开发工具，也就相对地选择了多媒体素材集成的逻辑组织结构方式。多媒体素材的逻辑组织方式主要有基于图标的方式、基于时间轴的方式、基于关键帧的方式和混合方式。

(1) 基于图标的方式

Macromedia 公司的 Authorware 是基于图标的方式来集成媒体素材的典型代表，如图 10-23 所示。Authorware 自 1987 年问世以来，已经成为世界公认领先的开发因特网和教学应用的多媒体创作工具，Authorware 的版本不断更新，功能不断增强。基于图标的创作方式使创作者能够方便地看到程序设计的整个流程，并可拖动图标调整其在流程中的位置。图 10-24 为 Authorware 7.0 版本的界面。

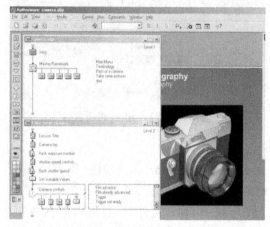

图 10-23　Authorware

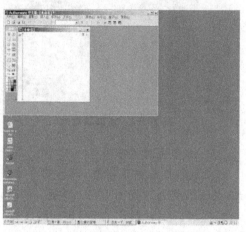

图 10-24　Authorware 7.0

(2) 基于时间轴的方式

Director 是一种基于时间轴的多媒体创作软件，和其他工具相比，它的动态特性更为突出。在用 Director 进行动画制作时，必须把握住它的主要特点，合理地安排演员演出的顺序、演员或背景交换时的转场形式，并且在影片需要停顿或跳转的时候，在脚本通道中及时地加入暂停或跳转指令。

(3) 基于关键帧的方式

Flash 是通过使用关键帧和图符使得所生成的动画(.swf)文件大小非常小，几 K 字节的动画文件就可把音乐、动画、声效、交互方式等融合在一起，通过 ACTION 和 FS COMMAND 可以实现交互性，使 Flash 具有更大的设计自由度。另外，它与当今最流行的网页设计工具 Dreamweaver 配合默契，Flash 作品可以直接嵌入网页的任何一个位置，非常方便。

(4) 混合方式

很多媒体素材的集成都采用了混合方式。混合方式最典型的代表是基于面向对象高级语言，如 VB、Delphi 等。

(5) 网络课件开发工具

还有一些基于静态或动态网页的开发工具，如 FrontPage、Macromedia Fireworks、Macromedia Dreamweaver 等，在网络课件开发方面也有比较广泛的应用，这里不再赘述。图 10-25 所示的为 Director 8.5 界面。

学习活动一：调查有开发网络课程经验的老师

带着下表中的问题去学校或在网络上调查一位曾有开发网络课程经验的老师，然后完成下表：

媒体素材	文本	图像	音频	动画	视频	集成
所用的工具软件						

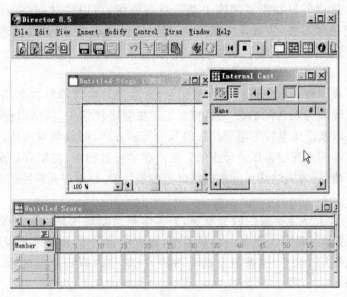

图 10-25　多媒体创作软件 Director 8.5

第三节　网络课程设计与开发

前面，我们介绍过，远程教育资源建设可以分为素材类教学资源建设、网络课程库建设、教育资源管理系统的开发和通用远程教学系统支撑平台的开发这四个层次。其中，在这四个层次中，素材类教学资源建设和网络课程是重点和核心。下面，本节将重点介绍网络课程的设计开发，包括网络课程的教学系统设计、网络课程的制作与开发。

一、网络课程概述

（一）网络课程的基本含义

网络课程是通过网络表现的某门学科的教学内容及实施的教学活动的总和，它包括两个组成部分：按一定的教学目标、教学策略组织起来的教学内容和网络教学支撑环境，其中网络教学支撑环境指支持网络教学的软件工具、教学资源以及在网络教学平台上实施的教学活动。①

（二）网络课程的基本特点

网络课程充分发挥网络教育的优势，给学习者提供了便捷的学习机会、丰富的教学环境和教学资源，同时构建出接近真实生活的自主、协作学习情境，使学习活动更加自主化、个

---

① 《现代远程教育资源建设技术规范（试行）》. 教育部现代远程教育资源建设委员会，2000.5.

性化,使教育的适应性得以大大加强。同传统的课程相比,网络课程的特点主要表现为:

1. 共享性

共享性是指网络课程不但可以利用已有优秀教师资源、教学资源,还可以通过链接等多种方式引入国内外日益丰富的网上动态学习资源,可以通过网络传送,把课程资源传输给每一位网络学习者,实现最大范围的、跨时空的资源共享,从而实现跨时空跨地域的资源共享,真正做到"全球化学习"。

2. 交互性

交互性指网络课程不仅能够进行人机交互,更重要的是教师与学生、学生与学生之间可以通过网络实现人与人之间的教与学的交互。在网络教学中,网络课程一改以往书籍、报刊等印刷信息以及广播电视等电子信息的单向传递方式,而具备双向传递功能,并且,这种双向交流可以是同步的也可以是异步的。用户在学习过程中,在接收到网络信息后可及时向信源提供反馈,同时网络用户既是网络课程的使用者,也可以是网络信息的发布者。

3. 丰富性

网络课程提供了异常丰富的教育资源,如各学科最新的网络课件。学习者可以根据自己的需要,检索学习科目。在每一门科目中,也有丰富的学习资源,学习者结合自己的学习状况、已有的认知水平,选择与自己学习特点、学习内容相适应的学习资源,自定步调地通过网络学习。

4. 自主性和协作性

利用网络课程教学,可以让教师、学生通过讨论、合作、竞争和角色扮演等多种形式完成一个确定的学习任务;也可以让学习者自主学习、自主探索。自主性指网络课程以教师为主导,强调以学生为中心,主张学生是信息加工的主体、知识学习的主动构建者,教师是学生主动建构意义的帮助者、促进者。协作性是指网络课程可以让教师、学生通过讨论、合作、竞争和角色扮演等多种形式完成一个确定的学习任务。

5. 开放性

提高软件结构的开放性,提供相关的参考资料和相应的网址,对于同一知识内容,提供不同角度的解释和描述,让学生在对多种看法进行交叉思考中,提高分析问题和解决问题的能力,产生思想火花。开放性是指学生可以随时在任何与网络相连的终端上进行网络课程学习,教师能够方便、及时地对教学内容进行调整和更新。

6. 创造性

创造性指网络课程建立在发现和参与学习模式的基础之上,教师、学生可以通过讨论、合作、竞争等形式完成一个确定的学习任务,从而有利于激发学生的创造性思维。

7. 高效性

高效性指充分利用计算机、网络技术与多媒体技术的优势,大大提高教与学的效率。如网络课程除协助教师工作外,还可以向学生提供课程学习计划、电子教案和其他可复制的课程复习资料,有利于学生复习功课,提高学习效率。

二、网络课程的教学设计

网络课程是一个系统工程,教学设计在其中占据着至关重要的地位。教学设计的成功与否直接制约着网络课程后期制作的水平以及在实际教学中应用的质量。因此,网络课程的教学设计必须严格遵循某些原则,以保证其科学性。

(一) 网络课程教学设计的原则

网络课程应树立以学生为本、为学生服务的思想,充分发挥网络课程的优势,创建有利于学生素质教育和创新能力培养的多样化的网络教育模式。因此,网络课程教学设计应遵循以下原则。

1. 以建构主义学习理论为理论基础的原则

建构主义学习理论的教学原则是重视学习内容的建构、意义的建构和认知主体的核心地位;其教学方法是重在情境创设和协作对话,从而为学生主体的确立创建良好的外在条件。基于建构主义的学习观点来理解学习,则学习是学生在一定情境或社会背景中,通过参与安排在情境中的活动或置身于一定社会背景中与特定环境相互作用来主动建构知识的过程。在建构主义学习环境下,教师和学生的地位、作用与传统教学相比已发生了很大变化。这就意味着教师应当在教学过程中采用全新的教育思想与教学模式、教学方法和教学设计。

2. 以学生为主体的原则

网络课程有两个基本特质:一是"非线性的多种信息联结",二是文字、图表、动画、影视和声音等的"多媒体方式",使学生多种感官相互主动配合以获取更丰富、更形象的信息,这就为网络课程中学生主体地位的形成奠定了基础。在整个教学过程中,学生应该是贯穿始终的教学主体。为此,在进行网络课程设计时必须考虑到学生这个因素,也就是说网络课程教学设计一定要从学生的角度出发,力求符合学生的心理特征、教育特点和接受能力。因此,网络课程应提供完全个性化的学习环境,学生进入网络教学系统后,可根据自己的实际情况和课程信息库中的课程设置,选择自己感兴趣的专业课程。网络课程还应提供协作化学习环境,以达到对教学内容比较深刻的理解与掌握,而且对高级认知能力的发展、合作精神的培养和良好人际关系的形成也有明显的促进作用。

3. 以培养学生创新能力为目的的原则

当前知识经济已初见端倪,信息技术将深入人类社会的各个方面,科技进步和社会发展的动力就在于创新。实施教育创新已成为时代的要求,知识经济呼唤教育创新。在网络教学中,学生通过自主选择学习内容、参与讨论、自我测评、模拟实验,在主动获取知识的同时,培养了发现问题、分析问题、解决问题的能力。学生从传统教学的束缚中解放出来,由被动变主动,由接受变获取,调动了主观能动性,大大提高了学习的积极性,为想象力的发挥提供了动力。学生在想象力的推动下,思维高度活跃,容易引发创新的火花。因此,教师必须重视学生创新能力的培养,在网络教学设计中,融入创新能力培养的内容。通过教学实践,培养学生的创新意识、创新思维,提高创新能力和水平。

(二) 网络课程的教学设计过程

网络课程设计中的教学系统设计主要包括以下几个方面:学习目标分析、学习者特征分析、学习内容的选择与设计、学习环境的设计、学习策略的制定、评价的实施等。

1. 学习目标分析

近年来在网络教学的研究中,人们都在强化建构主义认知理论在网络教学中的意义,提出"意义建构"是学生学习活动的终极目标。与此同时,淡化了对教学目标的要求。然而,"意义建构"并不能完全代替"教学目标",教学目标是学习者在网络教学活动实施中应达到的学习结果或标准,阐明教学目标,可以使这种结果或标准具体化、明确化,为制定教学策略提供依据。因此,在网络课程的设计中,一定要重视教学目标的编写,并要以明显的方式呈现出来,使学生明确学习任务和目标。

学习目标的设计应该包括课程目标、单元目标以及各知识节点的学习目标。课程目标应呈现在网络课程的首页,让学习者明确学习该课程的目的。单元目标应在单元学习内容之前呈现,至于各知识节点的学习目标则应该在学习者学习该知识点的过程中呈现,并告知学习者该目标是属于知道、领会、运用层次,还是属于分析、综合、评价层次,并给出学习建议,让学生根据不同学习内容的不同目标层次来制定相应的学习策略。

2. 学习者特征分析

学习者是网络教学活动的中心,对学习者进行特征分析是网络教学系统设计的关键环节。学习者特征分析主要包括对学习者的社会背景、心理、生理发展的特点、学生的学习期望、学习风格以及已有的知识结构等方面的分析。在网络课程的设计活动中,应该相对应地对参加该课程学习的学习者开展网络调查,包括对学习风格的测量,并建立相应的学习者档案。通过分析这些数据来掌握不同学习者的学习需要和个性需求,并对不同学习风格的学习者提供相适应的学习建议,从而真正实现"因材施教"。

3. 学习内容的选择与设计

首先,教学内容的选择要尽量选取适宜计算机网络表现的信息内容;其次,把选定的教学内容进一步分解为若干知识点,形成节点;再次,以超文本的形式来编排和组织教学内容,使学习者可以依据个人的学习需求通过文本、图形、热按钮等超文本链接方式任意选择学习路径。在设计过程中尽量加入各种交互方式以激发学生在学习过程中主动参与和积极思考的精神;最后,还应建立一个动态、庞大的资源库。该资源包括参考资料、背景知识、案例、素材、网址资源以及学习工具等。另外,资源库内容与相关教学内容之间要有链接,但是相关链接不要太多,同时应注明链接内容与教学内容之间的关联度,或给出建议阅读的等级。

4. 学习环境的设计

网络课程中的学习环境应包括自主学习环境与协作学习环境两部分。

(1) 自主学习环境的设计

自主性是网络学习的一大特点,如何为学生创设一个良好的自主学习空间是实现自主学习的保障,这个学习环境既能体现不同学习者的个性特征,能够为学习者开展自主学习提供示例和帮助,还能为学习者开辟展现自我和进行自我评价的空间。因此自主学习环境的设计应包括:以超文本方式组建的知识内容;丰富的案例和学习资源;搭建学习者作品展示区;建立自测题库等。

(2) 协作学习环境设计

协作学习是网络教学活动的又一大特征,学习者在认知过程中,通过与人协作(包括学习者之间的协作和学习者与教师之间的协作)可以更进一步地培养其高级认知能力。网络课程应为学生之间以及学生与教师之间的交流与协作设计一个良好的支撑环境,让不同时空的学习者在该环境中通过协商、会话共同完成特定的学习任务。其设计应包括:搭建学习社区,在该社区中,学生之间可以就某论题进行讨论,对于讨论后仍不能解决的问题还可以向专家进行咨询以获得帮助;提供协作工具,如 BBS、E-mail、在线交流等;设计讨论主题等。

5. 学习策略的制定

(1) 设计教学内容的媒体表现。网络环境中的信息丰富多彩,如果教学内容仅仅照搬课本内容或文字内容,则难以吸引学习者的兴趣。因此,根据不同的教学内容和教学目标层次可以将教学内容用直观的图像、动画、视频和恰当的声音解说来表现。

(2) 创设教学情境。根据建构主义认知理论,"情境"是进行意义建构的要素之一。在网络课程的设计中应该充分利用网络庞大的信息容量和多媒体化信息传播方式为学习者创设丰富的资源情境、案例情境、问题情境和活动情境,从而激发学生的学习动机,促使学习者积极参与,积极探索。图 10-26 为《管理学原理》网络课程的界面。

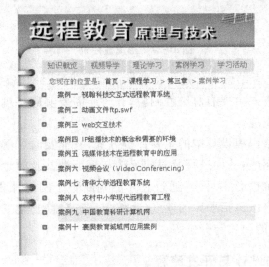

图 10-26 《管理学原理》网络课程

(3) 设计导航策略。网络课程由于具有信息量庞大、开放性强等特点而使得学习者在学习过程中容易产生迷航现象,设计清晰、明确、符合学生认知心理的导航系统因而必不可少。它的重要作用在于引导学习者围绕教学目标进行有效地学习。导航方式通常有演示导航、检索导航、线索导航、书签导航、在线帮助等多种。除此以外,网络课程还应为学习者提供其他导航方式,如搜索引擎、相关资源站点链接等,为学习者提供更大的学习自由度和学习空间。

(4) 提供适宜的学习方法和学习组织形式。根据前面对学习者、学习内容、教学目标的分析结果,网络课程能为学生建议一些适宜的学习方法和学习组织形式。网络课程的学习方法有探索法、情境法、讨论法等。学习组织形式有自主学习和协作学习。

6. 教学评价系统

(1) 形成性评价。形成性评价是指,教师或管理者在实施网络教学活动中利用程序设计技术对学习者的学习状况进行详细记录,获取相关数据和资料以调整教学使之更富成效的一个过程。这里的教学调整是指对网络课程本身的改进以及对网络教学策略的完善。

形成性评价的方式主要有讨论、开展学生调查、练习和章节测验等,如图10-27所示。

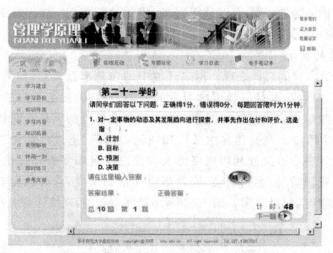

图 10-27　形成性评价

（2）总结性评价。总结性评价是指在教学活动完成后对网络教学活动的最终效果所进行的价值判断。其方式主要有总结性测验,有时还需要实施态度问卷以把握学生对教学内容和教学过程的反应。

形成性评价是网络课程设计中的主要评价方式,它能及时了解网络教学中学生学习的进展情况和存在的问题,从而进行及时的反馈与再反馈并及时地调整和改进网络教学活动。同时总结性评价也必不可少,通过它才能判断整个网络课程是否有效。那么,与之相对应的设计过程应该包括题库的建立（小练习、章节测验、学期总结试题等）、调查问卷的设计与发放、数据的回收与分析等。

三、网络课程的设计与开发流程

完整的网络课程设计与开发包括八个阶段:需求分析、总体设计与原型实现、脚本编写、素材准备、课件开发、教学环境设计、教学活动设计、运行维护与评价。网络课程开发的基本过程如图10-28所示。

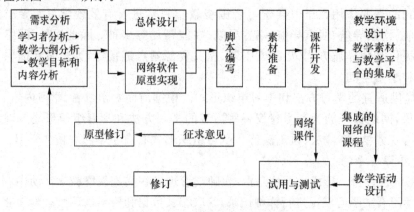

图 10-28　网络课程的开发流程

(一)需求分析

网络课程的需求分析就是对网络课程的内容、用途、使用对象、课件类型、应用环境等各方面的条件进行分析,以确定课程开发的目标和规模。这个阶段包括学习者分析、课程教学大纲分析、教学目标和教学内容分析。

1. 学习者分析

学习者分析就是结合网络课程的教学目标和教学内容对学习者的知识基础、认知能力和认知结构变量进行分析。对学习者原有能力知识基础的确定,可采用"分类测定法"或"二叉树探索法";对认知能力的确定,可以采用"逐步逼近法";对认知结构变量的确定,则应分析当前教学内容与大多数学生认知结构中的原有观念是否存在类属关系、总括关系或并列组合关系。除此以外,还可以在实践中试验和创造其他更有效的学习者特征分析方法。

2. 课程教学大纲分析

教学大纲是以纲要的形式规定出学科的内容、体系和范围,它规定课程的教学目标和课程的实质性内容,是编写网络课程的直接依据,也是检查网络教学质量的直接尺度,对网络教学工作具有直接的指导意义,对学生了解整个课程知识体系也有很大帮助。教学大纲一般由以下几个部分构成:

说明:扼要介绍本学科的目的和任务,选材的主要依据,以及有教学与学习的原则性建议。

本文:列出按层次结构自治的知识点条目(一般是编章节目),知识点的简要说明,知识点的教学要求、教学时数、教学活动及其所用时间说明。

实施要求:列出编写教材的参考书目,教学环境要求,教学仪器设备,辅助教学手段、说明等等。

教学大纲的编写应注意如下原则:科学性、思想性、主观联系实际、基础性、系统性等等。如果开发的课程已有教学大纲,应尽可能选用现有大纲,如果没有,要编写一个,编写的大纲要经过学科专家审查。

3. 课程教学目标和教学内容分析

进行课程教学目标的分析,是为了确定实现教学目标所需要的具体教学内容和教学内容的序列。教学目标分析的方法通常包括归类分析法、信息加工分析法、层级分析法和 ISM 分析法。

教学内容要根据教学大纲和教学目标来确定。教学内容的需求分析对编写教材、配套的练习册、实验手册等有一定的引导作用。如果已有优秀教材,要尽可能选用。教材的内容应具有科学性、系统性和先进性,符合本门课程的内在逻辑体系和学生的认知规律,表达形式应符合国家的有关规范标准。

教材是教学内容选择结果的体现,教学内容选择时,要选择切合实际社会需求、反映本学科最新发展动态的教材,对于那些已经过时的内容要坚决删除;教材不是教学内容的简单堆砌,而是教学内容的有机组合,教材应能够把一门学科的基本概念、基本原理和基本技能要求提炼出来,形成一个具有逻辑性、系统性的知识系统,使之有利于学生理解与迁移知识;练习册是选定教学内容后,诊断与巩固教学内容的测验试题的集合,它是教材的重要组成部分。

对于一些含有技能培养目标的课程来说，实验是必不可少的。实验是教材中理论知识的实践认证、技能知识的具体体现。设计实验时，要注意实践性和可行性，实践性是指实验在理论指导下，通过具体的操作步骤，达到预期结果；可行性是指设计的实验要求的条件不能太高，要能在实际教学过程中得到实施。在网络教学环境下，尤其要注意实验的可行性。实验手册是对实验的说明，一般有实验目标、实验环境、预备知识、实验步骤、实验报告、思考与练习等几大部分。

（二）总体设计与原型实现

选择一个相对完整的教学单元，设计出一个教学单元的网络课件原型，通过原型设计，确定网络课件的总体风格、界面、导航风格、素材的规格以及脚本编写的内容。

总体设计是设计过程中最重要的一环，它是形成网络课件设计总体思路的过程，决定了后续开发的方方面面，网络课件设计过程所要遵循的所有原则，都要在这一阶段得到充分体现。原型实现后，应在一定范围内征求意见，尤其是征求最终用户（学生）的意见，并根据征求的意见进行修订，以达到最优化的目的，减少后续开发过程中修订的工作量。在进行总体设计时，应注意：

1. 内容组织

课程内容组织一般都采用模块化的组织方式，模块的划分应具有相对的独立性，一般以知识点或教学单元为依据。课程内容的组织是以有良好导航结构的 Web 页面为主，链接有特色的网络或单机运行的教学课件，课件以知识点教学单元为单位。课程内容应根据具体的知识要求采用文本、声音、图像、动画等多种表现形式，比如文字说明、背景资料支持、配音阐述、重点过程动画表现以及小画面教师讲授录像播放相结合等。自测部分可根据具体的知识单元设置。

每一个教学单元的内容都有如下几个部分：学习目标、教学内容、练习题、测试题（每一章）、参考的教学资源。课时安排、学习进度和学习方法说明等。

在疑难关键知识点上提供多种形式和多层次的学习内容。根据不同的学习层次设置不同的知识单元体系结构。

模块组织结构应具有开放性和可扩充性，课程结构应为动态层次结构，而且要建立起相关知识点间的关联，确保用户在学习或教学过程中根据需要跳转。

2. 内容表现

在具体的开发过程中，注意描述性文字要精练、准确。中文字体尽量用宋体和黑体，字号不宜太小和变化太多，背景颜色应与字体前景颜色协调，以便减少在屏幕上阅读的疲劳。

在画质上，应要求构图合理、美观，画面清晰、稳定，色彩分明，色调悦目，动画、影像播放流畅、具有真实感。图形图像应有足够的清晰度。

色彩的选择应清晰、明快、简洁，颜色搭配合理，主题与背景在色彩上要有鲜明的对比。网页色调要与内容相适应，背景颜色应与前景颜色协调，各页间也不宜变化太大。

构图是指画面的结构布局。构图的基本要求是设计好屏幕的空间关系，使画面新颖简洁、主体突出，具有艺术感染力，使教学内容形象地展示在学习者面前。

动画是课件的主要表现形式。动画的造型要合乎教学内容的要求,比喻和夸张的运用要合理,动作应尽量逼真,动画要尽可能接近事实。

影像的目的是突出教学重点和难点,增加可信度。由于动态影像的信息量大,受网络带宽的限制,播放可能会出现停顿现象,这时应适当减小影像的播放窗口,要尽可能采用流媒体技术。

在声音质量上,应要求解说准确无误,通俗生动,流畅清晰;音响时机恰当,效果逼真,配乐紧扣主题,有利于激发感情,增强记忆。在声音的处理上要慎重考虑,要考虑网络带宽的制约,应与影像结合起来综合平衡。

在内容结构上,同一网页中不宜同时出现过多动态区域。网页长度不宜太长,一般不要超过三屏,在 800×600 屏幕分辨率下不应横向滚屏。每门课程的网页应保持统一的风格和操作界面。控制功能、操作方法符合常规习惯。课程内容的设计应尽量加入交互方式,激发学生在学习过程中主动参与和积极思考。在疑难的知识点上充分发挥多媒体的功能,展现其内涵,使学生能够体会深刻,从而有利于培养学生获取知识的能力和创新能力。学习者对课程中的有关图片、资料、动画可选择浏览或不浏览,也可选择背景音乐的开或关,以及配音阐述的开或关。网络课程每个知识点都应提供相关的参考文献资料链接,以拓宽学生的知识面。

3. 内容导航

鉴于网络课程信息量巨大,内部信息之间的关系可能异常复杂,因此除了要求在信息结构上要合理设计外,对信息的导航策略要求也十分高:导航设计必须清晰、明确、简单,符合学生的认知心理,否则,学生容易迷失方向。网络课程可以提供的导航方法有:

课程结构:通过建立目录索引表的方式列出课程结构说明,以表格的方式列出教学单元、教学活动、学习时数、学习进度以及学习方法等内容,并指明学生所处的知识层次和位置,让学习者了解网络课程的信息结构,直接到达所需要的学习页面。

网络课程网站的文件结构:网站的文件结构要根据章节、通用网页、组件和媒体类型等适当地建立相应的子目录,单个子目录中文件数目不宜太多,以方便维护。

页面组织:网站的网页组织要反映课程的目录层次结构和网状结构。网页间的联系要便于学习者对知识结构的掌握。在网页中应有到课程起始页(Home)、前一页、后一页、上一层、相关内容的超链接,应提供由关键词(基本概念)和目录树查找相关网页的快速跳转功能。对于描绘教学内容的重要媒体也要提供查询和直接显示功能。

直接导航:对一些重要的导航点,如当前学习单元、当前学习目标、学习单元的结束、前进、后退等,在主界面的导航中心提供直接的导航,只需用鼠标单击导航上的超链接,便可直接进入对应的界面之中。

历史记录:记录学生在超媒体知识空间所经历的历史路径,学生可随时快速跳转到以前浏览过的页面。

线索:记录学习者的浏览路径,可让学习者沿路返回,也可预先设计浏览的路径,减少学习者的探路时间。

检索表单:提供对整个课程的全文检索功能,让用户检索 Web 的信息,帮助学习者迅速寻找所需要的学习内容。

帮助：对一些学习过程中容易遇到的问题，用帮助页面的方式给出指导，提供解决问题的方法和途径，使学习者不至于迷航。

导航条：提供到顶级页面、上一级、下一级、同一级页面的导航。

演示控制：用于对动画、影像、声音的控制，让学生根据自己的学习需求控制影像/声音的播放进度。

书签：记录学习者标记的学习重点，便于对重点学习内容的快速定位。它是Web浏览器必备的功能。

框架结构：对结构比较复杂的课件设计可采用这种方法。主框架可以是学习区，副框架则可用作动态导游图，以显示当前的学习进度，并可以点击导游图直接到达某个进度。

导航策略用于网络课件，实际上是教学策略的体现。这是一种避免学习者偏离教学目标、引导学习者进行有效学习、提高学习效率的策略，它是决定网络课件质量的关键因素，因此需要精心设计。

（三）脚本编写

脚本是教学人员与技术开发人员沟通的桥梁，脚本编写要根据计算机的特点，在一定的学习理论的指导下，对每个教学单元的内容及其安排以及各单元之间的逻辑关系进行教学设计，并写出相应的设计文本，网络课件的脚本编写要充分考虑原型设计阶段所确定的内容表现、导航、教学设计等课件的总体风格。脚本描述了学生将要在计算机上看到的细节。它在课件设计中占有非常重要的地位，它是设计阶段的总结，又是开发和实施阶段的依据。从其内容来看，它是网络课件中教学内容和教学方法的载体，而不是课本或教案的简单复制。

1. 脚本编写要求

人员组成：脚本包含了将要在计算机上显示的大量的教学信息，但是光有这些是不够的，因为在网络课程的设计与开发中，更重要的是要通过计算机为学生构建一个良好的学习环境，使学生在与这样的环境的互动中，促进自我的学习。这就要求脚本提供的教学信息以及这些教学信息的展示和交互过程应能较好地体现一定的学习理论，并充分发挥计算机的优势。因此，参加脚本编写的人员应包括学科专家、教学设计人员、教育软件设计专家、教育心理学专家、计算机程序设计人员。脚本编写应遵循如下基本原则：(1) 明确教学目的和各教学单元的教学目标；(2) 根据教学目标，选择的教学内容应准确无误；(3) 根据教学目标和教学内容，选择适当的教学方法（CAI模式）和传递教学信息的媒体；(4) 合理应用学习理论以提高软件的教学效果；(5) 应考虑计算机的输出和显示能力；(6) 使用的格式应该规范。脚本可以使用不同的格式，但必须规范，而且便于表达脚本的各项内容，这些内容包括显示信息、注释信息、逻辑编号以及媒体、交互信息和"热字"的表示。

显示信息：指屏幕上将要显示的教学信息，反馈信息和操作信息。

注释信息：说明显示信息呈现的时间、位置和条件以及连接要求。

逻辑编号：显示信息常常是以屏幕为单位来表述的，为了说明它们之间的连接关系，每一个显示单位应有一个逻辑编号，以便说明连接时使用。

媒体、交互信息和"热字"的表示：为了清楚地表示教学信息中使用的不同媒体（文字、声音、图形或图像等）、教学信息中的"热字"以及交互过程中呈现的各种信息，脚本中常用不同的符号表示它们。

对于编写好的脚本，应组织编写人员和更多的教师进行审查，修改错误，弥补不足，然后，让未来的使用者对脚本进行"试运行"，看是否能达到预期效果。这样得到的脚本作为编程或写作的蓝本，会明显地提高开发课件的速度和质量。

2. 脚本类型

脚本包括文字脚本和制作脚本，文字脚本是按照教学过程的先后顺序，描述每一个环节教学内容及其呈现方式的一种形式，其主要目的是规划教学软件中知识内容的组织结构，帮助教学软件开发者将所要传授的知识清晰化，并对软件的总体框架有一个明确的认识。文字脚本与文本教材有较大的区别，它除了要将知识内容表达清楚外，还需要对教学目标、学习目标、教学活动、采用的教学策略、所采用的表现方式、教学软件的总体结构等加以说明。一般情况下，文字脚本包括以下内容：

（1）使用对象与使用方式的说明：阐明教学软件的使用对象、软件的教学功能与特点以及软件的适用范围与使用方式。

（2）教学内容与教学目标的描述：阐明教学软件的知识结构，以及组成知识结构的知识单元和知识点，并详细介绍教学的目标和要求。

（3）网络课件的总体结构：根据教学大纲和总体教学目标，确定网络课件的总体体系结构，划分软件的基本组成模块，并确定各模块间的联结与导航关系。

（4）知识单元的教学结构：表述一个知识单元的教学结构，它是文字脚本设计的主体，一般都由多个文字卡片组成，每个卡片一般都有序号、具体的教学内容、教学媒体类型、教学模式、教学内容的呈现方式、教学方法、教学活动以及教学的组织结构等。

文字脚本可以说是对教学软件的总体构思的设计，它是学科教师按照教学过程的先后顺序，将知识内容的呈现方式描述出来的一种形式，但它还是一种概要设计，还不能作为多媒体教学软件制作的直接依据，因为教学软件的开发，还应考虑所呈现各种信息内容的位置、大小、显示特点（如颜色、闪烁、下划线、黑白翻转、箭头指示、背景色、前景色等）、交互方式，以及信息处理过程中的各种编程方法和技巧，并编写制作脚本。

制作脚本包含着学习者将要在计算机的屏幕上看到的细节。例如，用各种媒体展示的教学信息；计算机提出的问题；计算机对学习者各种回答（正确的或错误的）的反馈；在不同的情况下，学生应进行的正确操作，等等。制作脚本一般采用卡片式格式，在卡体部分将这些信息的内容及显示的位置描述出来，同时用相应的符号表示这些信息的类型。在卡体的注释部分，详细地说明卡体中各种信息显示的逻辑关系，即先显示什么内容，后显示什么内容；显示后来的内容时，先前的内容是否还保留；操作信息的作用，等等。

（四）素材准备

素材准备。根据脚本的要求准备所需要的素材，包括文字、图片、声音、动画、视频、案例等，通过课件原型的设计和脚本的编写，可明确素材的规格、数量、种类和具体内容，便于进行批量制作，可大大降低开发的时间与成本。

素材采集。通过扫描仪扫描图形，把准备好的音频和视频素材通过声卡和视频采集卡转换为计算机可识别的数据文件。

素材整理。制作好素材后，要根据《现代远程教育资源建设技术规范》对素材进行属性标注，纳入到网络课程的素材库中，供学生和教师参考。

（五）课件开发

根据脚本提供的要求和建议，参考开发的软件原型，利用课件开发工具（FrontPage、Dreamweaver、Flash、Shokewave、Mediatools、Visual J＋＋等）集成课程内容，形成网络课件。

界面设计和制作。对屏幕上将要显示的信息的布局进行设计，包括主菜单、不同级别的操作按钮、教学信息的显示背景、翻页和清屏方式等。

编写文字说明材料。完成软件的制作以后，还要编写相应的文字说明材料，例如软件的内容适于何种程度的学生使用，软件的使用环境、使用机型、使用方法，以及其他配套使用的文字材料等。

（六）教学环境设计

课程教学内容设计是实施网上教学的基础，但绝对不是网上课程内容设计的全部。网上学习，强调以学为中心，强调学生的自主学习，在网络课程设计过程中应注意设计大量帮助学生进行自主学习的资源，促进学生的自主思维，促进学生的思维深度与学习参与度。在一个典型的网络教学系统中，促进学生自主学习的课程资源有：讨论论题、疑问及解答、课程辅助资源、测验试题、自主学习活动等。这些资源，都应该在统一的网络教学环境下管理与使用，教学环境设计主要指在统一的教学支持平台下的自主学习资源设计，而不是网络教学软件的设计，教师只需关注如何在网络平台设计具体的学习支持资源，而无需关注具体的程序设计。比如与网络课程学习直接有关的课程大纲、练习题、常见问题、讨论论题等，所有内容直接在统一的网络教学平台界面中录入，或通过标准的 TXT 或 RTF 文件提供。自主学习资源、自主学习活动设计是网上课程设计与基于教科书的传统课程设计的基本区别之一。

1. 讨论论题及内容设计

网络教学有良好的异步交互的优良特性，通过网络可以有效地对某一个论题进行深入的讨论，我们每个人都有过课堂讨论的体验，但课堂讨论由于时间、参与人数等的限制，讨论发言都很简要，一般都是几段话，这种时间有限的讨论往往浮于表面层次，感性成分居多而很难进行深入的理性思考。而基于 Web 的 BBS（电子布告牌）系统，它是以发表文章为基本的讨论交流形式，这种交流是不受时间限制的，参与讨论的学习者可以充分地思考所讨论的问题，通过不同观点和立场的碰撞与交流，学习者可以对一个复杂事物达到一个相对全面且深刻的理解。而且，通过文章来表达自己的思想，可以大大提高学生的逻辑思考能力以及驾驭文字表达自己思想的能力。异步讨论可以大大促进学生对某些复杂事物的认识深度以及自主思维的深度，但前提是被讨论的问题要有一定深度和广度的讨论空间，也就是问题要有相当的复杂性和歧义性，要能够诱发不同的观点，要能够诱发不同层次的思维。这样讨论才能有效地展开，才会引起学习者的兴趣，激发学习者的参与度。这就要求教师在进行课程设计时要充分考虑教学内容的性质，深入理解课程的教学内容,提出一些有争鸣空间的问题,教师还应对这些问题进行多侧面多角度的考虑,准备一些讨论发言文章,以便在讨论过程中引导讨论展开的方向,促进讨论展开的深度与广度。

2. 设计课程疑问及解答

在网络教学中没有教师面对面的解释和演绎,因此,为保证学习质量,进行网络学习时,学习者要从听众变成索求者,进行深入的思考,要具有自主学习的能力。但当学习者遇到百思不得其解的难题时,及时的答疑和帮助则成了必不可少的内容。教师对课程内容理解得较为深刻,他应该知道初学者容易遇到哪些问题,学习过程中有哪些常见的疑问,教师在进行课程设计时,可将这些问题及其答案罗列出来,放在答疑系统中。这样,当学习者遇到类似的问题时可以从答疑系统中获得及时的解答,消除学习过程的障碍,也可以减轻教师在教学过程中答疑的工作量,缩短学生获得解答的时间。

在设计课程疑问及解答中应注重利用恰当的问题,引导学习者的注意力。因为恰当的问题可以吸引和保持学习者的注意力,可以使学习者对重要信息保持高度警觉,引导学习者的参与心理,这是一种非常有效的策略。在学习新材料前有针对性地提出问题,让学生带着问题去学习,不仅有助于将学习者的注意力吸引到重要的信息上,忽略无关的或不重要的信息,而且问题还具备"推敲"的功能,通过推敲使信息的含义更为明确,从而促进学习者对所学内容的记忆和理解,提高学习效率;此外,问题的类型也影响到学习者对学习材料的注意,若问题涉及材料的基本结构,学习者将注意材料的主要内容;若问题涉及材料的细节,则学习者将会注意到材料中的细节。鉴于问题在吸引和保持学习者的注意方面的重要作用,在具体的设计中,应根据学习目标和学习内容的特点,精心设计问题的位置和问题的类型。一般来说,为了解决学习材料中的重点难点内容,我们需要设计前置问题以激发学习者的选择性注意,而前置问题的设计又需要我们创设问题情境或提出与学习内容有关的一些问题;为了促使学习者回忆已学过的学习材料,强化记忆,我们还需要设计后置问题。图10-29 为《远程教育原理与技术》BBS 讨论平台。

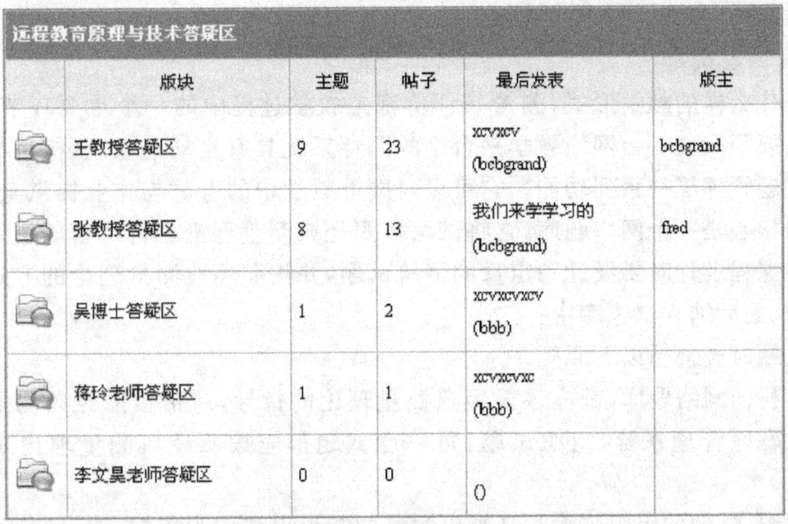

首页　　　　　　　　　　　　　　　　　　　　　　　　　　简单版

远程教育原理与技术答疑区

版块	主题	帖子	最后发表	版主
王教授答疑区	9	23	xcvxcv (bcbgrand)	bcbgrand
张教授答疑区	8	13	我们来学学习的 (bcbgrand)	fred
吴博士答疑区	1	2	xcvxcvxcv (bbb)	
蒋玲老师答疑区	1	1	xcvxcvxc (bbb)	
李文昊老师答疑区	0	0	()	

图10-29　《远程教育原理与技术》BBS 讨论平台

3. 计划在线交谈话题

同步讨论类似于面对面的讨论方式,学习者之间可以跨越地理位置进行实时的讨论。实时讨论比较适合用于碰撞激发新观念、新想法,教师在进行实时答疑和实时辅导等活动的同时也可以进行一些情感交流。教师在课程设计时应注意设计一些实时讨论的问题,引导学生参与讨论。讨论话题应能启发新思路、新观点,讨论话题应有一定的密集性,不能过于分散。

4. 设计课程资源

教师设计的主体教学内容信息容量是有限的,若没有丰富的相关教学资源支持,就不利于学生进行探索和发现,不利于促进全面深入的思考,不能满足众多学习者的个性化需求,因此,网络课程设计应该是一种基于资源型的课程设计,它有两个并列的主体,一是课程的主体——教学内容,二是极大丰富的课程教学(学习)资源,网络教学资源的开放性与全球化为资源的课程设计提供了最适宜的土壤。

网络课程资源设计应遵循一些基本的原则:

(1) 教学资源要与课程内容密切相关,避免与课程教学目标无关的资源分散学生学习的注意力,降低学生的参与程度。

(2) 要架设良好的结构来组织课程资源,以便学生能快速地定位自己所需的课程资源。

(3) 课程资源应有丰富的消息量,提供给学生足够的探索发现的空间。

(4) 课程资源应有丰富的表现形态,具备多样性。它应涵盖媒体素材(音频、视频、动画、文本、图形)、案例素材、文献资料、课件素材等多种形式,满足学习多样化的需求。

(5) 课程资源内容应具有多样性。不同资源应有不同的阐述角度以及不同的阐述观点,在内容的深度上也应有不同的层次,满足不同认知层次的学习者的需求。

(6) 课程资源应有比较合理的"粒度大小",资源之间有相对的独立性,可重用性较强。

(7) 课程资源应有一定的涵盖面,对课程的每一个教学知识点都应有一定数量的教学资源支持。

5. 设计测验试题

无论是什么样的教学形式,测量与评价都是教学过程中的一个重要环节,是保证教学质量的重要手段之一。网络教学平台中的测评系统具有自动组卷、联机考试、自动(联机)阅卷、试题管理等一系列功能。它可以对网上教学中的考试与作业提供全面的支持。测评系统的核心是一个网络题库,它将试题按照经典测量理论进行严密的组织存储。它要求教师在课程设计时要设计一定量的测验试题,并按照经典测量理论的方式对试题进行属性标记,最后纳入试题库中。

设计试题时应遵循以下原则:

所有学科的网络题库,都应遵循经典测量理论的指导,严格按照经典测量理论的数学模型开发题库管理系统,组织试题;每一道试题都应按照经典测量理论来进行属性标记。

试题组织:试题的组织与编写必须以学科的知识点结构为依据,建设题库之前,首先需确定学科的知识点结构,在按学科知识点结构组织试题时,还需注意学科知识点结构的区别,例如,语文、英语等学科,整个学科知识点之间逻辑性不强,每一个教学单元都包括很多的知识点,而物理、数学等学科则不同,知识点之间具有严密的逻辑性,而且一个知识点往往代表某章或某节的内容,不会被包含在其他章节之中。在组织试题时,尤其是在设计题库管理系统时,要充分考虑并适应这种学科知识点结构的区别。

试题的分布结构:试题数量要足够多,在各指标属性区间内均衡分布,核心属性有知识点、难度与认知分类,以这三个属性为核心,形成三维立体交叉网络,网络上的每个交叉结点上都有合理的试题量,在保证这个核心结构的基础上,还应注意试题在题型和区分度上的合理分布,要处于基本均衡的状态。

试题质量要求:试题内容要科学,不能有任何错误;无歧义性,表述简单明确;无关联性,试题之间不能有相互提示,不能相互矛盾;试题参数标注要尽可能符合客观实际。要注意试题与课程相关,它针对的是课程的难点和疑点。

在设计测试和作业试题时,常用的问题类型有是非题、选择题、填空题、配对题、简答题、论述题等,它们中有些问题类型侧重于材料的细节,如填空题、配对题等;有些侧重于材料的基本结构,如简答题、论述题等,以上这些问题类型较适宜于后置问题的设计。

(七) 教学活动设计

自主学习活动设计是网络课程开发的核心内容,它是对即将实施的网络教学具体活动的规划和设计,通过教学活动的设计,教师便可清晰地知道如何利用已设计好的网络课件与网络教学环境。自主学习活动设计的基本出发点在于促进学生与教师之间、学生与学生之间的交流,促进学生积极地投入到网络学习中来,充分发挥自己的积极主动性,提高网络学习的参与度。自主学习活动对学生个性的发展,对学生社会参与能力、协作意识与协作能力、知识学习与实践能力的提高等均有重要的训练作用。从学生的全面发展和知识学习这两个角度出发,网上教学活动是四种功能目标的统一:社会化与个性化的统一、知识学习与知识实践的统一。

社会化功能:社会化是"个人学习知识、技能和规范,取得社会生活的资格,发展自己社会性的过程",例如团结、服从。通过网上课外活动可促进个体的社会化,如用户注册、遵守网络规则和礼仪是培养社会性的有效手段。以虚拟社区形式出现的网站能体现出更高的社会性。

个性化功能:个性作为心理学上的概念,是个人稳定的心理特征(如性格、兴趣、爱好、品性等)的总和。网上课外活动为学生的个性发展提供了广阔的天地。它为学生个人提供获取知识和实践技能的新途径,使学生的学习富于独立性和创造性。

知识化功能:创建一个有充分交互的多媒体资源和愉快的活动环境,提供各种支持网络工具,使学生能容易地将信息转换为有用的知识。通过 Web 能获得课外"即时信息",对于扩大学生知识面,增加信息量,跟上时代潮流,培养学生主动获取信息、处理信息的能力都是十分重要的。

实践化功能:实践性是课外活动的重要特性。学生能力的培养,重要的一条在于要能独立地观察、分析实际问题,在实践活动中锻炼。网络恰好能为学生的自我管理、自我教育提供充分安全的实践平台。

在规划各种形式的网络活动时,应按照这些目标进行综合设计并协调处理好这四种目标关系,否则网上教学活动很可能出现偏差,例如过分个性化则可能产生沉溺于网络、以自我为中心的负面效应。所以对参与基于 Web 的课外活动的成员资格应具有多重目标要求。

在一门完整的网络课程中,至少需要设计如下教学活动:实时讲座、实时答疑、分组讨论、布置作业、作业讲评、协作学习、探索式解决问题等。教学活动的安排,需根据课程内容来定。

自主学习活动的核心是让学生真正地参与到深度学习中来,它对复杂的课程内容的学习以及对学生独立思考能力的发展非常有帮助。比如,学生在学习"建构主义"这个知识内容时,我们可以采用角色扮演的学习活动来促进学生对"建构主义"的认识深度与广度,实施过程如下:

(1) 首先收集国内论述"建构主义"的学术文章,通过搜集文献,学生可以知道国内论述"建构主义"较多的学者有何克抗(北京师范大学)、高文(华东师范大学)、张建伟(北京师范大学),他们三者论述的重点不一样,有差别,也有共同点,可以分为三种不同的学术观点。

(2) 将所有文献放在网上,限定一个时间段,要求学生阅读这些文章。

(3) 根据学生个人兴趣(更加欣赏哪一个学者的学术观点)选择扮演的学者,如高氏或何氏。

(4) 要求学生到网上学术演讲厅中以所扮演的学者的身份参加演讲辩论,在演讲过程中必须阐述他所扮演学者的观点。

(5) 教师做主持人维持演讲规则与秩序,并适当给予学生帮助与提示。

从上面的一个小案例中我们可以看到,若用普通的方法学习"建构主义",学生看完几篇文章,做几个练习就完了,大多数学生的认知心理加工都在表面层次,而在上面的学习过程中,学生看完文章内容还需进行深层次的心理加工,消化文章所表达出的观点与思想,并用自己的语言去阐述学者的观点。看完文章然后通过语言来表达与仅仅看看文章的心理加工显然不是在一个层次。加强、加深学生的自主思维,这就是设计自主学习活动的精髓。

教师在进行网络课程设计时还需注意的是,自主学习活动实施起来比较长,知识传递的效率没有课堂授课高,它主要针对学生的学习能力与基本素质的培养,它应在课程内容中占一定比例,但不能过多,否则,实施起来比较困难。另外,自主学习活动往往要求学生做深入的思考,做广泛的调研,它对复杂的教学内容比较有效,而简单的教学内容采用传统式的方式可能更加有效。因此教师进行课程内容设计时要充分考虑教学内容的特色。

(八) 运行维护与评价

网络课程与传统的课程内容不同,它是开放的,因为支持它的网络教学环境是动态的、开放的,在网络课程的运行过程中,会产生很多很有价值的教学资源,这些教学资源通过相应的管理系统的管理,本身就可以纳入到网络课程中并成为网络课程的重要组成部分。

另外,网络课程的设计也不可能一步到位,需要在网络课程的运行过程中,不断收集教师与学生的反馈意见,以及实际的教学数据,然后根据这些数据进一步修订网络课程的设计。

学习测评

1. 现代远程教育资源按照资源的形态可划分为( )。
   A. 远程教育环境资源　　　　　　　B. 计算机资源
   C. 远程教育信息资源　　　　　　　D. 远程教育人力资源
2. 远程教育信息资源主要包括( )。
   A. 课程　　　　B. 题库　　　　C. 资料　　　　D. 素材
3. 远程教育人力资源包括( )。
   A. 网上教学人员　　B. 学生　　　C. 学生家长　　　D. 管理人员
4. 常用的制作二维动画的工具软件是( )。
   A. Photoshop　　B. Flash　　　C. 3DS Max　　　D. Premiere
5. 网络课程包括两个组成部分( )。
   A. 教学内容　　　　　　　　　　　B. 网络教学支撑环境
   C. 教师答疑　　　　　　　　　　　D. 网上考试
6. 从内容呈现形式看,远程教育信息资源的特点是( )。
   A. 非线性　　　B. 动态性　　　C. 交互性　　　D. 共享性
7. 常用的编辑音频的工具软件是( )。
   A. CoolEdit　　B. Flash　　　C. 3DS Max　　　D. Premiere
8. 从使用方式上看,远程教育信息资源的特点是( )。
   A. 无限制性　　B. 便捷性　　　C. 互动性　　　D. 移动性
9. 远程教育资源的建设主要包括( )。
   A. 课程资源建设　　　　　　　　　B. 网上资源库建设
   C. 人力资源建设　　　　　　　　　D. 离线辅助教材资源建设
10. 常用的制作三维动画的工具软件是( )。
    A. Photoshop　　B. Flash　　　C. 3DS Max　　　D. Premiere
11. 请认真了解现代远程教育资源的基本内涵、主要类型及特点,深入思考资源建设对远程教育的重要意义与价值,撰写一篇有关现代远程教育资源建设的小短文。
12. 现代远程教育资源建设的主要内容包括哪些?远程教育资源建设的一般步骤和策略如何?请利用本章提供的有关工具实际参与一个远程教育资源的收集与开发活动。
13. 在理解网络课程的基本含义与特点的基础上,简要复述网络课程设计的一般原则、网络课程设计的一般步骤与方法,然后按照这些原则、步骤与方法实际参与一个网络课程的设计与开发活动,并撰写开发报告。

参考资源：

[1] 陈丽.远程教育学基础.北京:高等教育出版社,2004年.
[2] 德斯蒙德·基更编,丁新等译.远距离教育理论原理.北京:中央广播电视大学出版社,1999年.
[3] 邓祖道.现代远程教育信息资源建设的方法与实践.电化教育研究,2003(10).
[4] 丁兴富.远程教育学.北京:北京师范大学出版社,2002年.
[5] 郝凯亭,邓祖道.现代远程教育中网络课程的教学设计.中国远程教育,2002(9).
[6] 何克抗,李文光.教育技术学.北京:北京师范大学出版社,2003年.
[7] 黄清云,汪洪宝,丁兴富主编.国外远程教育的发展与研究.上海:上海教育出版社,2000年.
[8] 焦建利.缔造中国的 ERIC——谈我国远程教育资源建设问题.中国远程教育,2000(11).
[9] 雷燕.国际互联网络(Internet)上的远程教育资源.中山大学学报,1996(S6).
[10] 李富玲,吴慰慈.论现代远程教育信息资源系统的建设.中国图书馆学报,2004(1).
[11] 李华.远程教育卫星资源接收与利用.电化教育研究,2005(6).
[12] 李平,张小可,郭慧珍.现代远程教育专家访谈——资源建设篇.中国远程教育,2000(12).
[13] 李萍萍.构建现代远程教育资源体系探析.现代远距离教育,2003(1).
[14] 梁林梅,焦建利.我国网络课程现状的调查分析与反思.开放教育研究,2002(6).
[15] 刘焕君,孙淑霞,丁照宇,匡宇.对标准网络课程开发的研究.计算机应用,2003(S2).
[16] 刘菊霞,吴庚生,张建伟.浅析我国远程教育资源的共建共享——兼论美国国家技术大学办学模式的启示.现代远距离教育,2004(4).
[17] 刘雍潜,李龙编著.教育技术基础.北京:中央广播电视大学出版社,2002年.
[18] 刘志勤,陈波.现代远程教育中网络课程的研究与实践.教育探索,2002(10).
[19] 尼古拉斯·法内斯,宋志勤.开放远程教育网上资源库开发的质量保证.中国远程教育,2003(1).
[20] 尚冬梅,李光明.浅谈网络课程中媒体素材的构建.信息技术,2003(4).
[21] 谭业武,张首翔.网络课程的教学设计.滨州师专学报,2001(4).
[22] 王洪兵,郑江淮.浅议现代远程教育的网络课程建设.湖北广播电视大学学报,2002(3).
[23] 王继新.远程教育原理与技术.武汉:湖北科学技术出版社,2005年.
[24] 吴汉强.网络课程设计策略.南京广播电视大学学报,2003(4).
[25] 武法提.网络教育应用.北京:高等教育出版社,2003年.
[26] 徐霞.现代教育理论指导下网络课程的设计研究.山东师范大学,2002年硕士论文.
[27] 杨杰,张福润.现代远程教育中的网络课程设计及实现.信息技术,2002(3).
[28] 张恩宜,童艳荣.网络课程开发的综合性思考.电化教育研究,2002(9).
[29] 张振亭.基于系统观的网络课程设计与实现.华中师范大学,2002年硕士论文.
[30] 郑建明,万里鹏.中国高校现代远程教育资源体系建设构想.情报科学,2003(1).
[31] 郑勤华,陈丽,李爽.关于远程教育资源标准及资源库设计的探讨.电化教育研究,2002(6).
[32] 周芝萍,朱甫典.远程教育与图书馆.情报资料工作,2000(S1).
[33] 祝智庭.网络教育应用教程.北京:北京师范大学出版社,2002年.

第十一章　现代远程教育资源应用

学习目标

1. 了解远程教育中媒体的涵义及分类,能够应用媒体选择的 ACTIONS 方法,能够理解和应用三维模型来正确地分析和选择媒体。

2. 了解网络教育资源的构建与组织,掌握网络教育资源的几种基本应用形式与应用策略,并能够加以实际应用以促进远程教育与学习的效果。

3. 了解目前国内外典型的异步网络教学平台的功能与特点以及视频会议系统在远程教育中的应用形式与应用方案,能对这些不同的应用平台进行分析。

知识概览

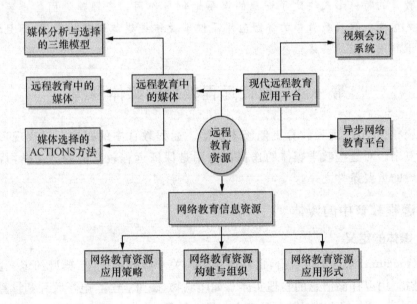

本章导学

同学们好!在第十章我们讨论了远程教育资源的建设与开发,资源建设固然重要,但是,资源的应用更重要。在本章的开始我们首先讨论了现代远程教育的媒体资源,分别给出了媒体以及教学媒体的定义,然后讨论了远程教育中的文字印刷媒体、广播电视媒体、计算机媒体、卫星媒体、网络媒体以及其他辅助媒体,同时重点讲述了远程教育中媒体选择的 ACTIONS 方法。

在第二节中主要讨论了网络教育信息资源的应用。包括网络教育资源的构建与组织以及网络教育资源的应用形式,如电子备课、基于资源的学习模式、信息服务、模拟体验、知识存储与共享等。

最后介绍了现代远程教育的应用平台。重点讨论了异步网络教学平台的应用和视频会议系统在远程教育中的应用。

问题导入

1. 远程教育资源建设固然重要,然而,资源的应用更重要。资源主要通过媒体来体现,在远程教育中到底有哪些媒体呢?我们如何选择远程教育中的媒体呢?

2. 如今各种网络教育资源众多纷繁,如何对网上教育资源进行有效合理的应用?网络教育资源的应用策略有哪些?

3. 现代远程教育教学的开展主要以网络教育应用平台的形式来呈现,目前有哪些典型的应用平台?它们的特色有哪些?

引言

远程教育的特殊形式决定了资源的重要地位与作用。资源建设固然重要,然而,资源的应用更重要。远程教育中的资源应用不仅涉及传统媒体资源的应用,而且还越来越多地倾向于利用浩瀚的网络信息资源。

第一节 现代远程教育的媒体资源

与传统教育相比,远程教育更依赖于媒体。远程教育中的媒体不仅表现形式多样,而且功能复杂。对这些教学媒体的选择与应用是保证远程教育的教学与学习活动正常而高效开展的重要条件之一。

一、远程教育中的媒体

(一)媒体的定义

媒体(medium)来自于拉丁语,也称作媒介。关于媒体的概念,典型的定义主要有两种:一种是指"用以存储信息的物理实体",如印刷物、磁带、光盘、电影胶片和计算机等,加拿大学者托尼·贝茨等人就是持这种观点。另一种是指"非实物的承载信息意义的符码系统",如语言、文字、图形、图像、音频、视频等,这是我国学者祝智庭等人对媒体的定义。

综合两种观点,我们可以将媒体理解为"信息的载体和传递信息的工具"。它包含两层意思,一是指存储、处理和传递信息的实体;二是指承载信息内容的载体,是一套有特定意义的符号系统。

(二)教学媒体的定义

从信息论、传播论和教育学的观点来看,教学媒体就是纪录、存储、处理、加工、传输、接收、调节、呈现教与学的信息的实物材料、设备和设施。更具体地说,实物媒体通常可进一步划分为硬件和软件两大类。媒体硬件是指纪录、存储、处理、加工、传输、接收、调节、呈现教与学信息的设备和设施（如摄像机、编辑机、放像机、卫星地面接收站等，分别如图11-01至图11-04所示）；媒体软件则指纪录存储有教与学信息的实物载体，即实物材料（如录音带、录像带等，分别如图11-05至图11-06所示）。

图 11-01　摄像机

图 11-02　编辑机

图 11-03　放像机

图 11-04　卫星地面接收站

图 11-05　录像带

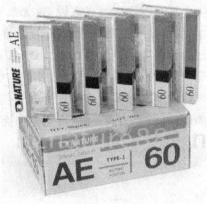

图 11-06　音像带

（三）远程教育中媒体的分类

远程教育传播中的媒体，是指在传播知识与技能的过程中呈现教育信息的载体或手段。

随着科学技术的发展，远程教育中媒体的使用类型越来越多。分类标准不同，就有不同的分类结果。如，根据印刷与否分为印刷媒体与非印刷媒体，根据交互性强弱分为单向媒体、双向媒体与多向媒体。

远程教育过程不同于一般的教育传播过程，因此，远程教育中使用的媒体也有其自身的特征。以前的分类都过多地是从理论角度去分析，对于远程教育实践的实用价值不大。若根据媒体在远程教育中的使用情况来分类，将会给远程教育的发展带来深刻的现实指导意义，实践价值更大。依据这种标准，我们可把远程教育媒体分为：文字印刷媒体、广播电视媒体、计算机媒体、卫星媒体、网络媒体和其他媒体。

1. 文字印刷媒体

在远程教育发展历史中，文字印刷媒体使用历史最悠久，是最普通最普遍的远程教育教学媒体。它包括讲义、教学大纲、参考手册、学习指南、考试大纲及其他有关文字的教与学的参考资料，是通过印刷的文字、图片符号提供教学信息的媒体，具有知识系统性、丰富性等特点，是学习者获取教与学信息的最主要来源。它是函授教育最主要的教学信息传播媒体。

如今，有更多的现代教育技术媒体，如电视、计算机、网络等，但仍然应该把印刷材料当做远程教育中的主要传播媒体。它有其他媒体无法替代的作用与优势，因此英国开放大学仍将印刷材料用作主要教学手段。

2. 广播电视媒体，包括收音机、录音机、电视录像、电影等

收音机用来接收通过广播传来的信息。在远程教育中，收音机是极其重要的媒体，但由于其单向性，学习者不可能与教育者交互，只能用于单向传授知识并配合其他媒体获得反馈。录音机，是远程教育中应用较广泛的媒体，它最主要的特点是可由学习者控制随意播放、停止、重放，可长时间把讲课内容存储，控制使用方便。就远程教育的学习者主要靠自学这一特点来说，这无疑是有利的。学生可自由控制，随到随学。随着电视技术、通信技术的发展进步，电视录像媒体在远程教育中将发挥更大作用。电影媒体，是远程教育中应用较早的媒体，由于其硬件条件要求高且不适于远距离传输，在现代远程教育中的应用前景不容乐观。图 11-07 为磁带教学。

广播电视媒体使远程教育教学信息的传输和接收更直接、更直观、更形象、更生动、更美观，有极大的表现力、传达力和接受力。它是目前远程教育中采用的主要媒体，如图 11-08 所示。

图 11-07 磁带教学

图 11-08 广播电视

3. 计算机媒体

随着在程序教学和教学机器基础上发展起来的计算机辅助教学(CAI)的发展及人工智能技术的进步,计算机已经成为各种教学形式的重要媒体,远程教育也不例外。作为远程教育媒体的计算机,除了不断更新计算机硬件设备外,更重要的是设计开发出适用于远程教学的CAI教学软件。在远程教学中,师生分离,学习者主要靠自学,设计大量计算机助学CAI课件应该是主要方向。一旦我们把人工智能技术应用于教学软件设计过程中,设计内容丰富教学效果好的智能型教学系统,让计算机真正替代教师讲授课程,把远程教学转化为虚拟的家教型教学,远程教学的效果就会大大提高。

4. 卫星媒体

之所以把卫星媒体单列,是因为远程教育特点在于"远程",而实现真正的远距离教学,卫星是最佳的传播载体。用卫星来传播远程教育信息,能做到全国范围,甚至全球范围教学,能极大地发挥远程教育的优势。清华大学使用卫星进行远程教学就是一个范例。随着现代远程教育的发展,卫星作为远程教育媒体会越来越受重视。图11-09为计算机媒体,图11-10为卫星媒体。

图 11-09 计算机媒体
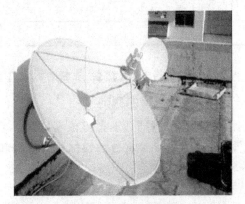
图 11-10 卫星媒体

5. 网络媒体

远程教育是开放式、远距离、大规模的教学形式,这注定了其教学管理、教务管理等呈分布式的特点。要想各方面工作行之有效地开展,必须借助于网络,因此,建设现代远程教育教学网络环境可以说是远程教育发展的趋势。这里的网络媒体不但指计算机网络,甚至 LAN、WAN、Internet,而且还包括卫星电视网、有线电视网和电信通信网。他们各有优缺点,应综合运用于远程教学。

卫星电视网是我国目前覆盖面最广、规模最大、服务人口最多的信息传输网络。利用卫星电视网可以使课堂教学在空间和时间上大大延伸。它具有覆盖面大、传输速度快、能宽带传输等特点,教师可将最近更新的教学信息以多媒体的形式及时地传授给数千里外的学习者。但卫星电视是单向媒体,师生之间缺乏交互,学生容易处于被动接受知识的状态。

计算机互联网是未来远程教育的发展趋势,与其他技术相比,具有智能的双向传输功能,可个别化教学,不受时间空间限制,学习者可方便地共享世界各地的教学信息和有关的学习资料,也可把本地的资源和学习资料上传到网上,供其他人学习和讨论,可进行适时和非适时教学。互联网给学习者提供了参与学习的机会,有自主式、协作式和交互式的学习方式,能充分调动学习者的积极性,使学习者主动发现知识、探索知识和掌握知识。网络技术使远程教育资源得到扩展,传输速度更加快捷,手段更加完善,使远程教学能适应个别化学习,实现同步异步的教学信息传播和交互,建立逼真的虚拟教与学的环境。

6. 其他辅助媒体

远程教育学习者千差万别,各个不同的学习者各有不同的学习、工作和生活环境。任何优秀媒体也不可能满足所有学习者的需求,要完成学习目标,达到学习效果就要借助于其他媒体如电话、传真、书信、手机等各种媒体形式。"因人而异"地使用媒体,完成教学任务,实现远程教育中的个别化学习,达到教学目的。

学习活动一:调查网络学习者

带着下表中的问题调查一些网络学习者,然后完成表格内容。

被调查总人数	喜好用文字印刷媒体来学习(人数)	喜好用广播电视媒体来学习(人数)	喜好用计算机媒体来学习(人数)	喜好用卫星媒体来学习(人数)	喜好用网络媒体来学习(人数)	喜好用其他辅助媒体来学习(人数)

二、远程教育中媒体选择的 ACTIONS 方法

(一) 媒体选择的原则

进行媒体选择时,不光要依据媒体本身的特点,还要考虑到教与学的很多因素。因此,就需要掌握一种有效的媒体技术选择和应用的原则或方法。这样的应用原则具有以下特征:

(1) 能够用于大多数的情境;

(2) 既可以用于宏观制度,又可以用于具体教学;

(3) 具有指导性和实践性;
(4) 明确不同媒体技术的关键区别,可以为特定情境选择适当的媒体组合;
(5) 能代表媒体的新动向。

(二) ACTIONS 方法

托尼·贝茨在 1995 年发表的《技术、开放学习和远程教育》中为开放与远程教育工作者提出了一个选择和应用信息技术的实际决策模型——ACTIONS,它的内容如下:

1. 可获得性(Access)

这是媒体选择要考虑的首要因素。不管选择的媒体有什么特性,如果学习者根本就不能通过它获取信息,选择这种媒体就是没有意义的。

可获得性主要取决于学习者及其所在学习环境的情况,不同类型的学习者对媒体的使用情况不同。此外,"灵活性"也会影响到远程学习者对媒体的获得。各类媒体可获得性的比较如表 11-01 所示。

表 11-01 各类媒体可获得性的比较

单向媒体	可获得性	双向媒体	可获得性
印刷品	好	音频会议	好
广播	好	视频会议	差
录音带	好	计算机会议	一般
教育广播电视	一般		
电视录像带	差		
录像带	好		
计算机多媒体课件	一般		

2. 成本(Costs)

正确地分析媒体成本是远程教学中选择和使用媒体的基础。媒体的成本包括制作成本、设备成本和发送成本。一般分析媒体成本时,从以下三个方面来考虑:

(1) 区分媒体是单向传播媒体,还是双向传播媒体;
(2) 知道一门课程的学习者人数不同时,媒体成本的差别;
(3) 每一门课程都有自己的成本结构,需要根据不同的结构进行分析。

实际上,分析媒体的成本是一件很复杂的工作,需要很专业的知识。远程教育中的媒体支出主要是用在制作和以后的循环更新上,而不是最初的设备投资。用于支持每年运作的资金经常要超过开始的启动资金。但是,一般情况下,用于更新教育材料的费用一般都得不到重视。对于大多数的媒体,发送成本与制作成本相比显得无关紧要,但是,考虑全部成本时,发送成本还是很重要的。

各类媒体成本比较如表 11-02 所示。

表 11-02　各类媒体成本的比较

媒体		成本	
		学习者人数多	学习者人数少
单向媒体	印刷品	好	一般
	广播	好	差
	录音带	好	一般
	教育广播电视	差	差
	电视录像带	好	差
	录像带	一般	差
	计算机多媒体课件	差	差
双向媒体	音频会议	差	好
	视频会议	差	一般
	计算机会议	一般	好

3. 教与学(Teaching and learning)

(1) 每种媒体对信息都有一定表现力,但是它们的特点和能力是不同的

所有的媒体特性都与教学任务直接相关。例如,印刷品能够准确、详细地表现事实以及抽象思维、规则和原理。因此印刷品是一种十分集中的媒体,直到今天还是知识的主要存储方式。广播可以用于讲授或演播室讨论,但是对传播大量详细的信息并不适合。计算机和视频会议则让人可以通过讨论来构建自己对知识的理解。

此外,媒体之间的差异还与具体课程内容、怎样最好地表现特定科目的知识以及对应的是哪一种学习有关。这就是说,要真正理解某一学科的教学要求,需要分析比较不同媒体的教学优势和劣势。因此,媒体选择不仅仅是媒体技术问题,还是教学问题。

(2) 不同媒体对开发学习者的技能有着不同的作用

表现力强且学习者可控性强的媒体更有利于发展学习者的技能。因此,从技能培养来说,录音、录像带和多媒体要比广播和实时的电视讲授更好。

媒体在表现力以及发展技能方面有很多不同,在选择的时候应该扬长避短,不要一味地用最新最贵的媒体。每一种媒体都有自己的优势和劣势。

各类媒体教与学的比较如表 11-03 所示。

表 11-03　各类媒体教与学的比较

媒体		教与学	
		表现力	技能
单向媒体	印刷品	好	一般
	广播	好	差
	录音带	好	一般
	教育广播电视	差	差
	电视录像带	好	差
	录像带	一般	差
	计算机多媒体课件	差	差

（续表）

媒体		教与学	
		表现力	技能
双向媒体	音频会议	差	好
	视频会议	差	一般
	计算机会议	一般	好

4. 交互性和用户友好性(Interactivity and user-friendliness)

(1) 媒体交互性

远程教学时使用媒体的一个重要的方面就是"人机界面",也就是学习者或教师通过什么样的媒体进行交流。

影响人机界面的三个因素是:积极主动学习的需要;使用媒体简单化或透明化的需要;教师和学习者控制教与学的需要。

有些媒体提供实时的交流,即同步交互;还有的媒体把信息存储起来,教师和学习者可以在准备好之后或方便的时候浏览和发送交流的信息,这就是异步交互。具有交互功能的媒体既包括单向传播媒体,又包括双向传播媒体。媒体的这种可控性影响着交互性和用户友好性。

一些单向传播媒体利用学习材料实现交互。例如,课件中设计了练习、测试和答案及指导,学习者可以答题、改正,还可以得到反馈。这就是现在多媒体课件受欢迎的原因,它们综合了计算机的交互性和电视的表现性。但这类媒体对于培养学习者的理解能力和讨论能力还是有困难的。

大多数双向传播教学媒体都包括教师现场或实时的讲解。音频、视频会议要求学习者在固定的时间和固定的地点(一般不是在家里)进行学习。然而,当教师开始实时讲授时,这个过程是短暂的,学习者主要依靠上课时的理解,做好笔记或者单凭记忆力。计算机会议的独特优势就是异步交互,因此,学习者可以随时进入,而且还可以反复地使用。

双向交互媒体对于远程教育来说非常有价值,但是这不代表这种媒体可以满足所有的需要,如果运用得当,单向交互媒体可以提供很高水平的交互,所以单向交互媒体并不一定比双向交互媒体差,它也有重要的作用。其次,高质量的学习材料和教师以及学习者之间的交流也是交互媒体所必需的。

(2) 学习者控制

学习者控制的双向交互使学习者不仅可以轻易地与教师交流,还能够与其他的学习者进行沟通。以前,电话是实现这种作用的唯一方式,但是它的使用成本很高。现在的计算机会议使学习者之间,学习者与教师,甚至与学科专家之间都可以进行远距离同步、异步交流,而成本相对低廉。所以有人说,计算机交互对远程教育有着革命性的意义,它把学习者从原有课程的集中控制下解放出来。

任何一种媒体,它是否能加强交互和促使学习者积极主动地学习,在某种意义上取决于对使用媒体的设计,当然也要依赖媒体自身的特点。总之,要想设计出促进主动学习的多媒体远程学习材料需要教学专家、学科专家和制作专家的大力支持。

各类媒体交互性和用户友好性比较如表 11-04 所示。

表 11-04 各类媒体交互性和用户友好的比较

媒体		交互性和用户友好	
		学习材料	社交性
单向媒体	印刷品	一般	差
	广播	差	差
	录音带	好	差
	教育广播电视	差	差
	电视录像带	一般	一般
	录像带	好	差
	计算机多媒体课件	好	差
双向媒体	音频会议	差	好
	视频会议	一般	一般
	计算机会议	一般	好

5. 组织问题(Organizational Issues)

成功地应用媒体，除了要购买和安装设备之外，还要组建一支技术队伍以及进行教师培训。而且，由于结构上和组织上的变化，许多外在因素会影响媒体的使用。

只要在远程教育中使用媒体，组织结构必然要发生变化。由于更方便的双向交互媒体的更新越来越便宜，许多的传统院校也开始运用这类媒体进行远程教学。但是很少有传统院校尝试着重构它们的教师组织，把校内和校外学习者的利益统一起来。例如，如果把教师组织起来，并给予宽松的时间来制作高质量的学习材料，由计算机会议进行异步教学，在校学生和远程学习者都可以从中受益。而教师也可以从讲课和一大堆的例行会议中解脱出来，把更多的时间和精力放在在线指导上。

因此，在技术被引进教室之后，提高教与学的质量要求我们重新审查或重建组织机构，这是一个非常重要的问题。

各类媒体组织问题的比较如表 11-05 所示。

表 11-05 各类媒体组织问题的比较

单向媒体	组织问题	双向媒体	组织问题
印刷品	差	音频会议	好
广播	一般	视频会议	一般
录音带	好	计算机会议	好
教育广播电视	差		
电视录像带	一般		
录像带	一般		
计算机多媒体课件	差		

6. 创新(Novelty)

资金总是与使用新媒体紧密联系，这会有一定的危害。首先，支付能力方面会出问题,如果媒体的利用率并不高,一旦外来资金和补助都终止了,院校将很难继续维持新媒体的开销。其次,对新媒体的外来投资一般局限于资金总额,或者对传播成本的补助,而这些都少于课程制作成本和在教学中的维护和管理费用。所以说,创新是一把双刃剑。

7. 速度(Speed)

当今社会的发展日新月异,对教学内容变化和修正的速度也提出了更高的要求。双向媒体和广播的优势就在于能够为学习者提供最新的研究和发展的信息。

相比较而言,广播电视、计算机辅助学习和多媒体课件的制作周期长,更新材料的成本高,因而在速度上有很大的劣势。

各类媒体更新速度的比较如表 11-06 所示。

表 11-06 各类媒体更新速度的比较

单向媒体	更新速度	双向媒体	更新速度
印刷品	差	音频会议	好
广播	好	视频会议	好
录音带	一般	计算机会议	好
教育广播电视	差		
电视录像带	差		
录像带	差		
计算机多媒体课件	差		

以上就是 ACTIONS 方法。其实,不论是在传统教育还是远程教育中,任何人都不可能找到一种选择媒体和使用媒体的简便方法。而事实上,即便在同一领域,由于新技术新媒体的不断出现,由于新的教学策略的使用,人们对媒体的选择将会越来越多样,越来越困难。

三、远程教育中媒体分析和选择的三维模型

远程教育媒体分析和选择的三维模型包括技术维度、教学维度和组织管理维度,如图 11-11 所示。每个维度包含多个同质的特性,技术维度定义了媒体的主要技术特性;教学维度定义了媒体与教和学有关的主要特性;实现维度定义了媒体应用过程中与组织管

图 11-11 技术的三个维度

理相关的主要特性。其中,为了突出媒体教学维度特性在媒体分析和选择过程中的重要性,教学维度又被划分为教学目标类特性、教学过程类特性和教学模式类特性等三类特性,每一类特性中又包含多个同质的特性。

1. 技术维度

媒体技术维度方面的特性包括:可获得性、可靠性、可重复使用性、灵活性、通信性能、用户友好性等6个特性。

(1) 可获得性

可获得性是指学习者是否可以获得所选择的媒体,它是选择媒体时首先要考虑的因素。不管媒体的其他特征如何重要,如果学习者根本不能通过媒体获得信息,那么这样的媒体一定不会对学生有所帮助。

(2) 可靠性

可靠性是指某种媒体在使用过程中的稳定程度。许多仍处于试用阶段的新媒体,尽管具有旧媒体不可比拟的新功能,但容易在运行中出现不正常现象,例如死机等,在实际教学中会干扰教学,造成学生学习的中断。

(3) 可重复使用性

可重复使用性是指媒体可反复使用的程度,例如,CD-ROM和多媒体教学软件通常是可以重复使用的教学媒体,数据库更是便于学生多次访问;音视频会议教学由于其实时性,不便于重复使用,但如果将教学过程录制成录像带,就大大提高了可重复使用性。

(4) 灵活性

灵活性是指媒体在时间和空间两方面的灵活性,反映了媒体对于时间和空间的限制程度。在灵活性方面,学生可以在任何时间和地点利用印刷材料进行学习,而其他媒体都需要特殊的设备做支持,因此与印刷材料相比,其他媒体的灵活性都相对不足。对于为分布式学习的成人在职学生服务的课程,灵活性应该作为重点考虑的因素。

(5) 通信性能

通信性能是指媒体能够实现的交互类型:例如单向还是双向,实时还是非实时,一点对多点还是多点对多点。媒体的通信性能直接影响教学策略的选择和教学活动的组织,不同通信性能适合不同类型的学习目标。例如,双向实时交互的会议电视系统对激发学生的持续性学习动机非常有效,但是在培养学生深层次思维能力方面明显不如网络环境中非实时交互的BBS。通信性能是教学设计人员在为特定课程或者特定内容选择媒体时要特别重点考虑的因素。

(6) 用户友好性

用户友好性是指媒体是否操作方便,界面是否美观、清楚,是否有清楚的操作指南或者错误提示。例如,在现代远程教育试点中,网络教学平台和双向交互教学系统在具有强大功能的同时,操作也更复杂。对信息素养较弱的学习者来说,这类媒体常常会因为不能很好地操作媒体而造成学习的不流畅。为了帮助学习者较好地利用复杂媒体进行学习,媒体应该能为使用者提供了操作帮助和错误提示。

2. 教学维度

教学维度是目前媒体分析和选择中常常被忽略但又最重要的因素。教学维度应该是媒体选择过程中中重点考虑的因素。我国现代远程教育机构中用宏观的媒体选择替代了微观的媒体选择，而宏观的媒体选择很难深入考虑课程的学习目标、学习内容和学习活动等教与学过程的因素，这就必然造成媒体选择不能符合课程学习的需要。

为了深入揭示与媒体选择相关的教与学的因素，教学维度又可进一步被划分为教学目标类、教学过程类和教学方法类三类特性。

(1) 教学目标类特性

学生的学习总是围绕一定的教学目标展开。媒体选择时必须考虑不同的媒体对于教学目标实现的作用。以布卢姆为代表的教学目标分类理论将教学目标分为认知领域、情感领域和动作技能领域等三大领域。而情感领域和动作技能领域的学习目标，对于媒体特性而言，分析比较困难，难以选择合适的参照标准，因此这里暂不考虑。我们重点考虑媒体的认知领域学习目标类特性。按照布卢姆的分类，认知领域的目标包括六个层次，即：识记、领会、运用、分析、综合和评价。

识记是指对所学习的知识材料的回忆。识记是认知目标中最低层次的能力，它所要求的主要心理过程是记忆。有些媒体，例如印刷教材，比较利于学习者对学习内容的记忆。

领会是指理解和把握知识材料意义的能力。是否领会了知识材料，可以通过转换（用自己的话或者与原表达方式不同的方式来表达所学的内容）、解释（对一项信息加以说明或概括）、推断（预测发展趋势）等三种形式来验证。与实时交互的视频会议系统相比，非实时的在线论坛，由于给学习者提供了更多主动参与学习过程的机会，以及更多消化、表达、转换学习内容的机会，因而更加有利于实现"领会"的学习目标。

运用是指把学到的知识应用于新的情境，解决实际问题的能力。运用的能力要以识记和领会为基础，是较高水平的理解。传统的印刷材料在帮助学习者识记和领会学习内容上具有一定的优势，但在运用能力的培养方面，其他媒体，例如非实时在线论坛、WebQuest等，更具有优势。

分析是指把复杂的知识整体分解为组成部分并理解各部分之间联系的能力。它包括对各个部分的鉴别，分析部分之间的关系和认识其中的组织结构。与印刷材料、光盘、视频会议系统等媒体相比，非实时在线论坛、实时在线聊天工具等媒体，由于能够更多地、更深层次地促进学习者之间、教师与学习者之间的教学交互，因此更加有助于培养学习者的分析能力。

综合是指将所学知识的各部分重新组合，形成一个新的知识整体。它所强调的是创造能力，即形成新的模式或结构的能力。例如，曾经在美国教育界流行一时的WebQuest，在培养学习者的综合能力方面就比较突出。

评价是指对材料做出价值判断的能力。例如，判断某篇文章的水平与价值，或判断某个学术观点的可信度等。有利于学生协作学习的媒体，往往更有助于对学习者评价能力的培养。例如，非实时在线论坛，由于能够为学生提供一个交流和分享观点的空间，有利于促进学生对学习内容的反思,因此对学生评价能力的培养比较有利。

(2) 教学过程类特性

教学过程类特性是指媒体支持各类主要教学策略的特性。其中包括呈现特性、交互特性、适应特性、反思特性和学习者控制等五方面的特性。

呈现特性是指媒体在呈现学习内容上的丰富性。例如,印刷材料只能以文本的、静态的形式呈现学习内容,而网络课件则可以以音频流、视频流、flash 等多种形式,动态地、多元化地呈现学习内容,这种强大的呈现特性有助于培养学生的多元智能。因此,呈现特性是媒体在教学过程方面非常重要的一个特性。

交互特性是指教学交互性。教学交互是一种发生在学生和学习环境之间的事件,它包括学生和教师,以及学生和学生之间的交流,也包括学生和各种物化的资源之间的相互交流和作用。在远程教育发展的前两代,教师与学生、学生与学生之间的交互主要通过面对面的方式进行,媒体传播教学模式主要是单向信息传播,学生作为学习者只能被动地接受信息,不能与媒体之间进行真正意义上的交互。与前两代相比,第三代远程教育中交互发生了巨大的变化:其一,学生可以通过与媒体的直接交互进行学习;其二,学生与学生之间可以开展多种形式的远程交流与协作。因此,交互特性,或者说,教学交互特性,是媒体在教学过程方面最为重要的特性。

适应特性是指媒体能够为学习者提供个性化的学习方式。它包括两方面的含义:其一,学习者可以通过媒体与教师进行个别化交互,教师能够通过媒体及时了解学生对学习内容的理解、掌握情况,为学生提供个性化的学习指导;其二,学习过程中,媒体可以像教师一样,根据学习者对现有学习内容的理解等信息来不断调整以后的学习策略,为学习者提供个别化学习的环境。例如:某些网络课件中采用的代理,甚至智能代理,就能够根据学习者的反馈,及时地提供有针对性的帮助和指导。

反思特性是指媒体是否能够促进学习者对与教学目标相关的反馈进行反思,以及是否能够提供学习者反思的机会和时间。例如,BBS 或异步论坛,由于是非实时交互,能够促进学习者对学习内容的深刻思考,并能提供不同观点以共享,从而能够促进学习者的反思。

学习者控制特性是指学习者在使用某种媒体开展学习活动的过程中,对媒体的控制程度。远程教学活动中,学习者是学习的主导者,媒体应当给予学习者一定的控制权利,使学习者能够根据自己的需求和学习状态,自主地决定学习步调、学习方式、学习策略、学习顺序等。学习者对学习过程的控制程度直接决定了学习的主动参与性。但是,学习者控制权过低或过高都不利于学习,只有在媒体提供的学习者控制权处在合适的教学控制平衡点时,才能够最大限度地促进学生的学习。例如,电子邮件和非实时网上论坛,由于能够给学习者充分的思考时间和自由,学习者可以决定什么时间提问、什么时间答复、什么时间学习他人经验,等等,因此具有很好的学习者控制特性。相反,视频会议系统由于是实时的,而且通常由教师来控制这一段较集中的教学时间里的教学内容和进程,学习者往往是被动地接受知识,通常很难自行决定教学的过程和节奏,因此学习者控制性较低。

(3) 教学模式类特性

教学模式是在一定的教学思想指导下,围绕着教学活动中的某一主题,形成相对稳定的、系统化和理论化的教学范型。教学模式包含宏观、中观、微观三个层次,其中微观模式是指教师根据某一学科的特点和学生的实际情况构建的教学模式。

何克抗把网络教学模式分类为:讲授型(包括同步和异步)、个别辅导、讨论学习、探索学习和协作学习五种类型。董艳等从教学组织形式和学习过程管理两个维度,把远程教育的教学模型分为三个大类、十个小类。以集体学习为主的远程教学模式包括同步讲授型、异步讲授型两类;以个体学习为主的远程教学模式包括自学辅导、掌握学习、案例学习、问题教学、探索学习等五类;以小组学习为主的远程教学模式包括同步讨论、异步讨论、协作学习等三类。

参考以上两种教学模型分类,我们把媒体的教学模式类特性分为同步讲授型、异步讲授型、个别辅导、案例学习、探索学习、讨论学习、协作学习等七个方面。

3. 实现维度

媒体的实现维度包括:成本、速度、学术参与、维护更新、教学组织等五个方面的特性。

(1) 成本

成本是选择远程教育技术时必须考虑的一个重要因素,我们需要综合考虑每一种技术的成本结构。有些时候校方或教师会遇到这种尴尬的情况:他们选择了一项启动成本较低的技术,初期投入少,但在以后的使用中却不得不面对高额的运行费用或人员费用。

我们将远程教育中技术的成本结构划分为以下四个方面:

启动成本——启动一项技术最初所需的硬件费用、软件费用及其他相关设备的投入。

运行成本——除了与通信相关的传输费用外,还包括对系统的维护和更新费用,以及教学组织上的相关费用。

开发成本——这里的开发成本是指使用新的技术开发相关教学课件或教学材料所需要的费用,包括初期开发费用和可能的重复开发费用。

人员成本——在远程教学过程中,在技术的启动、运行和开发各个环节,都会有各种相应人员,包括技术人员、媒体专家、教育技术人员以及教师等劳务费用的支出。随着信息技术的迅速发展,各种技术的硬件费用、软件费用,甚至通信费用,都在不断降低,但未来的趋势是各种人员的成本,尤其是专业人员的成本,会越来越高。

(2) 速度

实现维度的速度是指某种技术投入教学使用需要多长周期。应用这种技术后,现有的教学材料需要修改吗(包括形式上和内容上)?如果需要,这种修改是否便捷?需要多长时间?

(3) 学术参与

学术参与是指在使用技术或者开发相关教学材料的过程中,是否需要教学人员的参与以及需要多大程度的参与。

(4) 维护更新

维护更新是指在远程教学应用中需要多少技术维护的工作,以及是否需要经常进行技术更新。有的新技术由于会操作的人不多,如果操作比较复杂,就可能需要专门的技术支持或维护人员来保障教学过程的通畅。

(5) 教学组织

教学组织需要考虑的问题包括:使用新的技术后,远程教学过程中是否便于教学组织;对教学组织的要求高吗;原有的教学组织上需要做哪些调整。例如,基于远程视频会议系统的实时远程教学或讨论,就可能需要将分散的学习者组织在规定的时间和/或规定的地点开展学习。

以上几个方面,都会对媒体在远程教育过程中的应用成本产生影响。

第二节 网络教育信息资源的应用

网络教育海量化的信息量、高效的传播速度给教育全球化、终身化的发展带来新的契机。因此,网上教育资源的合理应用成为网络教育走向成功的关键问题。它包含以下三个方面的内容:网上教学资源的建构与组织(即由谁来建设,建设什么,怎么建设的问题);网络教育资源的应用策略;网络教育资源的应用形式。

一、网络教育资源的构建与组织

建构主义的知识观认为知识不是对现实纯粹客观的反映,任何一种传载知识的符号系统,不是绝对真实的表征,它只不过是人们对客观世界的一种解释、假设,它必将随着人们认识程度的加深而不断地变革、升华和改写,不断出现新的解释和假设。在解决具体问题的过程中,需要针对具体问题的情境对原有知识进行再加工再创造。知识尽管通过语言具有了一定的外在形式,并且获得较为普遍的认同,但这不意味着学习者对这种知识有同样的理解。真正的理解只能是由学习者基于自身的经验背景而建构起来的。

传递什么样的内容,怎样组织这些内容才能使学习者更容易地实现知识的建构,并促进学习的发展呢?依据建构主义中认知灵活性的观点,知识分为结构良好的领域和结构不良的领域。结构良好的领域知识结构系统,联系紧密,主要收集概念的记忆与知识的简单提取。而结构不良的领域知识具有概念的复杂性、实例的差异性等特征,它涉及知识的迁移与应用。

因此在网上放置这两种学习资源的时候,就应采取不同的措施。一般结构良好的学习资源应放在本地服务器上,作为相对较固定的学习材料,成为经典理论或框架式提纲的来源。而结构不良领域的知识内容应放在分布式的网络地址上供学习者参考和开拓思维。在学习主页上通过链接在学习者周围形成一个广阔的可供选择的学习资源信息网。教育者要对本地机上的知识内容进行精心构造和组织加工,以训练学习者的逻辑思维为目标。在结构不良领域的知识构建过程中,导航与节点的设计是最关键的地方。因为网络型的资源设计虽然是模仿人的脑神经结构建立的,学习者可以随心所欲地在知识链之间漫游,进行个性化阅读,但如果缺少导航,个性化阅读将在随心所欲中丧失目标,最终偏离了学习者本来的学习目的,收获甚微。因此,对于非良构领域的知识建构,既要提供必备的、合理的知识关系概念地图(网络结构知识点之间的关系),还要充分利用页面提供的刺激信息和说明信息,清晰标明学习者的学习目标、所处的位置、学习路径、学习策略等信息。非良构领域的知识揭示了知识的多种关联性以及对情景的依赖性,在这种知识点间的跳转中,学习者可以形成对概念多角度的理解,并与具体情景联系起来,形成背景性经验。这样他们能针对具体情景的需要,从记忆中选取知识加以重新组装,建构意义,提高实际应用知识的能力。

对于网络信息的合理组织,不仅要以学习内容为依据,还要以学习者分析信息的能力、不同的认知方式、学习组织形式、学习方式等因素为依据。首先从学习者不同的认知方式上来说,认知方式又被称为认知风格或学习风格,是学习者所喜爱的信息加工方式。我们在这里采用场独立型和场依赖型这种分类方法。具有场独立型的人,对客观事物做判断时,常常利用自己的内部参照,不易受外来因素的影响和干扰。在认知方面他们独立于周围的背景,倾向于在更抽象的、分析的水平上加工,对事物作出独立的判断。具有场依赖型的人,对物体的知觉倾向于以外部参照作为信息加工的依据。他们的态度和自我知觉易受别人,特别是权威人士的影响和干扰,没有独立的见解。场独立型的人更适合于基于网络的学习方式,在面对纷繁复杂的网络学习资源时也能够抽象出具有个性化的结论,对于这类学习者应该给予更多的学习主动权,提供更多的链接。而场依赖型的人面对网络更容易产生无助感和迷失感,因此应为这类学习者提供较多的支持,适当减少他们在节点之间的跳跃,留给个人更多思考的时间,并引导他们得出更趋向于个性化的结论。

学习者处理信息水平的能力有强弱之分。我们对于那些能够进行准确信息定位并能灵活运用的学习者应减少信息代理,而对信息处理能力较弱的学习者,应该在学习前提供较多的信息处理能力的代理。学习方式又可分为同步网络学习与异步网络学习。在同步网络学习中,信息的组织要简明、短小、快捷,以便于产生及时交互,较大容量的学习资料应在同步学习后推送。而在异步网络教学中则没有这种限制。我们可精心组织好本地资源与分布式资源,供学习者随时随地访问。

就学习类型来说,网络学习又可分为个别化学习和小组协作式学习。在个别化学习中网络信息宜采取较多的动态拉取方式,学习者所获信息将有利于解决个别问题,以及建构个体的知识结构。而小组协作式学习应以案例为基础,将教育信息蕴涵于其中,并以解决公共问题为主。总结如表11-07所示。

表 11-07　信息资源组织方式及影响因素

信息的组织方式		影响信息组织的因素
给予更多的学习主动权	场独立型	
提供更多的链接		认知方式
提供较多的支持,适当减少学习者节点之间的跳转	场依存型	
减少信息代理	强	处理信息的
提供较多的信息处理能力的代理	弱	能力水平
放在本地服务器上	良构	学习内容
放在分布式的网络地址	非良构	
采取较多的动态拉取方式	个人	学习类型
将教育信息蕴涵在案例中	小组协作	
信息的组织要简明、短小、快捷	同步	学习方式
本地资源与分布式资源可精心组织好,供学习者随时随地访问	异步	

二、网络教育资源的应用形式

Internet 上丰富的教育资源不仅形成了一个拥有大量数据的资源仓库,更发挥着对教育教学强大的支持和服务功能,这些功能极大地冲击着教学结构本身的改革,无论是教师的备课、教学,还是学生的学习,包括教务人员的管理工作,都会由此而发生根本性的变革。也就是说,网络教育资源实现的是从效率到效果的双重改变。

网络教育资源主要的应用形式有以下五种。

(一) 电子备课

电子备课的概念是相对于传统的教师基于教材和教学参考书进行备课而言的,它指备课过程的信息化,即利用计算机和其他现代信息技术,以多种媒体信息作为素材,以操作电子文件的方式查阅资料,或制作能够更好表现讲授内容的文字、声音、图形和图像文件,最后以适当的方式将它们有机地集成在某种介质上。图 11-12 为电子备课室,图 11-13 和图 11-14 为电子备课系统。

图 11-12　电子备课室

图 11-13　电子备课系统

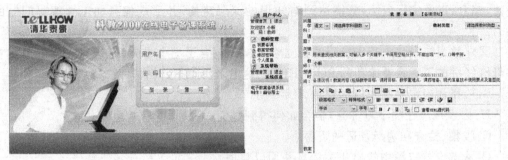

图 11-14　电子备课系统

较之于传统备课方式,电子备课有以下优点:

1. 资料范围广。传统资料收集一般局限于报纸、杂志。电子资料可覆盖网络、光盘、录音、录像、电视、广播,几乎所有的传播媒介都可以成为电脑搜集资料的来源。传统资料多数为文本表格类或少量音像制品。电子资料还可涵盖图像(如漫画、相片)、声音、影像(如录像片)、动画等媒体。电子备课,使大量的丰富的教学资料运用于课堂,开拓了我们的眼界与视野,有利于进行综合性、人文性的语文、历史等课堂教学。

2. 备课效率高。传统备课多采用手工抄写,修改、备份难,保存时间有限。电子备课输入快,调用资料迅速,修改和备份相当方便,可永久保存且不影响质量。

3. 生动形象。传统备课方式在媒体的选择运用上局限较大,感染力较弱。电子备课借助生动、形象的多媒体形式,其讲课效果显著。电子备课注重审美对象的提供,可以轻松实现多种形式教学资料在课堂中的直观展现,有利于学生的体验与创造。

4. 交流方便。不同学校,甚至不同学科的教师都可以一起合作,通过网络讨论教学方法和教学模式的创新,交换意见,分享经验,共同开发课件。

5. 电子备课在形式与内容上的拓展,突破了传统的文本教案的局限,使得教学环节的设计能够直接运用于课堂,实现教案、课件、学件的综合一体化,有利于学生的个性化学习与自主性学习。

(二) 基于资源的学习模式

网络为学习者提供了极为丰富的学习资源,包括数字化图书馆、电子阅览室、网上报刊和各种数据库、多媒体电子书等。学习者只要掌握了一定的信息获取技能,就可以通过各种网上检索机制,方便快捷地获取自己所需要的知识。

基于资源的学习与传统的学习模式有很大不同,这不仅表现在学习者及教师的地位与角色发生了改变,更主要地表现在,基于资源的学习强调学习的过程,而传统学习模式强调学习的结果;基于资源的学习侧重于培养学习者发现信息、利用信息解决问题的能力,传统学习模式侧重于强化学习者对知识的记忆。总之,基于资源的学习模式是一种更适合于信息时代网络化社会的学习模式。

基于资源学习的主要目标是为学生提供各种机会,使他们在获得基本知识的同时,形成独立的学习技能,逐步使学生具备终生学习的意识与能力。这种学习模式的特点是:不是将现成的答案直接展现在学生面前,而是为他们提供一个非良构的学习环境,这个环境中包含了要实现学习目标可以参考的各种资源,学生通过对这些资源进行筛选、分析、综合，以及实际应用，最终达到对知识的深层建构，并形成信息加工和解决问题的能力。

国外教育专家认为基于资源的独立学习模式包含了七个步骤，而这些步骤的英文首字母恰好拼成了意味着成功的 SUCCEED。这七个步骤是：

S：选择和确定主题和信息需求。
U：去发现潜在的学习资源，学会如何得到它们。
C：收集、检查和选择合适的资源。
C：从选定的资源中找出相关信息并加以整理。
E：对信息进行评价、解释、分析和综合。
E：以恰当的形式来呈现信息。
D：确定整个过程的效果。

通过此模式，可以发现教育资源在基于资源的学习中发挥着核心作用，可以说教育资源的质量直接关系到学生学习的效果。大量的网络教育资源中，不仅有和教学大纲、课本关系紧密的良构学习资源，同时也包括开放性的、发散性的非良构学习资源，它以非线性的方式形成资源网络，既符合人类的思维习惯，也有利于培养学习者的信息素养。

（三）信息服务

Internet 正以一种特殊的顾问身份，为用户提供全方位的信息服务，如：房地产信息、升学就业信息、金融信息、功能公司规划建议和理财投资等，不仅提供具体的资源内容，还针对用户的实际需求主动提供策略与解决方案。教育信息也是其中之一，它能为教育中存在的问题进行诊断和评价，帮助用户找到解决问题的可行性方案。用户通过 Internet 获取教育信息的同时，也贡献了自己的观点和资源，从而完善和丰富了教育信息网路。网络教育信息中包含了大量优秀的有关教育教学的理论、模式、策略、经验、案例以及学科知识，一旦我们求助于它，它就可以分析组合所有有关信息，最终给我们一个合理的方案。当然，完全依靠技术的手段来实现是不可能的，网络教育仍需要大量的人工因素，通过制定一系列的信息规则和推理机制，我们能将原来杂乱无序的信息加工成具有信息服务功能的资源。

（四）模拟体验

人们把 Internet 称作一个虚拟的世界，网络教育资源以非线性的、更符合人类思维习惯的方式进行组织，既包括静态的数字资源，又包括由人的交流与交互所形成的社会化氛围，如虚拟社区和专题学习网站。蕴含在网络信息中的这些氛围来源于生活在现实中的人，因此，它与现实社会有一定的相似性，但由于存在媒体的面纱，每个人都以自由化的方式演绎着个性活动，因此，在网络上的信息活动是一种虚拟的体验，既可以是现实生活学习的模拟，如：虚拟实验室（图 11-15）、虚拟实验平台（图 11-16）、专题学习网站，使位于不同区域的人像同班同学一样共同参与讨论，并协作完成基于实际问题的任务；也可以是对过去和未来的一种幻象，如对历史事件的模拟重放，对宇宙空间的多维展现，使网络能构建出现实教学中无法实现的场景。

图 11-15　虚拟实验室

图 11-16　虚拟实验平台

（五）知识存储与共享

毕竟一个人的记忆和认知是有限的，而信息指数的增长方式使传统的印刷介质难以满足这一情况，知识的数字化存储已成为时代不可扭转的趋势。虽然用于教育中的知识大多是人类长时间的实践所证实了的，网络教育资源的开发并不能增加知识本身的数量，但它能大大提高知识积累的质量，实现对知识的高效利用。它把原本无序的、零散的知识加以科学的组织，使之系统化、条理化，学习者因而能对积累的内容有更为深刻的理解和认识，并能借此发现新问题，产生新想法，得到新启示，实现真正的创新。

教育资源的网络化发展把全球联为一体，Internet集中了每个人所创造的信息，多种多样的信息瞬间就可以存取，跨学科、跨文化的对话和交流可以广泛地进行，合作和竞争进一步加强了。求变、求新、多样化和快节奏是网络时代学习的重要特征。它要求我们具备广阔的视野、活跃的思想、敏捷的思维和即时应变的能力，积极地利用网络资源与他人交流并不断完善自我。

三、网络教育资源的应用策略

网络教育资源的有效应用是影响网络教育效率与学习效果的关键。网络学习者必须收集、分析、组织信息，即使学习内容已经由教师进行合理组织后再推送给学习主体了，学习者仍不可避免地要面临许多问题。因为学习者是一个主动建构知识的个体，他依据自己原有的经验与认知特色去同化或顺应新的知识，必须采取相应的策略处理网络信息，以建构自己的认知体系。此外，不同于传统的信息获取方式也为学习者提出了不同的信息加工要求。这包括：

① 使用合理的信息来源；
② 使用合理的技术；
③ 使用合理的信息传递媒介（声音渠道、视觉渠道等等）；
④ 处理海量信息的能力；
⑤ 理解多样化的信息传递模式；
⑥ 批判性地使用信息；

⑦ 创造性地使用信息。

这些是每一个网络学习者必须掌握的能力。此外，对于同样的信息，不同学习者的处理方式也是不同的，因为个性化学习是网络教育中最有前景的一个方面，因此网络学习者必然会根据自身的特点而采取不同的策略。

在西方广为使用的 MBTI(The Myers-Briggs Type Indicator)理论作为个体特性的分类标准，对网络教育资源的应用起到了很好的引导作用。MBTI 理论是揭示个人行为与个人吸收信息、作出决定（即对信息作出反应）之间关系的理论，它把个人吸收信息、作出决定的不同特性分成外向型与内向型、感官型与直觉型、思想型与感觉型、判断型与接受型四个心理维度。

下面结合 MBTI 的分类理论对不同学习者应采取的策略试做探讨。

(1) 外向型与内向型（决定主体信息获取的地点）

外向型相对于内向型的学习者来说更关注于外部世界的人、事和活动，而内向型的人相反，他们更关心想法、感觉等内部精神世界。因此，外向型学习者多通过有群组交流的网络学习环境，如 BBS、探究合作学习环境、协作式学习环境、研究性学习环境来获取信息。内向型学习者与多人交流易产生疲惫感，因此应采用单向传输的信息资源，通过 E-mail 得到反馈信息。

(2) 感官型与直觉型（决定主体选择信息组织的方式）

感官型学习者通过五官获取信息，他们相信确定的、可测量的细节与事实。直觉型学习者通过第六感关注事物背后的重要构思，忽视细节，善于寻找联系、模式、关系与意义。很显然，后者更适于在网络中超文本的跳跃式的信息组织方式中学习，前者则易于在开放性的网状结构中迷失方向。因此感官型学习者应选择按顺序安排细节知识的组织方式。

(3) 思想型与感觉型（决定主体对信息的反应）

思想型学习者作出决定（即对信息的反应）依据的是逻辑推理和事实。感觉型学习者更借助于主观情感判断，有从众倾向。因而，感觉型学习者与其他学习者在网上进行协作学习时应增加客观的判断因素，以形成自己的知识建构体系。

(4) 判断型与接受型（决定主体对信息获取与反应的能动性）

判断型学习者按照自己既定的计划组织并完成任务，能够控制学习步骤，因此能够采取主动的策略获取并加工信息。接受型学习者则喜欢开放性、非结构性的环境，但这种灵活的适应性也会导致任务延迟以及"信息过载"(information overload)，为了避免出现这种现象，接受型学习者在应用信息时必须限制个人兴趣，采取对信息的聚焦与自我约束的策略，在处理网络学习信息前采用时间与任务管理策略。

第三节 现代远程教育的应用平台

远程教育中的媒体与资源种类众多，功能各异，如何充分、高效地利用这些媒体资源促进远程学习者的学习成为远程教育所面临的挑战。伴随着网络技术的不断进步与普及，现代远程教育越来越多地以网络技术为支撑，各种网络教学平台以及视频会议系统的出现为整合、应用远程教育资源提供了基础。

一、异步网络教学平台的应用

以计算机辅助教育技术为核心的现代教育技术在远程教育中运用的不断深入,对远程教育资源的有效管理和应用提出越来越多的要求。异步网络教学平台(图 11-17)正是在这种情况下应运而生的。

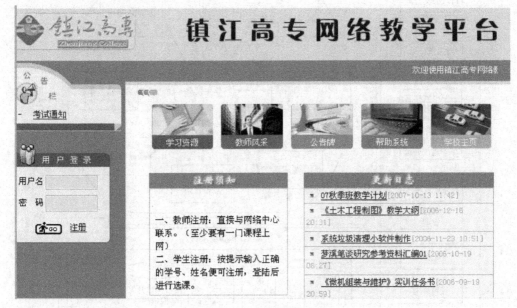

图 11-17　网络教学平台

(一)异步网络教学平台的功能结构

一般的网络平台的教学功能及其学习支持和管理功能基本上都是通过异步的方式进行的,所以将这些平台看做是异步网络教学平台。一个完整的网络教学平台应该由四个系统组成:网上教学支持系统、网上教务管理系统、网上课程开发工具和网上教学资源管理系统四个子系统,其体系结构如图 11-18 所示。①

1. 网上教学支持系统

网络教学支持平台是建立在通用的 Internet/Intranet 基础之上的,专门为基于双向多媒体通信网络的远程教学提供全面服务的软件系统。在丰富的学科资源的基础之上,学科教师根据教学要求与教学计划,并结合自己的教学特色,开发网络教学课件,借助于网络教学的一些支持工具,开展双向的远程教学,教学管理系统可以保障这种教学更加高效,更加规范化。网络教学系统不仅是先进计算机科学和技术水平的体现,更重要的是要符合现代化教育的一般规律,能够为远程教育提供一个真正高效的现代化教育手段。

---

① 余胜泉,何克抗.网络教学平台的体系结构与功能.中国电化教育,2001(8).

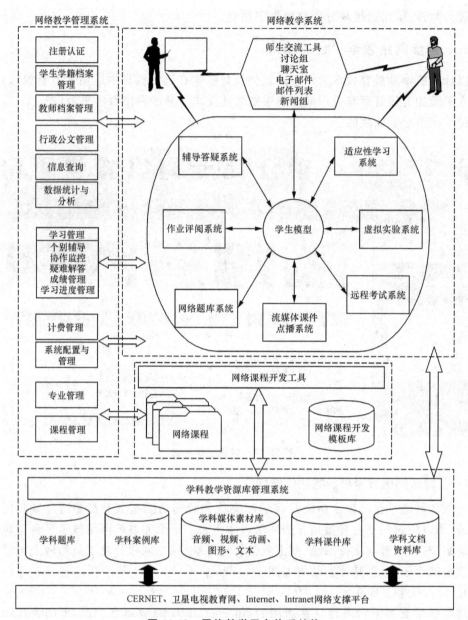

图 11-18 网络教学平台体系结构

(1) 流媒体的授课

在互联网络上，要传输大数据量的视音频数据，必须采用流式技术，传统的文档是先下载完毕再查看，这对于多媒体信息并不适合。因为数据量大，用户在查看之前可能需要等待太长的时间。而流式技术则是这样的一种技术：客户先下载文件的某一部分，解压缩该部分，并在文件的其他部分到来之前开始播放该部分的内容。在回放之前将会建立一个数据缓冲区。在前面下载的文件片段被播放的同时，下载多媒体文件的后续部分。

基于流式媒体的授课系统可以让用户点播教师授课的视频课件，也可以在网上实时看到教师的实况转播，因而在远程教育中有着巨大的应用前景。

(2) 适应性超媒体学习

由于参与远程学习的学员来自各行各业,他们没有一个统一的起点,能力参差不齐,因此,远程教学系统必须能够针对不同能力的学生,提供不同形式的教学。适应性超媒体教学指根据学生的个别能力特征,动态呈现与学习者当前学习能力最相关的基于超媒体的教学内容。它有两个含义,首先在学习内容的选择上,系统根据学习历史记录和能力估计选择学生没有掌握或是没有学习过的教学内容,这些学习内容最接近学生当前能力。学习内容的选择与组织以认知单元为最小单元,一个认知单元就是针对教学目标中所规定的一个知识点所展开的教学内容。每个学习阶段可以选择一个或几个认知单元。其次,是在学习内容的组织上,系统将根据所估测的学生能力和学生的认知风格,选择最适合学习者的内容呈现方式。

(3) 测评系统

测评系统包括试题库、测验试卷的生成工具、测试过程控制系统和测试结果分析工具、作业布置与批阅工具。试题库的主要功能是将某门课程的试题资源按照一定的教育测量理论加以组织,为测试试卷的生成与作业的布置提供试题素材,并为学生考试成绩的评价提供学科结构支持。测验试卷的生成工具就是要根据测试的目的,自动从试题库中抽出试题,组成符合教师考试意图的试卷。根据考试目的的不同,可以有智能组卷、相对评价组卷、绝对评价组卷等三种成卷方式。测试过程控制系统主要完成对网上测试过程的控制,如远程实时监控,在需要时锁定系统,不允许学生进行与测试无关的浏览,控制测试时间,到时自动交卷等。测试结果分析工具一般是根据每道题中的知识点和学生的答题情况,对一些教育测量指标作统计与分析,根据这些测量指标具体指示的意义,调整教学过程中的活动,并对具体学生给出诊断,对下一步学习提出建议。另外还要根据考试测验的统计数据,运用教育评价理论来分析题目的质量,如区分度、难度等。作业布置与批阅工具可以在试题库系统的基础上,自动形成作业,并在网络上发布、收集和批阅。

(4) 自动答疑系统

自动答疑是一个适应性的知识库系统,它分自动答疑与人工答疑两大部分。在教学设计阶段,教师将本学科最常见的疑难问题按一定的组织方式,存放到领域知识库中。当学生遇到疑难问题时,就通过网络远程提交该问题,系统将根据学生所提交的问题,对领域知识库进行智能搜索(主要采用的技术有中文词语的自动切分、全文检索、语义网络匹配、关键词索引等),按照检索内容相关程度的高低,将解答呈现给学生。

当在知识库中没有检索到对该问题的解答时,系统将通知学生,并采取两种方法进行后续处理:一种是自动将问题通过电子邮件的方式发送给主持这门课程的学科教师,一旦教师回复了该问题,系统将自动将解答发送到学生的电子信箱;另一种是将问题公布在答疑布告牌上,征求解答,一旦获得解答,系统将通过电子邮件通知该学生。之后,系统将解答归纳到领域知识库中,以备其他学生提问。系统的完备性与智能性,将随着知识库的不断扩充而不断改善。自动答疑还提供在线答疑功能,学生登录到答疑室,便可以将问题发送到答疑室的公共白板上,主持教师或其他学生可作出适当的解答,并将解答发送到公共白板。

（5）师生交互工具

师生之间的交流是教学活动中十分重要的环节。通过交流，学生可以获得对疑问的解答，教师也可以了解学生的当前学习状况。在远程教学活动中建立一个有效的交流环境能够使分布在异地的师生方便地交流，从而有效地提高远程教学活动的质量。

为了有效地支持分布在异地的师生间交流，远程交流工具应该包括同步/异步讨论园地、课程电子邮箱、协同工作工具等基于文本的交流工具，另外还应通过桌面视音频会议系统来提供包括图形、语音、视频、电子白板等多媒体的支持，如图11-19所示。

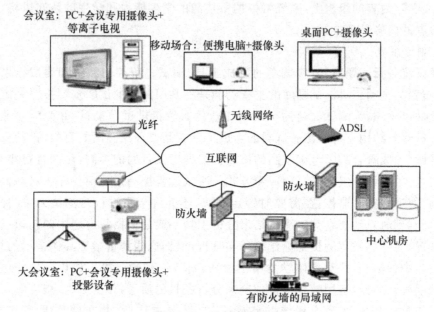

图 11-19 视频会议系统

（6）学习管理系统

不管系统具备多么高的智能性，计算机并不能替代教师，计算机可以把人类从简单的重复性的智力劳动中解放出来，但教学过程中的高级诊断、管理、推理必须由教师来完成，可以说，缺乏教师参与的学习系统，不是一个完善的学习系统，在基于Internet的教学系统中，教师的参与仍然非常重要，它可以弥补计算机系统智能的不足。学习管理应具备的功能有：针对性的辅导、疑难解答、协作监控、实施智能化个性化的远程学习环境、成绩管理、学习进度管理、学生工作区、课堂笔记本管理等等。

（7）基于Web的虚拟实验室

网络虚拟实验就是在Web中创建出一个可视化的三维环境，其中每一个可视化的三维物体代表一种实验对象。通过鼠标的点击以及拖曳操作，用户可以进行虚拟的实验。网络虚拟实验室实现的基础是多媒体计算机技术、网络技术与仿真技术的结合。虚拟实验技术与认知模拟方法的结合也赋予虚拟实验室以智能化特征，无论是学生还是教师，都可以自由地、无顾虑地随时进入虚拟实验室操作仪器，进行各种实验。

2. 网络教务管理系统

教学管理在远程教育中居于一个至关重要的地位,它起着调配教学资源、组织教学活动、总结教学数据等重要作用。教学管理系统使得教学能够顺利实施,也可实现整个教学管理过程的现代化和管理的规范化,另外还能及时、准确地反映教学现状,分析教学效果。教学管理可划分为三个相对独立的模块:课程管理、教务管理和系统管理,它为学生、教师、管理人员提供全面的服务。学生可以通过管理系统保存自己的个人档案,及时获取教学机构发布的最新信息,得到教师的帮助与辅导等;教师可通过管理系统设置课程与教学计划,查看学生的学习档案,提供有针对性的帮助;管理者可管理教师档案、学生档案、发布最新信息、对远程教学系统进行管理和维护等,如图11-20所示。

图 11-20　网络教务管理系统

3. 网络课件开发工具

网络课件工具可以针对不同性质学科的特点,将该学科的教学模式抽象为多个可以直接套用的模板,并支持相应的资源库。丰富的资源和使用简单的教学设计模板,满足了多媒体课件对交互性的要求。由于课件编写的每一步,从总体的教学设计到具体的教学方法,从版面设置到对象属性设置,都有模板和提示支持,因此经过较短时间的学习,普通教师就可以轻松地完成课件的编写工作。网络课件开发工具主要完成网上课件内容的表示,支持基本教学逻辑的设计。

4. 教学资源管理系统

教学资源包括媒体素材库、试题素材库、案例库、网络课件库、文献资料库等,所有上述资源都分别建有索引信息,以便学习者能快速地查询、浏览和存取。另外,资源的收集、编辑、修订等都是资料库能否得到充分利用的关键因素,资料库因而需要一个强大的资源管理系统(如图11-21所示)对它进行管理和支持。

教学资源管理系统的主要功能是对各种教学资源进行采集、管理、检索和利用。教学资源库首先是按照学科来组织,其次按照素材类型来组织,每种类型的素材都需要标记不同的属性,便于归类存储和检索。各种资源按照其物理形态分类存储,并进行不同的属性标注。教学资源库按资源类型划分,可分为媒体素材、试题、网络课件、案例、文献

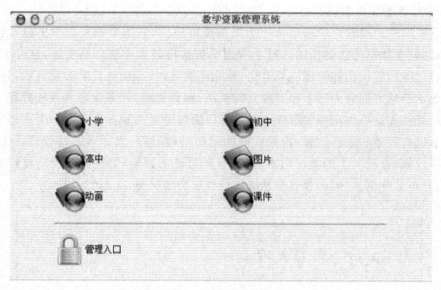

图 11-21 教学资源管理系统

资料等多个管理模块。

(二) 异步网络教学平台比较研究

香港公开大学的张伟远曾在《网上教学平台的特征之国际比较》一文中,对广泛应用于世界各地的部分中英文网上教学平台的特征、功能、优势和不足进行了比较(张伟远,2003),这里,我们全面介绍一下网上教学平台。

1. 网上教学平台的基本情况

当今人们对网上学习的极大需求导致了网上教学平台的大量涌现。我们用 Google 搜索引擎进行了一次简单的搜索,结果发现了 63 家网上学习公司和 114 个网上学习管理系统。我们选择了 17 个可以通过万维网进入的中文或英文的网上教学平台为样本,这些平台已经被开放大学或普通高校广泛应用,其基本信息详见表 11-08 所示。

表 11-08 网上教学平台的基本信息

平台名称	版本	网站地址	用户
安琪尔 ANGEL	5.0	http://cyberlearninglabs.com/	美国的 9 所高校
安龙 Anlon	4.1	http://www.anlon.com	美国明尼苏达州立大学;美国的社区学院等
阿维拉网上导师 Avilar WebMentor	4.0	http://home.avilar.com/products/wm_lms.html	世界各地十几所教育机构
黑板 BlackBoard	5.5	http://www.blackboard.com	世界各地 1800 多所高校
北大在线 BluePower	2.0	http://edu.beida-online.com/	中国北京大学
第一中心 CentraOne	6.0	http://www.centra.com	世界各地 40 多所大学,包括香港中文大学

(续表)

平台名称	版本	网站地址	用户
点击学习 Click2learn Aspen	2.0	http://home.click2learn.com/	美国的36所高校
电大在线 Dianda-online		http://www.openedu.com.cn	中国电大系统
电子学院 eCollege		http://www.ecollege.com	世界各地200多所教育结构
第一班 FirstClass	7.0	http://www.centrinity.com	英国开放大学；美国德克萨斯大学奥斯丁分校；新加坡管理学院
灵活教育 FlexEducation		http://www.flexeducation.com	用户遍及中国内地、香港、台湾、新加坡、马来西亚、澳大利亚等地
艾维尔 IVLE	7.0	http://ivle.nus.edu.sg	新加坡国立大学；菲律宾开放大学；英国爱丁堡大学
学习空间 Learning Space	5.0	http://www.lotus.com/products/learnspace.nsf/wdocs/homepage	世界各地12所高校
学习管理系统 The Learning Manager	3.2	http://www.thelearningmanager.com/	用户遍及世界五大洲
顶级班 TopClass	3.3	http://www.wbtsystems.com	世界各地14所高校
虚拟校园 Virtual Campus		Http://www.ignou.ac.in/virtual-campus%5Cindex.htm	印度英迪拉甘地国立开放大学
网上课程工具 WebCT	3.8	http://www.webct.com	世界各地81个国家的2500多所高校

从表11-08中我们可以看到，表中所列的网上教学平台都拥有大量的用户，其中网上课程工具(WebCT)和黑板(Blackboard)平台的用户最多。中国广播电视大学系统采用的电大在线网上教学平台也拥有极大的用户群，因为中央广播电视大学下属有44所省级广播电视大学以及1000多所市、县级电视大学。值得注意的是，英国爱丁堡大学选择新加坡国立大学开发的艾维尔(IVLE)作为网上教学平台，香港的灵活教育(FlexEducation)平台也已经应用于澳大利亚。这表明，尽管网上教学平台起始于西方，但是亚洲开发的某些教学平台已经达到了国际先进水平，并且走出了本国或本地区。

2. 网上教学平台的课程设计功能

网上教学平台最重要的特征之一是课程设计功能，有了这一功能，教育工作者不需要太多培训就能有效地设计网上课程。根据文献研究，课程设计功能可以归为四类：

第一类功能是教学设计工具。进行网上教学的教师需要界面方便的教学设计工具来开发网上课程。教学设计工具能够将各种格式的课程材料(如Word文档、WordPerfect文档、纯文本、HTML文本等)转换为平台本身支持并使用的格式。同时，教师可以方便灵活地运用这类功能编辑课程的结构、学习单元以及其他资源。

第二类功能是课程设计模板。通过运用课程设计模板，教师可以方便地建设一门网上课程，他们只需将与课程有关的材料放入事先设计好的模板中，软件系统就能自动地将这些材料组织成一个良好的网上学习环境。不同的课程运用相同的模板可以使各门课程保持一致的外观和结构,避免学生在学习不同课程时产生混乱。模板可以根据不同用户的需要进行定制。

第三类功能是课程网站搜索引擎,它能使学生方便地在整个课程网站中搜索想要的信息。

第四类功能是学生网页。它能帮助学生在学习过程中相互协作,也为学生提供了一个方便的空间进行简单的网页设计和管理。

表 11-09 对 17 种网上教学平台的课程设计功能进行了比较。

表 11-09　网上教学平台课程设计功能的比较

平台名称	教学设计工具	课程设计模版	课程网站搜索引擎	学生网页
安琪尔	√	√	√	√
安龙	√			√
阿维拉网上导师	√	√		√
黑板	√	√		√
北大在线	√	√	√	
第一中心	√	√	√	√
点击学习	√	√	√	
电大在线	√	√	√	
电子学院	√	√	√	
第一班	√		√	√
灵活教育	√	√		
艾维尔	√	√		√
学习空间	√	√		√
学习管理系统	√	√	√	
顶级班	√	√	√	√
虚拟校园	√	√	√	
网上课程工具	√	√	√	√

表 11-09 表明,所选择的 17 种网上教学平台都提供教学设计工具这一功能。除了安龙和第一班之外,其他平台都提供课程设计模板以帮助教师简单而快速地设计网上课程。值得注意的是,拥有极大用户群的黑板平台没有提供课程网站搜索引擎。安龙、阿维拉、灵活教育、艾维尔和学习空间等平台也没有提供这一功能。另外,黑板、北大在线、点击学习、电大在线、电子学院、灵活教育、学习管理系统和虚拟校园等平台没有提供学生网页的功能。

3. 网上教学平台的交流和协作功能

网上教学平台的另一主要特征是交流和协作功能。由于学习网上课程时教师和学生之间缺乏面对面的交流,网上教学平台需要提供一个环境让教师和学生有效地互动。根据文献研究,网上教学平台的交流和协作功能可以归为五类。

第一类功能是异步交流,包括网上讨论区和课程内部的电子邮件。通过异步交流工具,学生和教师可以在不同时间的情况下进行交流。这一类型的交流比面授更加灵活,而且它给了教师和学生更充分的时间对他们所收到的信息进行思考和做出回应。

第二类功能是同步交流,包括基于文本的实时聊天以及网上视听会议。要进行同步交流,学生和教师必须同时登录到网上的同一个地点,以一种虚拟的面对面模式进行交流。

第三类功能是文件共享。这一功能使学生与学生以及学生与教师能够在网上分享信息并相互协作,例如,学生可以通过文件共享将作业直接提交给老师,同时,教师也可以方便地将批改好的作业回传给学生。教师还可以将时间表、参考文献以及其他与课程有关的文件上传到课程网站,供同学们下载。

第四类功能是工作组,它特别适用于小组项目研究。工作组功能包括小组网站、小组讨论区以及小组文件共享区等。如果学生们需要进行分组项目研究,他们可以将各自完成的工作传到课程网站的一个特定的文件共享区域,这样,小组中的每个成员都可以很方便地看到其他成员的作业。

第五类功能是电子白板。这一工具在数学和自然科学方面的课程中尤其受欢迎,因为学生和教师可以同时在屏幕上观看一个数学公式或其他图形,而且可以同时进行添加和修改。学生可以将电子白板上的图画存下来供将来参考。在使用电子白板时,使用者通常会同时通过在线文字聊天或视听会议来加强相互间的交流。

表 11-10 对网上教学平台的交流和协作功能进行了综合比较。

表 11-10 网上教学平台的交流和协作功能比较

平台名称	异步交流		同步交流		文件共享	工作组	电子白板
	网上讨论区	课程内部电子邮件	基于文字的在线聊天	视听会议			
安琪尔	√	√	√	√	√	√	√
安龙	√	√	√		√	√	√
阿维拉网上导师	√	√	√		√		
黑板	√	√	√		√	√	
北大在线	√	√	√		√		
第一中心	√	√			√		
点击学习	√	√	√		√		
电大在线	√	√			√		
电子学院	√	√			√		
第一班	√	√			√		
灵活教育	√	√	√		√		
艾维尔	√	√			√		
学习空间	√	√			√		
学习管理系统	√	√	√		√		
顶级班	√	√			√	√	
虚拟校园	√	√	√	√	√		
网上课程工具	√	√	√		√	√	

从表11-10中我们可以看到,所有的网上教学平台都提供网上讨论区。除了第一中心平台以外,其他的平台都提供课程内部的电子邮件功能,以进行异步交流。这说明异步交流工具已经成为大多数网上教学平台必备的工具之一。另外,除了安龙和电子学院平台之外,其他平台都提供基于文字的网上聊天功能。但是,17个平台中只有9个提供了视听会议功能。从技术上来说,建立基于文字的网上聊天系统比建立视听会议系统简单且便宜得多,而且目前大部分地区的因特网速度还无法做到快速平滑地传递视频信息。同时,视频会议系统要求教师和学生的计算机同时安装视听硬件(摄像头、麦克风、耳机等),而这些对于发展中国家来说还属于比较昂贵的设备。然而,通过浏览大量的亚洲地区(中国内地、香港、台湾、印度等)的网上课程之后,我们发现,这些地区的许多网上课程都提供在线的视频讲座(即视频点播),这样,学生可以"看见"他们的老师讲课,但是无法与他们进行实时互动。这与电视教育比较又前进了一步,因为现在学生可以选择在适合自己的任何时间观看这些视频讲座,而不需要跟随固定的电视节目播出时间,而且他们还可以反复观看讲座。虽然这与视听会议完全是两回事,但它仍然使用了网上视频播放技术,它预示着视听会议的普及不是遥不可及的幻想。除了第一中心和阿维拉网上导师平台外,其他平台都提供文件共享功能;同时,除了点击学习、顶级班和虚拟校园平台之外,其他平台都提供工作组功能。文件共享功能使学生能方便地接受和递交作业,同时可以通过上传或下载与课程有关的文件进行协作学习。工作组功能使学生能以小组的形式进行相互间需要协作的项目研究或其他学习任务。

4. 网上教学平台的课程管理和行政管理的功能

对教师来说,管理一门网上课程可能会花费大量的时间。为了尽量节省教师的时间,许多网上教学平台都通过运用数据库技术进行半自动化的课程管理和行政管理。根据文献研究,网上教学平台的课程管理功能可以分为四种类型。

第一类功能是课程单元管理。这一功能可以帮助教师灵活地管理学习单元以及其他资源(文件、图像、链接等)。一门课程可以分割为一系列单元,而各单元间可以相互联系。

第二类功能是自测管理。教师可以通过这一工具创立及管理各种自测练习。一些平台系统甚至可以通过随机地从题库中抽取题目来为每个学生提供不同的自测练习,学生在完成自测后可以立刻知道测试结果,而且可以看到自测结果的数据统计分析。

第三类功能是作业评分管理系统。一些网上教学平台可以通过运用数据库技术自动批改学生的作业并评分。学生的分数被存入到一个数据库中,教师可以非常方便地进行管理。

第四类功能是学生网上活动追踪。学生与网上学习系统的互动情况被记录在网络服务器上,这些互动包括访问各网页的次数、自测的成绩、在网上学习和自测的时间长度等等。教师可以通过对学生网上活动情况的分析,根据不同学生的需要给予相应的支持和帮助。网上学习系统可以自动生成学生学习模式的数据统计图表,供教师和学生参考。

网上教学平台的行政管理功能可以分为两种类型:安全登录功能和技术支持功能。使用者在登录到课程网站之前需要进行登记并得到使用权限。一些网上教学平台为不同的用户群(如学生、教师、课程编辑人员等)提供不同的使用权限。通过这些限制,课程网站可以尽可能地避免遭到非授权人员的干涉。访问权限的设定让学生感到自己处于一个安全的网上学习环境之中,无需担心自己放在网上的学习资料会丢失或遭外来人干涉。技术支持功能保证学生和教师在使用网上教学系统的过程中遇到技术问题的时候,能够通过访问网站上的"常见问题答疑"区或询问负责网站技术支持的人员来找到解决问题的方案。

表 11-11 对网上教学平台的课程管理和行政管理功能进行了比较。

表 11-11　网上教学平台的课程管理和行政管理功能比较

平台名称	课程管理功能				行政管理功能	
	课程单元管理	自测管理	作业评分管理	学生网上活动追踪	安全登陆	技术支持
安琪尔	√	√	√	√	√	√
安龙	√	√	√	√	√	√
阿维拉网上导师	√	√	√		√	√
黑板	√	√	√	√	√	√
北大在线	√	√	√	√	√	√
第一中心	√		√	√	√	√
点击学习	√		√		√	√
电大在线	√	√	√	√	√	√
电子学院	√	√	√	√	√	√
第一班	√		√	√	√	√
灵活教育	√	√	√	√	√	√
艾维尔	√	√	√	√	√	√
学习空间	√	√	√	√	√	√
学习管理系统	√	√	√	√	√	√
顶级班	√	√	√	√	√	√
虚拟校园	√	√	√	√	√	√
网上课程工具	√	√	√	√	√	√

表 11-11 显示,除了第一中心、点击学习和第一班平台不提供自测管理功能,阿维拉网上导师和点击学习平台不提供学生网上活动追踪功能外,大部分平台都具备所有的课程管理和行政管理功能。一些平台的课程管理和行政管理功能可能会强过另一些平台,但是本书限于篇幅无法详述。表 11-11 中的数据表明,课程管理和行政管理功能已成为网上教学系统不可分割的组成部分。这些功能让使用者能更好地进行课程管理和行政管理,从而更顺利地进行网上教学。

二、视频会议系统在远程教育中的应用

视频会议由于具有传送图像、声音和数据的功能,因此,除了可用来召开远程会议之外,还可以直接用于远程教育,为远程教育服务。利用视频会议开展远程教育可以达到异地授课和优秀教育资源共享的目的。视频会议系统具有实时性好、交互性强的特点,是目前远程教育系统中实现异地实时授课的有效手段之一。

目前,应用于远程教育的视频会议系统多数是基于硬件的视频会议系统,属于实时远程教育系统。这种系统一般由主播室、多点控制室(MCU)和若干个本地及远程听课

教室组成,即点对点或一点对多点的教学模式,如图 11-22 所示。

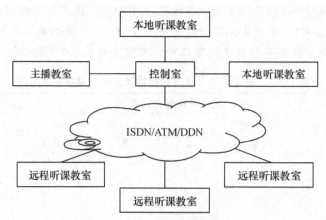

图 11-22　实时远程教育系统模式

在主播室中一般包括 PC 机(内置音/视频信息的压缩/解压缩设备)、电子白板、实物投影仪、监视器、音/视频采集设备(多为摄像机和话筒)和音箱等。听课教室的配置大致与主播室相同,只是听课教室的学生课桌上都配备有一个耳机。有的听课教室则与主播教室完全相同,这样任何一个听课教室也可作为主播教室,当然不同的视频会议系统会有不同的设备配置。

(一) 基于视频会议的远程教育类型

基于视频会议的远程教育类型,从远程学习者学习的角度来看,可以分成三种类型,即上课型(电子教室型)、讨论型和个体型。

1. 上课型(电子教室型)远程教育

上课型(电子教室型)远程教育在基于会议室型视频会议系统构建的电子教室里进行。该电子教室适用于教师同时对许多异地学习者进行上课,对图像的质量、音响效果要求较高。它在固定的专用教室里安装了摄像器材、音响器材、编解码器、显示设备等设备,每个教室里配备一块带有触摸屏的、可以用来手写的电子白板,在教室里可以有近距离听课的学习者 10 人左右,而远程上课的学习者可达数十人甚至更多。教室的布置、光线的设置、室内音响系统的性能、背景颜色的选择、听课者和摄像机的距离、角度等都是经过周密考虑和设计的,可以获得较好的图像质量和音响效果。为了较好地反应电子教室上课现场的情景,作为图像输入的摄像机至少有三台,分别用于摄取授课教师的图像、摄取近距离听课的学习者和其他场景,以及专门用于摄取授课教师的图像,摄取近距离听课的学习者和其他场景,以及专门用于摄取与上课有关的静止图像文件、资料等。在这里,授课教师是电子教室的主控者,他通过配备的触摸屏或红外线遥控器等调控设备,决定教学进程的启动、停止,集体授课,分组讨论、答疑等具体运用模式的切换,以及教学内容的组织等工作。学习者经授课教师允许后可以发言、提问,或参加分组讨论。教师则能根据学生的反应进行有目的的教学。另外,学习者也可以通过专设的控制器按钮或触摸屏图标申请发言,或者调整图像、声音效果等。

2. 讨论型远程教育

讨论型远程教育系统基于桌面型会议电视系统,它实际上是由一个桌面型计算机系统设计而成,其终端设备大多数都是在 PC 或工作站上加会议电视插卡组成,插卡往往包括模拟视频输入、输出部分,数字视频、音频编解码部分,多路复用、信道接口部分等。该系统可分为高档和低档两种,高档系统配置较好的摄像器材、音响器材、编解码器,可供小型的远程教育系统使用;低档系统通常有数据共享功能,可用于学习者间的协作学习。此外,交互式多点广播技术将出现在基于会议电视的远程教育系统中,学习者仅仅通过按一个按键就可以在多方发言者之间进行切换。最简单的讨论型远程教育系统,就是一台个人计算机加上插入计算机总线槽内的编解码板和通信控制板,形成会议电视编解码器,然后外接一台摄像机(或小摄像头)、一个扩音器和两个小音箱来输入图像和输入、输出语音,其解码的图像可以利用计算机的显示器来显示,也可再外接一台监视器来显示。这样的系统一般适用于几个学习者之间的讨论,对图像和音响的要求都不高。

讨论型远程教育系统通常是接在 ISDN 网上,也可以接在局域网或 Internet 上,当然此时的通信协议要与网络相匹配。例如,有一种 Picture Tel 的桌面会议电视系统 Live 50,又称 PCSS0,可设计成讨论型远程教育系统。基于 PCSS0 的远程教育系统适合个人或几个学习者使用,它直接放到桌面,在 PC 上加两块插卡,即 PCSS0 会议电视卡和 MGA 显示卡,再加上用于 ATM 通信的 ATM 网卡,就可以实现带宽为 384k 的远程教育了,通过 ATM 网络和会议多点控制单元,远程教育的师生间、学习者之间可以进行远程多点或点对点的协作式教学和讨论式教学。

3. 个体型远程教育系统

个体型远程教育系统源于可视电话型会议电视系统,它可以是独立设置,也可以作为一个套件在 PC 机上运行。可视电话一般运行在公共交换电话网(PSTN)上,因此可视为运用于 PSTN 上的会议电视系统。

基于可视电话的远程教育系统,可算是一种直接面对个人、家庭的个体型远程教育系统。远程教育的以学习者为主体的趋势,使基于可视电话这类便携轻巧型视频会议系统而构成的个体型远程教育系统具有强大的发展潜力。据此,远程的学习者可以通过多媒体通信网交互式对话,接受教师"面对面"的指导,如同身临其境。远程学习者个体之间也可以通过可视电话进行学习或交流。利用这种交互式的学习系统,学生还可以根据自己的学习情况调整学习进度。

(二)视频会议系统在远程教育中的应用方式

国内的远程教育信息传输手段可以分为实时传输和非实时传输两种,其中,视频会议系统是进行实时传输的主要方式。其中以浙江师范大学、北京邮电大学、湖南大学等学校的视频会议系统在远距离教学过程中效果明显。视频会议系统根据不同的传输介质可以分为三种:通过 PC 多媒体广播系统传输、通过 ATM 方式传输和通过 INTER-NET 网络传输。这三种方式都可以实现高质量的实时交互教学。图 11-23 为视频会议系统在远程教育中的应用。

大多数学校采用 VTEL 的视频会议系统与 PC 多媒体广播系统相结合的第一种方式,在主播教室中采用的是 VETL 的视频会议系统 Garaxy755,在远端教室采用的是 VTEL 的视频会议系统 Garaxy725 设备。多点控制器(MCU)采用 Encounter 3000Netderver-16,它最多可支持 16 个电视会议终端同时进行实时教学。在这种视频会

图 11-23 视频会议系统在远程教育中的应用

议系统中,主播教室中要配置电子白板、实物投影仪,用于板书数据交流和文件、图表的传送。主播教室设备经 MCU 通过校园网络与本地听课教室相连接。远地的多媒体听课教室可以通过 DDN 或 ISDN 专线与主播教室中的 MCU 相连接。在远程多媒体听课教室中,师生之间既可进行双向的视频教学,也可通过 Internet 网络与远程教育 Web 网站相连,采用视频点播(VOD)方式,下载课件进行播放,从而进行非实时的集中式教学。远程多媒体教室既可以新建,也可租用当地广播电视大学教学点的现有教室,或采取合作投资与使用的方式进行。

从 1997 年开始,某高校与中国电信合作,在 ATM 宽带试验网上开通了基于会议电视模式的第二种远程教育方式。通过中心主 MCU 与各省第二级 MCU 之间实现视音频信号的交换,可以支持单独的分省教学和全国网上大课的教学,学生和老师可以相互"见面"交互,是目前最好的远程教学模式之一。目前在该高校有 5 个多媒体教室,在北京、天津、广东、福建、辽宁等地建立了 31 个远端视听教室,教师在多媒体授课教室利用电子白板、图文摄像机、计算机等多种手段授课,课堂上的数据通过 ATM 宽带网络实时、清晰地传送到远端视听教室,学生利用自己桌面上的控制设备,通过网络实时向教师提问,与教师交流,真正实现现场"面对面"答疑。系统采用 H320 传输协议(可转换为 H323 协议),教学质量稳定可靠。

第三种方式利用 CERNET 作教学辅导。目前该校已经建立了 17 个授课室和听课室,各授课室和听课室的视频设备通过 2M 电路与网络中心 MCU(多点控制单元)互联,组成多媒体双向交互教学系统,实现教师和学生之间的动态图像、声音以及具有教学功能的电子白板的数据信息互传。

（三）典型应用方案

1. 校园网网络教室。服务器安装在校园中心机房，客户端安装在多媒体教室的每台电脑上。即可支持多个教室同时上课，实现屏幕、视频、音频、电子白板、课件等广播；支持对讲、监视、交流讨论等功能。

2. 校园网音视频广播监控系统。服务器安装在校园中心机房，在每个教室安装一个电脑客户端，坐在校长办公室即可实现对全校师生的广播通知、演讲、报告、会议等。校长坐在电脑前将自己的声音、视频，甚至文稿实时、高质量地广播给各个教室，师生坐在自己的办公室、教室即可收看，适当时候，还可举手提问，发表不同意见等。通过摄像头，校长还能实时监视各个教室的现场教学情况。

3. 校校通网络教学系统。服务器安装在区教育局/教委中心机房，在每个学校的教室或办公室安装一个客户端。通过实时公开授课达到现场教学观摩交流的目的，又可解决纯粹课件点播单一死板的弊端。不同学校的教师在预约的时间授课，既可在计算机的屏幕上演示自己预先制作的课件，通过屏幕广播出去；也可与通常一样，直接在黑板上板书，同时通过连在电脑上的高清晰度摄像头实时广播给其他观摩公开课的教室。人们可以相互提出疑问、评论，足不出户即达到收看公开课、师资评价、师资共享等目的。

4. 远程实时教学系统。服务器安装在互联网站点，注册的学生和教师可以在家里或者办公室通过网络登录到服务器上。在预定的某个时间内，教师可采用音频、视频、课件、屏幕、白板等广播手段教课、讲解。师生、学生之间通过语音、文字相互交流提问。教师能够录制上课的内容以便于下次广播、点播。

5. 实时辅导答疑系统。服务器安装在互联网站点，注册的学生和教师可以在家里或者办公室通过网络登录服务器。在预定的某个时间内，学生可以通过语音、文字提问，教师给予实时回答，并且通过电子白板等工具进行交流。因而能够应用在大学的远程教育教学中的答疑、考前辅导、远程家教等。其特点是占用较少的网络带宽，达到实时沟通交流的目的。

（四）视频会议系统对远程教育的影响

1. **有利于培养和激发学生的学习动机**

现代远程教育大多是基于网络环境的数字化的远程教育，在这种环境下决定学生学习效果的因素很多。在这些众多的因素中，起关键作用的是学生的学习动机，因为在网络环境下学生几乎完全处于自主的学习状态，因此在很大程度上学生的学习动机决定了其学习效果。所谓学习动机是指直接推动学生进行学习的一种内部动力，是激励和指引学生进行学习的一种需要。学习动机的主要内容包括对知识价值的认识（知识的价值观）、对学习的直接兴趣（学习兴趣）、对自身学习能力的评价（学习能力感）、对学习成绩的归因（成就归因）等四个方面。

（1）从培养学生的学习动机的角度来看

首先教师的榜样作用不可忽视。大量调查研究已经证明教师对学生学习动机的形成具有强有力的影响。在利用视频会议系统进行远程教学时，在线授课的教师多是一些在自己的专业领域有突出成就的优秀教师,无疑他们的榜样作用是很明显的。其次,通过培养学生的学习兴趣来培养学生的学习动机,远程教师可以像在普通的教室中和学生交流那样,在自己的网络终端通过自己的语言讲述、展示教学模型或呈现电子材料等形式,让大家知道通过网络课程的学习能够获得怎样的知识,能解决现实生活或工作中的哪些问题。这些对于有一定工作经验的成年学生来说特别有效,对他们学习兴趣的培养有着举足轻重的作用。

(2) 从激发学生的学习动机的角度来看

网络环境中学习动机的激发,是指学习的组织者或学生本人利用网络环境条件以及网络环境中的各种资源使学生的学习需要由潜在的状态转入活动的状态,使学生产生强烈的学习愿望。而在视频会议系统强大的音、视频交互功能的支持下可以采取如下手段来达到激发学生学习动机的目的:

首先,远程教师利用教学内容与新颖的方法以引起学生学习的兴趣,调动学生的积极性。教学内容的呈现力求采用生动有趣的形式。

其次,远程教师可以实施启发式教学,创设"问题情景",激发学生的认识兴趣和求知欲,远程教师在正式的讲课之前,提出与其讲课的内容有关的问题,以引起学生的好奇和思考。创设"问题情境"就是在教材内容和学生求知心理之间产生一种"不协调"。这样学生就被带入一种与问题有关的情境之中,这对远程授课的教师也提出了更高的要求。

2. 有利于提高对学生的监控性

这里所提到的监控性是指教师或学习的组织者对学生学习行为的监控。在现有的远程教育的环境下,教师或学习组织者对学生的监控性主要是通过教学平台的监控系统来实现的,该系统大致包括以下功能:

(1) 该系统为每一个参与远程学习的学习者建立学习日志。当学习者登录该学习网站时,系统就对远程学习者进行监控。其内容大致包括:计算出学生一次登录的时间,记录学生的学习项目、登录次数等。教师可以通过网络打开日志记录来监控学生的学习情况。

(2) 对学生每一部分的学习内容进行测试与评价。

(3) 记录学生的学习笔记。学习笔记记录了学生在学习时遇到的疑难问题以及对一些学习内容的体会,教师通过浏览来评价学生是否在认真学习该门课程,是否在学习过程中提出了有意义的问题,以及提出的问题是否有深度等。总之,教师通过该系统实现了对学生的评价。

3. 师生之间实时交流,提高了学生学习的积极性

远程教育发展到目前基于互联网的学习模式的时代,其师生之间的相互交流是非实时的。虽然学生可以通过给教师网上留言或发电子邮件等形式与教师交流,但仍需等待一段时间,教师才可能答复,因为教师不可能每时刻都在线,教师只是定期查看学生的留言并回复。这样一般学生从提出问题到收到老师的答复需要一定的时间。有研究结果表明:这种状况会影响学生学习的积极性并最终影响其学习效果;而这里提到的视频会议系统可以解决这个问题,因为学生与教师之间的信息交互是实时的,实时交互的信息包括文本、声音、图像等,达到了类似于面对面交流的效果。这种实时的交互,使学生即

时获得帮助,在课程进行的过程中,就能及时地观测到自己的进步与不足,及时按要求调整学习,从而大大增强了学生学习的积极性。

学习测评

1. 下面属于媒体的有（　　）。
   A. 语言　　　　　　B. 文字　　　　　　C. 图形和图像　　　D. 音频和视频
2. 广播电视媒体主要包括（　　）。
   A. 收音机　　　　　B. 录音机　　　　　C. 电视录像　　　　D. 电影
3. 网络教学模式分类为（　　）种类型。
   A. 3　　　　　　　 B. 4　　　　　　　 C. 5　　　　　　　 D. 6
4. 下列属于媒体硬件的有（　　）。
   A. 扫描仪　　　　　　　　　　　　　　B. 摄像机
   C. 卫星地面接收站　　　　　　　　　　D. 录音话筒
5. 下列媒体中属于双向媒体的有（　　）。
   A. 广播媒体　　　　B. 卫星媒体　　　　C. 网络媒体　　　　D. 文字印刷媒体
6. 教学模式包含（　　）个层次。
   A. 2　　　　　　　 B. 3　　　　　　　 C. 4　　　　　　　 D. 5
7. 网络教育资源主要的应用形式有（　　）种。
   A. 3　　　　　　　 B. 4　　　　　　　 C. 5　　　　　　　 D. 6
8. 简要叙述远程教育中媒体的涵义及分类,并举例说明远程教育中媒体选择的ACTIONS方法以及媒体分析与选择的三维模型。
9. 请依据自身条件对高校网络教育学院开展现代远程教育的情况进行一个调查,综合分析其网络教育资源的应用形式以及各种媒体资源与计算机网络技术对远程教育产生的冲击和影响。
10. 请通过网上搜索,找一个典型的异步网络教学平台作为案例,分析此平台的优缺点及其应用的网络教与学的模式。
11. 比较分析上课型视频会议系统、讨论型视频会议系统和个体型视频会议系统三种不同类型的视频会议系统,评述各自的特点、应用范围及优势。

参考资源：

[1] 陈汉勇,王舒宜,屈景辉,廖琪梅,周智明.远程教育教学平台的设计与研究.第四军医大学学报,2002(S1).
[2] 陈丽.远程教育中教学媒体的交互性研究.中国远程教育,2004(7).
[3] 成京联.能力本位:现代远程教育网络教学平台设计的核心.中国成人教育,2000(1).
[4] 丁兴富.教育技术及其在远程教育中的应用——远程教育中的信息技术和媒体教学(1).中国远程教育,2000(6).
[5] 丁兴富.三代信息技术和三代远程教育——远程教育中的信息技术和媒体教学(2).中国远程教育,2000(8).

[6] 丁兴富.教育资源、教学媒体和教学设计——远程教育中的信息技术和媒体教学(3).中国远程教育,2000(9).

[7] 丁兴富.教学媒体的本质、分类和特征——远程教育中的信息技术和媒体教学(4).中国远程教育,2000(10).

[8] 丁兴富.媒体教学功能分析以及媒体的选择——远程教育中的信息技术和媒体教学(5).中国远程教育,2000(11).

[9] 郭中华.视频会议系统及其在远程教育中的应用.电视技术,2003(9).

[10] 韩素华.试论多种媒体在远程教育中的综合运用.前沿,2001(12).

[11] 金振坤.论构建远程教育媒体的理论体系.现代教育技术,2004(2).

[12] 克勒施别克·毛勒汉.现代教育媒体与现代远程教育.伊犁教育学院学报,2003(3).

[13] 李崇荣,张轩.基于IP/multicast视频会议技术在远程教育中的应用.清华大学学报,2003(Z1).

[14] 梁润秋.远程教育中MCU的设计与实现.西安电子科技大学,2004年硕士论文.

[15] 刘庆祥.网络视频会议系统——一种现代远程教育解决方案.荆州师范学院学报,2002(5).

[16] 刘志选.远程教育课程教学资源结构探析.黑龙江高教研究,2004(9).

[17] 申瑞民,王加俊,郑珂.同异步结合的远程教育模型及实现.计算机应用与软件,2001(9).

[18] 王继新.信息化教育概论.武汉:华中师范大学出版社,2005年.

[19] 王继新.远程教育原理与技术.武汉:湖北科学技术出版社,2005年.

[20] 王磊杰,刘彩红,韩红宇.远程教育媒体资源利用分析.漯河职业技术学院学报,2004(1).

[21] 王珠珠,张伟远.我国普通高校网上教学平台及网站建设的现状分析.中国远程教育,2005(2).

[22] 吴保艳.网络教学平台设计初探.韶关学院学报,2005(3).

[23] 吴亚飞.基于IP的视频会议技术及其在远程教育中的应用.烟台教育学院学报,2005(1).

[24] 武法提.网络教育应用.北京:高等教育出版社,2003年.

[25] 杨家兴.远程教育情境下的媒体选择与教学设计.中国远程教育,2003(9).

[26] 杨九民.现代教育技术.武汉:华中师范大学出版社,2005年.

[27] 张光.分布式远程教学平台的研究与设计.中国远程教育,2003(3).

[28] 张军.远程教育信息网络与传统媒体.重庆工学院学报,2000(6).

[29] 张伟远,王立勋.网上教学平台的特征之国际比较.江苏广播电视大学学报,2003(5).

[30] 张孝成,杨俊杰,梁年生.计算机网络远程教育平台的研究.湖北民族学院学报,2003(Z4).

[31] 郑赞红.现代远程教育系统平台的探讨.微机发展,2003(S2).

[32] 祝智庭.网络教育应用教程.北京:北京师范大学出版社,2002年.

[33] 祝智庭.现代教育技术——走向信息化教育.北京:教育科学出版社(第二版),2002年.

法规与标准篇

第十二章　远程教育政策法规

学习目标

1. 了解世界各国的远程教育政策与法规,并能够分析它们对所在国家远程教育事业发展的促进作用。

2. 了解我国远程教育的政策与法规体系以及一些重要的政策法规,并能够分析这些政策法规对我国远程教育事业发展的影响。

知识概览

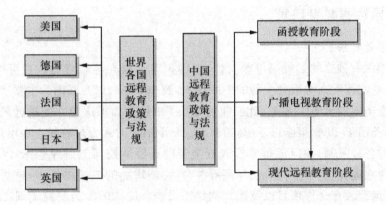

本章导学

　　远程教育工程是一项规模宏大的系统工程,远程教育合理的发展,离不开国家与地方法规、政策的支持,这一点已被国内外远程教育的实践所证实。本章里我们将介绍国内外的远程教育政策与法规,在学习时要简单了解国外远程教育政策与法规,重点了解我国在不同远程教育阶段所制定的相关政策与法规,特别要掌握目前现代远程教育阶段的相关政策和法规等。

问题导入

1. 你知道远程教育的政策法规涉及哪些方面吗？
2. 我国为了促进现代远程教育，做了哪些工作，制定了哪些重要的政策和法规？

引言

远程教育工程是一项规模宏大的系统工程。除其他因素外，远程教育的国家与地方的法规、政策是制约或促进远程教育改革与发展的重要的，有时甚至是起决定性作用的因素。这一点已被国内外远程教育的实践所证实。

第一节 世界各国远程教育的政策法规

远程教育中的政策法规是国家指导和约束远程教育发展的法律和其他规范性文件，以及其他教育部门及教育机构制定的规范、远程教育发展的相关行政法规和行政规章。它包括以下几个部分：与远程教育机构相关的政策法规；与远程教育课程媒体和技术相关的政策法规；与远程教育、教学、管理相关的政策法规；与远程教育执行者和学习者相关的政策法规等。在远程教育发展的过程中，除其他因素外，关于远程教育的国家与地方政策法规是规范或引导远程教育改革与发展的一个重要的，甚至是起决定性作用的因素。在远程教育发展的不同时期，各国为了推进远程教育的发展都制定了不同的政策法规，从这些政策法规可以看出各国对远程教育的重视程度。

一、美国远程教育政策

1. 《高等教育法》

美国虽然没有独立的远程高等教育法，但国家对远程高等教育的重视可体现在《高等教育法》中。随着远程高等教育发展的不断深入，到1998年，以互联网为主要手段开展远程教育的高校在美国占了60%左右，比三年前增长了3倍。为了适应并促进远程高等教育的进一步开展，美国于1998年修订了《高等教育法》，取消了对远程教育学生在申请贷款、学校招生等方面的各种限制，并保证每年投入资金资助高等学校与工商界合作，以便开发优秀教学软件和建立远程教学评价系统。《高等教育法》新增加的三项措施为：建立远程教育示范项目、建立远程教育合作项目以及建立网络委员会。图12-01为研究美国高等教育法的相关书目。

修订的《高等教育法》中有关远程教育内容的增加，使美国远程教育发展得到了鼓励，远程教育开设的学历、学位课程数达到4.9万个，基本覆盖了美国高等学校的所有学科和专业。开展远程教育的普通高校越来越多，目前，已经有95%以上的高等学校利用互联网开展远程教育。

2. 《远程高等教育：1997—1998》

《远程高等教育：1997—1998》是美国国家教育部教育研究与发展办公室国家教育统

图 12-01 研究美国高等教育法的相关书目

计中心专门为远程教育做的统计分析报告。此报告为帮助远程教育政策法规制定者解决相关问题提供了咨询：平等获得高等教育问题，开发远程教育课程的费用问题，远程教育课程的授权与质量保障问题，版权与知识产权问题，高校教师角色的转换与挑战问题，现有组织结构和配备的压力问题。美国《高等教育法》中"远程教育示范项目"（Distance Education Demonstration Program，简称"DEDP"项目）对远程教育的目的、特权、资格申请、应用、选择、通知、评价和报告、监督及远程教育的定义也都做了明确指示。

二、德国的《远程教育法》

德国重视保护远程教育消费者的权益。远程教育方面最重要的法律是1976年通过的《远程教育法》。这部法律以重视保障远程教育消费者权益为特色，要求学生入学时与校方签订远程教育合同以保证学生的权益，并规定远程教育所提供的课程必须经过在科隆的国家指导组织——国家函授课程处（National Agency for Correspondence Courses）正式批准后才可以使用。远程教育学校或远程教育提供者要向国家函授课程处提供接受评审的课程的完整资料，包括课程的详细说明、课程将使用的全部材料等。如果课程与职业教育相关，那么该课程还必须送交德国职业培训研究与发展专家中心（BIBB）审核，由该中心根据其标准做出一份详细的评价报告。整个课程审查的过程十分严格。

从德国《远程教育法》的政策特点，可以看出德国对远程教育质量的重视，把好远程教育质量关成为德国远程教育政策的重点。

德国制定的《远程教育法》沿用至今，在很长的一段时间内对保障远程教育消费者的利益，保证远程教育的教学质量起了很大的作用。1945年以后，德国社会对远程教育的需求越来越大，而部分远程教育又被掌握在私立的教育机构手中，这造成了远程教育质量参差不齐的情况。《远程教育法》以法律的强制手段保障了课程质量，有力地推动了德国远程教育朝着健康的方向发展，同时也使德国成为欧洲唯一立法审查远程教育课程的国家。

三、法国的远程教育法规

法国关于远程教育的法规有：1971年7月12日实施的 N.71-556 法案及1972年12

月22日实施的 N.72-1218 法案,主要规范了创立、组织和控制远程教育私人组织的活动;与 N.72-1218 同日实施的 N.72-1219 法案则综合性地规范了教育机构和组织的广告、私立教育机构和组织的命名以及用于广告的照片。法国的立法非常注重远程教育提供者的素质,上述的几项立法适用于任何形式的私人办学。法律规定,创立私人办学组织首先必须先向主管学校的教育官员递交申请,申请的材料须注明学校的名称和主办人的姓名、地址、学历、资格证明和能力,最好还有学校每个教学人员的资料。除此之外,申请的材料还包括课程列表、教学方法描述以及推荐和提供给学生的教学、培训材料。其中,学校教学人员的资格与能力不得低于同等公立学校教师的水平。任何私立教育组织未获主教育官的书面认可都不能投入运作,而申请创建学校一般要两个月。

  N.71-556 和 N.72-1218 法的目的是要确保提供远程教育的私立组织具备良好的素质、拥有可靠的信誉,为此国家教育部会专门委派学校巡查官(Inspectors)和具体学科的巡查官联合执行审查学校的任务。如果涉及高等教育,巡查官的任命还将由首席教育官员(the chief education officer)根据巡查官候选人所在大学副校长的建议来决定。图 12-02 为法国远程教育中心结构图。

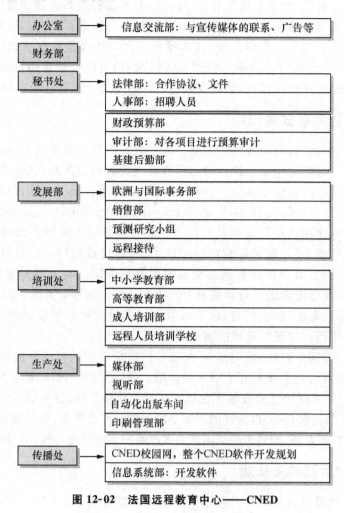

图 12-02　法国远程教育中心——CNED

N.72-1219广告法则规定私立教育组织的名称应能反映出私立的本质,它们的广告也必须先送交国家教育部审查,审查范围包括所有形式的广告材料及其发布方式、广告所借助的媒体的完整目录等。广告内容不得在学生应具备的教育水平、基本知识、学习类型、学习时间、应预先做的准备工作等内容上误导学生。如果远程教育的内容与继续培训相关的话,教育组织还必须遵行1975年12月31日颁布的一项法律,该项法律强调广告在学习的先决条件等方面都不得有误导学生的内容。

四、日本的远程教育政策法规

日本制定远程高等教育政策先由内阁总理大臣和各级决策机构的领导人提出政策精神,再由各种审议机构提出咨询报告,这些机构包括中央教育审议会、课程审议会、教职员培训审议会与临时教育审议会,最后由文部省根据报告制定政策。如文部省1988年的教育白皮书《我国文教政策——终身学习的新发展》就是根据临时教育审议会的四次咨询报告,以及文部省课程审议会与教员培训审议会的报告而制定的。另两个报告《关于远程教育大学的设置标准》和《关于设立函授研究生院的规定》(1997年12月18日公布)也是经文部省大学审议会通过而发布执行的。日本政府还于1981年通过了《放送大学基础法》,以法律的强制手段保障了远程教育的发展。

1. 《关于远程教育大学的设置标准》

日本大学学分管理制度一般都要求学生参加面授,进而通过考试,方可承认其获得修读学分。虽然广播电视大学或函授制大学有由远程教学授予学分的制度,但是在一般大学,还没有经由远程教育直接授予学分的先例。这样,学生的跨专业、跨院校学习就有一定的困难(已修学分得不到认可),也不利于在职终身教育的推广和普及。为此,日本文部省大学审议会于1997年12月18日公布了《关于远程教育大学的设置标准》,并于1998年起,正式认可满足上述要求的经由远程教学所获得的学分。规定本科阶段最多可以认可30学分,而研究生阶段的学习无最高学分限制,但是若要完成学业,一般也应取得30学分以上。

早在1982年,东京工业大学就开始利用光纤通信技术进行远程教育了。1996年,东京工业大学又与一桥大学利用通信卫星开始了跨校联合教学实验。这些远程教学实验都是文部省特准的个别学校的活动,其学生学分认可也只是小范围内的。而在远程教育大学的设置标准颁布之后,远程教育的开展就更加正规化了,学籍管理、学分认可也有章可循了。

2. 《关于设立函授制研究生院的规定》

文部省大学审议会1997年12月18日还通过了《关于设立函授制研究生院的规定》,并于一年后开始接受各大学的申办申请。自此,函授制研究生教育制度开始形成。文件中不仅承认了经由传统函授教育(如广播教学等)或远程教育以及面授教学而获得的学分,而且着手研究如何通过远程教学,培养就读高学位教育学生的科研能力并指导其完成学位论文。日本希望借助远程教育,使远离教学现场的人也可以接受,并高质量地完成研究生阶段的教育。日本的研究生教育有着鲜明的在职教育色彩。许多就读研究生学位的学生都是一边工作,一边学习,因此研究生教育有明确的目的性;专业设置、课程开设以及培养目标等均与社会的需要紧密相连。尤其是高校与企业联办的在职进修培训,设课内容自然要考虑企业的需求,因此非常重视知识的实用性。

学习活动一:英国或者瑞典的远程教育政策法规的材料

请查阅各类资料,查找英国或者瑞典的远程教育政策法规的材料,并将所找到的资源的具体来源填到表格里。

序号	标题	颁布时间	具体来源	主要内容

第二节 我国远程教育的政策法规体系

从中国远程教育发展的历史看,远程教育政策和法规的稳定性、政策和法规制定的科学化与法制化是决定远程教育成败和可持续发展的重要因素。一般来说,我们都将中国的远程教育发展分为三个阶段,即函授教育、广播电视教育及现代远程教育阶段,下面分别介绍三个阶段我国制定的一些政策法规。

一、函授教育阶段

新中国成立伊始,为满足社会对人才的需求,国家大力推广劳动者的业余教育,在1949年9月29日,中国人民政治协商会议通过的《中国人民政治协商会议共同纲领》就明确指出:"有计划有步骤实行普及教育,加强中等教育和高等教育,注重技术教育,加强劳动者的业余教育和在职干部教育,给知识青年分子和旧知识分子以革命的政治教育,以适应革命工作和国家建设工作的广泛需要。"此纲领强调对工人的业余教育和在职干部的教育以及学校应向工农子弟和青年工农干部开放。同年12月发出了《关于中国人民大学实施计划的决定》,要求开设夜大。1950年6月至12月,国家政务院先后颁布了《关于开展在职业余教育的指示》《关于开展农民业余教育的指示》,教育部公布了《高等学校暂行规定》等有关各级各类学校的指示和决定。中国人民大学于1952年率先创办了函授教育,1953年开始招生。从此,高等函授教育在高等学校里诞生了,并逐步在全国范围内展开。

为进一步推进函授教育的发展,国家又颁布了《关于在职干部参加高等函授学习集中面授等往返旅费负担问题的意见》(1961)《关于加强全日制高等学校和中等专业学校函授、夜校教育工作的通知(草案)》(1963)《关于职工参加高等函授的脱产时间及工资问题的意见》(1963)等政策法规。到1965年(即"文化大革命"前),我国有123所高校办起了函授教育,在校生达19.4万人,相当于全日制在校生的28%。

文化大革命后,1979年1月教育部颁发《关于补发"文化大革命"前高等学校举办的函授、夜大学学员学历的证书的通知》,标志着普通高校函授教育恢复工作的正式启动。为了保证和推动函授教育恢复工作的顺利进行,1980年4月教育部召开了全国函授、夜大学教育工作会议。同年9月,国务院批转了《关于大力发展高等学校函授教育和夜大学的意见》。1981年中共中央国务院颁布了《关于加强职工教育工作的决定》。同年5月,财政部颁布了《关于职工教育经费管理和开支范围的暂行规定》。同年12月,教育部发出了《关于改变高等学校举办函授教育和夜大学审批程序及有关问题的通知》。这一系列重要举措的出台和文件的颁发,为函授教育的恢复工作做了大量的舆论准备,各普通高校函授教育陆续恢复招生,函授教育机构重新设立,整个恢复工作逐步完成。

从1982年开始,普通高校函授教育以超常规速度开始了新的发展征程,进入发展的第二高峰期。为了推动普通高校函授教育的健康发展,1983年国务院办公厅转发教育部《关于职工大学职工业余大学高等学校举办的函授和夜大学毕业生若干问题的请示》的通知,1985年10月,国家教委在南京召开了"高校函授教育管理工作研讨会",1986年6月在北京召开了"全国普通高等学校函授教育工作会议",1987年2月颁布了《普通高等学校函授教育暂行工作条例》,1988年国务院学位委员会发布了《关于授予成人高等教育本科毕业生学士学位暂行规定》的通知。这一系列会议的召开和文件法规的颁布,进一步明确了普通高校函授教育的地位,肯定了普通高校函授教育的作用,规定了函授教育的任务,指明了函授教育的发展方向,给普通高校函授教育极大的鼓舞。

《普通高等学校函授教育暂行工作条例》的颁布,标志着我国高等函授教育的管理步入法制化和规范化的轨道,也标志着我国高等函授教育进入了一个新的发展时期。从上面分析可以看出,中国高等函授教育每个阶段的发展都与国家的政治、经济等因素有关,但更与相关的政策法规密切联系着、发展的每一个起落,数量和质量的变化,都可以从政策法规的制定数量和内容中找到相应的关系。

二、广播电视教育阶段

中国的广播电视高等教育始于20世纪60年代初。1978年6月经邓小平同志亲笔批示同意的《教育部、中央广播事业局关于筹办电视大学的请示报告》后,各省市陆续印发了关于建立广播电视大学的通知与一系列文件。截至1979年,除了西藏、台湾以外,全国28个省、自治区、直辖市都建立了省级广播电视大学。为保证电大的教育质量,国家颁布了《教育部关于中央广播电视大学期末考试工作的通知》([79]教视字011号)、《教育部关于加强广播电视大学自学收看生工作的通知》(1983)、《国家教育委员会关于设置成人高等学校由国家教育委员会审批的通知》(1985)、《国家教育委员会关于设置成人高等学校由国家教育委员会审批的通知》(1985)、《关于印发〈1986年各类成人高等学校招生规定〉的通知》(1986)、《国家教育委员会关于广播电视大学今年暂停招收自学视听生的通知》(1986)、《关于广播电视大学招收参加普通高考高中毕业生的通知》(1986)、《关于加强高师函授、卫星电视教育、自学考试相沟通培训中学教师教学和管理工作的意见》(1993)、《关于加强广播电视、函授中等专业教育管理的意见》(1995)、《中央广播电视大学关于印发〈全国电大CAI课件建设选题及课件设计培训会会议纪要〉的通知》(1998)、《关于开展"中央广播电视大学人才培养模式改革和开放教育试点"项目研究工作的通知》(教高厅[1999]1号)等。

在这些政策法规的支持下,电大得以和普通高校现代远程教育同步发展,中国广播电视教育进入了一个崭新的时代。

三、现代远程教育阶段

为明确远程教育的办学方向,保证办学质量,此阶段国家颁布的主要政策法规有《面向 21 世纪教育振兴行动计划》、《关于发展我国现代远程教育的意见》《关于启动现代远程教育第一批普通高校试点工作的意见》《教育部关于成立教育部现代远程教育资源建设委员会和教育部现代远程教育资源建设专家组的通知》《关于支持若干所高等学校建设网络教育学院开展远程教育试点工作的几点意见》([2000]10 号)、《关于现代远程教育校外学习中心(点)建设和管理的原则意见》(2002)、《教育部关于加强高校网络教育学院管理提高教学质量的若干意见》(2002)等。

为保证远程教育试点工作的质量,在 2000 年的《关于支持若干所高等学校建设网络教育学院开展远程教育试点工作的几点意见》([2000]10 号)文件中,明确规定了远程教育试点工作的主要任务包括开展学历教育和非学历教育,并且强调网上资源建设要加大经费投入,减少重复建设,实行归口管理;要求新世纪网络课程建设工程所建设的网络课程,不仅要用于若干所大学网络教育学院的试点,而且还应用于校内和校际之间的网上选课以及学分的互认;在资源使用方面也提出要树立资源共享的观念,积极保护知识产权,建立资源共享的形式和机制等。

学习活动二:"农远工程"三模式

请查阅相关材料,了解我国"农村中小学现代远程教育工程"的情况,掌握农村中小学现代远程教育工程采用的三种模式的内容及其特点,完成下表。

	形式	具体内容	使用对象	主要优势	应用方式
模式一					
模式二					
模式三					

学习测评

1. 判断题:美国、日本、德国和法国都有独立的远程教育高等教育法。(　　)
2. 日本的(　　)政策,对远程教育的学分制度进行了规定。
   A.《高等教育法》
   B.《远程教育法》
   C.《关于远程教育大学的设置标准》
   D.《关于设立函授制研究生院的规定》
3. 《关于远程教育大学的设置标准》中规定本科阶段最多可以认可(　　)学分。
   A. 无最高限制　　B. 30　　C. 35　　D. 40
4. 一般我们将中国的远程教育发展分为(　　)个阶段。
   A. 3　　B. 4　　C. 5　　D. 6
5. 判断题:《普通高等学校函授教育暂行工作条例》的颁布,标志着我国高等函授教育的

管理步入法制化和规范化的轨道,也标志着我国高等函授教育进入到了一个新的发展时期。( )

6. 我国最大的广播电视大学是( )。
   A. 中国广播电视大学　　　　　　　　B. 中国中央广播电视大学
   C. 中央广播电视大学　　　　　　　　D. 北京广播电视大学

7. 截至2002年春,中央电大已陆续开设试点专业( )个,其中专科专业( )个。
   A. 11　6　　　B. 16　8　　　C. 20　10　　　D. 22　11

8. 判断题:我国公布了多个开展现代远程教育试点的法规。( )

9. 我国为推进现代远程教育的发展,除了开展远程教育试点外,还实施了( )。
   A. 农村远程教育工程　　　　　　　　B. 远程教育培训
   C. 远程教育实验　　　　　　　　　　D. 远程教育工程

10. 查阅资料,了解农村中小学现代远程教育工程,并对该工程作简要介绍。
11. 试述农村中小学现代远程教育工程所采用的三种模式。
12. 试述实施农村中小学现代远程教育工程的主要目的和任务。

参考资源:

[1] 陈丽. 远程教育学基础. 北京:高等教育出版社,2004年.
[2] 丁新,陈斌. 欧盟成员国远程教育法规评析. 电化教育研究,2003(3).
[3] 丁新,张秀梅. 美国远程教育的政策环境与实践发展. 开放教育研究,2003(3).
[4] 丁新. 中国远程教育发展的十大趋势. 中国远程教育 2003(4).
[5] 丁兴富. 远程教育学. 北京:北京师范大学出版社,2002年.
[6] 拉马纽健(P. R. Ramanujam),常凤艳,张伟远. 开放和远程教育的沿革与发展:来自印度的经验. 中国远程教育,2003(19).
[7] 刘满达,周永红. 远程教育与大学的知识产权政策. 中国远程教育,2002(11).
[8] 刘义光. 我国远程高等教育政策体系框架初探. 中国远程教育,2004(1).
[9] 穆肃,丁新. 美国远程教育政策和原则的分析与启示. 中国远程教育,2003(9).
[10] 潘天华. 政策与制度:现代远程教育与高职教育沟通与合作的保证. 镇江高专学报,2003(4).
[11] 祁延莉,王巍. 美国远程教育的政策研究及政府支持的项目. 现代远程教育研究,2001(2).
[12] 唐燕儿. 美国远程高等教育政策法规体系探索. 比较教育研究,2005(4).
[13] 唐燕儿. 中国远程高等教育政策法规决策体系建构. 中国电化教育,2005(7).
[14] 唐燕儿. 中国远程高等教育政策法规体系研究. 华南师范大学,2004年博士论文.
[15] 唐燕儿. 中外远程教育发展形势及政府支持情况比较. 清华大学教育研究,2005(3).
[16] 杨凯,周德翼. 现代远程教育发展中政府的宏观政策之研究. 中国冶金教育,2002(6).
[17] 叶成林,丁新. 远程教育政策制定的理论体系. 电化教育研究,2003(2).
[18] 张伟远,蒋国珍. 试论远程教育政策分析的模式和方法. 远程教育杂志,2005(2).
[19] 实施"现代远程教育工程"的主要内容有哪些. http://www.edu.cn/ji_qiao_5772/20070509/t20070509_231764.shtml.
[20] 什么是现代远程教育. http://www.edu.cn/zhi_shi_ku_5695/20070509/t20070509_231761.shtml.

第十三章 远程教育技术标准

学习目标

1. 了解国外远程技术标准工作组织的工作进展及其所制定标准的主要内容与特点,认识制定远程教育技术标准的重要性。

2. 了解我国远程教育技术标准制定的基本情况,能简要阐述我国远程教育技术标准体系的基本内容与特色。

知识概览

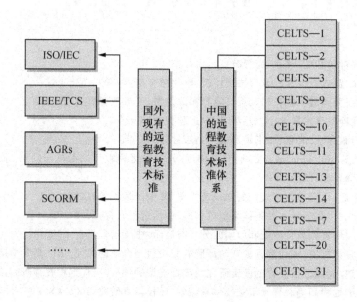

本章导学

通过前面的学习我们对我国的远程教育的基本原理、教学系统的建设、教学平台的组成、学习资源的开发、远程教育的管理与评估等等都有了初步了解。教育全球化的不断发展对学习资源的可共享性和系统的互操作性的要求越来越强,为了解决这一问题,不少国际上的企业与学术团体开始致力于远程教育技术标准的研究与开发。本章将介绍国外现有的主要的远程教育技术标准,以及中国目前的远程教育技术标准体系。在学习时,要从标准的目的及主要内容上入手。

第十三章 远程教育技术标准

问题导入

1. 你知道目前国外的远程教育技术标准有哪些吗？
2. 你知道 SCORM 是什么意思吗？它是由谁提出的？它主要是为了解决什么问题？
3. 你访问过"全国信息技术标准化技术委员会教育技术分技术委员会"的网站吗？你知道里面关于中国教育技术标准的内容有哪些吗？

引言

世界各国在发展远程教育时深刻认识到，学习资源的可共享性和系统的互操作性对于教育系统的实用性和经济性具有决定性意义。因此国际上有不少企业机构和学术团体致力于远程教育技术标准的研究与开发，并且已经产生了一大批成果。

第一节 国外现有的远程教育技术标准

远程教育具有地域广泛性、技术复杂性、文化多样性等特点，这使得大量的网上学习资源难以实现共享。为了解决这些问题，让网络教学资源获得互操作性（Interoperable）标准的呼声与需求日益高涨。国际上许多组织结构也因此开展了对远程教育技术标准规范的研究，并取得了一些成果。

一、研制远程教育技术标准的必要性

现代远程教育以计算机网络以及卫星数字通信技术为支撑，具有时空自由、资源共享、系统开放、便于协作等优点。世界各国在发展现代远程教育时深刻地认识到，学习资源的可共享性和系统的互操作性对于网络远程教育的实用性和经济性具有决定性意义。虽然目前的网络技术已为教育资源在低水平上的自治与共享（例如通过 HTTP 和 HTML）、学习活动的合作（例如通过各种通信工具）提供了基本技术条件，但是允许教学资源在课程知识和教学管理水平等方面进行交换的标准却没有很好地认定，因而妨碍了教学资源的大范围共享与交流。

有鉴于此，世界各国政府、非政府组织和民间团体，在发展远程教育的过程中逐步认识到、制定、推广、应用一系列描述课程内容、规范教育资源建设、教育质量评价、系统开发的技术标准，允许教学资源在课程知识和教学管理层面进行交换，就可以实现网上教育资源的大范围共享与交流，这对于增强教育系统的实用性和经济性具有决定性的意义。标准化研究为一国乃至国际范围内的教育资源互联提供了必备条件，为开放各国教育市场提供了可能，更为各国远程教育走向世界提供了契机和保障。换言之，用标准化的办法保障网上学习资源的共享和系统之间的互操作，是解决上述问题的根本出路，也是实现网络教育资源整合的宏观技术策略和主要技术手段。

二、国外远程教育技术标准

1. ISO/IEC JTC1 SC36（国际标准化组织）

国际标准化组织（International Standards Organization，ISO）和电工领域的国际标准及相关评价机构国际电工委员会（International Electrotechnical Commission，IEC）共同成立的第一联合技术委员会（Joint Technical Commission 1，JTC1）是负责信息技术标准化的国际标准化组织。SC36为该组织的第36分会（Sub Committee 36）主要负责制定用于学习、教育和培训的信息技术标准，其宗旨是通过推进标准化，实现学习、教育和培训资源与工具的互操作和复用。图13-01为国际标准化组织的标识。

图13-01　国际标准化组织

ISO/IEC JTC1 SC36作为专门为学习、教育和培训领域的网络技术标准制定、开发和推广的国际性标准化组织，其工作重点是对现行标准的研究、撰写和发布技术报告。该组织所提出的标准需求包括词汇术语、系统构架、学习内容、管理系统和协作学习五方面。截至2001年年底，已有六个标准提案：词汇术语（乌克兰）、系统构架（德国）、协作技术（日本）、学习管理系统（美国）、学习者相关活动（英国）、学习对象元数据（IEEE等标准组织和研究组织）。

2. 国际电气电子工程师协会学习技术系统标准化委员会（IEEE/LTCS）

国际电气电子工程师协会学习技术系统标准化委员会（Http://ltsc.ieee.org/index.html）为国际电气电子工程师协会（http://www.ieee.org/）和计算机学会标准活动委员会（http://www.computer.org/standards/）特许成立的负责远程教育信息技术标准研制的专门委员会。其职能是制定经过认可的教育技术标准，推荐教育技术实践和指南。研究主题覆盖了包括学习物件元数据、学生档案、课程序列、计算机管理教学和内容打包等。该组织以方便教育资源的开发、使用、维护与互操作为宗旨，积极进行与教学、教育、培训有关的信息技术标准的研究。他们开发技术标准，推荐好的实践范例，并设计一些方法，为开发数字化的教育和培训系统提供便利。IEEE/LTCS共设20个工作组（WG）/研究组（SG）负责制定学习教育和培训信息技术的1484系列标准。

IEEE 1484标准体系的特点是首先提出一个关于学习技术系统的整体架构，作为信息化教学系统的抽象模型，该模型由过程[学习者、教练、发送、评价]、存储器[学习资源、学习者记录]和信息流[学习偏好、行为、评价信息、绩效与偏好信息（过去、现在、将来）、索引（查询、目录信息、定位器）、学习内容、多媒体、交互情境]三类对象构成。从这个模型中，通过改变信息流向就可以推导出各种学习模式。而 IEEE 1484 各项子标准也都是根据此架构来定位和设计的。图 13-02 为 IEEE。

图 13-02　IEEE

3. 美国航空工业计算机辅助训练委员会

美国航空工业计算机辅助训练委员会（Aviation Industry CBT Commition，简称 AICC）为航空工业计算机培训（CBT—Computer Based Training）及其相关培训技术的评价、开发、推广制定指南，并最早进行计算机管理教学领域（CMI—Computer-Managed Instruction）相关规范的研究，如图 13-03 所示。

图 13-03　AICC

CMI（计算机管理教学）互操作指导规范，使得不同开发商提供的局域网教学软件可以共用数据。1998 年又将此规范升级成为适用于基于 Web 教学的 CMI 标准。这些规范使早期开发的训练软件能持续使用，并适用于网络环境，但没有致力于前瞻性的学习技术与教育应用。AICC 推荐的 AGRs（AICC Guidelines and Recommendations）被众多国际网上学习供货商广泛使用，已成为一项重要的标准。其中 AGR-010，针对网络化内容规范，以制定学习组件的送出与追踪的方式为主，又称 CMI，被各方采用。

4. 美国国防部高级分布式学习组织及其制定的 SCORM 标准

目前最为界内人士关注的是美国国防部高级分布式学习组织（Advanced Distributed Learning Initiative，简称 ADL）研发的可共享内容对象参考模型，也就是 SCORM 标准。ADL（如图 13-04 所示）的长远目标是使学习者随时随地可以得到他们想得到的高质量的教育、培训或者帮助，适应不同学习者的不同需要、知识背景、兴趣爱好和认知体系，使学习更可靠，更有效，减少教育培训的成本，做到"物美价廉"。有了网络这个传递平台，传递什么样的学习资源成为 ADL 能否实现长远目标的关键。现有的一些学习资源，不能满足 ADL 的高要求，例如，现有课件因缺乏统一的格式和结构，难以适应将来网络教学共享资源的基本要求。不同系统使用不同的文档格式,各自开发独立的课件管理系统,系统之间无法进行交流,即便在系统内部,内容及课件的更新也不容易。于是 ADL 的开发者开始把焦点集中到定义可重复使用的学习对象,开发新的内容模型和内容包装等问题上,于是 SCORM 应运而生。SCORM 是英文 Sharable Content Object Reference Model 的缩写,即可共享内容对象参考模型。

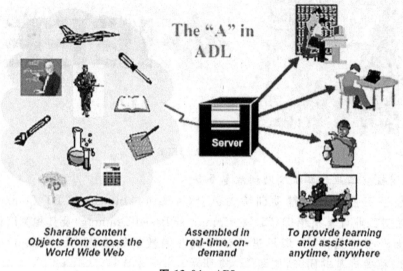

图 13-04　ADL

SCORM 定义了一个网络化学习的"内容聚合模型"(Content Aggregaion Model)和学习对象的"实时运行环境"(Run-time Environment)。简单说,它是为了满足对网络化学习内容的高水平要求而设计的模型,参考了一系列相关技术规范。这个模型由内容模型(Content Model)、元数据(Meta-data)和内容包装(Content Packaging)三部分组成。SCORM 内容聚合模型的目的是提供一个公共的方法,把学习资源组合成学习内容。它还定义了如何确认和描述学习内容,怎样把学习内容整合成一个课程或课程的一部分,学习内容如何在学习管理系统和内容知识库这样的系统之间移动。许多组织在 SCORM 的开发方面作出了重要的贡献,如欧洲远程教学和分布式网络联盟(ARIADNE)、航空工业计算机培训委员会(AICC)、电气和电子工程师协会学习技术标准委员会(IEEE LTSC)、教学管理系统全球化学习联盟(IMS)等。

SCORM 的目的是学习资源可以在不同的学习管理系统中重复使用和具有互操作性。要使这些成为可能,必须有公共的方法启动学习资源,公共的机制使学习资源和学习管理系统能相互交流,并要有预定义的语言和词汇形成这种交流的基础。实时运行环境(Run-Time Environment)就提供了这种公共机制。实时运行环境有三个方面:运行(Launch)、应用编程接口(API)和数据模型(Data Model)。

SCORM 关注的核心是学习内容和学习管理系统之间的问题。学习管理系统(LMS:Learning Management System)具有发送、跟踪、汇报、评价和管理学习内容、学习者学习进展情况、学习者之间交互情况等等一系列的功能。它应用范围广泛,从简单的课程管理,到相当复杂的企业范围的分布式环境,都有它的用武之地。在 SCORM 中,学习管理系统包含在服务器端的环境中,它能决定发送什么学习内容、什么时间发送,并能跟踪学习者的学习情况。

在 SCORM 中,LMS 指一套基于服务器的应用运行环境,在这个环境下,系统可以对传送给学生的学习内容进行智能控制。也就是说,在 SCORM 中,LMS 可以决定什么时候传送和传送的内容,并在学生学习内容期间跟踪学生的进展。SCORM 关注的是内容和 LMS 的主要接口点,但不涉及一个具体 LMS 所具备的特征和性能。

SCORM 的开发可以说是集百家之长,它参考利用了 AICC、LTSC、IMS 等国际标准化组织的相关技术标准,并进行适当的改编、综合,才形成了更为完整、更容易执行的 SCORM 模型。SCORM 与其他规范的关系如图 13-05 所示。

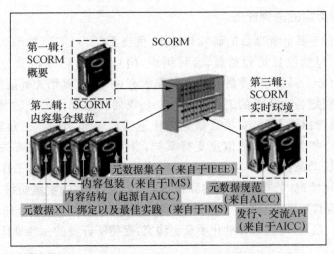

图 13-05 SCORM 与其他规范的关系

学习活动一:国外远程教育技术标准相关资料

请整理前面理论学习和案例学习中提到的国外远程教育技术标准的相关资料并填写下表。

序号	标准组织名称	目标	提出的较有代表性的标准	解决的问题

第二节 中国的远程教育技术标准体系

我国对教育技术标准的建设工作也极为重视。2000 年 11 月,我国组织国内 8 所重点高校的有关专家开展网络远程教育技术标准的研制工作,并成立了教育部教育信息化技术标准委员会,简称 CELTSC(Chinese e-Learning Technology Standardization Committee)。经过一年的努力工作,委员会的专家们提出了一个比较完整的中国现代远程教育技术标准体系结构,并且产生了11项规范,现已发布作为教育部颁布试用标准。

一、现代远程教育技术标准研究项目(DLTS)

教育部于 2000 年成立了隶属于国家信息技术标准化技术委员会的现代远程教育技术标准化委员会,力求在跟踪国际相关远程教育技术标准的基础上,制定出一系列符合我国国情的远程教育标准。同时,科技司正式启动现代远程教育技术标准研究项目,简称 DLTS(Distance Learning Technology Standards)项目。DLTS 标准委员会由清华大学、华中科技大学、华南理工大学、华东师范大学、湖南大学、上海交通大学、北京大学、北京师范大学等八所重点高校的国内教育技术和信息技术专家组成。

(一) DLTS 委员会的主要任务

DLTS 委员会主要负责项目的研究与运作,负责 DLTS 标准(如图 13-06 所示)在中国的推广与应用,包括项目进程监督、会议组织、信息发布、标准检验与推广、培训班筹办、标准咨询与服务。具体说,委员会的主要职责有:一是负责相关标准的引进、征招、筛选、评审与推广,制定各项任务的工作程序。二是规划我国现代远程教育标准化体系,确定各项子标准,负责招标立项,对项目研究进程进行监督和协调。三是建设一个远程教育标准化信息中心作为本项目的信息支持系统,专门收集国际国内有关标准化的文件,密切跟踪世界发展动态,并为本项目研究工作提供信息园地和协同工作空间,以便交流本研究工作的进展情况,公布标准草案和征询意见。四是举办学术研讨会和标准推广宣传活动。五是为现代远程教育的广大用户提供优质服务,包括标准用户的培训服务、咨询服务和认证服务。最后,与国家标准化委员会沟通,促使所开发的标准早日成为国家标准。

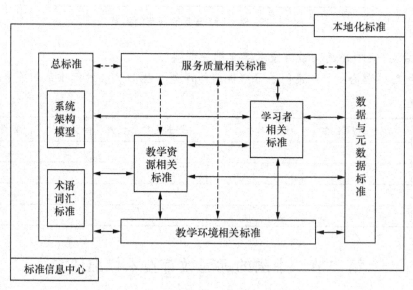

图 13-06 DLTS

(二) DLTS 标准项目工作思路

DLTS 标准项目工作一方面要充分利用国际上在相关标准研究方面的成果,在对已有相关国际标准进行充分分析的基础上进行本土化工作,使之既能切合中国的教育实际情况又能与国际标准接轨;另一方面还要在分析和预测现代远程教育发展趋势的基础上寻找标准开发的新生长点与突破口,使我国的标准体系既能满足我国远程教育当前之需,又有利于促进我国远程教育的长远发展。DLTS 标准项目工作思路可以概括为七个结合:

1. 长期规划与短期目标相结合。标准具有系统性和连续性,因此在制定规划时要全盘思考,从长计议,使得拟订的标准体系能够充分容纳未来发展的可能性。但由于标准的总体框架规模宏大,不可能在短时内全部完成,我们采取急用先行,逐步推进的策略,分出标准研究的优先级,根据需求开展研究工作。

2. 国际引进与国际参与相结合。国际上的远程教育技术标准开发方面已有许多成果,有些已成为事实标准,并将成为国际标准的主体。我们建议在技术层面上,应该以引进、学习消化和适当改编为主,同时通过本项目培养一支我国自己的标准开发力量,使之积极参与国际合作,在国际标准论坛上发表代表我国利益的声音。

3. 自由申请与政府指导相结合。按照国际惯例,凡是有标准开发能力的学术机构和企业机构都可以向认证机构提交标准化方案。鉴于教育产业的特殊性,我国在开发现代远程教育标准时应该采取自由申请与政府指导相结合的方针。

4. 技术条件与教育文化相结合。国际上有关远程教育的标准是属于技术层面的,属于教育信息技术或学习技术系统的标准。我国的标准是面向这个远程教育体系的,应该包含教育文化层面的内容。因此在标准需求中我们增加了有关远程教育服务的评价及相关应用的评价,这些评价将充分考虑我国的教育文化因素。

5. 高校力量与企业力量相结合。鼓励高校与企业合作,既有利于让标准充分体现出教育系统的特点,又有利于标准的验证和推广工作。

6. 标准沿用与开发创新相结合。标准的开发应坚持实用性和精简性,避免烦琐复杂,可以有选择地沿用一些有实用价值的国际国内标准。事实证明,精简实用的标准更有利于推广。网络通信领域复杂的 ISO 七层通信协议标准被简单的 TCP/IP 协议所取代便是例证。在沿用国际实用标准的同时,也不能忽视创新,应该根据我国的技术和教育条件,寻求一些突破口。例如,课程与相关应用领域、教学管理领域、教育服务质量管理领域,都为我们留下了许多标准创新的余地。

7. 国际化与本地化相结合。在最大限度地与国际标准保持一致性的同时,为标准应用的本地化留有充分余地,以利于各地根据自己的技术条件和教育背景展开富有地方特色的远程教育实践。

通过分析国际上关于教育信息技术标准的研究线索,特别是参照 IEEE 1848 的框架,教育信息化技术标准委员会制定了一个比较完整的中国现代远程教育标准体系。

二、中国现代远程教育技术标准体系

我国的现代远程教育技术标准研制工作以国际国内现代远程教育的大发展和大竞争为背景,以促进和保护我国现代远程教育的发展为出发点,以实现资源共享、支持系统互操作性、保障远程教育服务质量为目标,通过跟踪国际标准研究工作和引进相关国际标准,根据我国教育实际情况修订与创建各项标准,最终形成了一个具有中国特色的现代远程教育技术标准体系,如图 13-07 所示。

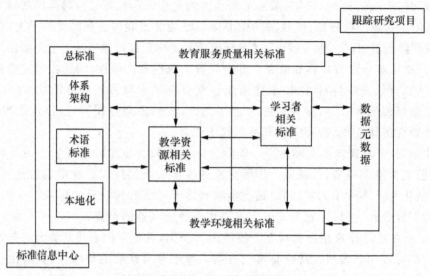

图 13-07　中国现代远程教育技术标准体系

中国现代远程教育技术标准体系分为总标准、教学资源相关标准、学习者相关标准、教学环境相关标准、教育服务质量相关标准五大类。每一大类又包含若干子标准,整个体系一共包含 27 项子标准。此外,还设立了 4 个跟踪研究项目。如下表 13-01 所示,在每一子标准项目的第三列中给出了可供参考的国外/国际同类标准研究成果(若有的话),最后一列是标准研究任务的优先级,带＊＊＊的为急需任务,带＊＊的为次急任务,带＊的为缓后任务。

表 13-01　中国现代远程教育技术标准体系

标准分类	子标准(编号)	可参考的标准研究成果	任务优先级
总标准	系统架构与参照模型(CELTS-1)	IEEE 1484.1	＊＊＊
	术语(CELTS-2)	IEEE 1484.3	＊＊＊
	标准本地化规范(CELTS-25)	IEEE 1484.9	＊＊
教学资源相关标准	学习对象元数据(CELTS-3)	IEEE 1484.12	＊＊＊
	语义与交换绑定(CELTS-4)	IEEE 1484.14	＊＊＊
	数据互换协议(CELTS-5)	IEEE 1484.15	＊＊＊
	HTTP 绑定(CELTS-6)	IEEE 1484.16	＊＊＊
	课件互换(CELTS-7)	IEEE 1484.10	＊＊＊
	课程编列(CELTS-8)	IEEE 1484.6	＊＊
	内容包装(CELTS-9)	IEEE 1484.17	＊＊＊
	练习/测试互操作(CELTS-10)	IMS QT	＊＊＊
	教育资源建设技术规范(CELTS-31)	高教司教育资源库建设技术规范	＊＊＊

续表

标准分类	子标准(编号)	可参考的标准研究成果	任务优先级
学习者相关标准	学习者模型(CELTS-11)	IEEE 1484.2	***
	任务模型(CELTS-12)	IEEE 1484.4	**
	学生身份标识(CELTS-13)	IEEE 1484.13	**
	学力定义(CELTS-14)	IEEE 1484.20	**
	终身学习质量描述(CELTS-15)	IEEE 1484.19	*
	协作学习(CELTS-16)	ISO ALIC	**
教学环境相关标准	平台与媒体标准引用(CELTS-17)	IEEE 1484.18	**
	工具/代理通信(CELTS-18)	IEEE 1484.7	*
	企业接口(CELTS-19)	IEEE 1484.8	*
	教学管理(CELTS-20)	IEEE 1484.11	***
	用户界面(CELTS-21)	IEEE 1484.5	**
	教育管理信息系统(CELTS-30)		*
教育服务质量相关标准	课程资源评价(CELTS-22)	ASTD-ELCS	**
	教学环境评价(CELTS-23)	QoS	*
	教育服务质量管理(CELTS-24)	ISO 9000	*
跟踪研究课题	虚拟实验(CELTS-26)		*
	自适应学习(CELTS-27)	NIST-ATP/ALSFP	*
	标准上层本体(CELTS-28)	IEEE SUO	*
	内容分级(CELTS-29)	W3C-PICS,RSACi/ICRA	*
标准化开发支撑系统	标委会工作网站	www.celtsc.moe.edu.cn	***

[注1]NIST-ATP/ALSFP:美国国家标准与技术研究院高科技计划中的自适应学习系统重点项目(Adaptive Learning System Focused Program)。

标准项目的形式化描述称之为规范,作为标准草案的规范经论证后可作为试用标准,试用标准经过国家信息技术标准化委员会批准后将成为国家标准。每一子标准研究产生的结果由三部分组成(少数项目例外):

(1)规范正文:以简洁的语言对相应的标准做形式化描述,包括标准的目的、作用范畴、术语定义、系统要素和相互关系、元数据定义、数据交换格式等。

(2)实践指南:包含对规范要点的详细解释,并提供如何应用标准的实践范例。

(3)测试规范:描述对用户开发的标准化产品进行测试验证的程序和方法。

由于规范正文是以形式化语言描述的,它对于普通用户来说缺乏通俗性,因此建议在阅读规范正文时多参考相应的实践指南,因为实践指南中包含大量针对标准要点的语义解释和相关应用范例。

三、中国现代远程教育技术标准体系中已发布的规范

中国现代远程教育技术标准体系中已发布了11项规范,每项规范主要由规范的目

的、规范的范围、规范的主要内容等几个方面组成。下面将简要介绍各规范的主要内容。

1. CELTS-1　系统架构与参考模型规范

本规范将为基于构件的教学技术系统建立一个总体架构的参照模型,特别是要满足智能学习环境的软件应用需求。本规范的主要内容包括以下几个方面:1) 规范定义了一个描述系统结构的框架;2) 规范定义了一个描述系统结构、功能与应用的词汇表和符号集;3) 规范定义了一个在系统构件之间进行信息交换的格式、协议和方法;4) 规范为系统构件定义必需的和可选的外界程序接口;5) 规范为系统构件的行为定义规则、规范与约定;6) 规范指出了系统构件应该使用的外部服务和设备以建立和支持信息交换。总之,本规范将为系统构建提供文件和配置指南。

2. CELTS-2　术语规范

本规范涵盖现代远程教育系统标准中所使用的术语,着重介绍那些对理解现代远程教育系统标准具有重要作用的术语。规范通过提供所有现代远程教育系统标准关键术语的定义和解释以帮助用户正确地翻译和应用标准,帮助开发者、管理者和其他 CELTS 标准的读者理解标准中的关键性概念。

3. CELTS-3　学习对象元数据规范

本规范规定了所有用于学习、教育或培训的对象的某些属性。随着学习需求的飞速增长,学习对象的数量也在迅速地增长。这样,缺乏对学习对象的描述信息(即元数据)就会直接影响到对这些对象的查找、管理和使用。本规范就是要解决这一问题,它通过定义一个统一的结构,对学习对象进行描述,从而增强学习对象的互操作性。

本规范规定了一个概念上的数据模型,用于定义学习对象的元数据实例的结构。在本规范中,学习对象的元数据实例用于描述该对象的相关特征,这些特征被组合成几个不同的类别,包括通用信息、生存期信息、元元数据信息、技术信息、教育信息、权利信息、关系信息、评注信息和分类信息。这个概念数据模型支持多种语言,一方面支持学习对象使用多种语言,另一方面支持元数据实例使用多种语言。此外,概念数据模型还定义了组成元数据实例的各个数据元素,包括它们的语义、数据类型等等。

4. CELTS-9　内容包装规范

本规范主要定义了基于 Internet 的用各种工具制作的学习内容之间互操作需要的数据结构及对学习内容的包装。这些学习内容可能来自不同的创作者、出版商以及开发商。通常,学习内容是由一系列可以单独拷贝、传输、购买和使用的单元的集合。这些单元以包的形式存在,并且由这些单元可以组合成更大的学习单元。本规范不致力于描述可以移植的内容,但为学习内容提供了一个可移植的方法。

本规范的目的是定义一种能够用来交换学习内容的数据结构。这种结构不仅允许对媒体数据(文本、图像、声频、视频)进行编辑,而且还支持对内容的元数据、属性以及辅助文件进行统一包装,形成可以独立使用的单元。用户/系统无需关心如何组合这些学习内容,因为通过采用统一的包装格式就可以消除错误并增加互操作性,从而提高效率和质量。

5. CELTS-10　练习/测试互操作规范

练习/测试互操作(Q&TI)规范描述了问题(项)数据和测试(评价)数据表示的基本结构。因此该规范使得测试和评价数据能在不同的学习管理系统、内容提供商和内容库中进行交流。Q&TI 规范用 XML 定义以便广泛地被采用。Q&TI 规范是可扩展的,即使在专用系统或私人系统中也能马上被采用。它包括四个文档:

ASI(Assessment,Section,Item)信息模型:重点介绍了主要使用的例子,描述了主要用法、处理控制和核心数据结构,如图 13-08 所示。

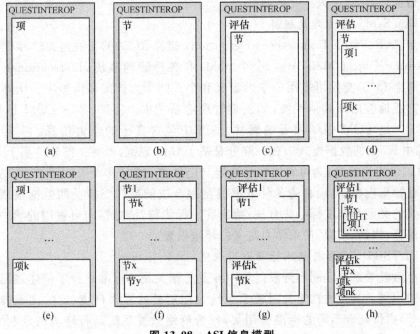

图 13-08　ASI 信息模型

ASI XML 绑定文档:该文档描述了 Q&TI 信息模型的 XML 实现。

ASI 的最佳实现指南:该文档使提供商对 Q&TI 规范、Q&TI 规范与其他 IMS 规范的关系及从使用规范经验中得出的最佳实现指南有一个全面的理解。

The QTI Specification(Q&TI 的简易规范):该文档描述了建立 Q&TI 系统简单形式所需的组件。它提供了大量多选一问题(包括判断题)及对多选问题的响应表现形式的限制。它支持在单个 Q&TI 的 XML 实例中的项的交流,但不支持评价和节。该文档是独立的。

6. CELTS-11　学习者模型规范

本规范的目的是:1) 使任何年龄、背景、地区或地点,通过任何途径来学习的学习者能够基于标准创造和建立出一个个人化的学习者模型,以便能使用他们的教育、教学经验和工作经历信息;2)使课件开发者能够开发出材料以提供更多的个性化和有效率的授导;3)为教育研究者提供一个标准化的数据;4)为网络教育标准发展以及以学生为中心的学习系统提供一个工作基础;5)为教育系统设计者提供一个系统的指引。

本规范包括"学习者模型"的语法和语义,这些信息能刻画学习者(学生或知识工作者)和他/她的知识/能力。这个规范还覆盖了记录知识获取、技巧、能力、学习模式和个人信息这些元素。

7. CELTS-13　学生身份标识规范

本规范指定了唯一标识学生身份的注册标识符的语法结构和语义特征。这些注册标识符（如注册姓名）的编码简单易记，以方便学生和教学单位的使用。本规范给出了一个学生身份标识符模型。在模型中，以一个或者多个标识符段来组成学生身份标识，有利于嵌入信息，以及将嵌入的信息从标识符中分离出来，满足某些通过身份标识传递信息的要求。标识符段可由多种语言的字符组成，不同语种的用户可以拥有基于自己语种创建的身份标识，体现了人性化的特征。

8. CELTS-14 学力定义规范

学力定义（Reusable Competency Definition，简称 RCD）的目的是为学习对象元数据模型（Learning Object Metadata，简称 LOM）和教育管理系统（Instructional Managed System，简称 IMS）交换可重用的学力定义和个人的学力档案提供参考。此外，RCD 规范还可以广泛地应用到其他系统中，如人事管理等系统中。RCD、IMS、LOM 是并行开发的工作，RCD 是 LOM 中学习者的属性，IMS 中包含自己的学力信息。实际上，目前 RCD 标准中 RCD 的数据模式中有一部分是基于 IMS 规范，也有一部分是基于 LOM。

RCD 的最终目标是：为可重用的学力定义记录在一个或多个兼容系统中交换或重用提供标准化数据模型；将现有的各种数据模型融合成能被广泛接受的数据模型；给出识别学力定义的类型和精度标准化方法；给出唯一标识符，清楚指向可重用的学力定义，而不用理会保存、找到、获得、使用学力定义的环境设置。

9. CELTS-17 平台与媒体标准引用规范

本规范对教学系统定制和开发过程中涉及的相关技术标准进行了描述，提供了规范化的标准引用集。其目的在于针对教学系统可能所处的操作环境（比如浏览器平台、工作站平台等）提供几套不同的标准引用集，作为网络教育系统运行环境的定制文档。本规范并不规定引用技术标准的具体技术细节，而是在这些技术标准的引用描述上作限制和扩充。限制是指所引用的平台、媒体标准采用国际上已有的成熟标准，以保证教学平台及媒体能被大多数用户所接受。扩充是指本规范应该与所引用的技术标准的发展保持同步更新。

标准化的网络教育系统的基础技术应该符合国际公用技术标准，因此标准引用文档规范主要涉及功能性规范（如 Java 1.1，JPEG，GIF-89a，C95，……）的引用，而不涉及具体实现规范（如 Netscape 4.0，Windows 95，Adobe PDF plug-in）。现有的标准引用集规范所包含的技术标准类别包括超媒体标记语言、音频、视频、图形、文档、Java、JavaScript 等。

10. CELTS-20 计算机教学管理规范

本规范定义了相当数量的计算机管理教学（CMI）的原则和术语，重点放在计算机管理教学系统互操作性的四个方面。对于每一方面都论述到了多种环境，包括局域网、因特网环境。各种互操作性包括文件的使用、相关的格式及内容等。

CMI 对学生和课件进行管理，它不仅仅对 CBT 材料进行计划安排，还能管理在线（CBT）和离线教学活动和测试。通常 CMI 系统有 5 个组成部分：课程结构开发、测试、逐项登记操作、学生分派管理以及数据收集和管理。

计算机教学管理规范主要描述的是：CMI 系统如何启动学生活动即所谓开始课或会晤期；CMI 系统如何将学程结构、行为及内容传递给其他 CMI 系统；CMI 系统如何与不同的课进行通信;CBT 系统如何与不同的数据分析工具协同工作。

CMI 系统管理着学习环境中的课件和学生。计算机教学管理规范说明了有哪些功能应该集成到 CMI 系统和 CBT 课中,这些功能包括:允许同样的课出现在不同的 CMI 系统中,允许独立开发的课可以组合为一个 CMI 系统学程,允许学程在不同 CMI 系统中迁移,使学生数据分析更为简单等。

11. CELTS-31　计算机教学管理规范

本规范的目的是为资源的开发者提供一致的标准,以统一开发者的行为,达到资源基本属性结构的一致,以实现资源在区域内的广泛共享,并为学习者或教育者等对教育资源的查找、评价、获取和使用获得最大效率而提供支持,同时也为不同资源库系统实现数据的共享和互操作提供支持。

计算机教学管理规范是一个较为宽泛的标准,主要侧重点在于统一资源开发者的开发行为、开发资源的制作要求、管理系统的功能要求,主要从四个角度进行了规定:一是资源的技术开发的角度,提出一些最低的技术要求;二是从用户的角度,为方便地使用这些素材,需要标注素材的属性,并从可操作性的角度,规范属性的数据类型及编写类型;三是从资源评审者的角度,提出教育资源的评价标准,作为用户筛选资源的直接依据;四是从管理者的角度,提出管理这些素材的管理系统的体系结构以及所应具备的一些基本功能。

各试用标准的详细文本可以从教育部教育信息化技术标准委员会的网站(http://www.celtec.edu.cn)获得,也可通过中国教育科研网主页(http://www.cernet.edu.cn)的教育信息化技术标准委员会窗口进入。

学习活动二:访问教育部教育信息化技术标准委员会

1. 访问教育部教育信息化技术标准委员会的网站(http://www.celtsc.edu.cn),看看中国远程教育技术标准网站的基本结构,了解标准委员会的最新动态。

2. 查找中国的 CELTS-3 学习对象元数据标准规范,再查找 IMS 的 LOM 标准,对这两个标准进行简单的比较。

学习测评

1. 制定远程教育技术标准是为了解决(　　)。
   A. 网上学习资源的共享性　　　　B. 教育的一致性
   C. 系统的互操作性　　　　　　　D. 管理的方便性
2. 判断题:ISO/IEC JTC1 SC36 标准化组织主要负责制定用于学习、教育和培训的信息技术标准。其宗旨是通过推进标准化,实现学习、教育和培训资源与工具的互操作和复用。(　　)。
3. 我国的远程教育技术标准主要是参照了 IEEE/LTCS 组织的(　　)标准框架。
   A. CMI　　　　　　　　　　　　B. IEEE 1484 体系
   C. SCORM　　　　　　　　　　　D. LOM
4. SCORM 标准中定义了两个架构,分别是(　　)和(　　)。
   A. Sharable Content Object Reference Model

B. Content Aggregaion Mode
C. Run-time Environment
D. Meta-data

5. LMS Learning Management System 具有发送、跟踪、汇报、评价和管理学习内容、学习者学习进展情况、学习者之间交互情况等等一系列的功能。(   )

6. 我国于(   )年，组织国内 8 所重点高校的有关专家开展网络远程教育技术标准的研制工作，并成立了教育部教育信息化技术标准委员会，简称 CELTSC。
   A. 2003 年 11 月   B. 2002 年 11 月
   C. 2001 年 11 月   D. 2000 年 11 月

7. 中国现代远程教育技术标准体系分为(   )大类。
   A. 3   B. 4   C. 5   D. 6

8. 学习对象元数据子标准规范属于(   )类别。
   A. 总标准   B. 教学资源相关标准
   C. 学习者相关标准   D. 教学环境相关标准
   E. 教育服务质量相关标准

9. 判断题：中国现代远程教育技术标准体系中已发布 10 项规范，每项规范主要由规范的目的、规范的范围、规范的主要内容等几个方面组成。(   )

10. 可以通过(   )地址，访问教育部教育信息化技术标准委员会的网站。
    A. http://www.celtec.edu.cn   B. http://www.celtsc.moe.edu.cnc.
    C. http://www.ambow.com.cn:8080   D. http://www.cernet.edu.cn

11. 请查阅资料，阐述我国远程教育技术标准体系中的学习对象元数据标准的具体内容。

参考资源：

[1] 邓幸涛.标准，推动现代远程教育规范发展的重要保证——中国远程教育技术标准国际研讨会综述.中国远程教育,2002(1).
[2] 邓幸涛.专家访谈：远程教育技术标准的研究与应用.中国远程教育,2002(2).
[3] 顾超雄.关注现代远程教育技术标准.现代教育报,2002-3-8-A03.
[4] 顾铁军.基于 CELTS 标准的网络智能授导系统研究.合肥工业大学,2003 年硕士论文.
[5] 教育部现代远程教育资源建设委员会.现代远程教育资源建设技术规范.2000(5).
[6] 李海霞,程建钢,宣绚.网络教育技术标准的研究与实践.中国电化教育,2003(8).
[7] 刘扬云.标准建设　有望加速我国远程教育与国际接轨.现代教育报,2001-12-14-A02.
[8] 欧阳杨.网络远程教育技术标准的研究和应用.浙江大学,2004 年硕士论文.
[9] 沈中南,史元春.现代远程教育技术规范简介.计算机工程与应用,2003(5).
[10] 王继新.远程教育原理与技术.武汉：湖北科学技术出版社,2005 年.
[11] 祝智庭.网络教育技术标准研究.电化教育研究,2001(8).
[12] 祝智庭.网络教育技术标准研究概况.开放教育研究,2001(4).
[13] 国际数字学习标准相关组织介绍. http://www.scormexplorer.com/post/xuezixuexibiaozhun.html.
[14] 什么是 SCORM 标准？ http://blog.csdn.net/microrain/archive/2006/12/21/1451400.aspx.

综合案例篇

综合案例一　远程教学平台的研发
——汉语言远程可视化演示教学平台的设计

一、研发背景

随着中国进一步对外开放，经济持续快速增长，中国与世界的交往和联系日趋广泛和深入，不少国家出现了学习汉语的热潮。目前，全世界学习汉语的人数已达 3000 万。2004 年我国政府制定实施了加强对外汉语教学工作的"汉语桥工程"。但我国现有的数字化教学环境和教学资源远远不能适应世界汉语教学发展的形势和需要，在互联网上，中文资源和信息非常有限，为世界各国朋友所提供汉语学习的网络平台非常匮乏，不利于中文和中国文化的推广和传播。为了缓解汉语学习需求与教学供给之间的矛盾，弘扬和推广中国文化，我们应充分运用网络技术和多媒体技术等先进技术，针对国内外不同层次学习者的需要，研究和开发汉语言远程可视化的教学平台，为各国汉语学习者提供网络化的学习环境。

该平台开发的主要意义在于建立符合外国人学习风格的汉语言可视化教学平台，研制第一个符合我国网络教育技术标准的汉语言可视化教学平台，为汉语学习的师生提供专业化的汉语言教学空间。

二、平台开发的路线图

研制的主要思路（见图 14-01）是在全面分析用户需求及国内外相关的汉语言学习平台的特色与不足，并在与美国专家进行访谈，参照美国国家外语学习标准的基础上，设计"汉语言远程可视化教学平台"的概念模型、功能与结构，确定平台开发所采用的技术和工具后进行具体开发，并将设计开发成果试用之后进行修正，最后将成果发布运行。

三、用户需求分析

本平台设计所针对的用户群是美国的中学生，但由于对美国中学生的问卷调查时间周期较长，短时间内难以获得问卷调查数据，故对国内的外国留学生和教师进行了有关汉语学习和相关汉语学习平台使用情况的调查。虽然问卷调查的对象不是美国中学生，但调查结果对本平台的开发和设计同样具有指导作用，值得借鉴。

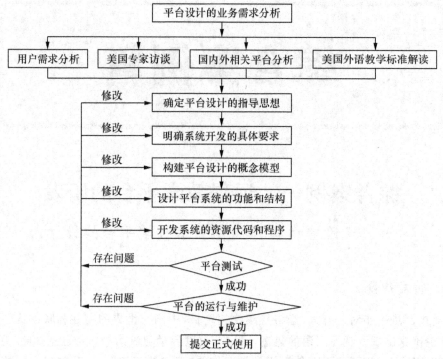

图 14-01　汉语言远程教学平台研发思路

此次调查问卷从以下四个方面展开调查研究:(1)国外汉语学习者问卷调查;(2)国外汉语学习者访谈调查;(3)对外汉语教学的教师问卷调查;(4)对外汉语教学与文化推广的专家学者的访谈调查。通过分析,得到以下结论：

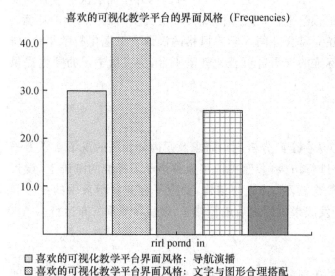

■ 喜欢的可视化教学平台界面风格：导航演播
▨ 喜欢的可视化教学平台界面风格：文字与图形合理搭配
▩ 喜欢的可视化教学平台界面风格：前景与背景色对比明显
▦ 喜欢的可视化教学平台界面风格：较少的文字、较多的图片、视音频
▨ 喜欢的可视化教学平台界面风格：其他

图 14-02　用户调查资料

1. 平台的设计风格——色彩鲜明、图文并茂

调查显示(见图 14-02),学习者最喜欢的界面设计风格是"文字与图形的合理搭配",其次是"导航清晰"和"较少的文字,较多的图片、视音频"。由此可见,文字与图形排列的杂乱无章及思路紊乱、结构繁杂是目前许多汉语言学习网站的不足之处,特别是对于中小学生来说,简洁鲜明的界面更符合他们的需求。

2. 学习的方式——以"看"和"听"为主

调查显示,学习者喜欢

通过"看"和"听"的方式来学习汉语。在回答"在网络课堂里,我喜欢用看电影的方法来学习汉语"这一问题时,110份有效问卷中,持"完全同意"态度的有57人,持"比较同意"态度的有31人,分别占51.8%和28.2%,这说明,通过视觉和听觉接收信息更有助于信息提取、加工与记忆的心理学原理也同样适用于汉语学习。由于中小学生注意力保持的时间较短,通过视音频的方式来学习汉语将更有效。

3. 学习内容——体现中国文化特色,涉及日常生活

在学习内容方面,调查显示,60.7%的学习者认为了解中国文化有助于学习汉语。并且,学习者更喜欢的内容是涉及我们的日常生活(占59.8%)和中国的传统文化(占39.3%)。在对最感兴趣的中国文化的进一步调查中发现,排序从高到低依次是历史、文学、艺术、武术、民族、饮食和民间艺术(见表14-01)。

表14-01 最感兴趣的中国传统文化

	历史%	文学%	饮食%	艺术%	武术%	民间艺术%	民族%
最感兴趣	45.6	35.9	20.2	30.4	23.8	18.1	22.2
比较感兴趣	38.8	36.9	39.4	45.1	27.7	38.3	43.4
不太感兴趣	11.7	15.5	21.2	15.7	33.7	33.0	26.3
最不感兴趣	3.9	11.7	19.2	8.8	14.9	10.6	8.1

为此,在内容设计方面,我们重点选取了文化(Culture)中国作为一个模块,并选取文化中有特色的部分,如"十二生肖""中国节日""悠悠历史""诗情文化""华夏山水"。这既体现了民族特色,又满足了学习者的学习兴趣。

4. 学习资源呈现方式——"可视化"的多媒体资源

调查表明(见图14-03),学习者最喜欢的学习资源是视音频资源,其次是文字、音频、图形和其他的资源。可见,学习资源最好采用可视化的方式来表现,特别是应用视觉、听

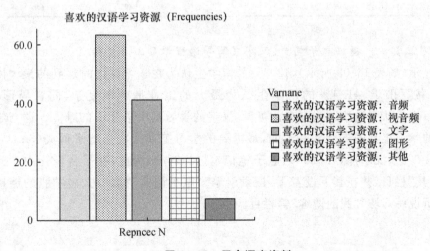

图14-03 用户调查资料

觉手段,包括文本、图形、图像、录像、动画、声音、虚拟现实等各种媒体表现形式,强调教学过程的直观性、交互的丰富性与及时性,突出平台的"可视化"特色。

5. 学习行为——增强交互功能

调查显示,学习者对现有汉语言学习平台不满意的主要原因排序从高到低依次是:没有得到相应的辅导(22.4%)、学习内容太难(21.5%)、学习内容陈旧(17.8%)、可视化教学平台制作技术不高(15.9%)、没有好的交流平台(13.1%)。可见,交互功能较弱是影响学习者学习动机的主要原因。

进一步调查表明(见表14-02),网络社区是学习者最希望得到的交互功能,有89.2%的学习者希望通过电子邮件、网络社区甚至是在线疑难解答的方式及时解决学习中的困难。中学生学习的自主性和自我约束力不高,设计良好的交互更能激发和维持其学习汉语的动机。为此,在平台开发中专门设置了体现交互特色的"交朋友(Make friends)"模块,并设置了"冬/夏令营""畅所欲言"等子栏目。此外,还设计了"游乐场"模块,并在其下设计了"成语接龙""shopping""顺口溜(歇后语)""电影院""My Party(音乐/儿歌/歌曲)"等子栏目,充分提供各种交互。

表 14-02 网络教学平台提供的交互功能

		回答情况		占有效样本的百分比
		人数	百分比	
交互功能需求情况	电子邮件	32	24.8%	29.9%
	电子公告板	9	7.0%	8.4%
	网络社区	46	35.7%	43.0%
	疑难解答	37	28.7%	34.6%
	其他	5	3.9%	4.7%
合计		129	100.0%	120.6%

6. 学习工具——提供电子词典、汉字书写等远程学习工具支持

调查显示(如表14-03所示),42.3%的留学生认为在学习汉语时遇到的最大困难是汉字繁多,书写困难,41.4%的留学生认为最大的困难是声调复杂,同音异形字多,25.2%的留学生认为语法结构复杂。可见,汉字的学习是汉语学习的难点。这与学生最希望得到的学习工具的支持是一致的,最需要的学习工具依次是电子词典(56.4%)、电子教材(21.6%)、汉字库(18.9%)、电子笔记本(11.7%)。为此,在平台设计中专门设置了"学习工具"栏目,并在其下设置了"搜索引擎""电子词典""取中文名""我的链接""书写白板""听说练习坊""我的博客"等栏目。

表 14-03 汉语学习中遇到的困难及需要的学习工具支持

	选项	回答人次	百分比(%)
学习汉语时 遇到的最大困难	声调复杂,同音异形字多	46	41.4
	汉字繁多,书写困难	47	42.3
	语法结构复杂	28	25.2
	同一词在不同场合有不同的意思	20	18
	对中国的文化背景不了解	5	4.5
	其他	4	3.6
最希望得到的 学习工具支持	电子词典	62	56.4
	电子教材	24	21.6
	汉字库	21	18.9
	电子笔记本	13	11.7
	其他	8	7.2

7. 学习支持服务——提供远程学习评价服务

调查表明(见表 14-04),44.4%的留学生希望网络教学平台提供远程答疑,38.5%的留学生希望提供远程教学辅导服务,21.3%的留学生希望提供远程检查作业,14.8%的留学生希望提供远程视频授课。可见,学习者都希望平台能提供完善的服务。为此,在平台功能模块中提供了"FAQ(在线答疑)""电子邮件""电子档案袋(E-portfolio)"功能,以满足学习者所需的学习支持服务。

表 14-04 希望网络教学平台提供的教学服务

教学服务	远程 答疑	远程教学 辅导	远程视频 授课	远程检查 作业	短期到本部 学习	代理购买 教材	其他
所占比例(%)	44.4	38.5	14.8	21.3	7.4	11.1	1.9

四、美国教育专家和教师访谈

1. 教学依据——美国国家标准或地方标准

美国各级教育部门通过美国国家标准或各州的外语教学课程标准指导教师的教学。美国教育部门颁布了外语教学课程的国家标准,以便于学生学习多种语言,其内容是关于学生在外语教育中应该知道什么、能做什么。这些标准应与各个州或当地的标准、课程构架相结合,从而对地区和学校的学生决议出最佳的方式和最合理的期望。因此各个州根据自己的实际情况,既可以直接使用国家标准,也可在国家标准的基础上,制定各州的外语教学课程标准,让标准真正成为具有可操作性的课程指南。

2. 用户群定位——美国中学生

美国教育机构规定中学生毕业后如果想继续升学,必须在中学阶段选修一门外语课程,同时这门外语课程需达到合格水平,这些条件是作为接受高等教育的必备条件。中国是一个具有悠久历史和文化传统的国家,自改革开放以来,中国的经济取得了迅猛发展,越来越多的美国中学生热衷于学习汉语,渴望学习中文以了解中国这个神秘的国度。目前美国本土还没有专门针对中学汉语教学和学习的网站,教师和学生非常希望能有专门的汉语言学习和教学网站。

3. 学习内容——以专题方式呈现日常生活

访谈分析得出,直接向中学生呈现汉语言学习的语法结构、拼音、书写等内容无法起到良好的教学效果,但是,一旦将语言学习的功能项目贯穿到学习专题中,使学习活动在相应的情境中展开,学习效果就会非常明显。美国中学生在学习中文时,喜欢以专题学习的方式,学会与中国人交流与沟通的日常用语,了解中国的文化。因而课程大纲要求以情境教学为指导思想,以体现不同层次学习水平的学习主题,如体育、饮食、家庭、动物园、国家省份、消遣、天气等话题会使学生产生浓厚的兴趣。

4. 界面设计——简洁明快

访谈者反映目前所接触到的汉语言网站界面设计繁杂,内容凌乱,让学习者感觉眼花缭乱。他们喜欢界面简单明快、链接清晰明了、主题突出的网站。考虑到中学生的认知特点,结构繁杂、色彩单调的页面很难吸引并维持学生的注意力,而色彩鲜明、图文并茂、主题突出、布局合理对于学生动力的维持能起到很好的效果。因此简洁明快的界面设计更符合中学生的特点。

5. 教学方式——寓教于乐

访谈分析得出,美国中学生比较喜欢以猜谜、拼图游戏等方式进行语言学习。美国中学生亦喜欢时尚的信息,如流行歌曲、歌星、体育明星,因此可向美国中学生介绍中国的时尚元素,如超女、姚明等。教师在课堂上主要采用"角色扮演""协作学习""情景模拟"等教学方式,如每个小组代表中国的一个城市,分别介绍该城市的足球队、天气、货币汇率、旅游景点、饮食等,使学生既能学习到知识,又能享受学习的快乐,在一种愉悦欢快的教学气氛中完成学习任务。

五、美国国家外国语言学习标准简介

为了使学生在美国这个语言和文化多元化的社会里乃至国外能成功地用外语交流,美国外国语言教学协会(American Council on the Teaching of Foreign Language)制定了外国语言教学的标准。该标准获得了教育者、商业领导者、政府和社会的一致认同。

该标准明确了5个目标领域:交流、文化、联系、比较、社区,如图14-04所示。

1. 交流

1.1 学习者参与谈话,提供和获得信息,表达感受和情感,交流观点。
1.2 学习者能够理解并解释多种多样的话题的书面和口头语言。
1.3 学习者能够用多样化的主题将信息、概念和想法呈现给听众或读者。

2. 文化

2.1 学习者能够理解所学习的文化习俗和文化观念之间的关系。
2.2 学习者能理解所学习的文化的产物(可触摸的或不可触摸的)和文化观念之间的关系。

3. 联系

3.1 学习者通过外语的学习加强和加深其他学科的知识。
3.2 学习者获得信息并能识别只有在外国语言和文化中才可获得的特色观点。

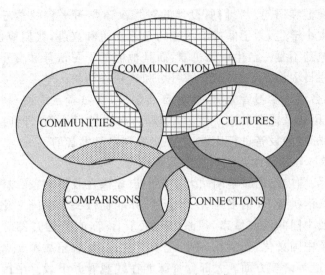

图 14-04　五个目标领域

4．比较
4.1　学习者通过比较他们自己的语言和正在学习的语言来理解语言的性质。
4.2　学习者通过比较所学习的文化与自身的文化来呈现他们所知道的文化。
5．社区
5.1　学习者在学校活动或校外活动中运用语言。
5.2　学习者能够显示出终身学习者的特点，享受运用语言的乐趣和丰富自己的生活。

此外，本平台在开发时还借鉴了美国堪萨斯州的 Kansas 标准，以体现美国具体的州对汉语言教学平台的要求，Kansas 标准与美国国家外语学习标准基本吻合，突出了标准的五大目标在汉语言教学中的应用。

六、现有国内外汉语言学习平台的比较分析

（一）国内汉语言学习平台的比较分析

分析国内的汉语教学网站，我们得出以下结论：

1．特色

（1）界面设计风格——导航清晰、文字图形合理搭配

分析结果显示，国内汉语教学网站界面设计风格多以淡色为主，导航清晰，前景色与背景色对比鲜明。主页面中有对网站栏目的简介，并附有象征性的图片，使访问者对该模块的内容一目了然。网站多以文本为主，附有图片、视音频、动画等。我们所设计的对外汉语演示平台是面对外国中小学生的，因此界面设计风格应活泼，具有卡通性；并且变插图为插文，以图片为主，文字为辅，以激发学生的学习兴趣。

（2）学习体验——充分体现人机交互

分析结果显示，学习者可以通过丰富的多媒体素材表现形式、及时准确的语音识别评判、轻松的会话环境进行汉语学习。交互式课程也是富有特色的学习模块。通过新的网络技术如视音频，网站设置了一个虚拟教室，创建了一个学习中文的新形式。网站的虚拟空间也是富有特色的模块，注册用户可以与图片对话，在逼真的对话情境下体验中

国文化学习专用词汇和语句。我们所设计的对外汉语学习平台的学习对象大多是处于汉语启蒙阶段的中小学生，为了保持学习者的学习动机和兴趣，我们应建构有效的交互，使学习者面对的电脑不是一台生硬的机器，而是他们的学习伙伴和交互的对象。为此我们在汉语言学习栏目中设置了学习室、练习坊和欢乐谷模块。学习者可通过这些模块学发音、声调、拼音、会话。学习者先听，接着自己跟读，学习者在跟读一句话后，系统会根据其朗读的内容、语音及语调的准确度，以直观的方式进行评判。同时学习者还可以听到自己的声音，和标准的发音进行比较，进一步发现自己发音的不足。

（3）学习资源——语言学习与文化学习相结合

分析结果显示，国内汉语教学网站大多为用户提供在线视频、在线课本、在线演示以辅助学习者学习汉语拼音、汉语书写、汉语会话，并能提供关于中国文化的丰富的学习资源。这些资源涉及中国的沿海城市、风景、诗文、节日等，它们通过图片、动画、视音频的方式向用户展示了中国文化，如杂技、手工包饺子的过程、娱乐故事、电影、音乐、诗文、文学、历史、旅游、消遣等诸多方面。大部分资源能在线观看并下载。中国是一个具有悠久历史和文化传统的国家，为帮助学习者更好地了解中国文化，我们所设计的对外汉语学习平台设置了文化中国栏目，其内容涉及十二生肖、中国节日、悠悠历史、诗情文化、民族文化、华夏山水。用户可通过图片、文本、视音频在线了解并学习中国的文化。

（4）学习行为——增强教师与学习者、学习者与学习者之间的交互

分析结果显示，国内汉语教学网站的设计注重教学者与学习者、学习者与学习者之间的交流与沟通。如博客，就包括推荐博客、最新发表博客、博客照片、热门日志、感受中国、转贴、最新评论等内容。用户通过这样一个网络平台结识朋友，分享信息，交流感情。再如 FAQ，这部分提供了用户访问此网站学习汉语可能遇到的一些疑问及解答。我们制作的对外汉语学习平台所面对的学习对象是外国中小学生，他们在学习汉语的过程中可能会碰到这样那样的困难或问题，这些问题如没有及时解决和相应的辅导，学生的学习过程就会因为受挫而难以维持学习的兴趣。因此我们设计了"交朋友"栏目，包括：冬夏令营、畅所欲言、在线答疑、电子邮件，为教师和学生、学生和学生的交互提供了一个很好的交流平台。

（5）学习方式——学习与娱乐相结合

调查结果显示，国内汉语教学网站大多能在线听音乐，欣赏诗歌散文等。如网上广播、歌曲、音乐，内容涉及广播的时间、主题、内容以及一些音乐歌曲。再如每日杂志，包括开心一刻、汉字解析、修改病句、寓言故事、常用词辨析使汉语学习者在比较愉快的环境下进行汉语学习，并且这些部分关于词和语言的解析非常详细，有利于学习者快速掌握学习内容。中小学学习者具有活泼的天性，在学习过程中如能将娱与学相结合，在一种良好、欢快、生动有趣的气氛中学习更能获得良好的学习效果。因此在对外汉语学习平台的设计中我们充分贯彻这个思想，设置了"游戏"栏目。此栏目包括成语接龙、Shopping、虚拟世界、顺口溜、电影院、My Party（音乐/儿歌/歌曲），使学习者在游戏中体验学习汉语的乐趣。

（6）学习工具——提供搜索引擎、网站链接等学习工具

分析结果显示，国内汉语教学网站中用户可通过选择内容、标题、日期、数目、关键字快速搜索所需资料。用户可点击主要链接网站的名称即可连接到相关网站。学生在学习过

程中可能会遇到不认识的生字,为了帮助中小学生快速定位到所要学习和了解的生字,我们在对外汉语学习平台学习工具栏目中设置了搜索引擎模块,学生能通过此搜索引擎,全面了解汉字的音、形、义。在对外汉语学习平台设计中,我们在学习工具栏目中也设置了"我的链接"模块,学习者借此可以增添于己有用的相关学习链接,收藏学习资源。

2. 不足

(1) 界面设计——缺乏动态性

分析结果显示,国内网站的界面制作大多以静态的方式展示各板块内容。我们所设计的对外汉语学习平台所面对的对象是中小学生,如何在第一时间吸引住学生的注意力是十分重要的。因此我们所设计的界面以动态的卡通图片形象地展现内容会更容易吸引学生的注意力。

(2) 学习资源呈现方式——缺乏生动性

分析结果显示,国内学习资源呈现方式多以文字为主,附以图片,较少采用动画、视音频等方式呈现学习内容。如何持久地维持中小学生的兴趣是我们关注的重点。在汉语言学习栏目中我们设置了视频课堂,学生能在视频上看到教师,仿佛置身于真实的课堂,体验到教师的亲切感。再如文化中国栏目的节日模块,我们用动画的形式展现节日的特色,使学习者在轻松愉快的环境中体验学习的快乐。

(3) 学习工具——个性化体现不明显

分析结果显示,国内学习网站所提供的学习工具大多是通用的搜索引擎等,针对学习者本身设计的学习工具还比较缺乏。学习汉语要达到良好的学习效果需要学习者勤练,为此我们设置了书写白板、听说练习坊等学习工具栏目进一步巩固学习结果。学习工具中"我的博客"模块供学习者发表自己的日志、记录学习心得供大家分享。

(二) 国外汉语言学习平台的比较分析

分析国外的汉语教学网站及相关学生网站,我们得出以下结论:

1. 特色

(1) 界面设计风格——生动活泼、动态化

国外的学生教学网站界面生动活泼,多以动态的图片而非静止不变的图片展示各板块的设计。页面的排版简洁合理,导航清晰,主题突出,文字和图片协调合理,且图片能形象地展现本模块的内容。国外的汉语教学网站界面布局合理,前景色与背景色对比鲜明,以中英文形式呈现各模块。对外汉语教学平台的学习对象为中小学生,考虑到他们的认知水平,也为了吸引他们的注意力,界面的设计应尽量简洁,主题应突出,避免复杂的页面内容,布局应合理,并且应以动态的图片形象地展现内容。

(2) 学习内容——资源具有趣味性

国外学生教学网站所提供的学习内容,如故事书、趣味拼图等极具有趣味性。考虑到我们所设计的平台对象为中小学生,学习的内容不应过于繁杂,应突出中国汉语的主要特色,并且应尽量具有趣味性,板块名称应通俗易懂。为此,我们在文化中国部分设置了十二生肖、中国节日等富有趣味的内容。

(3) 学习工具——提供电子词典、搜索引擎等工具

国外的汉语教学网站大多提供了以下学习工具:① 电子词典。学习者根据需要查询

汉字的发音、书写、组词、中英文解释。② 搜索引擎。学习者可以通过输入关键字查询相关的学习内容。我们所设计的对外汉语学习平台在学习工具栏目中设置了"取中文名"模块，外国中小学生可输入自己的英文名字查看到对应的中文名字及其拼音、写法、意义，增强学习者对中文姓名的了解。

（4）学习方式——寓教于乐

国外学生教学网站大多融入了寓教于乐的思想，如设置了游戏模块，包括历险游戏、运动游戏、谜语游戏；在线交朋友模块，学习者可在线结识具有相同观点的朋友；虚拟购物模块。考虑到我们所设计的汉语教学平台面对的对象是中小学生，因此我们充分贯彻寓教于乐的思想，在平台设置了游乐场栏目，并添加了成语接龙、shopping、虚拟世界、顺口溜、电影院、my party（音乐、儿歌、歌曲），使学生在一种愉快的环境中体验学习的快乐。

2. 不足

（1）学习服务——缺乏良好的学习服务系统

国外关于汉语教学的网站很少提供学习服务系统，而学生在学习汉语的过程中可能会碰到许多疑难问题，教师及时地解决这些问题有助于学习动力的维持。为此我们在"交朋友"模块设置了在线答疑、电子邮件对学生进行实时或非实时的辅导。

（2）学习内容——缺乏汉语语言学习和文化学习的结合

国外的汉语教学网站有些只注重语言学习，有些则只注重文化学习，很少有既注重汉语语言学习又强调中国文化学习的网站。中国是一个具有丰富的语言知识和文化知识的国家。为了帮助西方中小学生更全面地了解中国，我们的对外汉语学习平台设置了汉语语言学习和文化中国栏目，做到语言学习和文化学习的并重。

七、平台设计指导思想

平台设计的总体指导思想是以现代教育理念为指导，以国外汉语学习者学习需求、学习风格为依据，遵循汉语言教学规律，运用教学系统设计方法指导平台设计开发过程。

1. 以情景语言教学理论和教学系统设计理论为指导

所谓情景语言教学，就是让学生在特定的情景下学会新的词汇、短语以及语法的使用。通过为学生积极创设学习汉语的情景，我们为学生搭建了学习的舞台。本平台在设计时突出以情景教学为主，在情景语言教学理论的指导下将学习内容模块按照教学设计的基本指导思想分为"学习室""练习坊""欢乐谷"三个子模块，并在每个子模块下又按照教学的流程细分为一些子栏目，如在"学习室"模块下又细分为情景新尝、情景对白、场景展示、语言注解、自评。我们依据这个学习路径，围绕学习专题，开展教学活动，将语言知识置于情景中学习，并通过相应的路径引导学生的学习。

2. 以简单实用、受美国中学生喜欢为原则

目前国内已有的汉语言网络学习资源最大的不足在于网站界面设计繁杂，内容凌乱，让学习者感觉眼花缭乱，特别是对中学生来说，这样的设计很难激起他们的学习兴趣。本平台在设计时充分考虑我们的用户群（美国中学生）的需求，设计色彩鲜明、导航简洁清晰的界面，并考虑简单实用的原则，变插图为插文，选取美国中学生喜欢的、感兴趣的专题，提供可供选择的学习路径，使学习者在一种轻松愉快的环境中学习汉语。

3. 以符合美国中学生学习汉语的认知风格为基石

认知风格是指学生在对知识经验进行组织和加工的过程中所表现出的认识倾向。远程教育中的学习同任何类型的学习一样都是学习者主动认知的过程,在远程教育环境中学生个体的认知因素将直接影响到其学习的效果和效率,影响到课程知识的呈现方式、教学活动的组织方式以及与其相匹配的教学策略。美国中学生在学习汉语时更喜欢以"看"和"听"的方式进行学习,喜欢通过看电影、玩游戏等轻松的方式进行学习,据此,我们设计了符合美国中学生认知风格的多样性学习环境,突出学习资源的"可视化",设计促进学生交流的"交朋友"模块和学生感兴趣的游戏模块,构造一个学习和娱乐相结合的环境。

4. 以专家访谈、用户需求分析为依据

平台的设计和开发的最终目的是为了满足用户的需求,为此在平台开发的初始阶段我们专门设计了旨在了解外国学习者汉语言学习和对已有汉语言学习平台使用情况的调查问卷,通过用户需求分析我们获得学习者喜欢的界面设计风格、学习方式、学习内容、学习资源的呈现方式、学习行为、学习工具和学习服务等对平台开发有用的信息,这为后期的设计平台概念模型提供了参考依据。此外,我们通过与美国教育专家的访谈进一步了解到美国中学生的需求及我国现有汉语言学习平台中存在的不足和需要改进的地方,明确了一个指导思想,那就是:本平台在设计时应充分考虑美国中学生的需求和喜好,设计其喜欢的汉语言学习平台。

5. 以美国国家外语学习标准为准绳

全美中小学中文学习课程目标的制定乃是以美国国家外语学习目标为根据的,而当前美国各地区的中小学更是迫切需要以美国国家外语学习目标为基准的汉语学习网站,并符合各州教育厅制定的州立外语教学大纲的要求。国内现有的汉语言学习平台很少是参照此标准来制作的。本平台在开发时充分考虑到这种需求,体会美国国家外语学习标准的精神实质,将标准所体现的五大目标(即交流、文化、联系、比较、社区)融入到平台的设计和开发中。

八、平台设计的基本要求

(一)平台的设计风格——色彩鲜明、图文并茂、变插图为插文

针对中小学生的特点和需求,设计色彩鲜明、图文并茂的界面,但要避免过于复杂的页面内容,应尽量简洁,主题突出,布局合理,并且以动态的图片形象地展现内容以吸引学生的注意力。为了避免主页面和子页面同一颜色的单调,子页面在把握色彩鲜明的特点基础上,根据需要相应地变换色彩。同时,界面设计要生动活泼,采用卡通动画的形式,以符合中小学生的心理和喜好,激发学生的学习兴趣。其次,变插图为插文。即以图片为主,文字为辅。这样做出于两方面的考虑:一方面它是中小学生最喜欢的学习方式;另一方面,从易到难,符合学生的认知水平和能力。最后,导航简洁清晰。提供简洁清晰的交互,对学习者的学习进行适时引导,有利于激发学习者的学习动机。

(二)学习方式——以"看"和"听"为主,寓教于乐

设计平台时应充分考虑给学习者提供更多的"看"和"听"的机会,突出学习与娱乐相结合,使学生在一种良好、欢快、生动有趣的气氛中学习。我们大致采取以下几种做法:

通过创造情境提供汉字发音的音频让学习者通过"听"来练习汉字发音；提供汉字书写笔顺的视频让学习者目睹汉字的书写过程；提供"视频课堂"让学习者以视听的方式进行学习；设置"游戏"栏目，此栏目包括成语接龙、Shopping、虚拟世界、顺口溜、电影院、My Party（音乐/儿歌/歌曲），使学习者在游戏中体验学习汉语的乐趣。

（三）学习内容——体现中国文化特色，涉及日常生活，富有趣味性

学习内容的设计应体现中国的文化特色、涉及我们的日常生活。考虑到平台使用对象为中小学生，因此内容不应过于繁杂，而应尽量具有趣味性，模块名称通俗易懂。选择与学习者实际生活相关的汉语，特别是日常用语以及相关的文化背景。突出传统文化中令学习者感兴趣的部分，如历史、文学、艺术、武术、民族、饮食和民间艺术等内容。针对这些内容，选取有代表性的"十二生肖""中国节日""悠悠历史""诗情文化""华夏山水"作为具体栏目。

（四）学习资源呈现方式——"可视化"的多媒体资源，体现生动性

学习资源的呈现方式重点突出"可视化"的特色，针对具体的功能模块，以图片、视音频、动画等方式将学习资源呈现给学习者。我们所采用的具体措施是在"汉语言学习"模块中使汉字的书写和拼音可视化，使学生能真切地感受到老师的亲切讲解；在"文化中国"模块中给学习者提供丰富的图片，并配有文字解说；在"游乐场"中提供学习者喜爱的电影、音乐等。

（五）学习行为——增强交互功能

平台设计中交互功能的缺乏是影响学习者学习动机的重要原因，因此，我们注重交互功能的设计和运用。具体设计时考虑中小学生的特点及需求，设计学习者与学习资源的个性交互，与学习环境中的教师、同学、指导者等的社会性交互，如制作可视化的汉语言学习资源突出个性交互，设置"交朋友"和"游戏"模块充分展现各种社会性交互，特别是"在线答疑""书写白板"等都有较强的交互。

（六）学习工具——提供电子词典、汉字书写等远程学习工具，体现个性化

提供个性化的学习工具的支持，针对学习者在学习过程中经常遇到的"汉字繁多、书写困难""声调复杂、同音异形字多"的困难为学习者提供"电子词典""取中文名""书写白板"等远程学习工具。通过"电子词典"帮助学习者解决学习中遇到的生词，查询词义，通过"取中文名""书写白板"，帮助学习者了解汉字的书写笔顺，通过"听说练习坊"帮助学习者锻炼口语和听力。此外提供"我的博客"给学习者提供管理自己学习、并与他人交流的工具。

（七）学习评价服务——提供远程学习评价服务

依据学生的差异提供个性化的服务是远程学习支持的关键，因为，提供服务，及时解答学生的问题，有助于消除个体学习障碍，促进后续的学习。学习评价服务能满足不同层次的需求，提供有效的辅导和答疑。采用的具体措施是为学习者提供"FAQ（在线答疑）""电子邮件""电子档案袋（E-portfolios）"功能。其中，"FAQ（在线答疑）""电子邮件"，为学习者提供与教师和其他学习者进行同步和异步交流的机会；"电子档案袋（E-portfolios）"，使学生以可视化的方式直接了解和观察学习的过程和变化，跟踪学习的

进程。教师可以据此对学生的学习进行评价,从而有效地开展答疑和教学辅导。

九、平台的概念模型设计

汉语言可视化演示教学平台的研发在充分调研平台用户需求的基础上,对美国外国语言教学协会(ACTFL)所制定的外国语言教学的标准进行了详细的解读,依据用户需求信息和外语教学标准,建构本平台的概念模型。平台研发以语言情景教学的基本理念为准绳,以为汉语教学者提供"远程汉语教学环境"为目的,通过提供"汉语言学习支持和服务",使美国中小学汉语学习者能感受中国文化。远程汉语言学习平台的概念模型如图 14-05 所示:

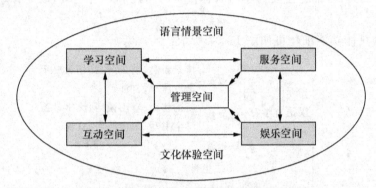

图 14-05 远程汉语言学习平台的概念模型

本平台为美国中学生提供中文学习的语言情景空间和中国文化的体验空间,在语言教学理论的指导下,以学习空间、服务空间、互动空间、娱乐空间分别承担汉语言教学的学习、服务、交互和娱乐任务,这些空间都与管理空间有联系,同时这些空间之间又互相发生关联。

以不同的空间建构本平台的概念模型,既可清晰展现平台的主要功能,又能体现平台子功能之间的相互关联;既能明晰系统的核心要素,又能表达不同子系统间的关系;既能提纲挈领地表征平台的特色,又能指导系统功能和结构的设计与开发。

十、平台的功能设计

因此,在充分考虑以上几点需求的基础上,把本平台细化成汉语言学习、文化中国、交朋友、游乐场和学习工具五个部分。具体如图 14-06 所示:

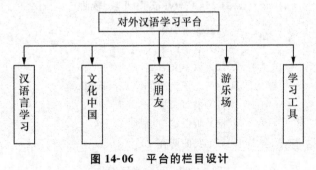

图 14-06 平台的栏目设计

（1）汉语言学习：本部分是平台汉语教学的主要部分，它承担对汉语拼音、汉语入门知识和日常用语等内容进行教学，还为后继的汉语学习提供支持。

（2）文化中国：该部分对我国的壮丽山河、悠久历史和传统文化进行详尽的介绍，以帮助西方朋友对我们这块土地有更多的了解和认识。

（3）交朋友：本部分为学习者提供有效的交互空间，提供自由交流的空间，同时提供在线答疑、电子邮件等个性化服务，以满足学习者的服务需求。

（4）游乐场：为学习者提供学习之后调节的娱乐场所。本场所提供的内容能让学习者在语言情景中轻松地习得汉语。

（5）学习工具：本部分主要为学习者提供学习帮助和评价工具，以更有效地促进学习者的学习。

本平台的具体功能细化可如图14-07所示：

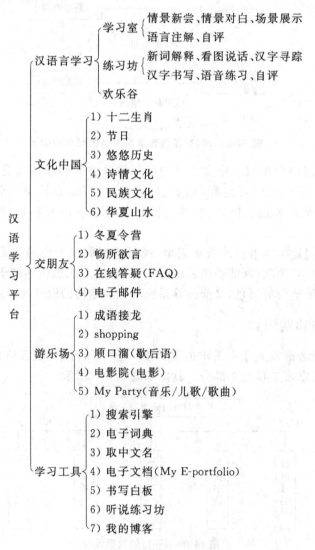

图 14-07 平台栏目细化

(一) 汉语学习

体现的标准:
1.1　理解诠释
1.2　语言沟通
4.1　比较语言

汉语言学习模块以情境教学为指导思想,以丰富多彩的学习专题(如人际交往、家庭、体育运动、地理、天气、明星、商业、神话故事、名人轶事、学校事件、新闻报道、饮食健康等)为主线,将相应的言语功能项目、语法结构和常用词语融入其中。每个主题包含"学习室""练习坊""欢乐谷"三个模块。

汉语言学习模块为学习者设置的学习路径大致遵循"学习室""练习坊""欢乐谷"的顺序。每个学习模块里又有一些具体的子栏目,安排了整个学习的流程。学习者依据具体的学习路径完成相关专题内容的学习,教师可以根据学生的具体情况,安排教学顺序、分配教学时间。

1. 学习室

"学习室"模块又分为情景新尝、情景对白、场景展示、语言注解、自评。学习者在围绕不同专题的学习情景中进行相关语言文化知识的学习。

(1) 情景新尝:呈现一个关于学习专题的新奇的情景,使学习者在学习的开始同时接受视觉和听觉的刺激,在基于专题的情景中体味汉字发音、汉语对话等。

(2) 情景对白:将情景中出现的对话语言抽出来,以语句、拼音的形式呈现给学习者,使学习者在听句子的同时,熟悉句子的书写形式,体会句子使用的情景。

(3) 场景展示:对"情景新尝"中出现的场景进行展示,特别对场景的动植物、物体等进行注解和解说。

(4) 语言注解:对情景中展示的新词新字进行解释和注解。

(5) 自评:让学习者自我检测是否完成了相关主题的任务,这个栏目为学习者提供自我反思的机会。

2. 练习坊

"练习坊"模块又分为新词解释、看图说话、汉字寻踪、汉字书写、语音练习和自评栏目。主要是针对情境中的字词、句子和对话的练习,并进行汉字书写笔顺和发音的练习。

(1) 新词解释:对情景中出现的生词的发音进行标注,并解释生词的意义,让学习者理解词的意思。

(2) 看图说话:给出场景中的事物及其中文,让学习者读出中文。在识字的同时练习说话,并对事物产生真实的认识。

(3) 汉字寻踪:对汉字中的起源、演绎等进行解释(拼音中没有)。

(4) 汉字书写:演示汉字书写笔顺的动画,并给学习者提供书写笔顺的练习。

(5) 语音练习:根据发出的声音,找出对应的汉字(或词),对字音、词音和字母音进行训练。

(6) 自评:让学习者自我检测是否完成了相关专题的任务,为学习者提供一个自我反思的机会。

3. 欢乐谷

该模块为学习者提供学习与娱乐相结合的空间,增加学习的乐趣。让学生在游戏或自我挑战中复习所学的内容,使学生获得学习的成就感,增加学习动力。教师可以根据情况选择小组协同活动,或通过其他方式增加学习的竞争性和趣味性。

(二) 文化中国

体现的标准：
1.1 语言沟通
1.2 理解诠释
4.2 比较文化
5.1 学以致用

本部分主要是介绍中国悠久的历史文化,以使西方朋友对中国有更好地了解和认识。主要分为以下几个板块：

1. 生肖

以 Flash 的形式展现各个生肖的故事,展现不同生肖的人的性格、命运等。这样既有视觉上的冲击,又能使学习者带着兴趣去了解自己的生肖属相,并在此过程中学习汉语。

2. 节日(春节、元宵、清明、端午、七夕、中秋、重阳)

通过交互式的情景,通过丰富的图片和视音频展示中国传统节日的由来、时间、怎么样过、吃哪些东西、有哪些讲究等。

3. 悠悠历史

以图片的形式讲解我国的历史朝代、唐文化、丝绸之路、四大发明、桥梁建筑、名人故事。

4. 诗情文化(琴、棋、书法、中国画、诗文欣赏、寓言故事)

展现形式可以如下：京剧[脸谱等画面]、书法[书法的实例]、中国画、诗歌欣赏[配以 flash 动画和音频,以及交互式相关内容(以图展示)]、成语[成语的由来(以讲故事的形式,配以音频和动画)]、寓言故事。

5. 民族文化

以图文并茂的方式展示京剧(Peking Opera)、传统服饰(Traditional Clothing)、中国民间工艺(Chinese Handicrafts)、中国茶文化(Chinese Tea)、中国古典音乐(Classical Music)、中国武术与气功(Wushu and Qigong)。

6. 山水

以图文并茂的方式展示地势与地貌(physical features)、河流、湖泊和山川(rivers lakes and mountains)、地方风土人情、各处风景、名胜古迹等。可应用沉浸性虚拟交互策略来创建一种可在中间点击察看具体实体,并能身临其境地感受中国的文化氛围。

(三) 交朋友

体现的标准：
1.1 语言沟通
1.2 理解诠释
2.1 文化习俗
5.2 终身学习

这个部分主要为学习者提供和朋友、共同学习者、教师等实体的交流通道,以帮助学习者在学习中能及时地和朋友、同学、教师等实体交流学习心得,为学生取得学习帮助、学习指导提供通道。主要分为以下几个板块：

1. 冬/夏令营

介绍有关夏令营/冬令营的背景,发布有关夏令营/冬令营的公告,介绍近期将举办的夏令营/冬令营,学习者可以通过这个平台寻找不同国家的同伴一起组织参加夏令营/冬令营,在此交互过程中结交朋友,并训练汉语的交流技能。

2. 畅所欲言

针对学习者对交流活动的需求,为学习者提供一个交流平台。主要提供不同主题的聊天室,特别是提供实时聊天的渠道,使学习者能及时交流心得,从而在某种程度上提高学生的学习兴趣。

3. FAQ(在线答疑)

主要是对学习者的问题进行解答,提供学习者与同学和教师交流的空间,并记录这些问题,以促进平台的建设和维护。

4. 电子邮件

主要提供电子邮件服务,满足学习者的交流需求。

(四)游乐场

体现的标准:
1.1 语言沟通
1.2 理解诠释
3.1 触类旁通
5.1 学以致用

为学习者提供学习之后调节的娱乐场所。

1. 成语接龙

本栏目主要是为孩子们提供一个学习成语的空间。在接龙的过程中要求孩子们提供成语的意思和故事的具体内容。

2. shopping

模拟在超市购物的情景,在与超市购物情景相似的场景中让学习者练习汉语口语以及应用汉语进行交流的技能。

3. 顺口溜

提供寓教于乐的情境,主要学习汉语里的一些歇后语、绕口令等。

4. 电影院

提供关于简单汉语的中文电影的点播平台。

5. My Party

提供办理 party 的虚拟空间,学习者在办理 party 的过程中可以听音乐、唱歌。

(五)学习工具

体现的标准:
1.2 理解诠释
3.1 触类旁通
5.2 终身学习

提供学习者帮助和辅助工具,为学习者提供较好的工具支持。

1. 搜索引擎

搜索引擎主要是为学生提供一个汉字的搜索,对这个汉字的听、读、写演示、写练习等提供一个动画演示,并能提供一个互操作交互。

2. 电子词典

本词典最好可以英汉互译,由于学习者英语掌握较好,英汉互译能帮助学习者更好地理解汉语的词义。

3. 取中文名

给外国小朋友取与其本名相关的中文名,并显示如何书写和发音,同时介绍有关姓氏的来源、起名字的讲究等,可以通过故事的形式说明问题。

4. My E-portfolio

电子文档给学生、教师以及网站的管理者提供了反思的空间,首先为学生提供了学习记录的反思空间,其次为教师提供了解学生学习状况的空间,最后为网站管理者提供了了解学生需求状况的空间。

5. 书写白板

本部分主要创建了一个白板式的书写空间。让学习者能根据画面的情景，练习汉字书写，并在书写完成之后及时给学习者反馈信息，评价其学习效果，从而有助于学习者汉字书写水平的提高。

6. 视听练习坊

提供依据情景练习说话、练习听的虚拟练习空间，特别是创建逼真的生活交流情景，增加学习者应用汉语进行交流的机会，从而有效地促进学习者运用汉语的能力。

7. 我的博客

给学习者提供书写博客的空间，让学习者从小形成良好的管理自己的学习资料、学习内容、学习进度等等相关学习事件的习惯，同时也为学习者提供有效的知识分类、收藏和反思的工具。

十一、平台的技术实现

技术说明

（1）服务器操作系统选型

服务器均选用 Windows Server 2003 为操作系统。

（2）数据库系统选型

推荐使用 Microsoft SQL Server 为数据库系统。

具体有以下几点要求：

i. 所有库表要留有备用字段；

ii. 库表之间的关联关系简单明了；

iii. 减少冗余字段；

iv. 打破按业务关系设定数据库的成规，从系统面向对象的角度整合数据；

v. 数据接口的设置要灵活，方便各类数据的迁移、对接；

vi. 建立操作性强、透明化的数据库后台维护与管理界面；

vii. 逐步建立数据维护的统一平台等。

（3）应用系统开发技术

系统结构采用 B/S 方式，使用技术为 C#，开发平台为 Microsoft Visual Web Developer 2005。

（4）素材文件规范

参照网络课程制作技术规范标准 2.0。

（5）术语解释

i. 架构：组成该系统的一个或多个结构，它们构成软件系统的各个部分，形成这些组件的外部可见属性及相互之间的联系。

ii. B/S：英文 Browser/Server 的缩写，中文意思为浏览器/服务器，表示网络登录的一种方式。

综合案例二 网络课程的设计与开发
——信息技术学科网站建设

一、网站建设的基本理念

1. 以学生为中心,全力打造学习平台

网站主要为学生创建优良的学习环境,提供丰富的学习资源,使学生可以得到各种学习体验,提高学生自主学习的能力,培养其创新精神和合作学习精神,从而达到全面发展,达到现代社会对学习者的要求。

2. 辅助教师的教学,全面支持教师的专业化发展需要

网站不仅要为教师提供丰富的备课资源,使其成为教师开展教学的好帮手,还要为信息技术教师的成长提供各种建议、信息、学习资源与学习工具等,加快教师的专业化发展进程。

3. 突出特色,实现更广泛的资源共享

网站以服务中小学信息技术的教与学为宗旨,以天网资源与地网资源相结合为特色,从一线教师、学生的需求出发设计网站功能,实现天、地网资源的优势互补。

二、服务对象及其需求分析

服务对象:中小学信息技术教师与学生

信息技术课程是一门实践性、综合性、创造性等都较强的学科,且课程内容更新较快,信息技术教育也具有明显的地区差异性。传统的文字教材容量有限,且发行周期长,难以满足信息技术教育多样性的需要。所以本网站主要是为信息技术教育服务,为中小学信息技术教师与学生服务。此外,本网站也可为希望了解计算机知识的学习者提供基本的服务。

据此,我们设计了网站的初步功能模块,并以此为基础向武汉市各城区的部分教师和学生进行了问卷调查和访谈。此次调查我们一共走访了11所学校(3所高中,4所初中,4所小学)。这些学校覆盖了武昌、汉口、汉阳三个地区。共发放学生问卷240份,回收239份,有效问卷234份(高中101份,初中133份);共发放教师问卷22份,回收22份,有效问卷22份(高中6份,初中7份,小学9份)。共访谈教师23位。调查结果如表15-01、表15-02所示。

(一) 学生调查问卷(部分问题)结果

表 15-01 学生问卷(部分问题)结果

问题	初中数据	高中数据
1. 学生家里有计算机并接入 Internet	60.9%	70.1%
2. 入校前在上一阶段(小学或初中)已学习过信息技术方面的知识	92%	80%
3. 利用互联网学习	70.7%	64.2%
4. 信息技术学习过程中遇到的困难:		
在查找与教材有关的素材资源时花费的时间太多	43.6%	37.3%
学校没有教材中涉及的一些硬件设备,不能完成某些实验操作	39.1%	25.4%
教材中有些操作步骤讲得太简单,我不能按照它的提示完成任务	27.8%	20.1%
教材中提供的一些网站访问不了	27.8%	19.4%
学生感兴趣的学习内容	Flash 动画制作、网页制作、玩游戏或开发自己的小游戏、图像处理(Photoshop)等	

(二) 网站栏目调查结果(各栏目排名)

表 15-02 网站栏目调查结果

教师问卷	小学	初中	高中	学生问卷	初中	高中
教材分析	4	2	2	远程教学	4	3
教案实例	1	5	1	任务指导	6	8
课件交流	2	1	3	知识拓展	6	6
教学研究	6	6	5	作品展示台	2	4
技术培训	6	4	7	资源中心	3	1
竞赛指导	6	3	2	工具下载	1	2
在线答疑	5	5	2	学习资讯	8	9
与编者交流	7	8	1	论坛	5	7
论坛	5	7	4	竞赛指导	7	5
资源中心	3	3	2			
教师个人空间	5	6				

说明:教师问卷 22 份,初中生问卷 133 份,高中生问卷 101 份。

(三) 访谈结果

1. 教材方面

一般认为存在如下问题:

(1) 教材的编排方式较为凌乱,没有系统化。各个年级之间的衔接不是那么紧密,顺畅。

（2）教材内容较为简单、陈旧、重复，更新不及时。

（3）教材的趣味性不强。里面所举的实例，学生感兴趣的不多，这些例子与现实相脱离，应以实用性、应用性为主。

（4）学生的差异性较大，应分层次、多形式教学，教材应提供这样一个参照。教材应增加一些可供选择的部分，如奥赛部分，讲述 FTP、IP、Flash 方面的知识。

（5）受课时的限制和影响，信息技术与学科的整合较为困难。

（6）除了讲授技术外，还应有意识地去培养学生在网络运用方面的素养及相应的伦理道德观念。

2．网站方面

（1）界面一定要友好，内容安排要合理。要符合各年龄段学生的心理特点和学习特点。

（2）学生对多媒体感兴趣，应尽量增加视频、音频、动画、图像的运用。

（3）网站能提供的软件应是应用的主流软件，提供的资源应是实用性的。

（4）应为师生提供一些个性化的空间。

3．其他有关机制方面的

学校应提供一个信息技术技能培养方面的竞争机制和激励机制，尽量营造好的环境。学校应重视信息技术课，在课时上最好能有所增加，在行政上要重视，在设备上要投入，在资源上要注重整合，在管理上要加快完善。开创多形式、多层次、突出重点、加强应用的信息技术培养格局。

（四）结果分析

学生栏目	教师栏目
1．重点建设：资源中心、作品展示台、远程教学、论坛	1．重点建设：教案实例、课件交流、资源中心、教材分析、竞赛指导
2．远程教学要有自己的特色，不能是书本知识的简单搬家，不能只是电子教材。不仅要提供学习指导，而且还要提供一些比较有新意的、比较流行的案例以及一些和教材相关的图片、动画、视音频素材，可以提供一些杰出案例的网上链接让他们参考	2．个性化对待高中、初中、小学所显现的需求重点，明晰需求层次的差异。如高中加强在线答疑这一块，初中、小学，多提供技术培训这一块
3．同学们对学习资讯不感兴趣，因而可以不把学习资讯作为一个栏目单独列出，可以在网上的主页面上做一个新闻板块，主要定位是教师	3．论坛建设的重点放在教师间交流上，因为教师渴望有一个权威的、有人气的交流平台，只要教师想交流第一个想到的就是到我们的论坛

三、相关信息技术课程网站分析

（一）南京师范大学信息技术课程网（http://www.ictedu.cn）

服务对象定位：信息技术教师

网站设计主要宗旨：网站的主要目的是促进教师的教学、专业发展以及与同行的交流。通过网站提供的与实际教学相关的教学案例,教师可以学习一些优秀的教学设计方法以提高教学设计水平;通过提供与信息技术相关的信息如本领域的最新动态、课程专家、课程研究、课程评价等,教师可以了解与信息技术课程相关的最新研究以拓展其专业知识;通过设定交流模块让教师分享其他同行的经验。

主要功能模块简介:
- 新闻快递:介绍全国与信息技术课程相关的新闻
- 课程专家:介绍全国知名的信息技术课程专家
- 教师会客室:介绍一些优秀的一线信息技术教师
- 课程研究:选登与课程相关的论文
- 课程评价:选登怎样评价课程教学的相关文章
- 教师培训:发布全国信息技术教师培训信息
- 教学案例:介绍信息技术课程中的典型教学案例
- 经验交流:选登专家、同行的教学科研文章
- 相关资源:提供一些拓展资源

网站特色:主要为广大信息技术教师服务,从教学、科研、交流三个方面为教师提供一个拓展专业知识、促进专业发展的平台。

不足:与信息技术课程教学直接相关的内容较少

(二)柳江中学信息技术学习网

服务对象定位:高中学生

网站设计主要宗旨:网站的主要目的是为学生提供一个通过网络自主学习的平台。学生可以通过本站学习《信息技术》教材中的基本教学内容,学习兴趣较浓的学生还可以通过拓展知识的学习提高信息技术技能,学生可以通过网站展示学习成果。

主要功能模块简介:
- 信息技术课:提供高中信息技术课程的网络课程,内容以教材为主
- 资源中心:提供一些相关资源,如图片、音频等
- 拓展知识:以专题组织拓展知识,提供相关的教程
- 研究性学习:选登关于研究性学习的文章
- 课程评价:选登怎样评价课程教学的相关文章
- 学生作品:发布学生作品

网站特色:从学生角度出发,学生可以很好地利用本站进行自主学习。网站的核心部分是"信息技术课",提供了按教材组织的网络课程,而且其网络课程的设计较好,提供了各种多媒体支持材料,减弱了教材的难度。操作界面清晰、简单,可以作为课堂学习的辅助材料;教师也可以将其直接用于教学,教师只需在学生学习的过程中加以引导即可。

不足:互动性不太理想,缺少交流模块。另外,网络课程的设计方面需要改进。

(三)回归信息技术教学网(http://public.bdfzgz.net/teacher/zhonghejun/xinxi/index2.asp)

服务对象定位:教师、学生

网站设计主要宗旨分为四个部分：

1. 为教师服务：主要有三个部分，第一部分提供信息技术课程中一些优秀的教学案例帮助教师设计教学活动。第二部分提供与信息技术课程相关的信息、论文帮助教师推进信息技术课程建设。第三部分提供一些教学个案帮助教师反思教学过程中出现的各种问题。第四部分是建立教师个人专辑，教师可以在此记录自己的教学体会、教学经验等等，以便和其他教师进行交流。

2. 为学生服务：这部分为学生提供一些学习资源，发布学习的作品，提供学习思考题等。

3. 师生交流互动：这部分学生可以和教师进行教学互动，教师可以发布任务，解答学生的疑问；学生可以进行在线测试，与教师和其他学生交流。

主要功能模块简介：

- 在线指导：包括课程资讯、课程探讨、课程教材、教学文章。主要选登与课程相关的文章
- 同步教学：包括高中、初中、小学三部分，选登一线教师优秀的教学设计案例
- 学习频道：包括学习资源、学习习作、试题集萃、健康网络
- 特色资源：包括教学案例、教学素材、教育网站、教育教研，提供与教学相关的教学案例、素材等，方便教师备课
- 教师研究：包括教有所思、个案研究、分层导学、主题探究，主要是选登一些论文
- 专题活动：包括理性思考、WebQuest、网络教学、网络学习，主要是选登一些论文
- 师生互动学习：教师和学生之间进行交流
- 教师教育叙事：教师的个人空间，用来记录自己的教育心得、经验等

网站特色：本网站由一名信息技术教师开发设计，内容丰富且非常贴近日常教学。网站的主要服务对象为教师，主要是从教学实践入手，通过收集相关的研究论文从教学、科研两个方面对教师提供帮助。

不足：分类太多，容易混淆。对学生而言，学习资源部分只能选取部分内容，且内容没有按一定的方式进行组织，比较凌乱。

（四）东莞中学信息技术教学网(http://it.dgzx.net/kczh/index5.asp)

服务对象定位：教师、高中学生

网站设计主要宗旨：网站的主要目的，一是为教师服务，主要从科研和继续教育方面促进教师的专业发展；二是引导学生自主学习，学生通过网络课程的学习掌握教材的基本内容，根据兴趣从资源库中选择学习的内容，通过欣赏其他同学的作品来提高自己的学习。

主要功能模块简介：

- 在线课堂：以教材为基础开发的网络课程
- 教学研究：包括政策文献、教研论文、IT与教育。选登相关论文
- 第二课堂：提供课外相关的活动信息、获奖情况等
- 学生作品：包括优秀作业系列和电脑制作大赛系列。发布学生作品
- 电脑世界：介绍一些最新的关于电脑的技术等
- 资源库：教师、学生均可使用。主要包括：

- 操作系统:介绍不同操作系统的一些使用小技巧
- 办公软件:介绍常用的几种办公软件,提供相应教程
- 媒体处理:介绍常用的媒体处理软件,提供相应教程
- 工具下载:常用工具下载
- 素材资源库:提供一些素材下载如 Gif 动画、Flash 动画、图片等下载

网站特色:网站分类清楚、简洁。不仅为教师的学习提高、科学研究提供了帮助,也可用于学生的自主学习。网络课程的设计非常好,内容完整、目标清晰。资源库的设计也非常全面,教师和学生都可以对感兴趣的内容进行在线学习。

不足:缺少交流环节。

通过访问、分析大量的信息技术课程网站,我们发现每个网站在定位、设计界面、功能模块等方面都有不同。有的网站主要定位于教师,有的定位于学生,有的两者兼顾。总的来说,定位于教师主要目的有三个。第一个目的是帮助教师更好地进行教学;第二个目的是帮助教师进行继续教育,提高专业知识修养;第三个目的是帮助教师进行教学科研。定位于学生的主要目的是给学生提供一个自主学习的平台,主要考虑到了三个方面,第一个方面是提供学习内容,第二个方面是提供相关资源供学生自主选择学习,第三个方面是学生学习成果——作品展示。无论怎样定位,网站都应该设计出一个交流平台以实现教师之间、学生之间、教师和学生之间的交流。以上这些网站由于各自定位不同、主要目的不同,都没有很全面地结合信息技术教与学进行设计与开发,而且各模块都处于同一层次,不能清晰地引导教师和学生进入相关的模块。针对以上的问题,我们的网站进行了详细周密的设计。

四、功能设计

(一)总体功能

实时更新的动态资源库+专业化的学习服务系统。

(二)具体功能

(1)支持学生学习。为广大中小学生提供信息技术学科自主学习、合作学习的资源和平台,提供学生展示学习成果的机会和学习交流的通道。

(2)支持教师教学。依据新课程标准的要求,以教师教学需求为出发点,以培养学生的创新精神和实践能力为目的,为广大中小学教师提供丰富的学科教学资源的备课平台和教学平台。

(3)为教师的专业发展提供服务。为教师提供教学教研培训(如:最新学术动态、基本理论、教案、案例分析、专家在线等)、信息技术培训(如:计算机基本操作、课件制作等)、反思工具及教师间的交流平台。

(4)开放的教学资源库。为教师教学、学生学习提供各种媒体素材资源、工具软件、资讯及其他优质资源链接。

五、网站结构及栏目要素设计

根据上述问卷调查结果及分析,初步得到如下网站框架:

1. 首页

		Logo				登录注册	
首页	教师之窗	学生家园	资源中心	作品展示	竞赛指导	IT论坛	在线答疑
站内搜索	教学资讯	网上课堂	素材	优秀作品	竞赛信息	每日话题	类似QQ浮动面板
	教材分析	在线练习/测试	教案	竞赛作品	竞赛指导	学生社区	
	教案实例	知识拓展	课件		作品评析	教学心得	
在线调查	课件交流	资源中心	试题试卷		竞赛试题	技巧交流	
	技术培训	作品展示	工具（下载、教程）			资源共享	
友情链接	资源中心	竞赛指导	作品（分类）			教案互评	
	在线交流	在线交流				与编者交流	
	个人空间						

1. 各栏目的具体介绍

教师之窗

教学资讯：进修信息（进修班、学位班等的开设时间、地点及进修资料等，主要是提供进修的渠道以及相关的教程）、热点、教学理论、专家讲座、政策

教材分析：教学内容分析、教学设计参考

教案实例：提供优秀教案及教学实例

课件交流：提供优秀教学课件

技术培训：主要以视频教程的方式讲解课件制作、工具使用、计算机、网络等方面的知识

个人空间：教师 blog，为教师提供反思与交流的平台

学生家园

网上课堂：提供网络课程

在线练习/测试：提供任务及小的测试题或思考题

资源中心

素材：与教材相结合的各种音视频，视频教程（有关计算机硬件方面的、教材中理论部分、软件操作、作品开发等方面）

教案：教师交流的教学案例

课件：优秀课件，也可提供一些制作课件的小素材

试题试卷：关于信息技术方面的各级试题试卷

工具：提供下载链接及相关教程

作品：教师的作品和学生的作品

作品展示

优秀作品：由进入该网站的师生评出

竞赛作品：学生参与竞赛的作品或者平时制作的作品

竞赛指导
竞赛信息：时间、地点、竞赛规则
指导：技术培训
作品评析：对各种竞赛的优秀作品进行评析，使学生知道自己作品的不足，以便改进
竞赛试题：提供往届竞赛试题及答案
在线交流
每日话题：当前关注的热点内容
在线答疑：采用百度知道的模式
技巧交流：采取分类模式，如硬件、软件、动画制作、平面设计等经验技巧交流
与编者交流：教师与编者的交流，以便实现对教材的改进
给我留言
实现用户与建设者的交流，以便完善网站
登录注册
给用户不同的权限
在线调查
提供对某一问题的在线调查
网站导航
介绍网站的结构，使用户不会迷失方向
站点搜索
提供关键字搜索、知识点搜索，等等
友情链接
提供重点教育网站链接

2. 二级页面（教师之窗示例）

首页	教师之窗	学生家园	资源中心	作品展示	竞赛指导	在线交流	给我留言
教学资讯		显示跟踪导航					
教材分析							
教案实例							
课件交流							
技术培训		此区为具体内容，包含学术动态等					
资源中心							
在线交流							
个人空间							

综合案例三 "农远工程"应用与实践(一)

湖北省农村中小学现代远程教育工程项目介绍

一、远程教育工程的意义

由国家发展与改革委员会、财政部、教育部共同实施的农村中小学现代远程教育工程是为落实全国农村教育工作会议精神,全面推动农村地区特别是中西部农村地区"两基"攻坚和巩固提高工作,促进农村基础教育改革与发展而提出的重大举措。

为了贯彻国务院"统一规划、先行试点、总结经验、重点突破"的指示精神,教育部、国家发改委、财政部先后启动了农村中小学现代远程教育试点示范项目和农村中小学现代远程教育试点工作。

2003年年底,三部委启动了农村中小学现代远程教育工程,并在全国20个试点省(市、自治区)共包括西部地区12省(自治区、直辖市)、新疆生产建设兵团、中部地区6个省以及东部1个省共20个省级单位。

开展试点工作,中央和地方共计投入资金约100多亿元人民币,计划用5年左右时间,也就是从2003年到2007年,构建遍及全国农村的远程教育网络,在实施现代远程教育工程中因地制宜,采取多种模式,逐步推进。精心组织,科学实施农村中小学现代远程教育工程试点工作。

工程试点工作的目的和任务是,在教育部、国家发展和改革委员会、财政部已共同实施的现代远程教育工程试点示范项目基础上,通过进一步加强试点,全面探索在不同的经济社会发展地区、不同的地理环境下农村中小学现代远程教育工程三种模式的工程建设、应用、运行机制和管理方式;检验三种模式技术配置的适用性和经济性;探索建立有效保障工程运行和维护的长效机制;进一步研究探索与之相适应的教育教学方法以及对教育资源建设和师资培训工作的要求;全面总结试点地区在三种教学模式应用、优质教育资源共享、教育质量和师资水平提高,以及工程投资效益等方面的效果;总结工程在推进国家西部"两基"攻坚计划的实施和中西部地区"两基"的巩固提高,促进广大农村特别是边远山区和贫困地区资源匮乏、师资水平和教学质量不高等突出问题的解决,为进一步推动工程的实施积累经验。

二、工程实施的原则

(一)中央宏观指导,地方负责工程的实施

教育部、国家发展和改革委员会、财政部研究制订工程总体实施方案、工程建设管理和相关标准规范,并进行指导检查。省级政府负责制订本地区的具体实施方案和组织工程建设。

（二）地方政府负责保障工程运行费用

建立保障农村中小学现代远程教育设施正常运行的长效机制，地方政府负责落实工程管理经费和设备维护、更新经费，严禁向农民摊派。

（三）工程采用集中连片的方式实施，逐步推进

工程建设要集中布点，连片实施。优先在经济社会发展较快、基础教育信息化有一定基础、能够落实设备维护和运转经费、具备通电和其他相关条件、能保证设备正常使用的地区进行工程建设。

三、工程实施地区的选择

选择人口适中、社会经济发展较快、基础教育信息化有一定工作基础，能够为工程提供长期支持的地（市）级行政区域先行实施。工程的实施要与农村党员干部现代远程教育扩大试点工作相衔接。项目学校具备通电条件，具备安全及其他相应条件的教室，能保证设备的正常使用。

四、经费测算

资金筹措的原则：

工程的实施采取地方负责、所需经费由国家根据不同区域经济社会发展情况予以适当补助的办法。

——西部地区中央投入为主，地方投入为辅；中央专项资金占工程实施地区总经费的 2/3。

——中部地区以地方投入为主，中央补助为辅；中央专项资金占工程实施地区总经费的 1/3。

——东部地区由地方政府按照工程总体要求，结合本地实际进行建设。中央安排的专项补助，只能用在贫困地区和农村党员干部现代远程教育扩大试点地区。

经测算，2004 年至 2005 年工程总投入 40 亿元，其中中央投入 20 亿元，由国家发展和改革委员会和财政部各承担 10 亿元，地方投入 20 亿元。

五、工程建设模式

模式一：教学光盘播放点（见图 16-01）

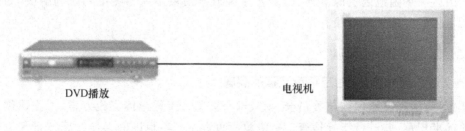

图 16-01　模式一：教学光盘播放点

配备电视机、DVD 播放机和成套教学光盘。通过播放教学光盘对学生授课和辅导。

配备对象主要是农村学校布局调整确定保留的教学点。平均每点投资概算 3000 元。

模式二：卫星教学收视点（见图 16-02）

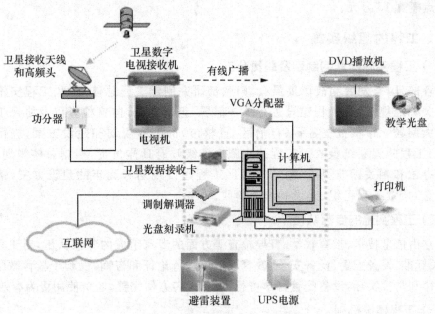

图 16-02　模式二：卫星教学收视点

配备卫星接收系统、计算机、电视机、DVD 播放机和教学光盘。通过中国教育卫星宽带传输网，快速大量地接收优质教育资源，并同时具有教学光盘播放点的功能。配备对象为乡中心小学和村完全小学。每点投资概算 1.6 万元。

模式三：计算机教室（见图 16-03）

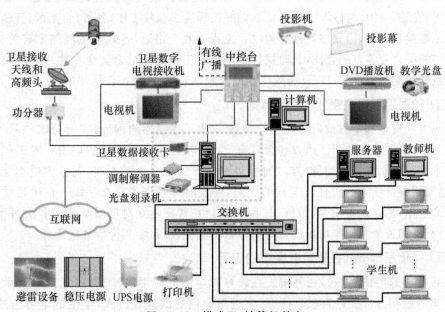

图 16-03　模式三：计算机教室

配备卫星接收系统、计算机教室、多媒体教室、教学光盘播放设备。其特点是除具备模式二全部功能外，还能够为学生提供网络条件下的学习环境。配备对象为农村初中。平均每点概算15万元。

六、工程的组织实施

（一）工程实施标准的制定及职责分工

教育部、国家发展和改革委员会、财政部研究制定工程总体规划、工程实施管理办法和相关标准规范，对工程建设进行统一部署，组织实施，监督检查以及协调工程建设中的重大问题。审核批复各省（自治区、直辖市）的工程规划和建设方案，进行检查指导，组织工程的国家级验收。工程的实施由省级政府具体负责，根据总体规划、工程实施管理办法和相关标准规范，制定本地区工程建设规划和逐年的建设方案，落实工程建设资金，负责工程组织、建设和检查验收。

（二）工程实施的专家队伍

建立由信息技术、教育教学、督导检查等方面的专家组成的专家队伍，对工程实施方案、相关标准、设备配置、设备安装、教育教学等进行论证和咨询，以利于教育教学更符合教育规律和学校实际，设备配置科学可行，设备运转方便完善，经费使用更为有效。

（三）工程建设机制

借鉴试点工作在设备采购、安装、维护、维修、更新等多个方面取得的经验，完善工程实施的运行机制，用好国家专项资金，充分调动地方政府的积极性。国家继续组织工程设备入围企业资格预审，由省政府组织公开招标，省级教育行政部门为招标人，严格按照国家有关法律法规和三部委制订的《农村中小学现代远程教育工程设备（软件）及教育教学资源招标采购管理办法》组织招标工作。按照三种模式配置标准进行工程建设，全面负责工程的设备配置、安装、维护、维修等工作。认真做好工程检查验收工作，各省、自治区、直辖市负责本地区工程验收工作，国家进行抽查验收。工程验收合格后，各地要按照国家有关规定，严格履行与相关企业签订的合同，及时拨付合同款。工程招标结余资金一律用于为农村小学和教学点增加配备电视机、DVD播放机和成套教学光盘，不得挪作他用。

（四）加强工程资金管理和项目管理

中央专项资金和地方政府专项资金要统一纳入各级财政国库，实行分账核算管理，统筹安排使用，确保专款专用。地方各级政府负责落实设备运转和维护经费。对工程建设专项资金未实行分账核算管理、地方政府承诺资金不到位或弄虚作假、工程质量不合格的地区，将追究相关责任人的责任。工程验收后，要及时办理资产移交手续。在项目学校进行固定资产登记，建立设备安装、维修、使用档案。各省要建立对项目学校设备完好率、使用率、人员配备和资源利用等情况进行定期检查的制度，项目要实行信息化管理。

（五）强化三种模式在教育教学中的应用

各级教育部门认真抓好三种模式在教育教学中的应用，特别要注意抓好教学光盘在农村小学的应用。加强教育教学研究，促进教学内容的呈现方式、学生的学习方式、教师的教学方式和师生互动方式的转变，把现代远程教育与全面实施素质教育、提高教育教学质量、有效推进基础教育课程改革结合起来。

(六) 加强培训工作

充分利用现代远程教育的条件,加大培训工作的力度,努力提高教师的信息技术素养和教学能力,全面、持续地提高农村中小学教师的教育教学水平。由省级教育行政部门制定各地教师、技术管理人员的培训计划,坚持培训先行。

(七) 加强教育教学资源建设

进一步加大对教学光盘资源、同步课堂、卫星数据资源建设的力度;各级教育行政部门要根据国家课程标准,组织好开发制作优质教育教学资源的工作,并将资源向农村中小学校免费提供;鼓励企业和社会各界积极参与优质教育教学资源的研制和开发,要求教材出版单位制作或组织制作与教材配套的教学光盘,促进优质教育教学资源来源多样化。

七、湖北省中小学现代远程教育工程项目实施组织结构具体描述

本项目共分五个小组来实施完成。

1. 决策层组

主要任务:负责本项目总体的规划,包括投标过程中的标书内容的审查,投标过程中的商务活动,接标后项目流程制定、项目采购目标、项目技术标准。

责任:对整个项目负责,制定整个项目的操作实施流程。对整个项目的控制与监督。

2. 商务储运组

主要任务:负责对招标方的联络,沟通事宜。获取招标方和直接用户对本项目的相关要求,以及在实施中的交流与沟通。负责在项目实施中的开单、储运、转移事项。

责任:传达与落实招标方的要求,按实施进行开单、储运、转移事项。对本项目的储运安全负责。

3. 采购组

主要任务:对本次项目产品进行采购,对上游供应商厂家从价格、付款方式、培训、保修时间、优惠条件等方面进行最有利、最优秀的协商与要求,并签订相关供货合同协议书。

责任:严格控制进货成本、付款方式、保修时间等,考虑运输方式、包装要求。

4. 技术支持、监理组

主要任务:负责对本项目工程的实施环节制定相关流程,如货运时间、递输方式、项目分组、项目人员、组成结构、设备的摆放要求、网络布线要求、电源布置要求、软件达成要求、网络环境达成要求、货物签收、货物检验事宜、工程报告总结式样等;对工程实施进行监视环节中出现的不规范、不合理等现象,提出修改意见,监督本项目圆满完成。

责任:对项目技术要求进行规范。对工程实施进行监督,保证项目圆满完成。

5. 工程实施组

任务:负责整个项目工程的现场施工,包括网络布线、工作台安装(厂家)、设备的安装与调试、货物签收、项目验收。

本工程实施组按区域共分为 30 个小组（单位），每组共计 5 名施工人员，每组（单位）平均负责约 8 个工程，共计 219 个单项工程。

每组（单位）施工人员安排如下：

项目经理　1 名

布线工程师　2 名

技术工程师　2 名（各单位也可依据实际情况确定施工人数）

6．财务组

对于本次远程教育项目，集团财务制定相应的财务流程并监督实施。对整个的货物财产的转移、保管等流程进行控制与跟踪，对相关的财务流程与财务凭证进行监督与整理。

对设立主库、分库的区域单位：主库平台（分公司）财务应监管设立有分库的区域单位财务业务，分库的单位财务应监督分库货物的转移并制作相关凭证。

八、湖北省农村中小学远程教育工程施工流程

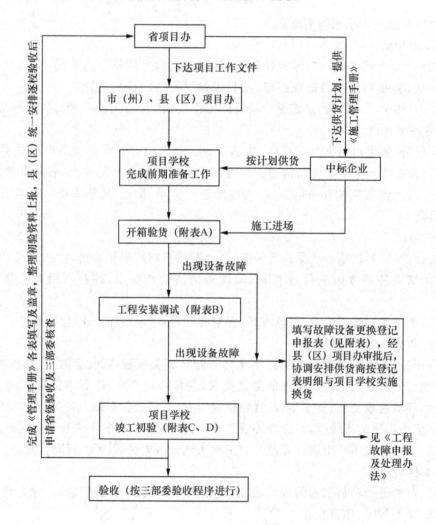

九、湖北省农村中小学远程教育工程内容及要求

(一) 项目建设的基本要素清单:(一所学校)

序号	货物名称	规格型号	数量
1	服务器	拓星 S120R;P4-2.6G/服务器专用主板/1GB ECC DDR/80G×2(IDE,7200)/RAID0、1/CDRW/1.44M/100M+1000M NIC/标准键盘/光电鼠标/17寸纯平/460W/支持可冗余电源	1
2	教师机	蓝星向往 3880;P4-2.8G/I865/256M DDR 400/80G(7200)/GF2 MX400 64M DDR 显卡/COMBO(DVD+CDRW)/1.44M/10-100M/标准键盘/光电鼠标/17寸纯平/前置USB、耳麦接口机箱/耳麦/音箱	1
3	学生机	蓝星向往 2840;C4-1.8G/128M DDR/40G/I845GL(集成动态分配显卡,声卡,10-100网卡)/无光驱、软驱/标准键盘/鼠标/15寸显示器/前置USB、耳麦接口机箱/耳麦	30
4	交换机	D-Link DES 1024D;10-100M、24端口	2
5	调制解调器	金浪 56K 外置式	1
6	稳压电源	三环 SH-1791-15KVA(单相)	1
7	投影机(含银幕)	晨星 CX-615P;2400ANSI 流明、1024×768 分辨率(带120寸电动银幕)	1
8	电脑台1	1.2×0.6×0.75(长×宽×高,单位:米)(定制带抽屉)	2
9	电脑椅	高靠背转椅	1
10	电脑台2	0.5×0.6×0.75(长×宽×高,单位:米)(定制)	30
11	学生凳子	钢制圆凳(标准高度)	30
12	Windows 2003 server	Windows 2003 Svr Std;顶装、简体中文版、配随机光盘	1
13	Windows XP Professional	Windows XP;预装、简体中文版、配随机光盘	1
14	Office 办公软件	永中 Office 2004、配随机光盘	1
15	杀毒软件	江民杀毒软件 KV 网络版:(网络版、30用户)	1
16	布线及安装	含 IBDN 双绞线、AMP 水晶头、线槽、电源插座等,网线、主电源线无裸露	1

(二) 工程内容简单的描述(一所学校)

总体来说:一个带1台服务器、教师机,30台学生机的包括网络及电源布线的计算机网络PC教室;一个带投影机及屏幕、中控、教师机的投影教室;共计两个教室的简单工程。

具体来说:

一、计算机网络PC教室

1. 计算机方面:1台服务器(17寸显示器)、1台教师机(17寸显示器),30台学生机(15寸显示器)

2. 电脑工作台方面：1.2 米长的教师用工作台和 2 把配转椅，0.5 米长学生用工作台和 30 只凳子；工作台（厂家包运输及安装到位）

3. 配套设备方面：稳压电源、交换机、调制解调器

4. 网络及电源布线方面（电源方面学校负责到教室）：到各终端的网络及电源配置

5. 软件方面：包括四个软件

注意：其中电脑工作台、网络及电源布线方面应作为第一批运抵学校安装的设备，在该设备安装到位后，其他的全部设备应作为第二批一次运抵学校。

二、投影机教室

1. 投影机 1 台

2. 120 寸电动屏幕

3. 投影吊架及防盗罩

4. 中控、教师机各 1 台

5. 配套线材的配置

三、计算机教室的布线设备安装清单（网络及电源）

序号	名称	描述	数量	单位	备注
1	PC 教室电源线	2.5 铜芯线（共计三色三芯）	300	米	
2	投影机教室电源线	3 芯×1	30	米	
3	接线插座	包括 PC 教室、投影机室（主要以 2 台 PC 共一个插座）	22	只	
4	双绞线	IBDN 网络双绞线	2	箱	
5	水晶头	AMP RJ45 水晶头	90	个	
6	其他辅助材料	网钳：RJ45 网钳	1	把	
7		螺丝刀：梅花形	1	把	
8		螺丝刀：一字形	1	把	
9		试电笔	1	把	
10		剥线工具	1	把	
11	PVC 线槽	60#（2.4M）	6	根	
12	PVC 线槽	40#（2.4M）	15	根	
13	PVC 圆线管	32#（2.4 米）	5	根	
14	PVC 半圆线槽		5	米	
15	电话线		1	卷	
16	扎带	2×150	1	包	
17	号码管		1	盒	
18	钢钉		2	盒	
19	绝缘胶布		5	卷	
20	标签线、透明胶		2	包	
21	膨胀螺丝	10×8	10	个	

四、计算机教室的布局和线路施工

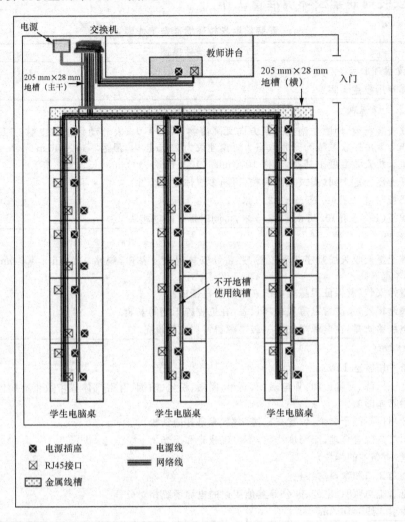

五、网线施工要求

1）墙面安装 60×30PVC 线槽，沿墙面踢脚线安装。
线槽安装要求线槽应平整，无扭曲变形，内壁无毛刺；
线槽接口应平整，接缝处紧密平直，槽盖装上后应平整、无跷脚，出线口的位置准确；
缆线的布放应平直、不得产生扭绞、打圈等现象；
缆线不能受到外力的挤压和损伤。

2）双绞线一端汇集到讲台旁边的服务器电脑桌处，预留线长 1—1.2 米。

3）电脑桌处预留线长 1—1.2 米。

4）线缆两端应有对应的数码标签。其中：从每间计算机教室第一排左边第一台为 01 号开始，依次向后至 30 号，教师用机为 31 号，服务器为 32 号。在压接两端水晶头时必须穿号码管加以区分，号码管与编号一致。施工完毕后，做出此信息点编号的对应表，以便今后的维护和维修工作。

5）RJ45 头（水晶头）EIA/TIA 568B 安装标准。

十、安装前期学校环境准备工作

安装前期学校环境准备工作表

序号	条件描述
（一）教学光盘播放点	
1	选择专用教室1间
（二）卫星教学收视点	
1	天线安装场地：周围正南到正西方向无障碍物，风力不大，人和动物很难接触，并尽量靠近指定作为卫星接收系统的安装教室。距离建议为20 m以内，最远不超过40 m。
2	卫星天线安装混凝土基座，规格1000 mm×1000 mm×300 mm（长×宽×高）
3	选择专用教室1间（模式三的学校，可与多媒体教室合并）
4	插线板（4个二孔）0.75 mm　2.5米
5	插线板（4个三孔）0.75 mm　2.5米，可同时插4个三相头
（三）避雷系统	
1	距离卫星接收天线基座3米位置，避雷针安装混凝土基座，规格400 mm×400 mm×600 mm（长×宽×高）
2	避雷针安装（需保证卫星接收线在其防护范围内）
3	天馈避雷器，预防雷电感应损坏设备（在工程施工期间安装）
4	供电线路防雷，在电源端安装一级电源避雷器防雷设备
（四）多媒体教室	
1	准备专用教室1间
2	远离强振源、强噪声源、强电磁场、高温、漏雨、粉尘、油烟、有害气体或堆放带有腐蚀性、易燃、易爆物品的场所
3	安全出口不低于2个，位置在机房两端（有条件的学校）
4	照明灯具位置合理，照明度均匀，不出现眩光和反光
5	空调（有条件的学校）
6	安装防盗门和窗户防盗栏
7	供电系统与照明、空调、办公等其他用途的电源系统相对分开
8	电源引入线≥16 mm^2
（五）计算机教室	
1	专用教室1间，与多媒体教室相临，有条件的学校安装防静电地板
2	远离强振源、强噪声源、强电磁场、高温、漏雨、粉尘、油烟、有害气体或堆放带有腐蚀性、易燃、易爆物品的场所
3	空调（有条件的学校）
4	安全出口不低于2个，位置在机房两端（有条件的学校）
5	照明灯具位置合理，照明度均匀，不出现眩光和反光
6	配置灭火器，安装防盗门和窗户防盗栏
7	地面开槽符合附图所示要求（有条件的学校）
8	供电系统与照明、空调、办公等其他用途的电源系统相对分开
9	电源引入线≥16 mm^2

注：1. 项目学校需要配备2名技术人员配合各类模式的施工，并派出1—2名电教老师协助工作。

2. 模式三中的3类不同系统应分别安装到2间教室（卫星接收与多媒体教室为1间教室，PC计算机教室为1间教室）。

3. 模式二中的2类不同系统应安装到1间教室，教室条件参照模式三相关要求。

十一、开展湖北省农村中小学现代远程教育模式三项目学校教师培训

为了有效地促进农村中小学现代远程教育的应用,培养一批熟练掌握现代远程教育各模式所需的教师是很有必要的。2007年华中师范大学承担了现代远程教育模式三项目学校的教师培训工作,从理论到实践重点培养一批能带头实施农村现代远程教育的教师,以带动地方教师推动远程教育的应用。

综合案例三 "农远工程"应用与实践(二)

湖北省农村远程教育工程模式三
——信息技术教师培训计划

培训目标:

1. 通过培训提高教师的信息素养、学习能力以及合作能力;
2. 了解计算机及 Internet 基础知识,掌握 Windows 操作系统和 Office 软件的使用;
3. 通过培训使教师熟悉计算机网络基础知识,掌握校园网的建设、使用、管理与维护;
4. 了解远程教育卫星地面接收系统的组成及其功能,掌握远程教育频道的接收和使用的方法;
5. 能够利用多样化的开发工具,对图片、动画、视频、音频等资源进行处理,运用教学设计的基本方法对素材进行整合,制作成教学课件或网络课程;
6. 了解网站设计的基本理念和流程,掌握网站开发工具的使用;
7. 了解信息技术工具在其他学科教学中的应用,学会使用信息技术工具提高教学绩效;
8. 了解信息技术与学科整合的基本理念,能够综合应用恰当的教学策略与信息化手段设计信息技术课的教学。

教学理念:

培训依据《基础教育课程改革纲要(试行)》,以基础教育课程改革的新思想、新理论为指导,采用任务驱动式的教学方法,并融合专家讲座、协作学习、集体讨论、自主学习、个别辅导、教学体验等形式,把教育教学的基本理论与信息技术课程培训有机地结合起来。接受培训的教师不仅能学到教学中需要用到的信息技术知识和操作技能,而且还可以和其他教师协作讨论实际教学中遇到或可能遇到的问题,针对实际教学内容提出教学方案,并且形成教学系统设计的意识。

培训计划：

	具体内容	讲授课时	实践课时	上机操作、交流讨论课时	总课时
学员现状和培训需求调查	培训需求调查与项目介绍	2	1	1	4
教学内容	第一部分：信息技术课程教材教法				
	模块一、信息技术基础	8		4	12
	模块二、多媒体软件的使用	32		20	52
	模块三、信息技术课程教材教法	40	8	64	112
	模块四、学科工具的使用	10	2	8	20
	第二部分："农远工程"教育模式的相关技术及系统组建与管理				
	模块五、远程教育地面卫星接收系统	8	4	4	16
	模块六、计算机教室的组建与管理	20	4	12	36
	第三部分：教育技术的理论与实践				
	模块七、教育技术相关理论	4		2	6
	模块八、案例分析	4		2	6
	第四部分：课件与网站的设计与开发				
	模块九、课件的设计与开发	12		8	20
	模块十、课程及专题教学网站的设计与开发	16		8	24
评价与总结	考核与总结		4	4	8
课时总计		156	23	137	316

具体的教学安排：

时间		内容	课时数	教学策略	备注
第一天	上午	学习者能力现状和培训需求调查与分析 培训计划简介 专家报告	4	调查问卷 课堂讲授	
	下午	模块一　信息技术基础	8		
		① 计算机基础知识 ② Windows XP 操作系统的基本操作	4	课堂讲授 师生互动	
	晚上	上机操作	4	小组协作学习 个别辅导	
第二天	上午	③ Internet 的基础知识及应用 ④ office 软件的使用	4	课堂讲授 师生互动	
	下午	模块二　多媒体软件的使用	32		
		图像处理工具 Photoshop 的使用（一）	4	课堂讲授 师生互动	
	晚上	上机操作	4	小组协作学习 个别辅导	
第三天	上午	图像处理工具 Photoshop 的使用（二）	4	课堂讲授 师生互动	
	下午	二维动画制作工具 Flash 的使用（一）	4	课堂讲授 师生互动	
	晚上	上机操作	4	小组协作学习 个别辅导	
第四天	上午	二维动画制作工具 Flash 的使用（二）	4	课堂讲授 师生互动	
	下午	视频编辑软件绘声绘影的使用（一）	4	课堂讲授 师生互动	
	晚上	上机操作	4	小组协作学习 个别辅导	
第五天	上午	视频编辑软件绘声绘影的使用（二）	4	课堂讲授 师生互动	
	下午	音频处理软件 Cool Editor 的使用（一）	4	课堂讲授 师生互动	
	晚上	上机操作	4	小组协作学习 个别辅导	

续表

时间		内容	课时数	教学策略	备注
第六天	上午	音频处理软件 Cool Editor 的使用（二）	4	课堂讲授 师生互动	
	下午	模块三　信息技术课程教材教法	48		
		信息技术教材分析（一）	4	课堂讲授 师生互动	
	晚上	交流讨论	4	小组协作学习 个别辅导	
第七天	上午	信息技术教材分析（二）	4	课堂讲授 师生互动	
	下午	信息技术与课程整合的教学模式（一）	4	课堂讲授 师生互动	
	晚上	交流讨论	4	小组协作学习 个别辅导	
第八天	上午	信息技术与课程整合的教学模式（二）	4	案例讲授 师生互动	
	下午	信息技术课程教学方法（一）	4	课堂讲授 师生互动	
	晚上	交流讨论	4	小组协作学习 个别辅导	
第九天	上午	信息技术课程教学方法（二）	4	案例讲授 师生互动	
	下午	信息技术与课程整合的理论基础（一）	4	课堂讲授 师生互动	
	晚上	交流讨论	4	小组协作学习 个别辅导	
第十天	上午	信息技术与课程整合的理论基础（二）	4	课堂讲授 师生互动	
	下午	信息技术课教学环境创设	4	课堂讲授 师生互动	
	晚上	交流讨论	4	小组协作学习 个别辅导	
第十一天	上午	信息技术课学习评价研究	4	课堂讲授 师生互动	
	下午	信息技术综合实践活动（一）	4	课堂讲授 师生互动	
	晚上	交流讨论	4	小组协作学习 个别辅导	

续表

时间		内容	课时数	教学策略	备注
第十二天	上午	信息技术综合实践活动(二)	4	案例讲授 师生互动	
	下午	模块四　学科工具的使用	12		
		超级画板总体介绍	4	课堂讲授 师生互动	
	晚上	上机操作	4	独立操作 个别辅导	
第十三天	上午	超级画板	4	课堂讲授 师生互动	
	下午	物理、化学仿真实验室的使用	4	课堂讲授 师生互动	
	晚上	上机操作	4	小组协作学习 个别辅导	
第十四天	上午	模块五　远程教育地面卫星接收系统	12		
		① 远程教育地面卫星接收系统介绍 ② 远程教育地面卫星接收系统有关硬件及其使用	4	课堂讲授 师生互动	
	下午	③ 远程教育地面卫星接收系统的软件安装与使用 ④ 网络资源及中央电教馆资源介绍	4	课堂讲授 师生互动	
	晚上	操作实践	4	小组协作学习 个别辅导	
第十五天	上午	实践： 卫星接收的室外组装与调试、常见故障处理 软件安装与使用、资源的下载与使用	4	小组协作学习 参观实践	
	下午	模块六　计算机教室的组建与管理	24		
		① 计算机网络教室的组成及其基本原理 ② 计算机网络教室设备清单及学校应添置的设备	4	课堂讲授 师生互动	
	晚上	操作实践、交流讨论	4	小组协作学习 个别辅导	
第十六天	上午	③ 局域网组建的基本原理及其设置 ④ 局域网的用户设置	4	课堂讲授 师生互动	
	下午	⑤ 服务器的配置和使用	4	课堂讲授 师生互动	
	晚上	操作实践、交流讨论	4	小组协作学习 个别辅导	

续表

时间		内容	课时数	教学策略	备注
第十七天	上午	⑥ 计算机网络教室的维护与管理 ⑦ 计算机网络教室疑难解答	4	课堂讲授 师生互动	
	下午	⑧ 计算机网络教室管理软件的使用	4	课堂讲授 师生互动	
	晚上	操作实践、交流讨论	4	小组协作学习 个别辅导	
第十八天	上午	⑨ 参观计算机网络教室及配置局域网	4	小组协作学习 参观实践	
	下午	模块七 教育技术相关理论	4		
		教育技术相关理论	4	课堂讲授 师生互动	
	晚上	交流讨论	4	小组协作学习 个别辅导	
第十九天	上午	模块八 案例分析	4		
		案例分析	4	案例讲授 师生互动	
	下午	模块九 课件的设计与开发	12		
		CAI课件设计与开发(一)	4	课堂讲授 师生互动	
	晚上	上机操作	4	小组协作学习 个别辅导	
第二十天	上午	CAI课件设计与开发(二)	4	课堂讲授 师生互动	
	下午	PowerPoint课件的设计与制作	4	课堂讲授 师生互动	
	晚上	上机操作	4	小组协作学习 个别辅导	
第二十一天	上午	模块十 课程、专题教学网站的设计与开发	16		
		专题学习网站的设计与开发(一)	4	课堂讲授 师生互动	
	下午	专题学习网站的设计与开发(二)	4	课堂讲授 师生互动	
	晚上	上机操作	4	小组协作学习 个别辅导	

续表

时间		内容	课时数	教学策略	备注
第二十二天	上午	网络课程设计与开发(一)	4	课堂讲授 师生互动	
	下午	网络课程设计与开发(二)	4	课堂讲授 师生互动	
	晚上	上机操作	4	小组协作学习 个别辅导	
第二十三天	上午	考核与总结	4	测试	
	下午	考核与总结	4	测试	
	晚上	交流讨论	4	小组协作学习	

说明:

总课时数:316课时,其中多媒体教室集体授课156课时,实践课时23课时,上机操作、交流讨论137课时;

上课地点除备注中说明地点外,其余均在多媒体教室;

所有学员按5—8人分组。